第二版

裘加林 田华 郑杰 程韧 秦浪 编著

清华大学出版社
北京

内容简介

本书吸收了当下智慧医疗理念发展、现实需求、实践经验等内容，按照理念篇、应用篇、案例篇的思路进行编排，共11章。

第一篇"理念篇"，即第1～5章。介绍我国医疗卫生发展现状及面临的挑战，阐述智慧医疗理念、发展现状及趋势，重点从建设和运营角度回答智慧医疗落地相关问题。

第二篇"应用篇"，即第6～9章。就智慧医疗的主要建设内容进行详细的阐述，包括医疗物联网、医疗云、电子健康档案、电子病历、智慧医院、智慧的区域医疗；还重点介绍了互联网医疗的应用领域，包括移动医疗、远程医疗、智慧健康、智慧养老。

第三篇"案例篇"，即第10～11章。从系统设计与建设、运营及保障措施等方面，选取了部分国内外智慧医疗优秀案例，介绍和分析了各自特色及可取之处。

本书的编写力求内容全面、观点前瞻、深入浅出、图文并茂、点面结合、注重理论与实际相结合。本书可供国家机关及相关管理部门、医疗健康服务机构、行业协会、规划设计单位、建设单位和行业公司等参考，本书也可作为大专院校相关专业师生的参考资料。

图书在版编目(CIP)数据

智慧医疗/裘加林等编著. —2版. —北京：清华大学出版社，2015(2021.7重印)
ISBN 978-7-302-38945-3

Ⅰ. ①智… Ⅱ. ①裘… Ⅲ. ①医疗卫生服务—研究 Ⅳ. ①F719

中国版本图书馆CIP数据核字(2015)第005664号

责任编辑：闫红梅 李 晔
封面设计：常雪影
责任校对：李建庄
责任印制：沈 露

出版发行：清华大学出版社
网 址：http://www.tup.com.cn，http://www.wqbook.com
地 址：北京清华大学学研大厦A座 **邮 编**：100084
社 总 机：010-62770175 **邮 购**：010-83470235
投稿与读者服务：010-62776969，c-service@tup.tsinghua.edu.cn
质量反馈：010-62772015，zhiliang@tup.tsinghua.edu.cn
课件下载：http://www.tup.com.cn，010-83470236
印 装 者：涿州市京南印刷厂
经 销：全国新华书店
开 本：170mm×240mm **印 张**：24.75 **字 数**：481千字
版 次：2011年10月第1版 2015年2月第2版 **印 次**：2021年7月第10次印刷
印 数：7801～8100
定 价：68.00元

产品编号：061713-01

《智慧医疗(第二版)》编著委员会名单

主　编　裘加林

副主编　田　华　郑　杰

编　委　(按姓氏笔画顺序排名)

于俊高　印宁琳　师　奇　朱　俊　庄　全　刘　莉

孙叶锋　孙志生　李盛鑫　杨　俊　吴晓树　何旭亮

张世安　张杭钢　张菊芳　陈建群　竺松涛　郑三伟

郑松元　查月东　姚郭浩　秦　浪　钱松涛　曹颖哲

葛益平　韩红路　程　韧　温晓岳　谢　渊　缪国静

前言

背景与理念

改革开放以来，我国城市化进程已取得了举世瞩目的成就，经济高速增长，综合国力和人们生活水平逐步提高。据统计，2013 年我国 GDP 达 568 845 亿元，人均 GDP 达 6700 美元左右，而且很多城市都远远超过了这个平均线。根据世界银行标准，人均 GDP 达到 12 616 美元的国家，就属于高收入国家。我国目前已经有 42 个地级及地级以上城市进入到发达地区行列。为推动城市协调、均衡、可持续发展，"十二五"规划调低了经济增速目标，更加重视民生和社会目标，将医疗、教育等民生项目纳入到改善人们生活水平的工程中并加快改革速度。

医疗卫生问题关乎人民群众的生命安全、身体健康，与国民福利息息相关。由于人口等问题，长久以来，"就医难"是整个医疗体系甚至整个社会所难以解决的痼疾。诸如医疗卫生资源短缺且配置不合理，我国医疗资源过分集中于大城市、大医院，基层卫生服务体系薄弱；公立医院运行机制存在缺陷，政府投入不足，医疗保障制度不完善，公立医院公益性质淡化，更趋利化；药品审批、生产、流通混乱，药品的生产和流通完全按照市场化运作，追求利润最大化，与卫生服务的公益性背离；公民身体素质下降，疾病模式转变引发医疗费用增长。这一系列的问题正考验着医疗体系中的每个参与者。在此背景下，历时数年的讨论、准备、公开征求意见和修改，"新医改"方案出台，计划通过构建覆盖城乡居民的公共卫生服务体系、医疗服务体系、医疗保障体系、药品供应保障体系，形成四位一体的新基本医疗卫生制度。

目前在医疗领域，我国主要面临两大挑战。一是优质医疗卫生资源缺乏、过度集中，医疗卫生体制机制不够完善，导致难以满足人民的医疗健康需要，各地普遍存在"就医难就医贵"、"三长一短"的现象；二是中国已步入老龄化社会，在"未富先老、未备先老”及养老、医疗、长期照料服务等社会保障制度不完善的情况下，如何解决世界上规模最庞大的老年群体的医疗养老问题，成为我国目前和未来几十年内面临的重大社会问题和民生问题。

以物联网、云计算、大数据、移动互联为代表的新一代信息技术日渐深入城市生产生活，为我国医疗健康问题的解决提供了良好的方向。新一代信息技术应用于医疗领域，借由数字化、可视化模式，使有限医疗资源让更多人享用。从目前医疗信息化的发展来看，随着医疗卫生社区化、保健化的发展趋势日益明显，通过射频仪器等相关终端设备在家庭中进行体征信息的实时跟踪与监控，构建有效的物联网，可以实现医院对患者或亚健康人群的实时诊断与健康提醒，从而有效地减少和控制病患的发生与发展。移动互联网正引发医疗向个性化、移动化方向发展。到 2015 年，超过 50%的手机用户将使用移动医疗应用，智能胶囊、智能护腕、智能健康检测等产品将会广泛应用。可借助智能手持终端和传感器，有效地测量和传输健康数据。新型医疗的商业模式也在市场中日渐成熟，推动医疗健康服务面向更广泛的人群。

因此，基于新兴信息技术的“智慧医疗”体系是新医改目标的最直观体现，是解决当前医疗卫生领域遇到的问题和瓶颈的有益探索。智慧医疗是在新一代信息技术深入发展和智慧城市有力推动下，人的健康管理与医疗信息化、医疗智能化交相融合的高级阶段。从广义上说，智慧医疗是指扩展人们的医疗健康理念，以人的健康状况为核心，以人的健康活力为目标，以技术产品创新、商业模式创新、制度机制创新为带动，调动和激发社会医疗健康服务资源，提供便捷化、个性化、经济性、持续性的医疗健康服务。从狭义上说，智慧医疗是综合应用云计算、物联网、大数据为代表的新一代信息技术以及生物技术、纳米技术，整合卫生部门、医院、社区、服务机构、家庭的医疗资源和设备，创新医疗健康管理和服务，形成全息全程的健康动态监测和服务体系。

智慧医疗是智慧城市巨大系统中的一个部分，是通过医疗物联网、医疗云、移动互联网、数据融合、数据挖掘、可穿戴设备，将医疗基础设施与 IT 基础设施进行融合，并在此基础上进行智能决策，跨越了原有医疗系统的时空限制和技术限制，实现医疗服务最优化的医疗体系。与传统的医疗健康服务相比，智慧医疗倡导为每个人提供全程的保姆式医疗健康服务。

智慧医疗是一个庞大、复杂、动态的系统，要注重顶层设计，避免浪费和信息孤岛。总体来说，智慧医疗建设需要谨慎制定具有战略远见、符合城市医疗健康现状的总体规划，还需要充分考虑各部分之间及其与智慧城市其他领域之间的关系，制定具体的规划方案、设计方案、实施方案、保障体系等，以切实推进智慧医疗建设。

修订与编排

智慧医疗是一个最近几年兴起的理念，智慧医疗理论和体系在人们对智慧医疗的探索和实践中发展迅速。正因为如此，我们决定对 2011 年出版的《智慧医疗》进行改版，以期能够呈现比较全面的智慧医疗知识体系。在第一版的基础上，我们从篇幅和结构上做了较大的调整，主要有以下几方面：

- 在理念方面，深入剖析了智慧医疗与相关概念间的关联，尝试着从多方面回答如何建设智慧医疗和如何运营智慧医疗项目，以期构建智慧医疗持续发展的体系框架。
- 从应用方面，在完善原有相关应用内容的基础上，着重增加了互联网医疗的内容，以期对当下智慧医疗领域关注的几个焦点进行界定和阐述，比如移动医疗、远程医疗、智慧健康、智慧养老。
- 从案例方面，单独成篇、选取了若干国内外案例，以期对智慧医疗的实践能有所借鉴和启示。

整体上，本书在第一版的基础上，吸收了当下智慧医疗理念发展、现实需求、实践经验等内容，按照理念篇、应用篇、案例篇的思路进行编排，共 11 章。

第一篇“理念篇”，即第 1～5 章。介绍我国医疗卫生发展现状及面临的挑战，阐述智慧医疗理念、发展现状及趋势，重点从建设和运营角度回答智慧医疗落地相关问题。

第二篇“应用篇”，即第 6～9 章。就智慧医疗的主要建设内容进行详细的阐述，包括医疗物联网、医疗云、电子健康档案、电子病历、智慧医院、智慧的区域医疗；还重点介绍了互联网医疗的应用领域，包括移动医疗、远程医疗、智慧健康、智慧养老。

第三篇“案例篇”，即第 10～11 章。从系统设计与建设、运营及保障措施等方面，选取了部分国内外智慧医疗优秀案例，介绍和分析了各自特色及可取之处。

本书的编写力求内容全面、观点前瞻、深入浅出、图文并茂、点面结合、注重理论与实际相结合。本书可供国家机关及相关管理部门、医疗健康服务机构、行业协会、规划设计单位、建设单位和行业公司等参考，本书也可作为大专院校相关专业师生的参考资料。

本书是银江股份有限公司持续致力于“引领智慧医疗未来，开启医疗物联网时代”理念指引下的理论研究和实践沉淀的结晶。裘加林是本书编著的主要负责人，负责全书的主题确定、谋篇布局、计划制定、审阅定稿。田华负责理念篇及互联网医疗章节的写作框架和审阅定稿。程韧负责应用篇章节的写作框架和审阅定稿。秦浪负责案例篇章节的写作框架和审阅定稿。

致谢

本书的编者深受智慧医疗领域知名院士、专家的启发，并吸取了国家发展改革委员会投资司、工业和信息化部软件服务业司等国家主管部门领导对智慧医疗的见解，还与中国科学院计算所、国家信息中心、国家人口和计划生育委员会统计信息中心、卫生部医院管理研究所、传染病诊治国家重点实验室、浙江大学、第三军医大学、浙江省卫生厅信息中心、广东省人民医院信息中心、无锡市医院管理中心、瑞金医院计算机中心、浙江大学附属第一医院信息中心等智慧医疗前沿研究机构同行进行了讨论。本书还深受浙江省政府、浙江省卫生厅、浙江省科学技术厅、浙江省经济和信息化委员会、杭州市政府等部门创新政策、领导创新讲话的指导，主要集中在浙江省智慧城市试点、“智慧医疗”重点企业研究院、医养护一体化等方面。本书还吸取了国内医疗信息化领域的典型案例。项目实施主要地点有浙江大学附属第一医院、浙江大学附属邵逸夫医院、浙江绿城心血管医院、南京医科大学附属无锡第二医院、滨州医学院附属烟台医院、潍坊医学院附属医院、富阳市卫生局等。

在此，对所有贵宾和给予相关帮助的友好人士表示衷心感谢！同时对在筹划、编辑和出版过程中清华大学出版社的大力支持表示衷心的感谢！

本书的编写汲取了大量的行业前沿观点以及论文、著作和有关专家学者的研究成果，使得本书更加完善。我们无法详细列举，在此深表谢意！

智慧医疗是全新的理念与实践尝试，本书存在很多不完善之处，恳请各位领导、专家、同行和读者批评指正，提出宝贵意见，我们将不胜感激。我们的联系邮箱是smartercitybooks@enjoyor.net。

编　者
银江软件园
2015 年 1 月

第一篇 理 念 篇

第三篇 案 例 篇

第一篇

理念篇

随着城市化、工业化的推进，我国大部分城市环境污染变得严重，工作和生活压力加大，慢性病普遍，老龄化进程加快，我国面临着巨大的健康问题和挑战。中国已步入老龄化社会，“未富先老，未备先老”，养老、医疗、长期照料服务等社会保障制度不完善。这些导致老年人健康难以得到及时良好的照料。人民生活水平提高了，人们对健康的需求也增加了。然而“看病难，看病贵”和“三长一短”的现象使就医成为全家总动员的大事，成为一些家庭的辛酸史。以新一代信息技术为代表的新技术已经或正在渗透到各地医疗健康领域，正突破时间、空间、观念、制度等限制，推动医疗卫生事业的跨越式前进，极大地拓宽了可治疗范围，降低了总体医疗成本，为我国医疗健康事业的发展带来了新方向。

本篇从宏观上阐述智慧医疗的理念，主要介绍我国医疗卫生发展现状及面临的挑战，阐述智慧医疗理念、发展现状及趋势，重点从建设和运营角度回答智慧医疗落地的相关问题。

第1章 绪论

疾病和死亡或许是人类最大的恐惧，从远古时代开始，人们就一直寻找治疗疾病的方法，对疾病的抗争从未停止。世界各国的发展史，在一定意义上也是人类与疾病抗争，自身健康状况不断改善、进步的历史。疾病给人们身心带来痛苦，疫情传播导致人口锐减，甚至影响国家社稷安危。人类在步入工业化社会之前，社会生产力和人们生活水平低下，窘迫的生活状况对人的健康造成严重危害，加之医疗卫生条件差，导致人类平均寿命较短。工业化发展使社会生产力迅速提高，改善了人们的生活水平，卫生医疗水平的提升，使人们的健康水平达到前所未有的高度。西方工业化和资产阶级革命以后，社会生产力有了新的发展，形成了现代医疗。随着现代化发展，医疗卫生得到迅速发展，医疗对社会经济发展作用越来越重要。

1.1 我国医疗卫生的发展现状

20世纪医学的特点是：一方面向微观发展，如分子生物学；另一方面又向宏观发展。在向宏观发展方面，又可分为两种：一是认识到人本身是一个整体；二是把人作为一个与自然环境和社会环境密切相互作用的整体来研究。20世纪以来，基础医学成就最突出的是基本理论发展，它有力地推进了临床医学和预防医学。1895年伦琴发现X射线。到20世纪初X射线诊断成为临床医学的重要手段，最初用于观察骨骼状态。1906年借助铋糊检查胃肠运动，以后又改用钡餐、碘油等进行X射线造影。此后重要的诊断技术进展有心电图(1903年)、梅毒血清反应(1906年)、脑血管造影(1927年)、心脏导管术(1929年)和脑电图(1929年)。20世纪50年代初超声波技术应用于医学。20世纪60年代日本采用光导纤维制成胃镜，现在临床已有多种纤维光学内窥镜得到应用。20世纪70年代后，电子计算机X射线断层成像(CT)以及磁共振成像技术应用后，微小的病灶都能发现。20世纪后半期，新药物（包括新抗生素）的不断出现，使某些疾病的疗效明显改善，治疗方法也有明显进步。这些药物和疗法使得一些慢性病、难治之症改变了预后，提高了疗效。与此同时，化验诊断方法也得到发展，如敏感的放射免疫测定法可测定微微克水平的体内成分含量。其他各种电子仪器在临床各科室也广为应用，如心肺监视器、γ-照相术、电子计算机也应用于诊断系统。

现代医学呈现出医学分科专门化、医学发展国际化、医学技术现代化、医学学科间交叉渗透等特点，对我国现代医学产生了重要影响。

1.1.1 我国医疗卫生发展概况

我国医疗保障体系以基本医疗保险和城乡医疗救助为主体，还包括其他多种形式的补充医疗保险和商业健康保险。除此之外，国家通过提供社会福利和发展慈善事业，建立健全医疗卫生服务设施，扩大医疗保障资金来源，更好地满足群众医疗保障需求。但与20多年来的经济高速增长形成反差的是，人民收入增加了，生活水平提高了，却有近半数老百姓看不起病。医疗资源分配不均、机构重复、医疗效率低下、医疗技术和服务质量问题、药价虚高、医疗腐败等现象十分普遍。

近年来比例逐渐下降的政府卫生投入，使得中国的公共卫生体制出现了令人尴尬的局面。过去5年，老百姓年平均收入增长水平远远小于年医疗支出增长。占我国人口大多数的农民所处医疗保障状况更差。城乡差距、东西部差距依然存在并且逐年加大，中国医疗卫生体制陷入既不公平又效率低下的怪圈。

2012年中国的卫生费用占GDP比重仅为5.1%，不但低于高收入国家（平均8.1%），而且比低收入国家的比重还要低（平均6.2%），更低于与中国同在金砖国家中的巴西和印度（分别达到9%和8.9%）。2013年卫生计生事业发展统计公报显示：2013年，全国卫生总费用预计达31 661.5亿元，比2012年增长12.6%，卫生总费用占GDP百分比为5.57%。不仅我国卫生总费用偏低，个人卫生支出在医疗支出中的比例也偏高。在卫生总费用中，政府、社会和个人卫生支出分别占30.1%、36.0%和33.9%。与2012年相比，个人卫生支出占比下降0.4个百分点，但与“十二五”规划目标（降到30%以下）相比，还差4个百分点，还需继续加大政府和社会投入力度。

长期以来，我国医疗卫生存在着“重医疗，轻预防；重城市，轻农村；重大型医院，轻社区卫生”的倾向。我国看病难的症结，不是大医院不够，而是农村和社区卫生太弱。农村有病乱求医，乱用药现象十分普遍。病人生病后往往凭经验自行诊断、自行用药。由于用药条件的限制，用药方式多以口服为主，且把抗生素视为能治百病的“万能药”。乱用抗生素不但给病人造成了经济损失，还延误了治疗。

截至2012年9月底，全国有2566个县(市、区)开展了新型农村合作医疗试点，有8.05亿农民参加了新农合，参合率达到98.26%，人均筹资308.50元，补偿受益人次到17.45亿人次。但是，农村新型合作医疗制度保障水平较低，农民自费就医的比例仍然很高，农村地区缺医少药，有的地方老百姓甚至无法享受到最基本的医疗服务，农村医疗救助人均支出相比城市低很多(见表1-1)。农村因病致贫、因病返贫的家庭占贫困人员的很大比重。农村卫生所及乡镇卫生院条件差，医生业务素质低，一次性医疗用品未能普及，消毒设施简陋，造成交叉感染的隐患很大。农村医疗卫生监督方面基本处于不监督或不作为状态。

表1-1 2005—2012年我国医疗救助情况

年份	城市医疗救助		农村医疗救助		城市医疗救助支出（万元）	农村医疗救助支出（万元）
	医疗救助（万人次）	资助参加医疗保险（万人）	医疗救助（万人次）	资助参加合作医疗（万人）		
2005	—	—	199.6	654.9	32 000.0	57 000.0
2006	—	—	201.3	1317.1	81 240.9	114 198.1
2007	—	—	377.1	2517.3	144 379.2	280 508.0
2008	443.6	642.6	759.5	3432.4	297 000.0	383 000.0
2009	410.4	1095.9	730.0	4059.1	412 043.1	646 245.8
2010	460.1	1461.2	1019.2	4615.4	495 203.0	834 810.0
2011	672.2	1549.8	1471.8	4825.3	676 408.4	1 199 610.4
2012	689.9	1387.1	1483.8	4490.4	708 801.6	1 329 104.8

数据来源：《2013中国统计年鉴》。

在我国，80%的卫生资源投入在城市，其中约80%投入到了大医院。在市场经济条件下，原有分级医疗被打破，医药费用过快增长，政府、社会及群众难以承受。城市卫生机构条块分割，重复建设，结构不合理，浪费与短缺并存，运行成本高。医疗保健费用上涨迅速，政府和社会对卫生的投入比例逐渐减少，而个人的投入比例逐渐加大。人民群众生活水平提高，卫生服务需求增加，医疗服务模式落后，医疗服务从看病难、住院难到看病贵、看病不方便，而且费时间、费钱、交通不便、缺少人情味，得不到综合、连续的服务。

并非所有疾病和健康问题都需要在医院才能解决。卫生经济学家认为城市居民80％的医疗保健需求应该在社区得到解决，只有20％的需求要在社区以上的卫生机构解决。而社区卫生机构诊疗人数虽然越来越多，但病床利用率却逐年下降(见表1-2)。到目前为止，全国31个省(直辖市、自治区)全部开展了社区卫生服务的试点工作，全国已设置社区卫生服务中心5000多个，社区卫生服务站近18 000个。一个以社区卫生服务中心为主，社区卫生服务站为辅，医疗诊所、医务室为补充的社区卫生服务体系框架正在形成。调查表明，社区卫生服务的主要对象是学龄前儿童和老年人，主要内容是常见病、多发病和慢性病诊疗及儿童计划免疫、健康查体，医疗服务以心血管系统疾病、呼吸系统疾病、运动系统疾病、皮肤和皮下组织疾病为主，保健服务以健康查体和儿童系统保健为主。

表1-2　2004—2012年我国社区卫生服务中心(站)医疗服务情况

年份	社区卫生服务中心			社区卫生服务站		
	诊疗人次(万人次)	入院人数(人)	病床使用率(％)	平均住院日(日)	诊疗人次(万人次)	医师日均担负诊疗人次(人次)
2004	4615.6	151 965	61.2	21.0	5095.5	—
2005	5938.5	266 215	60.7	17.2	6281.5	—
2006	8285.5	436 288	57.9	15.5	9378.9	—
2007	12 712.4	743 186	59.6	13.1	9875.0	—
2008	17 247.3	1 032 788	58.7	13.4	8425.1	12.5
2009	26 080.2	1 642 427	59.8	10.6	11 617.3	13.7
2010	34 740.4	2 180 577	56.1	10.4	13 711.1	13.6
2011	40 950.0	2 473 426	54.4	10.2	13 703.8	13.7
2012	45 475.1	2 686 554	55.5	10.1	14 393.6	14.0

数据来源：《2013中国统计年鉴》

1.1.2　我国医疗卫生存在的问题

医疗卫生问题关乎人民群众的生命安全、身体健康，与国民福利息息相关。目前，医疗与住房、教育问题并称为新时代的“三座大山”。医疗问题随着改革开放后医疗卫生体制的改革而逐渐变得严重起来。我国医疗卫生存在的主要问题是体制问题，主要体现在以下几个方面。

(1) 改革偏离方向。

近年来,我国陆续推出了多项卫生体制改革政策,但对当前存在的问题远未形成根本性触动。因为这些改革的出发点在于减少负担。政府对医疗投入的下降,使医院希望通过增加收益来谋求发展,那么负担就转嫁给了老百姓。这有悖改革的初衷。改革需要解决两个基本问题:一是基本医疗服务的公平性;二是提高医疗服务体系的效率。

(2) 公共卫生体系薄弱,特别是基层医疗卫生服务体系不完善。

受市场化医疗体制改革的影响,"抓大放小"思路流行。一些地方开始将基层公立医疗服务机构或改制为企业,或直接出售给私人,致使初级医疗卫生服务体系失去了应承担的公共卫生服务和基本医疗服务职能。

(3) "以药养医"的政策和药品流通体系导致药价虚高。

"以药养医"的政策一方面在一定程度上解决了政府对医疗费用投入不足的问题;另一方面导致医院或医生为了单位或个人私利给病人猛开高价药,使病人不堪重负。然而由于目前药品流通体系不完善和政府监管力度不够,使医院、医生和药品经销商为了共同的利益相互勾结从而导致药价虚高。

(4) 管办不分。

政府投入使得政府对公有制医院兼具双重身份:一是所有者的身份,二是管制者身份。这就是所谓的"管办不分"。因此政府对这些卫生服务提供者的人、财、事有一定的控制权,由于管理不善,公立医院的内部管理机制越来越不适应市场环境。

(5) 医保医疗救助体系欠缺。

在8亿人口的农村,大多数人没有医疗保险,医药费的增长速度远远高于收入的增长。城镇下岗人员、退休人员等低收入人群也因医保覆盖率较低、医保门诊起付标准等问题难以享受基本医疗服务。只有健全和完善医保医疗救助体系才能为这些人群提供医疗保障。

1.1.3 我国医疗卫生完善对策

改革开放以来,我国的经济体制、政治体制、文化体制等方面的改革取得了举世瞩目的成就,有力地促进了国民经济发展和社会进步。但医疗卫生体制的改革却不尽如人意,出现了诸如医疗卫生的公平性下降,卫生投入的宏观效率低下,人民群众"看病难、看病贵"等一系列问题。这些问题如不解决,必然会降低人民群众对党和政府的信任度，不利于经济的发展与和谐社会的建设。解决我国当前医疗问题需从我国医疗卫生体系综合考虑，重点针对体制问题进行优化完善。

（1）强化各级政府在增加医疗卫生投入，提供公共卫生服务与加强医疗卫生监管方面的职责，把握“医改”公平正义的价值取向。

政府应强化以下两个方面的职责。

① 在一般医疗领域，要强化政府的筹资和分配责任。改革开放以来，医疗体制出现的诸多问题的直接或间接原因就在于政府投入在卫生总费用中的比重持续下降，所以要强化政府的筹资和分配责任。

② 要强化政府对医疗服务体系的干预。这些年来，医疗卫生领域有许多问题，最突出的是医疗服务体系的问题和服务提供方的问题，其重要原因是政府缺乏必要的责任，主要有投入不足和监管不力的责任。

（2）构建完善的公立初级医疗卫生服务体系。

在医疗卫生事业发展及医疗服务体系建设中，要想最大限度提高医疗卫生服务可及性，提高医疗卫生投入效率，最关键的措施之一是要首先健全初级医疗卫生服务体系，在此基础上再尽可能发展中高级医疗服务体系。从发达国家的经验看，虽然大都已构建起了完善的、多层次的医疗服务体系，但初级医疗卫生服务体系仍有着不可动摇的基础性地位。从我国国情看，受经济发展水平限制，在医疗服务体系建设的筹资能力方面明显不足，还很难同步建立非常完善的多层次医疗服务体系。在保障目标上，也无法做到满足所有社会成员的所有医疗服务需求，只能是首先满足所有社会成员的基本医疗服务需求，并在此基础上满足更多社会成员的更多医疗需求。因此，强化初级医疗卫生服务体系建设有着更为重要的意义。

（3）改革药品体系，确立药品现代流通目标模式，降低药品价格。

中国药品体系改革的最终目标不是单纯降低价格，而是合理设计药品现代流通目标模式，保障药品流通全过程的安全性和合理性，最大限度地利用药品造福于人民群众。

① 实行医药分离。这是医疗卫生体制改革的核心和难点。医药分业是大多数国家的选择。实践证明其对发展和提高医疗技术、保证合理用药行之有效。尽快实行医药分离，从源头上切断医院、医生与药品经营之间的经济利益联系，保证医生因病施治、对症开药。这是医药卫生体制改革的必然选择。我国可以分三步推进这项工作：第一步实行医药分开核算、分别管理，“收支两条线”；第二步将医院药房分离出来，成

为独立的法人经营机构，隶属关系仍由医院代管；第三步彻底实行医药分业管理。

② 确立药品现代流通目标模式，有序推进药品流通体制改革，合理设计我国药品现代流通目标模式和分步实施方案。根据药品的特殊性，借鉴国外药品流通的经验，我国药品现代流通的目标模式应该是：在确保药品流通全过程安全性的前提下，提高药品市场的集中度和透明度，推进药品分销企业的规模化、信息化、标准化和现代化，加快对药品流通全过程的流程再造，构建以信息化引领的药品现代物流体系，大力发展医药电子商务、连锁经营、物流配送等现代营销方式，建立高效的药品市场监管体制和市场化、专业化服务的行业中介组织，促进他律和自律的有效结合，实现药品流通高效率、高效益、低成本。

(4) 实行管办分离的医疗体制改革。

政府医疗卫生行政管理部门应从“办医院”真正转向“管医院”，不能直接经营管理医疗单位，不当运动员，只当裁判员。必须解决政府职能错位、缺位和不到位的问题。政府应作为维护医疗卫生市场秩序的监管人、最广大群众利益的维护人、公共卫生资源合理配置的调节人，在保障社会公平性方面提供服务和管理。目前政府医疗卫生行政管理部门应先考虑如下几件事。一是抓紧研究确定营利性医院与非营利性医院的政策界限，集中国家财政拨款，办好非营利性医院。对准备转型为营利性医院的，要抓紧研究医院产权制度改革方案，特别是对国家投资形成的有形资产和无形资产的评估作价方案，防止一哄而上，使大量国有资产流失。二是打破垄断，引入竞争机制。在鼓励外资和民间资本进入医疗服务市场的同时，抓紧研究医疗服务市场的准入制度、医疗质量和医疗费用的监测制度、医疗执业风险保险制度等，进行有效监管。医院的市场化改革决不能失控，决不能让不具备行医资格的人进入这个治病救人的领域。三是抓紧研究医药分离分步推进的方案。当前特别要落实医疗机构药品收支两条线管理，有条件的医院门诊药房可探索成为药品零售企业的路径，为实现医药分业管理做些准备。四是整合全社会卫生资源，优化卫生资源配置。抓紧研究解决我国医疗卫生资源配置的公平性问题，扭转重城市、轻农村，重大医院、轻社区医院，重参加医疗保险的人群、轻扶助弱势人群的状况。五是高度重视艾滋病、性病、血吸虫病、克山病等疾病预防教育和治疗，防止因疾病蔓延造成重大社会问题。

(5) 建立统一的社会医疗保障体系。

医疗保障体系是社会保障体系的重要组成部分，是维护社会稳定的减压器。因此，要把建立起覆盖全体国民的城乡一体化的医疗保障制度作为新型医疗卫生体制改革的具体目标。减轻企业退休人员医疗负担，适当降低企业退休人员基本医疗保险门诊起付标准，并尽快出台企业退休人员门诊医疗费社会统筹实施办法，从制度上保障企业退休人员的门诊基本医疗。在现行城镇基本医疗保障制度的基础上，对部分困难人员实行医疗补助或救助。探索建立城乡一体化的医疗救助体系，从居民向农民逐步推进，保障其享受大病重症医疗救助的权利，切实解决欠发达地区农民、困难户、城镇"三证"持有者、下岗失业人员的"看病难"问题。按照"一套班子、两块牌子、两项任务"的运行模式，依托现有非营利性医院设立1～2家慈善医院，对全市城乡低保户、特困户和困难户等提供基本医疗服务，慈善医院在挂号、诊疗、护理、住院等方面为基本医疗救助对象实行优惠减免措施。建设新型农村合作医疗制度，坚持"政府引导、自愿参加、多方筹资、保障适度、广泛覆盖"的原则，采取"低水平、广覆盖、个人为主、政府为辅"的形式，建立起以区、县为单位，统一筹资、统一管理的农村大病统筹保障型的新型合作医疗制度。

1.2 我国医疗发展面临的挑战

1.2.1 人口老龄化加速

中国已步入老龄化社会，在"未富先老、未备先老"及养老、医疗、长期照料服务等社会保障制度不完善的情况下，如何解决世界上规模最庞大的老年群体的医疗养老问题，为其提供丰富、便捷、高效的医疗养老服务，成为我国目前和未来几十年内面临的重大社会问题和民生问题。

1. 人口老龄化快速发展

我国计划生育政策推行了30多年，中国老龄化社会加速到来，预计2020—2050年中国将进入加速老龄化阶段。2012年年底我国60周岁以上老年人口已达1.94亿，老龄化水平达到14.3%。2013年年底老龄人口突破2亿大关，达到2.02亿，老龄化水平达到14.8%。老年抚养比从2012年的20.66%上升到2013年的21.58%。

当前多种老龄化问题进一步突显。

(1) 高龄老年人口继续增长，2013年达到0.23亿，还将以年均增长100万人的态势持续到2025年；

(2) 失能老年人口继续增加，2013年达到3750万人；

(3) 慢性病老人持续增多,2013 年突破 1 亿大关;

(4) 空巢老人规模继续上升,也突破了 1 亿人大关;

(5) 无子女老人和失独老人开始增多,2012 年中国至少有 100 万个失独家庭,且每年以约 7.6 万个的数量持续增加。

重度老龄化和高龄化时代将迅速到来。据相关预测,到 2023 年,老年人数量将增加到 2.7 亿,与 0～14 岁少儿人口数量相等;2025 年将突破 3 亿;2051 年中国老年人规模将达到 21 世纪人口老龄化的峰值 4.37 亿,约为少儿人口数量的两倍。这一阶段老龄化水平基本稳定在 31%左右,80 岁及以上高龄老人占老年总人口的比重将保持在 25%～30%。

"十二五"时期中国人口老龄化将加速发展,人口老龄化形势更加严峻,呈现出老龄化、高龄化、空巢化加速发展的三个新特征,老年人照料问题日益突出。失能半失能老人继续增加,老年人长期护理问题日益突出。随着人口老龄化的加剧,失能、半失能老年人的数量还将持续增长,医疗和护理问题日益突出。人口老龄化和高龄化伴随而来的是健康问题的增多,老年人生理与心理疾病愈发普遍。生活不能自理老年人口增多对长期医疗护理服务需求迫切,且呈逐渐扩大趋势。

2. 养老资源严重缺乏

养老问题成为不可回避的社会公共问题。在我国快速发展的老龄化进程中,社会养老保障制度不够完善、第三方服务市场发育不健全、公益性老龄服务设施和网络建设滞后、老年社会管理工作相对薄弱、城乡区域发展不平衡等已成为未来发展的重大隐患。

城市养老需求日益增长。以北京市为例,北京市老龄协会 2013 年的调查显示:按北京市现有生活不能自理或半自理的老人占 9.4%的比例估算,北京市 180 万老年人中生活不能自理或半自理的老人数量约为 17 万,其中完全不能自理的为 3.4 万。到 2025 年老年人口达到 416 万时,生活不能自理或半自理的老人数量约为 39 万,其中完全不能自理的将近 8 万。在对老年人的基本需求调查时发现,有一半以上的老人愿意接受社区卫生服务站的医疗卫生服务;有 17.6%的老人表示将来需要老年护理院的服务;有 20%的老人希望社区提供入户护理服务;但只有 4.5%的老人表示社区能为其提供入户护理服务。

中国养老资源严重短缺,且分布极其不均。中国人口占世界 22%,但医疗卫生资源仅占世界2%，并且分布不平衡。我国人口的80%分布在县以下医疗卫生资源欠发达地区，而我国医疗卫生资源80%分布在大中城市，而在大中城市中又有80%的资源集中在各大知名医院。从我国注册医生和人口比例来看，平均每千人仅拥有1.3个注册医生；每十万人拥有6个主任医师，如果进一步分配到老年人，这个比例就更小了。

养老机构已难担负“老有所依”重任。多年来，我国养老机构发展较为缓慢，存在“硬件不硬”、“软件太软”、“床位紧俏，养老变等老”的问题，而且在服务多样性、运转规范性以及规模性等方面存在种种不足之处，因而无法真正从医疗健康及日常护理方面实现老年人的“老有所依”。在我国大部分地方，养老机构和医疗机构各成系统，缺乏广泛深入的联系，严重影响了养老服务业的快速发展。

3. 经济负担日益沉重

从宏观的群体角度看，老年人群的医疗费用支出占所有人群总医疗费用支出的比例较大，上涨速度较快，超过了宏观经济增长速度。2012年，中国基本养老保险基金的总支出为13 948亿元，同比上年增加22%。其中，作为中国社会养老保险主体的城镇职工养老保险支出总额较2011年增加了2500多亿元，这一增量已接近2003年中国城镇职工养老保险全年的支出总额。

从微观的个体角度看，医疗费用支出是老年人日常费用支出的重要组成部分，占个人收入的比重很高，据2013年的统计数据，有20.1%的老年人的医疗费用超过其年收入，30%的老年人的医疗费用超过其收入的一半。患病率高、就医率高的特点使得老年人群在医疗卫生消费支出中所占的比例迅速增长。据测算，老年人消费的医疗卫生资源一般是其他人群的3～5倍，这拉大了老年人医疗费用与其他人群的差距。

老龄化成为个人和家庭的沉重负担。老龄化进程与家庭小型化、空巢化相伴随。随着人口结构老化形势的日趋严重，老年人健康状况令人担忧。我国家庭规模的日趋小型化，对老年人的家庭照顾功能不断弱化，照料老人成为几乎每个家庭的沉重负担。

现有基本医疗无法保障老年人医疗需求。老年人医疗卫生服务需求高、医疗费用支出高、老年社会医疗保障缺失和不足与老年人收入水平相对较低之间的矛盾，加重了老年患者的经济负担。

1.2.2 人民生活水平提高

改革开放以来，我国经济高速增长，综合国力和人们生活水平逐步提高。据统计，

2013年，中国GDP达568 845亿元，人均GDP达6700美元左右，而很多城市都远远超过了这个平均线。根据世界银行标准，人均GDP达到12 616美元的国家，就属于高收入国家。我国目前已经有42个地级及地级以上城市进入到发达行列，比如北京、天津和上海等。预计2014年我国GDP将首次突破10万亿美元，但在“唯GDP论”的发展思路下，重速度轻效益，重国际市场轻国内需求，重财富增长轻民生投入。高增长不等于高质量，持续的高增长背后累积了不少深层次矛盾。尤其是全球金融危机冲击和全球经济深度调整的形势下，不协调、不平衡、不可持续问题进一步凸显。因此，“唯GDP论”的发展思路已难以为继。“十二五”规划调低了经济增速目标，更加重视民生和社会目标，将医疗、教育等民生项目纳入到改善人们生活水平的工程中，加快了改革步伐。

2014年5月20日，国务院批转了国家发改委《关于2014年深化经济体制改革重点任务意见的通知》，提出医疗业是我国2014年深化改革重点之一，要提高服务业发展水平(包括健康服务业)，让人民群众像选择商品一样有更多的服务可选择。依靠改革推动和开放倒逼机制，加快健康服务业、养老服务业、信息消费、物联网和互联网等服务业发展。对于健康服务业来讲，一方面要进一步扩大服务规模，提升服务能力，否则“供方”短缺，难以给“需方”提供更多的选择；另一方面要着力构建市场化的格局，否则在不公平的竞争格局下，即使“供方”足够，也难以为人民群众提供更多的选择。

健康服务业的发展涉及以下几个方面。

一是“方向”上，要坚持“社会主义市场经济”，重点是“推动发展和改善民生”。着力点体现在“三个方面”：群众最期盼的领域、制约经济社会发展最突出的问题、社会各界能够达成共识的环节。突破点在“稳增长、调结构、惠民生有直接效果的改革举措”。

二是“加快转变政府职能”方面，提出要简政放权以及取消或简化“前置性审批”，并提出要“加快建立和完善权力清单制度”，明确“法无授权不可为”及“法无禁止皆可为”，特别要求各级政府要将权力透明公开于社会。目前，卫生行业要特别注意，社会办医的审批，划清权力边界，弄清法律规定，避免“违法行为”。如，行政许可规定的审批时限是30天，超过则视为“许可”，很可能因此造成行政诉讼败诉。

三是在“着力推进财税金融价格改革”方面，指出要“进一步减少政府定价项目，凡是能通过市场竞争形成价格的，要坚决交给市场。暂不具备放开条件的，要探索建立更加符合市场导向、更好反映供求关系的价格机制”。从两个层次看：一是可以交给市场的服务，可以由市场决定的一律交给市场；二是暂不具备条件的，“要探索建立更加符合市场导向、更好反映供求关系的价格机制”，实际上实行渐进式价格改革方案。

四是深化国有企业、科技体制等改革，要加快健康服务业、养老服务业等服务业发展。其中指出，要提高服务业发展水平，让人民群众像选择商品一样有更多的服务可选择。

五是“推进关系民生改善的各项体制改革”，以保基本、兜底线、促公平为核心，深化教育、文化、医药卫生、社会保障、住房保障等领域改革，构建基本民生保障服务体系。文件特别突出，要“完善社会救助制度体系，兜住特殊困难群众的生活底线”。

随着人们生活水平的不断提高及人口老龄化加速到来，医疗服务需求正在稳步增加，医疗服务产业即将进入快速增长期，如何实现医疗卫生的公平与效率，完善就医、养老、健康保障体制，是新时期摆在管理者和公众面前的重要问题。新技术的出现给医疗产业带来了新的生机，从基础医疗软硬件设备的升级，到就医模式的人性化及医疗保险、医疗费用的亲民性，渐渐渗入了智慧的元素，“看病难，看病贵”的难题正在被破解。

第2章 智慧医疗的理念

未来的地球大部分人口将居住于城市，地球也将成为庞大的城市网络和城市联盟。为了解决人类城市发展过程中的各种问题，智慧城市成为城市发展的目标。智慧城市能够更透彻地感应和度量我们生活的世界，更加全面地互联互通，更加深入地智能洞察。医疗是社会生活中的一部分，智慧医疗是智慧城市的重要建设领域，将秉承智慧城市理念，为民众带来更有效更高质的医疗健康服务。智慧医疗利用先进的信息化技术，从而改善疾病预防、诊断和研究，实现智慧的“健康管理”，并最终让医疗生态圈的各个组成部分受益。

2.1 新技术变革医疗卫生

2.1.1 全球新兴技术战略发展趋势

作为全球顶尖的企业咨询机构，Gartner（高德纳）和McKinsey（麦肯锡）两家公司对全球技术的预测是全球公认的。本节将重点介绍它们近两三年发布的几个重要研究报告结果。

1. Gartner：2014年十大战略技术趋势

全球首家信息技术研究和分析机构Gartner总结出以下2014年十大战略技术趋势。

1）移动设备的多样性和管理

从2014年起直到2018年，自发形成的“自带设备”办公（BYOD）引发种类繁多的移动设备。届时，信息技术和金融机构移动员工的数量可能会是现在的两倍或三倍，从而引发的新问题便是企业如何针对自带设备制定新的政策，以便平衡好灵活性与保密和隐私的需求。

2) 移动应用和应用程序

2014 年,网络客户端脚本语言 JavaScript 性能的提升将会推动 HTML5 的普及,并且其浏览器将成为主流的企业应用开发环境。

3) 万物联网(Internet of Everything)

目前对互联网的四个基本应用模型分别为管理、货币化、操作和扩展。这些模型可以应用于任何人、物、信息和场所,因此“物联网”终将会被“万物联网”所取代。

4) 混合云和 IT 服务代理

个人云和外部私有云服务整合势在必行。企业在设计私有云服务时需要考虑到未来的混合云趋势,并确保未来集成互操作性的可行性。

5) 云/客户端架构

移动用户对移动技术需求愈发复杂也将驱动服务器端计算和存储能力不断提升。

6) 个人云时代

个人云技术的发展将导致设备向服务转移。

7) 软件定义一切(Software-Defined Anything,SDx)

软件定义一切是指在基础设施可编程性标准提升的情况下,由其自身自动驱动的数据中心互操作性转向云计算、DevOps 和快速的基础设施供应。

8) 互联网规模 IT (Web-scale IT)

大型云服务供应商正在用 IT 服务可交付的方式重塑 IT 之路。这些企业的能力已不可单纯用规模来界定,还涉及交付速度和敏捷性。企业如想与之保持同步,需要效仿这些领先的云供应商的流程、架构和实践。而这三项要素的集合定义为“Web-scale IT”。

9) 智能机器

智能机器时代将成为 IT 史上最具颠覆性的时代。智能机器涵盖范围极广,不仅包括环境感知的各种设备、智能个人助理、智能顾问(诸如 IBM 最新计算机系统 Watson),而且在先进的全球工业系统和无人驾驶汽车领域也将迅速发展。

10) 3D 打印

预计 2014 年 3D 打印机的出货量将增长 75%,到 2015 年这一数字将翻番。

2. Gartner:2014 年中国十大战略技术趋势

Gartner 中国本土分析师共同发布了一份最新的研究报告,遴选出中国十大战略技术趋势。这些技术与趋势值得中国的CIO们关注与考量，从而助力业务增长并在数字化时代保持竞争力。

将这一报告与2013年12月发布的全球技术趋势报告对照，可以看出，“社交化商务”在中国是比较独特的。此外，Gartner分析师针对每一个趋势都根据中国国情进行了分析。这十大技术趋势突显了目前中国的技术采用现状以及技术的成熟度与牵引力。2014年中国企业在技术产品与服务上的开支预期将达到1406亿美元(约合人民币8540亿元)。

战略性技术是指未来三年内具备对企业产生重大影响潜能的技术。构成重大影响的因素包括：颠覆IT或业务的巨大潜能，需要以投资为主，抑或过晚采用会产生风险。一项战略性技术可能是一项现有的已成熟或已较广泛使用的技术，也可能是一项能够为战略性业务优势提供机会的新兴技术。2014年中国十大战略技术趋势如下。

1）移动设备多元化与管理

BYOD的快速采用使得企业级移动化战略变得更为复杂和具有挑战性。到2018年，随着不断增长的各类设备、计算方式、使用情境以及交互范例，管理好这些多元化设备将成为企业首席信息官的首要战略目标。在中国，首席信息官将面临更为严峻的形势，皆因该地区低端智能手机普及而形成更快的设备汰换周期。另一个显著的区别则源自于中国的员工文化，他们倾向于工作更长的时间并有将工作与生活混淆的趋势。

2）移动应用软件与各类应用

2014年移动应用软件与各类应用持续增长，并且没有任何迹象表明该趋势将放缓。对移动服务的强力需求推动了这一增长，使得移动服务跨越了早期满足信息与内容接入需求的阶段，为用户和业务带来各类新功能。由于通过移动设备来探索世界变得极为普遍，中国企业目前正在尝试新的互动技术，例如二维码(QR code)、音频、增强实境(augmented reality)、手势等。NFC(近场通信技术)配备二维码已成为最流行的一类技术。企业正不断加快在移动应用方面的努力并成为技术采用先行者，主要包括银行与航空公司。他们为用户和员工推介各类移动应用软件，例如移动银行、自助登机服务以及客舱服务。

3）社交化商务(Social Commerce)

社交化商务是社交网络与社交媒体用来支持销售交易的一种用途。近年来，中国在社交化商务方面取得成功的案例远远领先于西方同行业者。在美国和欧洲，大部分常见案例主要为商品点评，在社交购物与社交网络商务方面的成功极其有限。而在中国则恰恰相反，社交网络商务主宰了整个市场。腾讯 QQ、腾讯微信以及新浪微博已成为中国三大主要社交网络，企业能够利用这些社交网络来推动社交化商务。

4）万物联网(Internet of Everything)

截至 2020 年，将有 260 亿台设备被装入物联网，2020 年相关的物联网产品与服务供应商将实现超过 3000 亿美元的增值营收，并且主要集中在服务领域。为使中国成为物联网发展的领先者，中国的领导厂商们提供了有力的支持与促进。政府也发布了一系列重大政策以实现物联网创新，选出九大领域作为政府投资的重点应用领域，主要包括智能工业、智能农业、智能物流、智能交通、智能电网、智能环保、智能安防、智能医疗、智能家居。

5）混合云以及 IT 服务代理

混合 IT 云将是云计算世界里关键的运营模式。随着更多的云计算服务兴起，可为企业提供更有价值的混合云方面的 IT 管理的服务商将逐渐增多。这样的服务商能够确保企业在云提供商选取、运营的合规性、云架构的支付体系建立、混合云的集成度、云应用的管理、云运行的安全性以及协同性等方面的效益和效率的最大化。大部分中国企业已经开始利用云计算，同时也逐渐接受这种新型的运作模式。但由于某些外部和内部的因素，混合云的 IT 环境在中国企业内尚未很好地普及和应用。尽管如此，Gartner 仍预期在未来三年内对混合式解决方案的需求将变得更为强烈，将促使中国企业开始采用各类技术在一个混合式 IT 的架构下实现安全、管理以及管控方面的解决方案。

6）云端/客户端架构

智能手机销量的高速增长，设备与品牌的选择多样性，以及繁荣的移动应用软件生态系统，共同为企业在中国采用新的云端/客户端应用模式打造了温床。4G 服务的实现和新兴的公有云服务将在不久的未来进一步加速移动服务的发展和云端/客户端架构的变革。首席信息官与企业 IT 必需思考如何才能提供一个基于移动终端设备的统一的、无缝整合的用户体验，重新获得软件工程最佳实践范例从而平衡整体化、模块化、目标化和服务型等各类方式。幸运的是，中国企业在采用全新模式的时候，所需摒弃的传统阻碍相对较少。

7）个人云时代

中国的用户正在逐渐接纳各种各样的个人云服务，例如流媒体中的土豆，社交网络中的微信，云存储以及跨设备跨平台数据同步中的QQ空间。不过，中国的个人云服务与大部分其他成熟市场的差异主要在于现有的盈利模式。目前中国市场上所提供的大多数个人云服务均为免费提供给消费者，甚至包括一些流媒体服务。但随着中国的企业越来越关注如何通过个人云将其服务拓展至员工、合作伙伴或客户从而提升运营效率和营收，这一现状将发生改变。

8）软件定义一切

软件定义一切将IT服务（例如，计算、网络、安全以及存储）从硬件底层解耦出来，因此也将虚拟化这一概念扩展至一个新的层面，即所有的数据中心资源被抽离、合并以及自动化管理。数据中心SDx的核心组件包括计算虚拟化、软件定义网络（Software-Defined Network，SDN），以及软件定义存储（Software-Defined Storage，SDS）。在中国，SDN在A类企业中崛起得非常迅速，此外还有一些大型的电子商务以及云服务提供商。尽管SDS尚处于萌芽阶段，但其潜在市场机会已经吸引了一批全球范围内的成型的技术提供商（如EMC，HP等），而中国厂商（如DataCore）以及全球性创业型企业（如Nexenta）也已提出相关解决方案。

9）互联网规模IT

对大部分的中国企业来说，互联网规模IT是一个新概念。消费者文化的崛起正在改变企业开展业务的方式。数字化营销和电子商务需要高效与敏捷的IT支持，同时考虑到中国有最大规模的网民数量，可扩展性将成为IT系统必须要考虑的一大问题。这些因素对传统IT在可扩展性、成本以及响应速度方面都提出了挑战。互联网规模IT不仅专注于具有扩展性的IT设备和技术，同时也关注相关的运营流程以及组织架构。

10）3D打印

3D打印的实现主要是一项加成工艺，通过一台设备将数字模型生成为实物。该市场被明显地划分为三个类型：生物打印、消费者3D打印以及企业级3D打印。3D打印的主要优势体现在能够提供定制化或无法大批量生产的小批量的物件。3D打印在中国拥有许多真正的机会，从3D打印机以及打印材料的产品设计与制造、生物打印，到专业提供3D打印服务。

中国是一个巨大的且极具潜力与竞争力的IT市场。中国的技术趋势与全球其他地区基本保持一致，但又因其特殊的市场情况而有些许不同。中国的企业在技术采用方面处于不同的阶段，一些成熟的企业属于技术采用的先行者，而一些企业则仍处于早期的评估阶段。

尽管这十大应被中国公司作为其战略规划进程考虑因素的技术已被明确定义出来，但这并不一定意味着必须对全部这些技术进行投资。在未来两年内，企业必须经过深思熟虑并对这些技术中的每一项做出决定。

3. Gartner：2015 年十大信息技术趋势

2014 年 10 月 Gartner 研讨会/IT 博览会在奥兰多举行，会议指出了接下来一年的十大信息技术趋势。战略性技术趋势被认为将会在未来三年内对组织机构产生重大影响。2015 年十大信息技术趋势如下。

1）计算遍地开花

随着智能手机技术的不断进步，未来将会更加注重服务于各种条件和环境下移动用户的需求，而不是仅专注于设备。智能手机和可穿戴设备将成为更广泛的计算产品的一部分。后者包括工作场所和公共场合中的联网屏幕。用户体验设计的重要性将相当突出。

2）物联网(IoT)

物联网将在无处不在的以用户为导向的计算的推动下继续扩张。这将在工业化和运营性环境中得到复制，对数字化商业产品和流程的关注也是如此。更深层次地植入技术将为世界各地的用户创造接触点。这将形成数字业务的基础。

3）3D 打印

未来三年，3D 打印的成本将会下降，并触发这些低成本机器市场的快速增长。工业化应用也将继续其快速增长态势。工业、生物医药和消费者应用领域的扩张将尤为迅速，凸显了这一趋势的真实程度。这也证明 3D 打印是一种通过改进过的设计和简化的原型设计以及短期制造来降低成本的可行的、成本节约的方式。

4）高级、渗透型、隐形分析学

随着物联网及该趋势下持续培育的嵌入式设备的发展，分析学将继续向前推进。组织内部和外部将有大量结构化和非结构化的数据产生。每一个应用程序都必须是一个分析性的应用程序。大问题和大答案要比大数据更为重要。

5）语境丰富的系统

无处不在的嵌入式智能，加上渗透型分析学，将推动对周边环境敏感且能做出响应的系统的发展。能根据语境展开的安全服务是这一趋势的早期应用，然后其他服务也会逐渐兴起。

6）智能机器

结合了对环境理解的分析学将推动智能机器的出现。高级算法将催生能够自我学习并根据学习所得进行相应行为的系统。机器助手将继续在现有原型产品的基础上进化，如自动驾驶车辆、高级机器人、虚拟个人助手和智能顾问等。智能机器时代将成为 IT 历史上最具颠覆性的时代。

7）云/客户端架构

移动计算和云计算将继续汇聚，并推动可适用于任何设备的中央协调应用的成长。云计算是面向内部和外部的应用可进行弹性拓展的、自助式计算的基础。有效采用智能和客户端设备存储的应用程序将得益于宽带成本降低和协作，且管理将基于云进行。随着时间的推移，应用程序将有所进化，支持多种设备的同时使用。未来，游戏和企业应用都将使用多块屏幕，并采用可穿戴设备和其他设备来交付提升后的体验。

8）软件定义的基础设施和应用程序

从基础设施基本要素到应用等所有一切编程的灵活开发方法对组织来说非常重要。它能使后者拥有数字化商业运转起来的灵活能力。软件定义的网络、存储、数据中心和安全正在迈向成熟。应用程序编程接口（API）使得云服务软件具有可配置的性质，应用程序拥有丰富的 API 来通过编程方式获得它们的功能和内容。为了处理数字化业务快速变化的需求（有向上变化和向下变化两种可能），计算必须要从静态模型向动态模型转变。

9）网络规模 IT

将有更多的企业以技术中坚公司（如亚马逊、谷歌和 Facebook）的那种方式思考、行动和打造应用程序和基础设施。随着商业硬件平台采用新模型、云优化及软件定义方法成为主流，将会产生一场向着网络规模 IT 的进化。开发和运营以一种协作的方式结合（称为 DevOps）是迈向网络规模 IT 的第一步。

10）基于风险的安全和自我保护

安全仍将是迈向数字化未来进化过程中一个非常重要的考虑，但也不应放置过多精力以免阻碍进步。随着许多企业承认，100%的安全解决方案是不可行的，基于风险的安全和自我保护将变得更为主流，且将实施更为复杂的风险评估方法和从流程和工具方面着手的风险消减。周边防御将被广泛认为是不足够的，多方面多角度的方法将被设计出来。具有安全意识的应用程序设计、动态及静态应用程序安全测试，以及运行时间应用程序自我保护，以及有效的语境意识和自适性访问控制都将是必要的手段。

4. Gartner：新兴技术成熟度曲线

到 2014 年，Gartner 的新兴技术成熟度曲线（Hype Cycle for Emerging Technologies）这个有用的工具已经问世 20 周年。该工具旨在跟踪人们对技术和商业创新的周期性兴趣爆发和经常性失望的起起伏伏。新兴技术成熟度曲线是跟踪创新及其商业影响力的工具。人们的注意力正从支持信息、应用、云端系统和大数据的基础设施，转向如何运用云计算、大数据和社交的某些能力来解决现实的商业问题。人们的关注点从技术本身转向将这项技术实际运用到现实的商业需求和商业成果中。

2014 年 8 月，Gartner 发布了最新的新兴技术成熟度曲线（见图 2-1）。2013 年，大数据享有至高无上的地位，处于“期望膨胀高峰期”。但 2014 年，大数据已经跌入“幻灭的低谷期”。物联网取而代之，占据了成熟度曲线的最高点。在 2012 年和 2013 年，物联网曾被认为还需要 10 年以上的时间才会达到“生产率稳定期”。但 2014 年，这一预期调整为物联网只需要 5～10 年时间就会达到这个最终成熟阶段。

无论是大数据还是物联网，数据和数据之上的信息都是不变的“主旋律”。物联网将数据流动的介质进一步“下沉”至具备联网功能和数据传输能力的“物件”上，让更多的机器、设备成为人们生产与生活交互的一部分。

2014 年新兴技术成熟度曲线上的一个新面孔是“数据科学”，预计它将在 2～5 年时间里达到稳定期。与其说它是一项或一套具体的技术，不如说是一门处理大数据的学科。《成熟度曲线特别报告》（Hype Cycle Special Report）指出：“虽然对大数据的兴趣依然不减，但它已经离开高峰期，因为该市场已经安定下来，有了一整套合理的方法，新的技术和实践被添加进现有方案。”虽然大数据兴趣不减，市场趋向稳定，但大数据还有 5～10 年才会达到稳定期。大数据相关技术的演进在未来一段时间内仍将展现出强大的生命力，相关市场的营收也将不断放大。

对于 Gartner 对新兴技术起伏的判断，皮尤研究中心（Pew Research Center）评

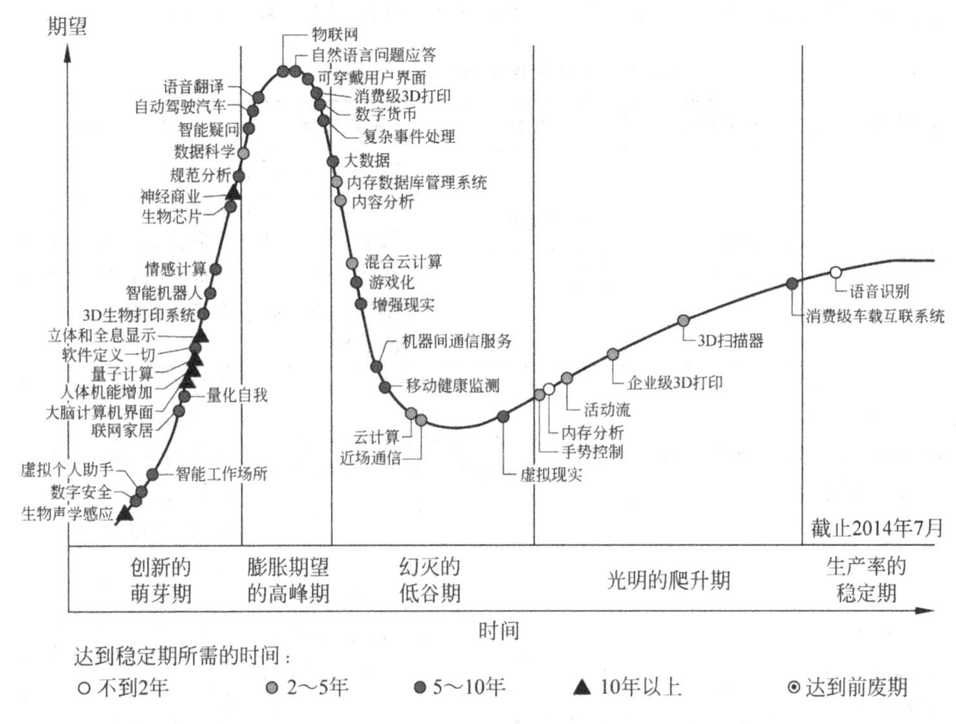

图 2-1　Gartner 新兴技术成熟度曲线

价："虽然成熟度曲线不是严格地以数据为基础，但 Gartner 分析师们对技术采纳状况作出的判断常常与其他优秀观察者的看法相一致。在特定创新应该处于曲线什么位置的问题上，有时会有争议，但该曲线所勾勒的总体趋势很少受到质疑。"

5. McKinsey：未来最具影响性的十大科技

未来最具经济影响性的技术应该是那些已经取得良好进展的技术。比如：已经在发达国家普及并在新兴国家蓬勃发展的移动互联网；知识工作的自动化，比方说用计算机语音来处理大部分的客户电话；物联网，比方说将传感器嵌入物理实体中用来监控产品在工厂的流动。麦肯锡(McKinsey)战略研究团队列举了未来最具经济影响性的十大科技：移动互联网、知识工作自动化、物联网、云计算、先进机器人、自动汽车、下一代基因组、储能技术、3D 打印、先进材料。这十大科技趋势中，大多都与医疗卫生相关。

按照麦肯锡的估算，到 2025 年，这些技术每一个对全球经济的价值贡献均将超过

1 万亿美元。这十大科技的经济价值、主要技术和关键应用如表 2-1 所示。

表 2-1　未来最具影响性的十大科技

科学技术	经济价值	生活	主要技术	关键应用
移动互联网	3.7 万亿～10.8 万亿美元	远程健康监视可令治疗成本下降 20%	无线技术，小型、低成本计算及存储设备，先进显示技术，自然人机接口，先进、廉价的电池	服务交付、员工生产力提升、移动互联网设备使用带来的额外消费者盈余
知识工作自动化：可执行知识工作任务的智能软件系统	5.2 万亿～6.7 万亿美元	相当于增加 1.1 亿～1.4 亿全职劳动力	人工智能、机器学习、自然人机接口、大数据	教育行业的智能学习、医疗保健的诊断与药物发现、法律领域的合同/专利查找发现、金融领域的投资与会计
物联网：用于数据采集、监控、决策制定及流程优化的廉价传感器网络	2.7 万亿～6.2 万亿美元	对制造、医保、采矿运营成本的节省最高可达 36 万亿美元	先进、低价的传感器，无线及近场通信设备（如 RFID），先进显示技术，自然人机接口，先进、廉价的电池	流程优化（尤其在制造业与物流业），自然资源的有效利用（智能水表、智能电表），远程医疗服务、传感器增强型商业模式
云计算：利用计算机软硬件资源通过互联网或网络提供服务	1.7 万亿～6.2 万亿美元	可令生产力提高 15%～20%	云管理软件（如虚拟化、计量装置），数据中心硬件，高速网络，软件/平台即服务（SaaS、PaaS）	基于云的互联网应用及服务交付，企业 IT 生产力
先进机器人：具备增强传感器、机敏性与智能的机器人和用于自动执行任务的机器人	1.7 万亿～4.5 万亿美元	可改善 5000 万截肢及行动不便者的生活	无线技术，人工智能/计算机视觉，先进机器人机敏性、传感器，分布式机器人，机器人式外骨骼	产业/制造机器人，服务性机器人——食物准备、清洁、维护，机器人调查，人类机能增进（如钢铁侠），个人及家庭机器人——清洁、草坪护理

续表

科学技术	经济价值	生活	主要技术	关键应用
自动汽车：在许多情况下可自动或半自动导航及行驶的汽车	0.2万亿～1.9万亿美元	每年可挽回3万～15万个生命	人工智能、计算机视觉、先进传感器，如雷达、激光雷达、GPS。机器对机器的通信	自动汽车及货车
下一代基因组：快速低成本的基因组排序，先进的分析，合成生物学	0.7万亿～1.6万亿美元	通过快速疾病诊断、新药物等延长及改善75%的生命	先进DNA序列技术、DNA综合技术、大数据及先进分析	疾病治疗、农业、高价值物质的生产
储能技术：存储能量供今后使用的设备或物理系统	0.1万亿～0.6万亿美元	到2025年40%～100%的新汽车是电动或混合动力的	电池技术——锂电、燃料电池；机械技术——液压泵、燃气增压；先进材料、纳米材料	电动车、混合动力车，分布式能源，公用规模级蓄电
3D打印：利用数字化模型将材料一层层打印出来创建物体的累积制造技术	0.2万亿～0.6万亿美元	打印的产品可节省成本35%～60%，同时可实现高度的定制化	选择性激光烧结、熔融沉积造型、立体平版印刷、直接金属激光烧结	消费者使用的3D打印机、直接产品制造、工具及模具制造、组织器官的生物打印
先进材料：具备强度高、导电好等出众特性或记忆、自愈等增强功能的材料	0.2万亿～0.5万亿美元	纳米医学可为2025年新增的2000万癌症病例提供靶向药物	石墨烯、碳纳米管、纳米颗粒——如纳米级的金或银、其他先进或智能材料——如压电材料、记忆金属、自愈材料	纳米电子、显示器，纳米医学、传感器、催化剂、先进复合物，储能、太阳能电池，增强化学物和催化剂

资料来源：麦肯锡研究报告。

2.1.2 新技术对医疗卫生的影响

当今世界的新技术(见表 2-2)大都与医疗卫生相关,已经或正在渗透到世界各地医疗健康领域。比如,基于移动互联网的服务支付、基于物联网的远程医疗服务、基于云的互联网应用及服务支付、利用下一代基因组进行疾病治疗、利用 3D 技术进行组织器官的生物打印等。又如,由云计算、大数据、物联网、移动互联网等技术交融,推动的云医疗模式发展。不仅节省了整体建设投资成本,而且以更加便利的方式,随时随地地将医疗健康服务精准地提供给用户。这些技术的突破推动了医疗卫生事业的跨越式前进,极大地拓宽了可治疗范围,降低了总体医疗成本,从而大大提升了我国医疗水平。

表 2-2 信息技术趋势汇总

2014 年中国十大战略技术趋势	2014 年全球十大技术趋势	2015 年十大信息技术趋势	未来最具影响性的十大科技
移动设备多元化与管理	移动设备多元化与管理	计算遍地开花	移动互联网
移动应用软件与各类应用	移动应用和应用程序	物联网	知识工作自动化
社交化商务	万物联网	3D 打印	物联网
万物联网	混合云以和 IT 服务代理	高级、渗透型、隐形分析学	云计算
混合云以及 IT 服务代理	云/客户端架构	语境丰富的系统	先进机器人
云/客户端架构	个人云时代	智能机器	自动汽车
个人云时代	软件定义一切	云/客户端架构	下一代基因组
软件定义一切	互联网规模 IT	软件定义的基础设施和应用程序	储能技术
互联网规模 IT	智能机器	网络规模 IT	3D 打印
3D 打印	3D 打印	基于风险的安全和自我保护	先进材料

据麦肯锡全球研究所 2014 年 7 月公布的数据,从 2013 年到 2025 年,互联网技术每年可为中国医疗支出节省 1100 亿～6100 亿元,这将占据医疗支出项目增量增长额的 2%～13%。

本节主要介绍智慧医疗相关的几项重要技术:物联网技术、云计算技术、大数据技术、3D 打印技术。

1. 物联网技术

国际电信联盟(International Telecommunication Union,ITU)把RFID技术、传感器技术、纳米技术、智能嵌入技术视为物联网发展过程中的关键技术。在医疗卫生领域,物联网的主要应用技术在于物资管理可视化技术、医疗信息数字化技术、医疗过程数字化技术三个方面。例如,借助于医疗物联网技术实现即时监测和自动数据采集以及远程医疗监护;借助RFID标识码,利用移动设备管理系统,在无线网络条件下直接进入系统实时完成设备标识、定位、管理、监控,实现大型医疗设备的充分利用和高度共享,大幅度降低医疗成本;同时,运用物联网技术可以实现患者以及医护管理等的信息智能化。

和传统的互联网相比,物联网有其鲜明的特征。首先,它是各种感知技术的广泛应用。物联网上部署了海量的多种类型传感器,每个传感器都是一个信息源,不同类别的传感器所捕获的信息内容和信息格式不同。传感器获得的数据具有实时性,按一定的频率周期性地采集环境信息,不断更新数据。其次,它是一种建立在互联网上的泛在网络。物联网技术的重要基础和核心仍旧是互联网,通过各种有线和无线网络与互联网融合,将物体的信息实时准确地传递出去。在物联网上的传感器定时采集的信息需要通过网络传输,由于其数量极其庞大,形成了海量信息,在传输过程中,为了保障数据的正确性和及时性,必须适应各种异构网络和协议。最后,物联网不仅仅提供了传感器的连接,其本身也具有智能处理的能力,能够对物体实施智能控制。物联网将传感器和智能处理相结合,利用云计算、模式识别等各种智能技术,扩充其应用领域。从传感器获得的海量信息中分析、加工和处理出有意义的数据,以适应不同用户的不同需求,发现新的应用领域和应用模式。

此外,物联网不受时空限制,任何时间的应用场景与用户的自由互动都可以进行。它主要依托云服务平台和互通互联的嵌入式处理软件,弱化技术色彩,强化与用户之间的良性互动,更佳的用户体验,更及时的数据采集和分析建议。

物联网架构可分为三层:感知层、网络层和应用层。感知层通过传感器采集数据,再由短距离通信协议将信息汇聚到个人服务器(手机、平板或家庭网关);网络层实现安全上传健康数据,并及时给用户反馈必要的响应;应用层存储、分析健康数据,提供基础的业务能力或将健康数据开放给第三方提供多样化的应用和服务。

在感知层,目前主流的芯片厂商纷纷从各自擅长的角度积极介入移动健康和智慧医疗领域，推动生命体征数据采集技术的快速成熟。传感器设备通过短距离通信协议可组成体感网(Body Sensor Network，BSN 或者 Body Area Network，BAN)。体感网可实现同时采集多项生理参数(如体温、血压、脉搏、心电、脑电、皮电、血氧、血糖)，并将这些采集到的信息汇聚后通过个人服务器传送到远端的服务器，进行更深入的处理和分析，提供更加个性化的健康和医疗服务。

在网络层，移动通信网络的各项通信能力使得移动健康和智慧医疗服务变得便捷和有效。其中，主要应用的关键技术有：短信和彩信能力，可鉴权可认证的安全数据传输的专网，便于远程协同的音视频能力，便于大规模、灵活、可靠信息存储的云技术，以及便于传感器节点规模组网的物联网平台技术。

在应用层，主要实现移动健康和智慧医疗的数据存储、数据分析、数据挖掘，并在此基础上提供相应的健康或医疗服务。另外，健康和医疗数据经常要与其他医疗机构进行互联互通，或提供给第三方以实现更加丰富的业务能力。HL7 卫生信息交换标准(Health Level 7)，是目前用于规范应用层与各医疗机构、医疗事业行政单位、保险单位以及其他服务机构的各种不同信息系统之间的医疗数据传递的主要标准。

2. 云计算技术

云计算是基于互联网的相关服务的增加、使用和交付模式，通常涉及通过互联网来提供动态易扩展且经常是虚拟化的资源。云是网络、互联网的一种比喻说法。过去在图中往往用云来表示电信网，后来也用来表示互联网和底层基础设施的抽象。云计算可以让你体验每秒 10 万亿次的运算能力，拥有这么强大的计算能力可以模拟核爆炸、预测气候变化和市场发展趋势。用户通过计算机、笔记本电脑、手机等方式接入数据中心，按自己的需求进行运算。

云计算是使计算分布在大量的分布式计算机上，而非本地计算机或远程服务器中，企业数据中心的运行将与互联网更相似。这使得企业能够将资源切换到需要的应用上，根据需求访问计算机和存储系统。

云计算技术有如下特点。

(1) 超大规模。

“云”具有相当的规模，拥有 10～100 多万台服务器，能赋予用户前所未有的计算能力。企业私有云一般拥有数百上千台服务器。

(2) 虚拟化。

云计算支持用户在任意位置、使用各种终端获取应用服务。所请求的资源来自“云”,而不是固定的有形的实体。应用在“云”中某处运行,但实际上用户无须了解、也不用担心应用运行的具体位置。只需要一台笔记本电脑或者一部手机,就可以通过网络服务来实现需要的一切,甚至包括超级计算这样的任务。

(3) 高可靠性。

“云”使用了数据多副本容错、计算节点同构可互换等措施来保障服务的高可靠性,使用云计算比使用本地计算机可靠。

(4) 通用性。

云计算不针对特定的应用,在“云”的支撑下可以构造出千变万化的应用,同一个“云”可以同时支撑不同的应用运行。

(5) 高可扩展性。

“云”的规模可以动态伸缩,满足应用和用户规模增长的需要。

(6) 按需服务。

“云”是一个庞大的资源池,只需要按需购买,就可以像自来水、电、煤气那样计费获取。

(7) 极其廉价。

由于“云”的特殊容错措施,可以采用极其廉价的节点来构成云。“云”的自动化集中式管理使大量企业无须负担日益高昂的数据中心管理成本,“云”的通用性使资源的利用率较之传统系统大幅提升,因此用户可以充分享受“云”的低成本优势,经常只要花费几百美元、几天时间就能完成以前需要数万美元、数月时间才能完成的任务。

(8) 潜在的危险性。

云计算服务除了提供计算服务外,还必然提供了存储服务。但是云计算服务当前垄断在私人机构(企业)手中,而他们仅仅能够提供商业信用。政府机构、商业机构(特别像银行这样持有敏感数据的商业机构)对于选择云计算服务应保持足够的警惕。一旦商业用户大规模使用私人机构提供的云计算服务,无论其技术优势有多强,都不可避免地让这些私人机构以“数据(信息)”的重要性挟制整个社会。对于信息社会而言,“信息”是至关重要的。另外,云计算中的数据对于数据所有者以外的其他云计算用户是保密的,但是对于提供云计算的商业机构而言却是毫无秘密。所有这些潜在的危险,是商业机构和政府机构选择云计算服务,特别是国外机构提供的云计算服务时,不得不考虑的一个重要的前提。

3. 大数据技术

智慧医疗所具备的特征之一是系统间信息的互联互通及融合，并以新形式协同工作。以患者为中心的理念和行为是医疗体系信息融合的核心，它以协调、整合的医疗模式将医疗机构联系在一起，以向患者提供无缝的医疗体验。患者还可以享受到整个医疗体系智能化带来的便利，从而更好地保健和更好地防病治病。信息联通融合医疗体系中各个环节和支持组织以实现跨组织和技术边界开展协作的核心能力，旨在倡导健康的生活方式、提供医疗服务、管理慢性疾病、评估和选择医疗服务提供商，并为疑难杂症的患者及其家属提供支持。智慧的医疗系统弥合了信息壁垒，将个人与各方整合为一体以进行更智慧的决策。

1）信息联通

由广域网、局域网及单机按照一定的通信协议组成的互联网，未来发展的设计更为广泛的物联网，将医疗体系范围以内的终端、客户端、服务端通过信息技术的手段互相联系起来，实现信息的互联互通。

2）信息融合

信息融合是指将多种数据经过合成后不再保留原有数据的独立特征，而形成全新的综合数据。数据集成是把不同来源、格式、特点性质的数据在逻辑上或物理上有机地集中，提供全面的数据共享。

信息融合是一个多级多层面的数据处理过程，主要完成对来自多个信息源数据进行自动检测、关联、相关、估计及组合等的处理，实现互联网和物联网多元数据的相关补充、信息的全面加工和协同利用，并最终获得对同一事务或目标的更客观、更本质、更全面的认知。

信息融合一般包括像素层融合、特征层融合、决策层融合。

- 像素层融合。

像素层融合是直接在采集到的原始数据层上进行的融合，在各种传感器的原始测报未经预处理之前就进行数据的综合与分析。像素层融合一般采用集中式融合体系进行融合处理过程。这是低层次的融合，如成像传感器中通过对包含若干像素的模糊图像进行图像处理来确认目标属性的过程就属于像素层融合。

• 特征层融合。

特征层融合属于中间层次的融合，它先对来自传感器的原始信息进行特征提取(特征可以是目标的边缘、方向、速度等)，然后对特征信息进行综合分析和处理。特征层融合的优点在于实现了可观的信息压缩，有利于实时处理，并且由于所提取的特征直接与决策分析有关，因而融合结果能最大限度地给出决策分析所需要的特征信息。特征层融合一般采用分布式或集中式的融合体系。特征层融合可分为两大类：一类是目标状态融合；另一类是目标特性融合。

• 决策层融合。

决策层融合通过不同类型的传感器观测同一个目标，每个传感器在本地完成基本的处理，其中包括预处理、特征抽取、识别或判决，以建立对所观察目标的初步结论。然后通过关联处理进行决策层融合判决，最终获得联合推断结果。

4. 3D 打印技术

3D 打印，即快速成型技术的一种，它是一种以数字模型文件为基础，运用粉末状金属或塑料等可粘合材料，通过逐层打印的方式来构造物体的技术。

3D 打印通常是采用数字技术材料打印机来实现的。常在模具制造、工业设计等领域被用于制造模型，后逐渐用于一些产品的直接制造，已经有使用这种技术打印而成的零部件。该技术在珠宝、鞋类、工业设计、建筑、工程和施工(AEC)、汽车、航空航天、牙科和医疗产业、教育、地理信息系统、土木工程、枪支以及其他领域都有所应用。

3D 打印技术出现在 20 世纪 90 年代中期，实际上是利用光固化和纸层叠等技术的最新快速成型装置。它与普通打印工作原理基本相同：打印机内装有液体或粉末等“打印材料”，与计算机连接后，通过计算机控制把“打印材料”一层层叠加起来，最终把计算机上的蓝图变成实物。这种打印技术就称为 3D 立体打印技术。

1986 年，Charles Hull 公司开发了第一台商业 3D 打印机。

1993 年，麻省理工学院获 3D 打印技术专利。

1995 年，美国 ZCorp 公司从麻省理工学院获得唯一授权并开始开发 3D 打印机。

2005 年，市场上首个高清晰彩色 3D 打印机 Spectrum Z510 由 ZCorp 公司研制成功。

2010 年 11 月，世界上第一辆由 3D 打印机打印而成的汽车 Urbee 问世。

2011 年 6 月 6 日，发布了全球第一款 3D 打印的比基尼。

2011 年 7 月，英国研究人员开发出世界上第一台 3D 巧克力打印机。

2011 年 8 月，南安普敦大学的工程师们开发出世界上第一架 3D 打印的飞机。

2012 年 11 月，苏格兰科学家利用人体细胞首次用 3D 打印机打印出人造肝脏组织。

2013 年 10 月，全球首次成功拍卖一款名为"ONO 之神"的 3D 打印艺术品。

2013 年 11 月，美国得克萨斯州奥斯汀的 3D 打印公司"固体概念"(SolidConcepts)设计制造出 3D 打印金属手枪。

3D 打印存在着许多不同的技术。它们的不同之处在于以可用材料的方式，并以不同层构建创建部件。3D 打印常用材料有尼龙玻纤、耐用性尼龙材料、石膏材料、铝材料、钛合金、不锈钢、镀银、镀金、橡胶类材料。

在医学领域，3D 打印有着广泛的应用，下面试举三例说明。

(1) 3D 打印头盖骨。

2014 年 8 月 28 日，46 岁的周至农民胡师傅在自家盖房子时，从 3 层楼坠落后砸到一堆木头上，左脑盖被撞碎，在当地医院手术后，胡师傅虽然性命无损，但左脑盖凹陷，在别人眼里成了个"半头人"。除了面容异于常人，事故还伤了胡师傅的视力和语言功能。医生为帮其恢复形象，采用 3D 打印技术辅助设计缺损颅骨外形，设计了钛金属网重建缺损颅眶骨，制作出缺损的左"脑盖"，最终实现左右对称。医生称手术约需 5～10 小时，除了用钛网支撑起左边脑盖外，还需要从腿部取肌肉进行填补。手术后，胡师傅的容貌将恢复，至于语言功能还得术后看恢复情况。

(2) 3D 打印脊椎植入人体。

2014 年 8 月，北京大学研究团队成功地为一名 12 岁男孩植入了 3D 打印脊椎，这属全球首例。据了解，这位小男孩的脊椎在一次踢足球受伤之后长出了一个恶性肿瘤，医生不得不选择移除掉肿瘤所在的脊椎。不过，这次手术比较特殊的是，医生并未采用传统的脊椎移植手术，而是尝试先进的 3D 打印技术。研究人员表示，这种植入物可以跟现有骨骼非常好地结合起来，而且还能缩短病人的康复时间。由于植入的 3D 脊椎可以很好地跟周围的骨骼结合在一起，所以它并不需要太多的"锚定"。此外，研究人员还在上面设立了微孔洞，它能帮助骨骼在合金之间生长，换言之，植入进去的 3D 打印脊椎将跟原脊柱牢牢地生长在一起，这也意味着未来不会发生松动的情况。

(3) 3D 打印手掌治疗残疾。

2014 年 10 月，医生和科学家们使用 3D 打印技术为英国苏格兰一名 5 岁女童装上手掌。这名女童出生时左臂就有残疾，没有手掌，只有手腕。在医生和科学家的合作下，为她设计了专用假肢并成功安装。

2.2　智慧医疗的理念愿景

2.2.1　智慧医疗的概念

物联网、云计算、移动互联网等技术逐渐成熟，智慧城市在各地广泛开展，医疗领域信息化和整体化的理念也日渐深入人心，从单一的医院信息化扩展到整个健康管理生命周期的信息整合，从医院环节扩展到就医前后。一个宏伟的智慧医疗蓝图正逐步展现在人们的面前。

目前，业内对智慧医疗的概念尚处于探索阶段，每个概念各有侧重。主要有三种理解：一是智慧医疗是一个以医疗物联网为核心、信息高度移动和共享的医疗信息化生态系统；二是智慧医疗建立协同工作的合作伙伴，提供更好的医疗保健服务，并有效地预测与预防疾病，同时还能激励个人做出更明智的选择；三是智慧医疗通过信息化建立健康面对面计划和以个人电子健康档案为核心的数据中心，并按照统一标准实现区域卫生信息互联互通和共享。华中科技大学同济医学院医药卫生管理学院的武琼、陈敏针对人们对医疗系统改进成果、提高价值和提供更可靠的医疗服务以及对可持续发展的卫生体系的期望，提出智慧医疗是将物联网技术、云计算技术、移动计算技术、数据融合技术等应用于医疗领域，借助数字化、可视化模式，以患者为中心，利用先进的信息技术将有限的医疗资源实现更多人的共享，改善医疗服务流程的医疗体系。

我们认为，智慧医疗是在新一代信息技术深入发展和智慧城市的推动下，人的健康管理与医疗信息化、医疗智能化交相融合的高级阶段。从广义上说，智慧医疗是指扩展人们的医疗健康理念，以人的健康状况为核心，以人的健康活力为目标，以技术产品创新、商业模式创新、制度机制创新为带动，调动和激发社会医疗健康服务资源，提供便捷化、个性化、经济性、持续性的医疗健康服务。从狭义上说，智慧医疗是综合应用云计算、物联网、大数据为代表的新一代信息技术以及生物技术、纳米技术，整合卫生部门、医院、社区、服务机构、家庭的医疗资源和设备，创新医疗健康管理和服务，形成全息全程的健康动态监测和服务体系。

智慧医疗是智慧城市巨大系统中的一个部分，是通过医疗物联网、医疗云、移动互联网、数据融合、数据挖掘、可穿戴设备，将医疗基础设施与IT基础设施进行融合，并在此基础上进行智能决策，跨越了原有医疗系统的时空限制和技术限制，实现医疗服务最优化的医疗体系。

智慧医疗将以居民健康为核心，通过城市公共卫生基础环境、基础数据库、软件基础平台以及数据交换平台、卫生信息化体系（包括卫生综合运用体系、公共卫生体系、医疗服务体系、医疗机构信息化体系）、保障体系的建设，构建城市医疗卫生信息化统一支撑平台，将分散在不同机构的健康数据整合为逻辑完整的信息整体，满足与该系统相关的各种机构和人员的需求。

总体来说，智慧医疗具有互连性、协作性、预防性、普及性、可靠性以及创新性等特性。

（1）互连性。

互连性是指不论人身在何处，被授权的医疗健康服务者都可以通过网络，浏览个人的健康档案、病历、服务记录等内容，并可以同其他专家联合进行网上会诊或健康咨询，为人们提供最好的医疗健康服务。

（2）协作性。

协作性是指通过信息网络，记录、整合和共享医疗健康信息和资源，实现不同部门、机构之间的信息交换和协同工作，为人们提供预防、体检、诊疗、报销、康复等一体化服务。

（3）预防性。

预防性是指智慧医疗可以实时地发现重大疾病即将发生的征兆，提前进行提示，并在发生前进行快速、有效的反应。

（4）普及性。

普及性是指通过信息网络，突破城市与乡镇、社区与大医院、医疗机构与健康服务机构之间的观念限制，提供全民性的高质量医疗健康服务，解决“看病难”的问题，实现健康全程管理。

（5）可靠性。

可靠性是指任何关于健康的电子档案，在没有得到个人同意的情况下，不会向任何人提供，确保个人网络信息安全。

（6）创新性。

创新性是指借助丰富的医疗健康信息，可以在伦理和法律许可范围内，变革传统的医学模式，激发更多医疗健康领域内的创新发展。

2.2.2 智慧医疗的愿景

在未来，比较完善的智慧医疗技术支撑、产业支撑体系将逐步形成，智慧医疗的愿景将逐步实现。深刻彻底的感应度量，结合全面互联互通的医疗信息化系统，将会使整个医疗健康网络联系在一起。庞大的医疗健康数据通过极其简单的方式便可以随手获得。个人能随时掌握自己的健康状况。医生也可以提升诊断的准确性，不会再因为病历的缺失影响对于病源的找寻，健康护理者能够更准确、更及时地提供医疗健康服务。医疗研究人员透过系统获得大量准确和珍贵的医疗信息，还可以获得大量高质量的有效案例，不但可以及时对大规模的疾病爆发做出准确的预测，更能够推进医疗行业的发展。医院管理系统在"智慧化"后可以使管理变得更有效，药物供应商也能因为实现及时和准确的药品配送而节省大量成本。当整个系统都可以高效、高质量地运行时，现在城乡医疗资源不平衡以及大医院的拥挤情况将可解决，政府也可以付出更少的成本去提高对于医疗行业的监督，从而提高人们的生活质量。

不同的对象关注点不同，其智慧医疗愿景也不同。在智慧医疗中，主要的对象有个人、医护人员、医疗机构和社会。

1. 对个人

智慧医疗是个性化的医疗健康服务体验，以个人的健康为出发点。建设智慧医疗最终的目的和成果是同时提升医疗健康消费者和服务提供者的满意度，尤其是医疗健康消费者。

在智慧医疗系统中，患者走进医院，通过一张数字就诊卡，整个诊疗过程就在物联网中完成。在门诊急诊，分诊叫号全部采用数字化管理，患者刷卡后即可按系统指示就诊。全自动临床检验系统通过网络自动接收医生开具的电子申请单，检验人员通过系统匹配患者的信息和标本条形码信息，将标本放到配有百余个传感器的自动流水线上进行检测。分析结束后检验结果自动传入信息系统。一定时间后，患者及家属就可以在自动取报告机上通过刷卡，或通过网络平台自助输入就诊卡号和发票流水号，获得自己的检验报告。患者如需住院，进入病房后的第一件事就是戴上有二维条形码的腕带。该腕带成为医院庞大物联网中最为重要的目标，为医护人员的所有医疗行为提供了坐标。物联网可以覆盖医院的各个角落，甚至连食堂也纳入其中。比如患者能通过病房的无线点餐系统，直接点选需要的营养餐。

智慧医疗以电子健康档案为核心，全程记录从出生到去世，个人人生历程中的任何医疗记录和与临床经验相关的信息，采用电子健康档案的方式。个人健康记录中病人和医生的交流，使病人成为智慧的医疗服务消费者。个人电子健康档案中的信息，可以成为医生为病人设计治疗方案的重要依据和参考。健康档案根据日常体检和定期的健康检查，记录分析个人的长期健康状况。同时，电子健康档案还可以作为衡量自身健康状态和遵守医嘱程度进行康复的进度的标准。

智慧医疗给病人提供更广泛更低廉的服务。基于物联网和互联网的智慧医疗能够使医院工作流程自动程度更高更合理，给病人提供更快和更多的就医选择，同时减少就医的费用，提供移动支付、自动扣费等便捷支付途径，而且医疗费用更加精确清晰。病人随身佩戴的和病历上附有的 RFID 标签能给医务工作者提供准确的信息来帮助他们做出正确的决定，更重要的是能使他们从行政事务中节省更多的时间来提供更好的医疗服务。

智慧医疗关注个人健康的另一个重要方面即是提供更好的医疗体验，如病房室温和光线自动调节等。智慧医院通过网络视频监控系统实现远程探视，既可以保护患者免遭外部感染或交叉传染，又可以实现患者与家人的"面对面"交流。特别是患者因病情严重易受外部感染，同时患者本身的疾病带有极强的传染性，需要隔离不能与外界直接接触的情况。如重症监护室(ICU)患者均为手术后病人和危重病人，抵抗力低、易产生并发症和严重感染，智慧医疗为他们的探视提供了便利。

在日常健康管理中，智慧医疗的关注领域从医院服务和疾病治疗，扩展到体检、健康监测、康复保健等领域，提供持续性、日常性的医疗健康服务。通过健康管理平台，可以随时随地查看健康档案，了解自己及家人的健康状况。通过佩戴可穿戴式设备等新型设备和技术，随时随地测量生命体征以监控人体机能，测量信息上传到云端并进行自动分析，形成健康报告。当出现异常，系统将自动发出健康警报，给出健康资讯，甚至进行远程辅助治疗。尤其是对于老年人来说，通过远程诊疗系统，不用为了简单的身体检查而往返于医院，在家就能享受医生的诊疗服务。通过手机、可穿戴终端，可以进行定位、实时检测生命体征、一键预约医生等。

智慧医疗倡导为每个人提供全程的保姆式医疗健康服务。与传统的医疗健康服务相比，其具备如下几个特点。

1）全程服务

全程服务模式通过智能可穿戴设备和医疗健康云，24 小时监测人的生命体征，实时分析健康状况，并在必要的时候向本人、家属、相关服务机构发出提醒或警报信息。智能可穿戴设备强力渗入智慧医疗领域，可能成为智能手机般的随身必备品，进一步改变人们的医疗健康管理方式，并有望在未来十年广泛进入日常生活。

2）一体化服务

一体化服务模式几乎整合智慧医疗产业链所有环节，提供监测、诊断、预约、支付、治疗、给药、康复、保险等医疗健康相关的一体化服务，一站式地满足各种医疗健康需求。这是一种以人为核心的服务模式，围绕更好地满足人的医疗健康需求，将智慧医疗产业链各环节的企业连接起来，以便捷的方式提供医疗健康服务。

3）保姆式服务

保姆式服务模式通过专门的医疗健康服务公司，随时随地提供一体化医疗健康服务。该公司是智慧医疗产业链的代表，直接面对医疗健康服务对象，是贴身的医疗健康服务“保姆”，细致地观察服务对象的健康状况，及时地提供健康咨询，联络医疗健康服务机构和服务者，熟悉服务对象的既往医疗健康历史和部分健康问题的有效应对方法，按照医生等的叮嘱提醒服务对象……

4）自助式服务

自助式服务模式通过在线咨询、可穿戴式设备、远程医疗为医疗健康服务对象提供自助式服务。服务对象可以借助传感器、网络、医疗健康云平台等，自行诊断健康状况，并在指导下，自主选择和执行治疗方案，免去小毛病就医的麻烦，也可以为医生诊疗提供判断依据。

2. 对医护人员

智慧医疗除了可以方便个人就医和健康管理之外，还为医护人员带来了方便，减少了差错和浪费。

智慧医疗中，医院内部办公系统和医院信息化系统进行了无缝对接，突破时间和地域限制，成为医生的好帮手，加速诊疗服务的速度，提高诊疗服务的质量，让百姓快速享受到高品质的医疗健康服务。在此基础上，针对医生的工作，推出手机版工作软件、医生工作站等产品。通过安装手机版工作软件或医生工作站，医生就可以给病人查看病情、开诊断单、化验特检、复诊挂号、双向转诊、医嘱等，完成对患者各项护理信息的采集和记录，并可以直接传输到护士站、手术室、药房等相关科室；不管是在诊室看病，还是在住院区查房，都可以远程调阅CT影像、电子病历等，查询到病人的检查结果，随时随地查看病人的病情，给病人做咨询；可以通过"移动医嘱"实时掌握病人情况，并直接反馈注意事项至值班医生或病人本人，在某种程度上还能减少医患纠纷。住院医师还可以通过视频医疗会诊，建立集视频、语音、文字与数据交互为一体的全方位沟通体系，和远程专家进行无缝异地交流讨论，大大提升了治疗效率。

社区医生通过无线社区医生工作站，按计划进行常规走访，及时了解居民诊疗需求，并进行应急上门服务。社区医生走访时，可通过医保卡号等调阅个人健康档案，通过无线诊疗仪器检测血压、血糖、心电图等，并实时将体检结果上传至平台，及时更新健康档案，供居民和社区医生实时查询。医生还能够查看平台对居民生理指标的预分析，为社区医生接下来的诊疗提供依据，并及时将诊疗信息保存，形成电子病历，方便社区医生下次诊疗。社区医生工作站改变了传统社区医生的工作模式，使得患者寻诊、医生上门服务、诊疗信息保存整个流程的电子化管理，以及居民享受家庭医生式的服务成为现实。

护士通过移动护士工作站等在任何区域进行数据读取、查询、核对与执行医嘱。利用智能终端设备扫描二维码，查看医生给病人开的处方信息、检验结果和检验图片，并为病人开药；可以通过数据共享平台，随时和主任医生沟通，增强医护之间实时的信息交流，更加精确地提供护理服务；可以在医嘱执行时对病人腕带和输液标签条形码进行双重核对，防止用错药物的情况发生；可以随时查看输液情况，合理安排工作，提高工作效率，保障输液安全。

3. 对医疗机构

对于医院等医疗机构，智慧医疗的实现有利于在运营中建立灵活性，以支持成本节约，提高运营效率和绩效。医疗机构得以简化临床流程，建立集成信息系统，优化内部资源供应链，以更少的资源获得更大的绩效，以便建立起具有灵活性的响应机制，更好地满足业务需求。以医院为例，从运营流程、人和物的管理等方面描述智慧医疗的愿景之一，即智慧医院。

1）高度集成共享的信息系统优化内部管理流程

智慧医院将医院内医疗信息化系统、智能化系统从数据、业务过程、应用进行高度集成，推动医院内部医疗、行政、后勤等信息资源的共享、整合和利用，实现系统之间无缝连接,就医流程、住院流程、工作流程等医院内流程简便、通畅。

通过对医院挂号排队、就诊、支付、检查、取报告、取药等就医环节的整合和优化,使信息实时传递与共享,缩减各环节之间的衔接时间,甚至在同一时间同时进行多个环节,加快就诊流程。通过对开住院单、安排床位、问诊、检查、手术、缴费等流程的联动,合理安排医院资源,缩短住院等待时间。通过网络化、电子化,实现电子病历、医学影像、临床信息等共享,让医生、护士、手术室工作人员之间能够及时了解相关信息,以安排工作。比如:医生工作站实现了各诊室与药房、化验室、收费处之间的互联互通,医生开具的计算机处方、申请单及处置单快速传送到门诊收费、医技科室等相关部门,实现院内信息共享,从而减少了患者的排队时间和遗失中间票据现象,方便患者就医。一张健康卡就可以随时随地上网了解个人健康信息,进行在线预约挂号和支付,实施健康自我管理。医疗机构、医生还可通过信息化平台实施在线交流、会诊、咨询、检验资源共享。

在数据高度集成的基础上,依靠大数据挖掘技术,可以从海量数据中寻找隐藏的关系和联系,深层次地挖掘医疗数据的内在规律,对不同时期的就诊需求等做出预测,快速准确给管理者提供有价值的信息以辅助决策。

2) RFID 广泛应用于对人和物的管理

分布于医院各处的无线射频标签、计算机终端、移动终端等信息源记录上传医院各类资源的使用情况和人员的状态,如病房、手术器材、病人、医生、护士等,提升医疗管理和服务效率,减少运行成本和医疗纠纷。

RFID 有助于改进设备管理和使用,广泛应用于医药、生物制剂、医疗设备、消毒包、医疗垃圾和血液等方面的管理上。跟踪和管理医院的医疗设备,从注射器到外科手术设备到轮椅,一直是全球医院管理者非常头痛的事情。医务工作人员经常浪费病人的宝贵时间来寻找设备,设备维护人员也会浪费宝贵时间来寻找需要维护的设备。不能有效地跟踪设备和资产会造成低下的设备使用率及昂贵的替代和库存成本。

RFID 通过提供实时设备跟踪信息帮助医院解决上面提到的问题。一旦一个设备配备了 RFID 标签,医务人员就会在他需要这个设备时快速地找到它。装有标签的设备还会在它被从规定区域移走时发出警报。使用 RFID 带来的好处包括减少设备丢失和放置不当,对病人更及时地看护及提高医疗机构的整体工作效率。在药品管理上,物联网技术可以通过对流通过程中的单个药品唯一的身份进行标识及追踪,从而达到对药品信息及时、准确的采集与共享,有效地解决了医药流通中存在的安全、成本和管理问题。

通过腕式 RFID，医疗物联网能实现医护人员和患者的定位和追踪，与门禁控制功能结合，可以确保经过许可的人员进入医院关键区域。病人出现紧急情况，也可通过标签上的紧急按钮进行呼叫。

此外，智慧医疗能够加快医院库存周转。RFID 能确保医院购买和接收正确数量的设备和药品，因此提高库存周转和最终减少库存量和成本。

3）建筑智能化构建人性化医疗环境

在温馨、舒适的就医和工作环境中，减少管理人员、降低能量消耗、实现安全可靠运行、提高服务的响应速度，使医院高效、稳定地运营。智慧医疗注重以人为本，通过建筑智能化的建设，布设有线与无线通信网络、公共广播及紧急广播系统、巡更管理系统、闭路电视监控系统、门禁管理系统、停车场管理系统、数字多媒体信息发布系统、IC 卡系统、触摸屏信息查询系统、电子叫号系统、医护对讲系统、手术室监控系统、中央通风系统、智能窗帘系统等，提供通畅的就医流程、无线网络，保障出入安全，根据需要自动调节室温、光线和音乐。

4. 对社会

智慧医疗建设有助于整个社会医疗卫生体系的完善，为整个社会医疗卫生体系提供技术支撑和理念驱动。智慧医疗应用的推广对于公众、医院、健康服务机构、医疗行业监管、政府管理等方面意义重大。

1）互联互通使医疗卫生体系连接更加紧密

智慧医疗根据业务需要，将医院、社区医院、卫生部门、社保部门、保险公司等主体的有关数据进行互联互通，使相互之间连接得更加紧密。在智慧医疗的支撑下，将形成体检预防、保健康复、健康管理、疾病治疗、保险支付等业务立体交互的社会医疗卫生体系，提高诊疗效率，降低病人看病成本。比如：双向转诊使医院之间的配合更加流畅；社保结算、社保卡让医疗保险、银行、卡运营商之间协作更加深入；医生工作站不仅能够调阅病人在不同医院的电子病历，还能够得到医保政策的规范用药以及系统药物配伍禁忌提示等，避免超量开药、重复开药等违规行为。

2）智慧医疗促进社会医疗资源优化配置

智慧医疗一方面通过医院内部各部门、各业务环节的紧密联系，为医生和病人提供便利，促进医疗资源发挥最大化的效能，满足更多医疗需求；另一方面通过医院之间转诊、远程医疗，促进优质医疗资源在区域内共享，缓解医疗资源不平衡的问题。院际间的信息共享将使转诊治疗方便可行，将重症病人转移至大型医院，而将处于康复过程的一般病人转移至社区医院，优化医疗资源配置。

3）智慧医疗提升公共卫生管理水平

智慧医疗着力于关注公共卫生管理，预防监控流行性疾病，对整个社会的医疗资源做出优化统筹，确保医疗体系各部分之间的协调合作。

血库综合管理系统对血库进行实时监测管理，实现城市间、院际间血库的数据共享。通过超市的纸巾销售数量估计城市感冒人数等经过研究验证的方法，对流感等流行性疾病做出监控预测，及早应对处理。急救响应系统在医院、交通等方面做出协同控制，在病人到达医院前做好预备工作，使事故重伤或重病患者第一时间得到抢救，提高手术成功率。药品监控系统覆盖从药品的生产制造到药品的批发、物流、仓储，到医院整个业务的管理，再到药品的跟踪和服用，是以人为核心的管理。通过将医疗法规纳入医疗系统中，自动监测医疗过程，自动检测和报销医疗费用提高效率。

智慧医疗还将促进医疗卫生人才机制的创新。比如在社区卫生健康平台以医生卫生站、移动终端和无线诊疗设备为纽带，联合社区卫生服务机构的全科医生、社区护士、预防保健人员以及医院的专家、护士、志愿者等人员打造社区“家庭健康责任团队”，为社区居民提供医疗服务套餐定制和“家庭医生”等服务。社区居民只需拨个电话，医生就可以带着无线诊疗设备上门服务，真正实现“健康服务零距离”。

2.3 智慧医疗的优势

当前的医疗系统并没有完全地成为一个整体的系统，而更像分散在茫茫医疗体系海洋中的一个个孤岛，或大或小，但没有与其他的部分形成联系。而智慧医疗将以更透彻的感应和度量、更全面的互联互通以及更智能的洞察成为未来完全整合的医疗系统。

1. 智慧医疗由于全面感知、移动及自动获取而更迅速

智慧医疗基于物联网相关技术，通过多种渠道进行更深刻的感知，获取来自传感器、仪表和系统的一切数据，观察、监测医疗系统中每个部分、每个个体、每个环节的确切情况。

“智慧医疗”概念的问世，打破了之前的传统思维。传统的思维一直是将医疗物理基础设施和IT基础设施分开：一方面是医院建筑；另一方面是数据中心、计算机、网络等。而在“智慧医疗”时代，建筑、医疗器械、电缆将与芯片、宽带整合为统一的基础设施，在此意义上，医疗基础设施更像是一块新的工地，医疗体系的运转就在其中进行，包括病人医疗就诊、医院运营管理、社会卫生管理乃至个人健康管理等。

在智慧医疗体系中，传感器无处不在，在病房里、在手术室里、在病服里、在药品中，人们所关注的任何医疗系统或流程的健康运行都可以被度量、被感知及被发现。

2. 智慧医疗由于信息互联融合而更准确

一方面，由于“信息孤岛”等现象的存在，医疗系统存在信息壁垒，个体或者单个医疗机构的信息不能与其他部分形成共享，因而会出现看病贵看病难的情况；另一方面，在中国，信息共享的缺失使大部分患者都趋向于在大医院就诊以确保更好的治疗结果，从而导致了医疗资源分配严重失衡。

我们的世界日益变得互联互通。网民的数量将很快地增加到20亿人，中国目前的网民已经超过4亿人，而且每个人对自身健康的关注也日益提升。智慧医疗将个体、器械、机构系统整合为一个协同团体，将临床医生、护士、研究人员、保险公司和患者联系起来，通过全新的方式进行沟通和互动、共享信息、协同工作，弥合信息壁垒，以无缝协同的方式开展工作，增加社会、机构、个人的三重效益。

3. 智慧医疗由于全面数据支持决策而更智能

互联网络的规模巨大，医疗系统产生的海量数据需要智能化的程序进行决策，快速而准确地应对变化，并且通过预测和优化未来的活动而取得更好的成果。智慧医疗体系提供全社会范围内的医疗信息，进行持续分析，对整个社会的医疗资源优化配置，以满足组织的不断变化的需求，优化绩效，整合预测模型，并为个人提供更高价值的服务。

智慧医疗还可以让整个医疗生态圈的每一个群体受益。透彻的感应和度量加上实现了全面互联互通的信息化医疗系统，使整个医疗网络联系在一起，庞大的医疗数据通过极其简单的方式便可以随手获得，使病人可以随时掌握自己的健康状况，而医生也可以因此提升诊断的准确性，不会再因为病历的缺失影响对于病源的找寻。医疗研究人员透过系统获得大量准确和珍贵的医疗信息，获得大量高质量的有效案例，不但可以及时对大规模的疾病爆发进行准确的预测，更能够推进国家医疗行业的发展。

医院管理系统在“智慧化”后可以使管理变得更有效，药物供应商也能因为实现及时和准确的药品配送而节省大量成本，保险公司更可因为对病人情况的有效跟踪而提升服务质量以及促进流程发展。当整个系统都可以得到革命性的转型，高效、高质量和可负担的智慧医疗将可以解决现在城乡医疗资源不平衡以及大医院的拥挤情况，政府也可以付出更少的成本去提高对于医疗行业的监督，从而提高国民的生活质量和整个社会的和谐氛围。

2.4　智慧医疗相关概念的关系

智慧医疗是科技发展和社会发展相互融合的产物，和过去有着千丝万缕的关系，和当下发展紧密相连。

1. 智慧医疗与智慧城市

智慧城市是指充分运用物联网、云计算、生物技术等先进技术手段，创新管理制度和金融机制，有效配置和融合人、土地、信息和资金等城市资源，形成高效运转、可持续的城市总体生态系统。智慧城市是城市信息化和工业化深度融合的载体，它不仅将信息化从企业、行业及大区域的寻常视野聚焦于城市，又将以信息化打造城市未来竞争力和可持续发展的平台。通过智慧城市建设，可以充分挖掘利用各种潜在的信息资源，加强对高能耗、高物耗、高污染行业的监督管理，并改进监测、预警手段和控制方法，从而降低经济发展对环境的负面影响，最大限度实现经济和环境双赢发展；合理调配和使用水、电力、石油等资源，达到资源供给均衡，减少浪费，实现资源节约型、环境友好型社会和可持续发展的目标。

智慧医疗是智慧城市巨大系统中的一个部分，是智慧城市建设的重要组成部分。智慧医疗与智慧城市中智慧交通、智慧应急、智慧环境等子系统密切联系。没有智慧医疗，形成不了完整的智慧城市体系。智慧医疗在国内城市开展智慧城市建设中获得了较高的关注度(见图 2-2)。

随着信息技术的演进和智慧产业的聚合，信息化使得社会服务越来越便利，大众需要的无边界健康服务也成为现实。智慧医疗是一个能够平衡不同医疗需求、优化配置医疗资源并持续服务创新的高效生态系统。正由于其高度感知、互联以及智能的特点，将云计算、移动互联网技术融入医疗的各环节，共享医疗信息资源，能够让市民体

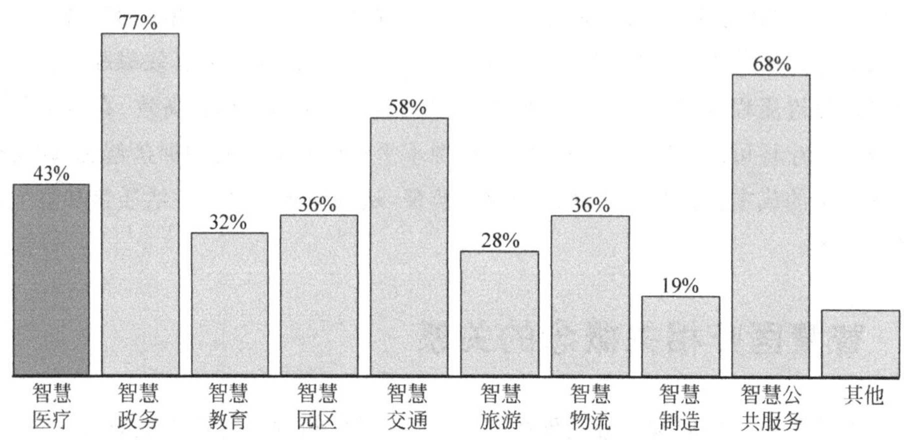

图 2-2　智慧城市关注领域

验零距离的医疗服务，推动智慧城市民生服务的发展。

从架构设计角度来讲，智慧医疗与智慧城市建设相似，包括"感、传、知、用"四个层次，每个层次的建设重点和需求不同，如：感知层以基础设施建设为重点，适合政府主导、企业运营；传输层以专网建设为重点，可以由政府出资，企业建设和维护；标准规范、政策法规、安全和评价体系等，由研究机构和大学进行研究。

智慧城市与智慧医疗在最终目标和技术支撑上是一脉相承的，而且相互影响。因此，需要站在决策角度处理好两者的定位关系。一方面，两者在人才、技术、基础设施等方面寻求共享，杜绝重复建设；另一方面，智慧医疗建设的标准和规范应与智慧城市建设既成的标准和规范统一，避免重复分散建设和"信息孤岛"，保证智慧医疗建设成果服务于智慧城市建设目标。

2. 智慧医疗与医疗信息化

智慧医疗是医疗信息化发展的最新阶段，是数字医疗、智能医疗的融合和提升。

数字医疗是把现代计算机技术、信息技术应用于整个医疗过程的一种新型的现代化医疗方式，是公共医疗的发展方向和管理目标。数字医疗设备的出现，大大丰富了医学信息的内涵和容量。数字医疗的建设为智慧医疗发展奠定了良好的基础。

与医疗信息化相比，智慧医疗概念有着本质的区别，其核心价值在于通过对医疗业务流程再造，提升工作效率，减少医疗事故出现的几率。

智能医疗是通过打造健康档案区域医疗信息平台，利用最先进的物联网技术，实现患者与医务人员、医疗机构、医疗设备之间的互动，逐步达到信息化。人工智慧、传感技术等高科技逐渐融入，使医疗服务走向真正意义的智能化，推动医疗事业的繁荣发展。智能医疗的发展促使更多的领先技术应用到医疗领域，为智慧医疗铺垫了技术和理念基础。

随着人口逐渐老龄化，生活水平提升，人们对医疗质量要求越来越高，完整导入信息化的医疗院所。不仅可以由医疗活动的信息化，提供更好的医疗质量，还可利用高度整合的信息系统，提供更多、更好的非医疗增值服务，进而构建出病患亲善、良好体验的就诊环境。医疗院所也将能依此发展出符合未来病患需求、新形态且优质的智慧医疗服务模式。

第3章 智慧医疗发展现状及趋势

随着经济、社会、IT 技术和通信技术的快速发展，以及老龄化社会的到来，我国的医疗事业在传统医疗的基础上，呈现出一些新的医疗形态，比如移动医疗(Mobile-health)、家庭智能保健、远程医疗(Telemedicine)等。这些新型的医疗形式在欧美发达国家已经广泛应用，中国虽然起步较晚，但是发展迅速。

3.1 国外智慧医疗发展现状

1. 美国智慧医疗概况

美国在智慧医疗领域发展非常快，涉及电子病历、医患沟通、移动医疗、个性化和连续医疗等。近十年来已经划拨 270 亿美元用于医疗电子健康档案的建立。尤其是智能医疗知识库，它实现了为近一万多种症状、两千多种诊断、五千多种药物、六千多种临床过程提供智能诊断和方案。

“智慧医疗”是一个以患者为中心的信息体系，利用先进的信息化技术可以改善疾病预防、诊断和研究，并最终让医疗生态圈的各个组成部分受益。在智能化医疗信息系统中，患者基本信息、病历记录、各种实验室检验信息，乃至财务信息都将被整合其中。这不仅方便了医生，还使患者和政府管理人员能从中得到便捷的信息服务。从患者角度看，其就诊信息将被永久性的存档，便于医生对其病史和相关的并发症状准确掌握。同时，由于医疗信息实现自由流动、即时分享，病患在不同地点就诊时，其病历资料随时可以被调阅。这省去了大量的复查时间和费用，特别对于来自小城镇和农村的患者有很大帮助。最后，信息共享也可以让病患通过互联网获得远程诊疗。这合理分配医疗资源，让病患能够更经济、科学地选择就医的场所。“智慧医疗”这一美好的愿景正在美国逐渐变为现实。美国政府通过应用创新的信息及通信技术，来全面改造及优化现有区域医疗服务体系。信息系统将链接各个医疗管理部门、各级医院和患者，在实行“电子处方”和“数字化病历”的基础上构建“医疗协作平台”。

1）电子处方

“智慧医疗”从消灭处方纸开始。奥巴马政府计划在五年（2009—2014 年）时间内投资 500 亿美元推动进一步采用医疗信息技术。这个计划包括对电子处方的额外激励措施。

从 2009 年 5 月开始，美国的官方医疗保险制度 Medicare 开始实行一种新的措施：向那些为病人开电子处方的医生支付奖金。此外，一些私人医疗保险项目也开始提供额外奖金，以及数字手持设备等免费设备。一个科技公司组成的联合会正在向医生提供免费软件，鼓励他们抛弃传统的处方纸签。在过去的一年中，美国使用电子处方的医生人数增加了一倍以上，达到了大约 7 万人。从 2012 年开始，不开电子处方的医生得到的 Medicare 理赔款将减少 1%，这一比例到 2014 年之后将提高到 2%。

推动电子处方应用，可以有效避免医疗事故并实现对用药成本的控制。医生用电脑或是数字手持设备，通过一个加密网络将处方直接传送至后台，通过在医院、药店和卫生管理当局联网共享的数据平台上进行统一登记和共享查询。通过电子处方系统可以非常方便地查询到患者的用药史和过敏源，还可以避免药物间的相互冲突引发不良反应。同时，医生也可以通过电子处方系统了解到病人目前的药费负担，从而决定是否选择比较便宜的药品。由于直接与医保系统联网，患者也可以对自己的财务负担有一个明确的预计，决定是否选择某些不在报销目录之内的新药、特效药。在 2013 年 4 月公布的一项研究中，美国研究人员发现，如果医生通过电子处方选择仿制药或较廉价药物，可以使每 10 万名病人每年的药费减少 84.5 万美元。

2）数字化病历

数字化病历系统可以使为患者进行诊断的任意一位医生，通过登录系统来了解病人的所有过往病史和医学诊断材料，包括 X 光片、化验结果、用药记录等，免去了每到一家新的医院就必须不断重复诊断、化验的过程。这不但可以节省救治时间，还可以将高昂的仪器诊断费用降低。

奥巴马和美国前总统布什两人都承诺要让数字化病历在 2014 年之前实现广泛应用。这一目标想要实现还有相当大的阻碍。截止 2009 年 5 月，美国只有 4% 的医生在使用“功能完善”的电子病历系统。作为鼓励，Medicare 从 2011 年开始向那些以

“有用”的方式使用电子病历的医生发放奖金。但也有人担心信息技术在医疗诊断系统中的应用，会对不法分子利用病人的信息牟利产生“激励”作用，比如利用数字化病历中向医生开放的整容手术经历、服用抗抑郁药品等信息来要挟公众人物。

3）医疗协作平台

以数字化病历和电子处方系统为基础，整合成为个人电子健康档案，然后进行联网，再拓展到单个医院之外的社区、城市乃至更大范围内的医疗信息共享，就可以实现“区域医疗信息网络”和“医疗协作平台”。

有了完备的、标准化的个人电子健康档案之后，通过区域医疗信息系统，患者可以迅捷地找到以最短距离、最低成本针对自己病情进行有效治疗的社区医疗机构，甚至可以在家接受社区医疗机构的上门服务。患者还可以方便地进行远程预约门诊、日常医疗咨询，而不必大病小病都跑去医院，浪费大量时间排队挂号、检查。这样也避免了类似“三甲”这样的大型医院人满为患的现象。社区小型医疗机构则可以通过这些信息网络，对患者进行地理定位，发展“家庭病床”和日常陪护巡诊业务。这样的平台还可以用于更有效的公共卫生管理。以甲型 H1N1 流感防控为例，通过医疗协作平台，患者在发现自己有疑似症状之后便可以通过网络等手段进行报告，然后有关方面便可以迅速地根据患者的个人电子健康档案来制定相应的隔离、诊断和治疗措施，并能有效跟踪患者的健康状况。同时，还可以有效地解决人口跨地域流动带来的医疗档案信息共享问题。更重要的是，医疗协作平台的建立可以使医疗机构的治疗和收费过程得到有效的监督。美国布鲁金斯学会高级研究员艾丽斯·里夫林就曾指出，美国医疗费用高涨的一大重要原因是医疗成本没有约束机制比如：心脏病人送到医院治疗，需要医院和好几个医生参与，院方和医生根据自己的需要开价，所有的开支都可以报销，没有成本控制。

4）移动医疗与远程医疗

2009 年 6 月 8 日，苹果公司展示了 iPhone 手机的新功能，即生命体征监视器。通过一个外置传感器和应用软件的配合，它可以让医生利用手机来随时跟踪病人的病情，在有问题的时候自动通知并要求医疗帮助。此外它还像动态心电图一样随时记录用户的生命体征情况。按照设想，患者在未来完全可以实现将自己的个人电子健康档案装进手机里，随身携带，甚至可以通过手机来实现日常的医疗咨询，还可以获得自己的健康状况和服药计划提醒。而医生可以通过手机开电子处方，书写病历，管理病人信息，甚至和病人进行远程视频诊断。随着新型医疗技术的广泛应用，患者不再需要到专业医院，便可以在诊所、医生办公室，甚至从护士那里得到治疗。这样整个医疗体制的运行成本才可能大幅下降。只有通过革命性的新技术来使医疗过程变得简单化，才能够使得医疗成本被普通人所接受，社会医疗体制才能以较低的成本提供较好的服务品质。

2013年，美国政府拨款30亿美元，支持全国各地的医生和医疗保健系统建立和使用电子病历，希望通过医院、医生之间的临床信息交换和共享，降低长期成本、提升医疗开支的效果，改善美国的医疗保健系统。为了提高医生使用电子病历的意愿，美国卫生信息协会（American Health Information Community）表示，治疗美国联邦医疗保险（Medicare）的病人，使用已获认证的电子病历系统的医生，将获得更高的退税率。

在医院医疗作业信息化、病历电子化及互通等院内通信基础建置日趋完善的基础上，信息系统间的整合愈趋完整，医护人员可快速查询患者的用药史和过敏源，以避免药物间副作用和抗药性。医生甚至可能掌握病人的医药费负担状况，进而决定是否选择价格较平价的药品或其他替代方案。这可有效避免医疗事故及纠纷，控制用药成本，让宝贵的医疗资源能够得到最妥善的应用。时代的发展带给我们进步的机遇，在经济、社会和技术层面这个全球整合的世界已经发生重大变化，智慧医疗时代也将到来。

2. 英国智慧医疗概况

近年来，英国的智慧医疗卫生也得到很大的发展。2002年，英国提出卫生信息化的策略。2009年，开发了国家级的知识库、决策知识系统同时，政府还做了其他方面的措施，包括临床处方的决策，建立电子处方系统，医生支持系统，医学知识地图。从2010年开始又开展无线远程医疗项目。

英国利用信息技术推动医疗服务现代化，解决看病“难”等问题的努力也进行了很多年。1998年以来，英国政府陆续发表了一系列的报告，逐渐清晰地阐述了其整体国家卫生信息化战略。从2003年年底到2004年，英国政府陆续与多家跨国卫生信息化巨头签署了为期10年，总金额逾60亿英镑的合同，拟搭建一个全国性卫生信息网基础设施，部署一系列应用服务。通过这个信息网，病患可以选择并预定医院的服务，获得自身的电子病历档案，网上办理出院手续等；医生可以通过该信息网实现包括电子病历、网上预约、电子处方、医学影像共享及远程医疗咨询等。这是世界上最大一笔民用信息技术订单，项目惠及英国的5000万人口、2.8万家医疗机构和100多万医务工作者。由于项目的复杂程度和覆盖范围,在执行过程中,面临诸多挑战。英国国家医疗保健服务(National Health Service,NHS) 2005 年开始使用电子病历系统,希望能将英国全国超过 6000 万名的病患就诊记录与病史登记到电子病历系统之中,并发展出整合性医疗影像交换服务(Integrated Care Records Service,ICRS)。医院间可以传输病患的影像医疗记录,如 X 光片,借以整合并传送不同形态的病患资料。

目前,经过一系列的调整,国家卫生信息网已经取得了阶段性的成就,成为欧洲国家级卫生信息化建设的典型代表。

3. 德国智慧医疗概况

近年来,德国一直致力于加强医疗信息化建设。2010 年,德国海德堡建成首家"绿色"医院,部署涵盖能源管理、患者诊疗和通信基础设施的综合性解决方案。德国医疗信息化起步较早。在 2000 年左右,其医院 HIS 系统建设已达到较高的水平。德国 HIS 的建立一般采用某一公司的 HIS 系统为主干,采用标准的接口应用于不同专科的分系统或子系统集成,达到资源共享。在电子病历的实施方面,检查单和检验单都不需要出报告的人员签名后送到医生手中,医生从网上获取检查或检验报告信息。这个过程是医生签名负责,有关人员可通过网络直接查询报告结果是谁提供的、是否准确。此外,德国还开展了远程医疗会诊和诊断编码系统。其中,远程医疗是德国智慧医疗最为突出的领域。

"远程诊疗"是一个针对慢性心脏病患者的远程监控项目。通过利用互联网、手机等 ICT 手段,患者可以定期将血压、体重等监控数据从家里传到医院的远程医疗中心。这样,患者一方面可以持续监控身体状况并提早确定潜在的风险,另一方面还可以及时得到医生的建议并减少去医院的次数。该项目实施之后,老百姓就可以免去经常上医院量血压、称体重的路途劳顿,从而在一定程度上提高了人们的生活质量。德国的远程医疗体系以政府出资为主,与社会保险及各终端设备运营商、供应商携手,共同完成整个体系的建设。

为了应对日益来临的老龄化社会,德国弗里德里希哈芬市启动了"独立生活"项目。该项目的服务对象是当地拥有行动受限困扰的居民,目标是提升上述居民的自我服务能力。通过在家里安装一种特殊的装置,行动不便者可以更轻松地使用一些服务,比如药品、商品、食品的配送和看护等。有了 ICT 技术的帮助,行动不便者可以更长时间地待在家里,变得更加独立。

4. 澳大利亚智慧医疗概况

自从2005年澳大利亚国家数字健康执行委员会(National e-Health Technology Architecture,NEHTA)成立以来,澳大利亚的智慧医疗取得了很大的进展。这个独立组织是为更好地管理医疗电子信息收集和安全交换而设立的。由于单个医院、医院网络及国家缺少标准化的产品标识、位置标识和大量产品数据的维护,使得改革势在必行。

南澳大利亚州政府通过在主要医院建立以患者为中心的企业级临床信息系统,向医护人员提供患者病史信息访问,改变南澳洲医疗服务系统的信息保存、传递和访问手段,乃至传统的医疗服务模式。该卫生信息共享项目覆盖了省会城市阿德莱德(Adelaide)的八家主要公立医院。这几家医院服务全州150万人的75%人口。新南威尔士州、昆士兰州等地都在进行类似的区域卫生信息化的建设工作。

国家产品目录与电子采购过程是电子医疗供应链重组的核心。这种电子医疗供应链系统通过在所有参与方之间使用、共享同一个关键标识,即GS1全球贸易标识代码(GTIN),为供应商之间提供了标准化的信息交流,同时也为澳大利亚卫生部门与私立医院间提供了价格电子数据交换的途径。

由此,可将正确的产品信息及价格数据利用电子的方式传送到意大利的医疗部门及私营医院。结合GS1的全球数据同步网络(GDSN)标准,NEHTA的国家产品目录(NPC)使用全球贸易项目代码标准(GTIN)作为每个NPC记录的全球唯一产品主标识,其数量最高已达到25万,且增长迅速。随着越来越多供应商的加入以及GTIN的增加,已有超过390多个供应商都用到了GTIN,使用量达276 121个,相当于过去两年增加了80%。

5. 加拿大智慧医疗概况

加拿大在2001年投资5亿加元成立加拿大Health Infoway公司这是一个独立的非营利组织,负责全国医疗信息化建设。2003年发布了促进电子健康档案发展的文件,称为EHR(电子健康记录)解决蓝图。2009年,加拿大的EHR达到50%,计划在2020年实现全国人口的覆盖。2009年,政府在全国开展283个卫生信息项目,尤其是电子健康解决方案、数据共享交互系统、医疗决策系统、知识系统的建设是重点。

各个国家发展的特征和趋势都是以人为本,以数据为基础,互联互通,智能决策。我国也希望以信息技术为基础,构建一个互联互通的系统。其中,数据的来源主要从个人健康档案和医院健康病历建立共享知识库中获取,移动设备的迅速发展,使得数据能够自动采集。

3.2 国内智慧医疗发展现状

3.2.1 国内智慧医疗发展概况

智慧医疗的发展分为七个层次：一是业务管理系统，包括医院收费和药品管理系统；二是电子病历系统，包括病人信息、影像信息；三是临床应用系统，包括计算机医生医嘱录入系统(简称 CPOE)等；四是慢性疾病管理系统；五是区域医疗信息交换系统；六是临床支持决策系统；七是公共健康卫生系统。

在医院信息化方面，经过近三十年的发展，医院信息管理系统的发展形势十分令人鼓舞，无论是国家、医院还是软件公司都投入了大量的人力、物力与财力。目前，我国绝大部分三级医院已经建立了医院信息管理系统(HMIS)。它已经成为医院管理业务运行中必不可少的基础性设施，而且基层医院的信息系统建设也在快速发展。同时，医院信息系统的开发和应用正在向深度发展，从侧重于经济运行管理，逐步向临床应用、管理决策应用延伸。县级以上医院基本上都建设了自己的医院管理信息系统，有的发达的乡、镇医院也建设了医院管理系统。说明医院本身对医院信息系统建设的认识都迈上了一个台阶，信息系统建设对医院带来的效率、效益与管理的提高，更使医院管理层对信息系统建设的重要性和必要性有了更深一步的认识。

中国医院协会医院管理专业委员会对 482 所医院(其中三级医院 272 所、二级医院 189 所、其他类医院 21 所)信息管理系统的上线情况进行了调查。调查结果显示，在所有的 HMIS 系统中，门急诊划价收费系统、门急诊药方管理系统、入/出/转管理系统、费用管理系统、床位管理系统、病区(住院)药房管理系统、药库管理系统等系统建设状况良好，且上线比例均为 90%以上。此外，全国医疗卫生领域医疗软件生产供应商约有 500 家，其中医院信息系统生产供应商 300 家，大、中、小型生产供应商各占 15%、60%、25%。供应商的数量也间接反映出我国医院信息化的发展规模和水平。

总体来说，中国处在第一、二阶段向第三阶段发展的阶段，还没有建立真正意义上的 CPOE。主要因为缺乏有效数据，数据标准不统一。而且供应商欠缺临床背景，在从标准转向实际应用方面也缺乏标准指引。中国要想从第二阶段进入到第五阶段，涉及许多行业标准和数据交换标准的形成，这也是未来需要改善的方面。

在远程智能医疗方面，国内发展比较快，比较先进的医院在移动信息化应用方面其实已经走到了前面。比如，可实现病历信息、病人信息、病情信息等的实时记录、传输与处理利用，使得在医院内部和医院之间通过联网，实时地、有效地共享相关信息。这对于实现远程医疗、专家会诊、医院转诊等可以起到很好的支撑作用。这主要源于政策层面的推进和技术层的支持，欠缺长期运作模式，缺乏规模化、集群化的产业发展，还面临成本高昂、安全性及隐私问题等。这些影响未来的智能医疗。

将物联网技术用于医疗领域，借由数字化、可视化模式，使有限医疗资源让更多人共享。从目前医疗信息化的发展来看，随着医疗卫生社区化、保健化的发展趋势日益明显，通过射频仪器等相关终端设备在家庭中进行体征信息的实时跟踪与监控，通过有效的物联网，可以实现医院对患者或者是亚健康病人的实时诊断与健康提醒，从而有效地减少和控制病患的发生与发展。此外，物联网技术在药品管理和用药环节的应用过程也将发挥巨大作用。

随着移动互联网的发展，未来医疗向个性化、移动化方向发展，到 2015 年超过 50％的手机用户使用移动医疗应用，如智能胶囊、智能护腕、智能健康检测产品将会广泛应用，借助智能手持终端和传感器，有效地测量和传输健康数据。

3.2.2 国内智慧医疗的应用领域

近两年来，智能手机、移动医疗开启了很多新的创业机会、应用场景。各类商家争相涌入，运营模式主要分为面向医院、医生的 B2B 模式和直接面向用户的 B2C 模式。前者以为专业人士提供医学知识为主，后者则是“自查＋问诊”类远程医疗健康咨询应用。作为智慧医疗最成熟且最综合的应用领域智慧医院应用对大众来说不仅能减少就医流程、降低医疗费用还能增加被医生重视的感受；对医生来说，不仅能减少劳动时间，还能提高患者管理质量、提高诊治水平，在不断学习中得到患者认可；对医院来说，能更直接的了解患者需求，为患者服务，同时提高服务满意度，构建和谐医患关系。智慧医院在就诊、健康档案管理等方面的具体应用如下：

1. 一站式就诊服务

国内已兴起的智慧医院项目主要具备以下功能：智能分诊、手机挂号、门诊叫号查询、取报告单、化验单解读、在线医生咨询、医院医生查询、医院周边商户查询、医院地理位置导航、院内科室导航、疾病查询、药物使用、急救流程指导、健康资讯播报等。

这些实现了从身体不适到完成治疗的“一站式”就诊与康复服务。智慧医院应用需要真正落实到具体医院、具体科室、具体医生，将患者与医生点对点的对接起来，但绝不等于跳过医院这个单位，通过网络平台直接将患者与医生简单圈在一起。

2. 个人健康档案管理服务

当前很多地区患者如果想知道自己的历史就医记录，除了翻阅一本又一本纸质的病历外，根本无从查阅。在哪家医院住了几天，用过什么药，上一次怎么治疗的等，每到复查或者犯病时，总是需要翻箱倒柜的去找病历，时间久了还可能记不清或者记错。移动医疗的出现让每一个患者都可以通过手机应用查看个人曾在医院的历史预约和就诊记录，包括门诊、住院病历、用药历史、治疗情况、相关费用、检查单、检验单图文报告、在线问诊记录等，不仅可以及时自查健康状况，还可通过 24 小时在线医生进行咨询，在一定程度上做到了“身体不适自查，小病先问诊，大病去医院”的正确就医态度。

3. 移动的医学图书馆

多年前出现的电子书、在线阅读无疑给纸质类书籍、印刷厂和线下书店沉重的打击。作为特殊领域的医学文献不像科普杂志等容易在书店买到或“百度”搜索到。很多时候医学院学生需要上相关网站注册付费才能阅读这些文献。随着智能手机和pad(平板电脑)的不断发展，学术资源共享化发展，市场需求的驱动，医学文献的阅读不仅会变得便捷、随兴，而且更为有效。出自权威医学字典的药物库、疾病库、症状库查询，临床病例分析，甚至包括医学期刊的在线阅读和下载等，都为医务工作者带来了极大的便利。

4. 安防技术融入智慧医疗

目前随着医院信息化的建设，安防视频监控系统更多的结合了医院的业务管理。

1）远程探视

医院有一些特殊病房，如重症监护室，是一个集中救治危重患者的特殊场所，这里收治的患者均为手术后病人和危重病人，抵抗力最低、最容易产生并发症和严重感染。但是这类患者往往同时又最需要家人的陪同和安慰。通过网络化视频监控系统实现远程探视，既可以保护患者免遭外部感染或交叉传染，又可以实现患者与家人的“面对面”亲情交流。在部署上，需要在特殊病房内配备视频编码器以及摄像机、麦克风、音箱、电视机，同时在隔离区外设立远程探视室，配备视频编码器、摄像机以及 PC、耳麦，这些设施通过医院局域网接入监控中心管理平台。家属或朋友在室外的探视点即可实时看到室内的患者的情况，并与患者进行交流沟通，患者也可以看到外面家属的视频。如果将管理平台接入 Internet，亲属或朋友即使在家里或身在外地，也可通过 PC 远程登录，与患者探视对讲，既方便又快捷。

2）手术示教

临床教学担负着医院培养后备医护人员的重任，以往的现场观摩教学方式一方面受限于现场条件或手术设备，现场观摩的空间狭窄，参加人员有限，另一方面由于手术室等地方是洁净度要求很高的地方，为减少交叉感染，一般不允许外部人员及非手术医护人员随便出入。因此，教学效果很不理想。通过视频监控构建一个可视化远程示教系统则可以解决这个问题。在手术室配备视频编码器、摄像机或手术室本身的专业医疗摄像机以及拾音器，接入监控中心管理平台。外部观摩和学习人员位于医院观摩室、示教厅即可通过 PC 登录监控系统进行手术全过程的远程观摩，看到实时图像、听到实时声音，甚至可以通过语音对讲与手术室人员交流。手术全过程也可通过管理平台进行录像存储，供以后网上点播学习。观摩和学习人员即使身在外地，也可通过 Internet 远程观摩学习。

3）远程医疗会诊

目前，由于国内医疗水平发展不平衡，三级医院基本分布在大中城市，高、精、尖医疗设备也大多分布在大城市。病人、特别是边远地区的病人，由于当地的医疗条件比较落后，危重、疑难病人往往要被送到上级医院进行专家会诊。借助于视频监控系统，可以通过对各级医疗机构的无边界互联组成一个有效的远程医疗网络，实现对医学资料和远程视频、音频信息的传输、存储、查询、比较、显示及共享，使边远地区的患者能方便地共享优秀医学医疗资源。在医院设立远程医疗或远程会诊点，配备视频编码器、摄像机、麦克风以及音箱，接入监控中心管理平台。外部合作医院、外地专家通过 PC 远程登录该医院管理平台，即可对会诊点的患者进行远程诊断和远程医疗，观看患者伤情，并通过语音对讲与患者交流，既解决了一些医院专家不足的问题，又节约了患者到处寻医的费用和时间。

4）远程医护

加强人性化以及智能化管理，随时了解每一位病人的具体情况，减轻病人心理和身体上的负担，让家属更加放心地将病人交到医生的手中，是医院提升服务理念和服务水平的关键。通过视频编码器与病房内相关医疗设施的结合，还可以提供更为智能和更为人性化的服务。比如与输液报警器连接，患者输液完毕时通过监控系统的报警联动自动向护士站报警，与血压仪、心电图机、床边监护仪等仪器连接，实现自动报警以及数据参数与监控图像的叠加显示，在发生异常时及时报警通知护士站医护人员。

由此可见，医院安防视频监控不再仅仅局限于传统的安防，而是越来越多的与医院本身的业务相结合，远程手术示教、远程探视、远程护理、远程医疗会诊都是典型的应用体现。而随着3G与监控的融合，在移动中传输清晰流畅的监控视频成为可能，医院安防视频监控将呈现出更为广阔的应用空间。

未来几年，我国智慧医疗市场规模将超过一百亿元，并且涉及的周边产业范围很广，设备和产品种类繁多。这个市场的影响将不仅仅限于医疗服务行业本身，还将直接触动包括网络供应商、系统集成商、无线设备供应商、电信运营商在内的利益链条，从而影响通信产业的现有布局。

高效、高质量和可负担的智慧医疗不但可以有效提高医疗质量，更可以有效阻止医疗费用的攀升。智慧医疗使从业医生能够搜索、分析和引用大量科学证据来支持他们的诊断，同时还可以使医生、医疗研究人员、药物供应商、保险公司等整个医疗生态圈的每一个群体受益。在不同医疗机构间，建立起医疗信息整合平台，将医院之间的业务流程进行整合，医疗信息和资源可以共享和交换，跨医疗机构也可以进行在线预约和双向转诊，这使得“小病在社区，大病进医院，康复回社区”的居民就诊就医模式成为现实，从而大幅提升了医疗资源的合理化分配，真正做到以病人为中心。

通过大力发展的医疗信息整合平台和电子健康档案、电子病历、移动医疗设备、个人医疗信息门户、远程医疗服务和虚拟医疗团队等，将有力地推动智慧医疗的建设，也将助力于中国建设起覆盖城乡居民的基本医疗卫生制度，为群众提供安全、有效、方便、价廉的医疗卫生服务。在未来，当智慧元素融入整个行业，医疗信息系统必将以前所未有的速度开始进化，并对医疗卫生行业，乃至全人类的健康产生重大影响。

物联网技术在医疗领域的应用潜力巨大，能够帮助医院实现对人的智能化医疗和对物的智能化管理工作，支持医院内部医疗信息、设备信息、药品信息、人员信息、管理信息的数字化采集、处理、存储、传输、共享等，实现物资管理可视化、医疗信息数字化、医疗过程数字化、医疗流程科学化、服务沟通人性化，能够满足医疗健康信息、医疗设备与用品、公共卫生安全的智能化管理与监控等方面的需求，从而解决医疗平台支撑薄弱、医疗服务水平整体较低、医疗安全生产隐患等问题。

利用物联网技术构建“电子医疗”服务体系，可以为医疗服务领域带来四大便利：一是把现有的医疗监护设备无线化，进而大大降低公众医疗负担；二是通过信息化手段实现远程医疗和自助医疗，有利于缓解医疗资源紧缺的压力；三是信息在医疗卫生领域各参与主体间共享互通，将有利于医疗信息充分共享；四是有利于我国医疗服务的现代化，有利于提升医疗服务水平。

未来几年，中国智能医疗市场规模将超过一百亿元，并且涉及的周边产业范围很广，设备和产品种类繁多。这个市场的真正启动，其影响将不仅仅限于医疗服务行业本身，还将直接触动包括网络供应商、系统集成商、无线设备供应商、电信运营商在内的利益链条，从而影响通信产业的现有布局。

3.2.3 国内智慧医疗存在的问题

虽然我国在智慧医疗系统技术、标准、产品、应用以及政策层面均呈现出良好的开端，各地政府在推行医疗制度改革过程中，制定出相应发展规划和产业政策加以推动。但从现阶段实施情况分析，仍然面临着法律制度、结构协同、服务理念等诸多问题和挑战。具体问题分析如下：

(1) 政府法律保障问题。

智慧医疗中的个人健康信息涉及个人隐私，同时也涉及医师的职责。如何保证广大市民在最大限度上享受医疗健康服务，同时又可以尽可能保证自身的隐私安全，这是需要政府通过制定相应的法律和制度，以及监督管理体系的完善才能解决的问题。

(2) 产品化与市场准入问题。

现有的智慧医疗系统产品多数尚处于初级阶段，成熟度较差，缺乏相对应的产品、技术专业标准，套用标准较多，产品结构功能设计思路混乱，使用过程复杂，难于掌握。由于系统庞大特殊复杂，新企业很难取得相关资质，与市场规定准入条件和指标要求差距较大，难于形成遵循和符合市场公平性的原则。

(3) 关键技术创新、突破与提升问题。

智慧医疗技术涉及医疗专家系统技术、医疗感知技术、电源管理与运用技术、网络通信的软硬件技术、信息融合技术、大数据和云计算技术等众多技术，在研发过程中需要持续不断地融合、突破和创新，在此过程中除了持之以恒、不懈追求之外，还要有大量的资金投入。

(4) 商业模式创新问题。

智慧医疗涉及行业领域范围较为宽泛，产业结构和利益链条形成过程较为复杂，收益泼洒在各个环节上厚此薄彼，需要有新的商业模式和服务方法来整合利益关系，调整利益结构和转变分配方式。

(5) 标准化与规范问题。

系统涉及信息采集、网络通信、信息处理、终端接口、功能结构等多个环节，现有业务与技术标准涉及领域广泛，形成各类标准盘根错节、乱象丛生、错综复杂，大量的标准已过时需要重新制定，历史堆积问题日趋严重，负面影响日渐凸显。

(6) 资源配置与协调问题。

长期以来医疗机构形成了条块固化模式，网络集成与服务商结构也颇为复杂，资源分配方式、技术协调对接、服务协同管理等缺乏有效的手段。市场、技术资源分配缺乏有效的约束与管理。

(7) 规范运营服务和管理问题。

医疗行业由于长期属于资源短缺行业，形态比较稳定和优越。随着智慧医疗的应用，商业模式的创新与变化会对医疗行业从业人员和机构形成一定的压力，迫使其改变传统工作形态。服务意识有待改变，服务理念有待更新。

3.3 我国智慧医疗发展趋势

在近年来的发展过程中展现出产业发展活跃政府参与度加强、应用范围广、物联健康终端需求猛增、互联互通更加全面等趋势。

1. 智慧医疗产业的发展

智慧医疗是实现国民健康管理最有效的途径之一，将覆盖影响个人及人群健康因素的全生命周期过程，有效地利用以用户为中心的健康信息及各类医疗资源来为健康保驾护航。中国的智慧医疗产业是在中国特定的制度环境下新兴的医疗服务业态，目前仍没有形成可供比较和参考的成熟模式。在线预约、移动健康管理、云医院、移动社交圈、移动支付等新应用不断涌现，向用户渗透，活跃了智慧医疗产业，并正在颠覆传统的医疗产业链。

1) 政府参与加强

智慧医疗作为一种新兴的医疗服务业态，面临的环境不够成熟。中国目前还缺乏与之相匹配的法律、政策及规范，现行政策按医院审批和监管模式进行，为医疗服务机构发展带来了一些困难。个人电子健康档案信息也还处于的法律保护状态缺失。随着中国医疗卫生“十二五”规划出台，明确医疗信息化建设作为“四梁八柱”（见图 3-1）之一，要求利用现代化的信息手段，推动医药卫生体制改革，为百姓提供安全、有效、方便、价廉的基本卫生服务，并进一步明确“3521 工程”* 建设要求，医疗主管机关将逐渐针对人群服务范围标准，出台相关政府监管、法律、规范，解决健康体检与健康诊疗、健康保险的结合问题等，促进医疗与保险的跨行业合作，大力推动智慧医疗产业发展。据谷歌宣布从 2012 年 1 月 1 日起永久关闭个人医疗信息聚合服务。这表明公众对于将个人信息存放于免费服务（公有云服务）的意愿仍不够强烈，用户更期望政府监管下的健康信息服务。

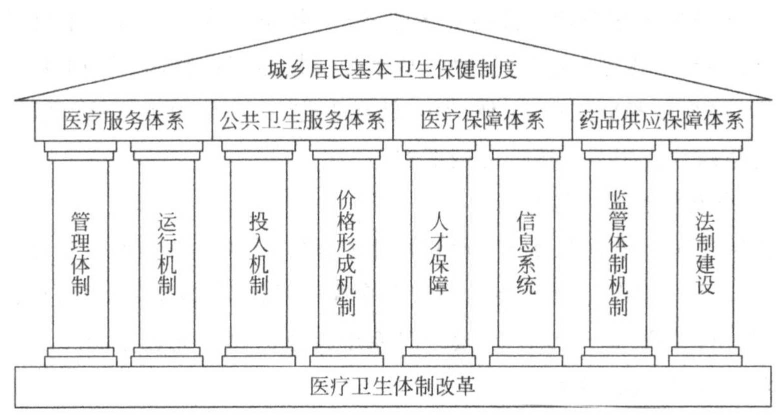

图 3-1　医疗改革中的“四梁八柱”

2）应用范围更广

随着应用系统和终端产品的逐渐成熟完善，智慧医疗的应用范围也将逐渐拓广，智慧医疗的应用范围逐渐覆盖用户全生命周期，包括新生儿出生、新生儿家庭访视、儿童健康检查、预防接种、健康体检、高血压患者随访、糖尿病患者随访、精神疾病患者随访、老年人健康管理、健康教育等一系列内容。在中国国家卫生和计划生育委员会“3521 工程”建设任务中，明确提出重点业务系统，已包括药物管理、公共卫生信息管理、新农合监管、城镇医疗保障、药品器械信息化监管、远程医疗服务、共享协作服务

---

* “3521 工程”是“十二五”期间我国卫生信息化建设路线图，即建设国家级、省级和地市级三级卫生信息平台，加强公共卫生、医疗服务、新农合、基本药物制度、综合管理 5 项业务应用，建设健康档案和电子病历 2 个基础数据库和 1 个专用网络。

等，智慧医疗也将覆盖以上范围。

3）物联健康终端需求猛增

ABI Research 2010 年的一份研究报告中预测，2016 年可穿戴设备的市场需求将超过 1 亿台，未来将有 8 万台该类设备成为健身感测器。在未来 5 年中，消费者在体育、健身以及临床上使用的心率监测器和可佩带血压计等设备将促进无线感测器的应用，蓝牙 4.0 等新型低功率无线技术也将与社交网络和智能手机相结合，以促进无线感测器的应用。根据 One Medical 公司 2010 年报道，在世界范围内，远程医疗使用的家庭血糖仪、血压计、体重秤、脉动血氧计和峰值流量计等联合装置的发运量将增长到 160 多万台，可见物联健康终端产品将在未来 3～5 年里成为广大市民主要健康活动必不可少的一部分，尤其对于管理慢性病，特别是慢性阻塞性肺病(COPD)、充血性心力衰竭(CHF)、高血压和糖尿病，以便捷化、低成本化、移动化为特征的物联网健康终端也将随着智慧医疗应用范围拓广急剧增加。

4）医疗信息互联互通更加全面

随着中国区域医疗服务平台分阶段开始部署搭建，未来的智慧医疗将真正实现医疗信息的互联互通，预计智慧医疗将成为一个多级、多层面的数据处理平台，完成多个信息源的数据进行关联、估计和组合，实现各系统及物联网多元数据相关信息的全面加工和协同利用，最终实现医疗信息的融合。

2. 医院信息化全面发展

从医院来看，未来医院信息化发展趋势有五大方向，即临床信息系统、质量管理和移动医疗；后台运营管理系统；数据的分析和使用；健康管理以及虚拟化平台和虚拟化计算。

1）临床信息系统、质量管理和移动医疗

首先，临床信息系统应该是以 CDR(电子病历)为核心的全流程闭环管理。在未来，临床信息系统的发展方向是集成平台化的管理，一改各系统孤立的体系架构。所有子系统将通过平台进行对接，所有系统中的临床数据都能归及到 CDR 之中，并能通过一个界面进行整体展现；而且，所有系统都扁平化，可实现快速流程管理。这样，当患者去医院看病时，医生就能实时获得该患者全生命周期的医疗信息，包括全程的门诊、住院、急诊、体检等等所有数据。而在当前的情况下，因为没有 CDR，就做不到全生命周期的系统集成，医生只能看到所在系统的数据，如在门诊看门诊的，在住院部看住院的。

其次,全面的质量管理。也就是把患者在医院的每个步骤,都在信息系统中得到完整、正确的记录和跟踪。通过这样一个闭环的管理,要做到正确的病人、正确的药品、正确的剂量、正确的时间和正确的给药途径等五个正确。比如,患者用药就是一个以医嘱为核心的管理过程。这中间的IT转换,就涵盖从合理用药监控系统,到药房包药机系统,再到患者床旁移动护理系统等。所有这些可能通过不同系统完成的,但这些系统在后台有一个紧密的连接。

最后,移动医疗日渐普及。一方面,移动医疗具有很好的便携性,医生可以随时随地获得任何信息;另一方面,通过移动医疗,可以促使信息无缝连接、无缝覆盖,不管医生走到哪里,处在哪个环节,都可以随时采集数据,随时验证患者身份和药品。

2) 后台运营管理系统

医院也有作为企业属性的一面,需要一个以ERP(企业资源规划)为核心的人、财、物的高度整合管理,将前台的业务和后台的运营管理进行高度整合,然后提供商业智能的决策分析。

3) 数据的分析和使用

有了前台的临床系统,有了后台的运营管理系统,这些系统会产生越来越多的数据,如果这些数据不用,就不能产生价值。IT(Information Technology,信息技术)最大的价值不在于Technology(技术),而是在于Information(信息)。未来医院信息化中最有意思的事情是如何分析、使用这些数据。而如果所有采集的数据,是靠人录入进去的,这样的数据就不是大数据。真正的大数据是不依赖于人而自动生成的,比如通过各种感应器或各种传感器,把患者体温数据自动采集的过程等。

4) 健康管理

未来医院的发展方向应该是以健康为中心。健康管理的概念是,患者个人健康档案不仅仅在医院使用,还能在家里等任何其他地方共享,为不同机构的诊断和治疗提高效率和准确度,并节省费用。采用以个人健康档案为核心的全生命周期的健康管理,建立整合应用医疗卫生服务体系Integra,将所有的医疗机构、不同级别的医疗机构的所有医生集合,共同为一个患者提供全生命周期健康与疾病的所有相关服务。

5) 虚拟化平台和虚拟化计算

虚拟化、云是未来的趋势。采用虚拟化设备和应用,能够大大降低IT设施成本和运行成本。公有云将是未来的重要发展方向,但其推动将有赖于整个链路、整个硬件安全性和稳定性的提高和完善。

第4章 智慧医疗的建设

智慧医疗是智慧城市的重要组成部分，是信息惠民的重要举措，是智慧医疗产业发展的重要契机。如何在城市现有医疗信息化和医疗健康服务发展状况下，构建高效的智慧医疗体系？本章试图从智慧医疗总体框架、建设内容、服务模式、产业链、评价体系等方面进行回答。

4.1 总体框架

智慧医疗是医疗信息化逐步深入，人性化发展的一种医疗健康服务形态，是智慧城市建设的重点内容之一。它主要采用云计算、物联网、大数据为代表的新一代信息技术以及生物技术、纳米技术，实时感知人体生理状态以及医疗健康设备状态，为医疗健康管理和服务提供支撑。医疗改革的推进和信息技术的大量应用，推动着我国医疗体系朝着共享互联的智慧医疗体系发展。该体系覆盖了各大医院、城乡社区、公共卫生，是一个比较完整的城市医疗体系，为解决"看病难"、"看病贵"的问题提供了一条"小病进社区、大病进医院、康复回社区"的新道路，也为公共卫生的预防和监管提供了有效途径。

智慧医疗建设的总体框架(见图4-1)遵循智慧城市技术体系，并注重与智慧城市其他领域的对接。最顶层是用户，有提供服务对象、服务者、管理决策者以及其他相关用户。服务对象包括不同疾病程度的病人和不同健康程度的健康人。服务者主要是医生、护士、护理人等直接向服务对象提供医疗健康服务的人。管理决策者主要是卫生部门、药品监督部门、医院的管理决策者。其他相关用户主要是社区、养老机构、房地产公司等提供医疗健康服务的机构。不同的访问渠道将以用户为中心，统一在一起，实现多渠道统一接入。最底层是医疗卫生所在的外围自然环境，是整个智慧医疗总体框架的数据采集源，主要包括人、医院、卫生站、救护车、健康流动车、社区、家庭、养老院。

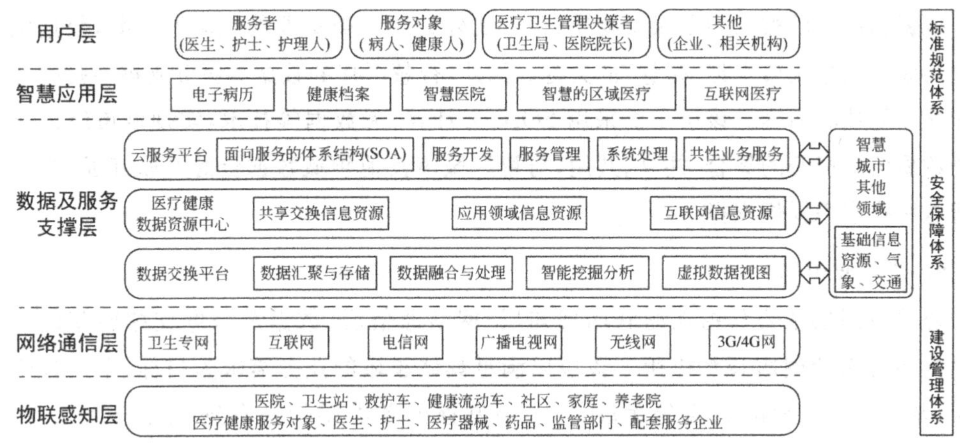

图 4-1 智慧医疗建设的总体框架

智慧医疗的总体框架的核心部分从城市医疗健康信息化整体建设角度出发，由四个层次要素和支撑体系组成。四个层次要素从下往上依次是物联感知层、网络通信层、数据及服务支撑层、智慧应用层。支撑体系主要包括标准规范体系、安全保障体系、建设管理体系。横向层次要素对齐下层具有依赖关系，纵向支撑体系对四个横向层次要素具有约束关系。

1. 物联感知层

智慧医疗的物联感知层主要提供对医疗健康环境的智能感知能力，以物联网技术为核心，辅以生物技术、纳米技术，通过传感器、芯片、RFID、摄像头等手段实现对城市范围内人、医院、卫生站、救护车、健康流动车、社区、家庭、养老院等医疗健康相关方面的识别、信息采集、服务、监测和控制。

2. 网络通信层

智慧医疗的网络通信主要存在于智慧城市网络通信中。智慧城市网络通信层主要目标是建设普适、共享、便捷、高速的网络通信基础设施，为城市级信息的流动、共享和共用提供基础，重点是互联网、电信网、广播电视网以及三网融合(比如移动互联网)，从而建设大容量、高宽带、高可靠的光纤网络和全程覆盖的无线宽带网络。智慧医疗的网络通信层重点建设是医疗健康卫生专网。

3. 数据及服务支撑层

数据和信息已被认为是城市物质、智力之外的第三类重要的战略性资源,数据融合和共享是支撑城市更加"智慧"的关键。因此,智慧医疗的数据及服务支撑层是智慧医疗建设的核心内容。该层主要采用SOA、云计算、大数据等技术,实现城市级医疗健康数据信息资源的聚合、共享、共用,与智慧城市其他领域数据资源互联互通,为各类智慧医疗应用提供支撑。

4. 智慧应用层

智慧应用层主要是指在物联网感知层、网络通信层、数据及服务支撑层基础上建立的各种医疗健康智慧应用。该层以满足具体领域的业务需求为目标,采用智能分析、辅助统计、预测、仿真等手段,对及时掌握的各类感知信息进行综合加工,构建各类医疗健康应用体系。该体系以电子病历和健康档案为基础,打破医院之间的信息壁垒,实现医疗信息的共享,充分调动各级医疗资源,平衡城乡医疗资源,进而实现各类医疗健康应用,比如智慧医院、远程医疗、智慧健康、智慧养老、智慧社区、智慧卫生应急。这些智慧应用为医疗健康服务对象、服务者、管理决策者等提供了便捷、联动、高效的整体信息化应用和服务,同时带动了城市医疗健康产业体系的发展。

5. 支撑体系

支撑体系涉及智慧医疗总体框架核心部分,并对其运行、建设、管理进行必要规定和指导,保障智慧医疗健康系统有序、高效运行,提供及时、优质的医疗健康服务。支撑体系主要包括标准规范体系、安全保障体系、建设管理体系。标准规范体系从技术、服务等角度知道和规范智慧医疗的整体建设和运营,确保智慧医疗建设的开放性、柔性和可扩展性,确保与智慧城市其他领域能够互联互通。安全保障体系用以提升基础信息网络、核心要害信息及系统的安全可控水平,为智慧医疗的建设和运行提供可靠的信息安全保障环境。从技术角度来看,重点是构建统一的信息安全保障平台,实现统一入口、统一认证。建设管理体系贯穿建设、运行和运营管理三个方面,包括规划、制度、资金、评价等内容,确保智慧医疗建设能够提升医疗健康服务水平和效率,促进公共服务均等化,提升国民身体健康。

4.2 智慧医疗建设的主要内容

智慧医疗是一个庞大、复杂、动态的系统，要注重顶层设计，避免浪费和信息孤岛。总体来说，智慧医疗建设需要谨慎制定具有战略远见、符合城市医疗健康现状的总体规划，还需要在充分考虑各部分以及与智慧城市其他领域之间的关系，制定具体的规划方案、设计方案、实施方案、保障体系等，以切实推进智慧医疗建设。

我国智慧医疗还处于试点起步阶段，智慧医疗系统尚不完善，各子系统之间及与智慧城市其他领域系统之间的互联互通尤为薄弱。在物联网、云计算、移动互联网的应用背景下，围绕医疗健康的迫切需求，涌现出众多创新的智慧应用。因此，我国智慧医疗的建设是基于电子病历、电子健康档案、数字医院、区域医疗等医疗信息化建设，针对城市医疗健康现状和需求，对城市智慧医疗体系进行调整和完善的过程。

尽管不同城市医疗信息化发展的基础和需求不同，侧重点不同，但是从整体来看，按照作用和支撑关系，智慧医疗的核心建设内容主要包括智慧医疗的基石、智慧医院、智慧的区域医疗、互联网医疗等，如图 4-2 所示。

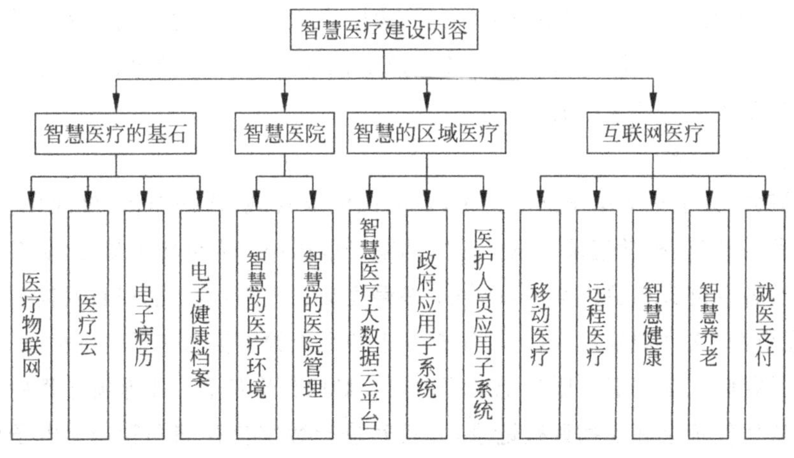

图 4-2 智慧医疗建设的主要内容

1. 智慧医疗的基石

智慧医疗的智慧基础类建设内容是整个智慧医疗体系的基础技术支撑，为丰富多彩的应用奠定信息共享和信息联通基础，主要包括医疗物联网、医疗云、电子病历、电子健康档案。

1）医疗物联网

医疗物联网技术是智慧医疗的核心。医疗物联网的应用方式是指依据医疗过程的需求，将各种信息传感设备，如射频识别装置、感应器、移动智能手机、激光扫描器、医学传感器、全球定位系统等装置，与互联网结合起来而形成的巨大的网络，并将这些信息传感设备通过医疗物联网技术与所有的资源连接在一起，进而实现资源的智能化、信息共享与互联。

2）医疗云

医疗云是在医疗健康领域采用现代计算技术，使用"云计算"的理念来构建医疗健康服务的系统，形成具有医疗健康领域特色的行业云，支撑云医疗的推广应用，有效地提高医疗健康服务的质量、成本和便捷性。

3）电子病历

电子病历即电子化的病历，是医疗机构在特定时间对门诊、住院患者临床诊断治疗过程的系统、规范记录。它贯穿整个医疗过程，完整集中地记录了各种医疗服务者下达的医疗指令及执行结果，并被诊疗过程的各个环节使用，具有高度的共享性，是医院信息系统的核心。电子病历主要由门（急）诊电子病历、住院电子病历和其他医疗电子记录（包括病历概要、健康体检记录、转诊记录、法定医学证明及报告、医疗机构信息等）基本医疗服务活动记录构成。

4）电子健康档案

电子健康档案也称为电子健康记录，是居民健康管理（疾病防治、健康保护、健康促进等）过程的规范、科学记录。电子健康档案是以居民个人健康为核心，贯穿整个生命过程，涵盖各种健康相关因素，实现信息多渠道动态收集，满足居民自身需要和健康管理的信息资源（文件记录）。电子健康档案中的个人健康信息包括基本信息、主要疾病和健康问题摘要、主要卫生服务记录等内容。健康档案信息主要来源于医疗卫生服务记录、健康体检记录和疾病调查记录，并将其进行数字化存储和管理。电子健康档案与电子病历联系密切，互相补充，且电子病历是电子健康档案的主要信息来源和重要组成部分。

2. 智慧医院

智慧医院是在数字化医院的基础上，更加注重物联网、云计算、大数据技术的应用，更加注重内外信息资源的联动共享和整体的协调性，构建高效经济的医院信息化系统和丰富便捷的医疗服务。智慧医院建设包括智慧的医疗环境和智慧的医院管理两个方面。

1）智慧的医疗环境

智慧的医疗环境主要是指通过对医院建筑设计、楼宇智能化设计，使医院拥有一个绿色、环保、人性化的环境。智慧的医疗设施主要包含建筑智能化、通信自动化、业务专业化三部分组成。

2）智慧的医院管理

智慧的医院管理主要是通过信息化的手段，推进临床诊疗的网络化、自动化、智能化，促进医院资源有效利用，获取医院的最大效益。智慧的医院管理可提供更好的临床医疗服务，促使资源更有效的利用，构建更开放的医疗服务体系。

智慧医院重要建设内容还包括一些具有显著技术特征的应用，比如医疗物联网、移动医疗、远程医疗等。这些应用是智慧医疗的建设亮点，增强了医院满足自身管理和服务质量等需求的能力。

3. 智慧的区域医疗

智慧的区域医疗是指围绕“看病难、看病贵、看病烦”等就医问题，遵循以人为本、服务于人的理念，采用新一代信息技术加强卫生防控，加快资源协同调度，优化卫生管理决策，提高卫生资源利用率，实现预防、保健、医疗、康复等相结合的全方位智慧医疗保障和智慧健康管理。智慧的区域医疗建设主要围绕智慧医疗大数据云平台及配套基础系统优化。智慧医疗大数据云平台从建设和最终应用的角度，围绕政府应用、百姓应用、医护专业人员应用角度进行思考、规划和设计。

1）智慧医疗大数据云平台

智慧医疗大数据云平台应用云计算新技术，建设资源易整合、基础设施易扩展、系统易维护的系统平台，充分利用资源，节省建设成本。主要包括基础设施、云融合平台、云数据中心以及云应用。

2）政府应用子系统

智慧的区域医疗提升政府管理者医疗卫生监督管理效率及为民服务的能力。政府应用子系统主要有卫生应急指挥系统、疾病预防控制信息系统、合理用药电子预警管理系统、公共卫生监督系统等。

3）医护人员应用子系统

智慧的区域医疗注重为医护人员提供技术支持，提升基层医疗服务的质量。医护人员应用子系统包括基本的医疗信息化和辅助系统，涉及体检、临床、药品管理、转诊、付费等环节，有双向转诊系统、先诊疗后付费监管系统、区域卫生信息发布平台、区域HIS移动客户端等。

4. 互联网医疗

互联网医疗就是把传统医疗的生命信息采集、监测、诊断治疗和咨询，通过可穿戴智能医疗设备、大数据分析与移动互联网相连，提供多种形式的医疗服务和健康管家服务。互联网医疗代表医疗行业新的发展方向，有利于解决中国医疗资源不平衡和人们日益增加的健康医疗需求之间的矛盾，是国家卫生和计划生育委员会积极引导和支持的医疗发展模式。目前主要包括移动医疗、远程医疗、智慧健康、智慧养老、就医支付几个重点应用领域。

1）移动医疗

移动医疗是现代通信技术、互联网技术和临床医学等多个交叉学科的发展而催生的，通过无所不在的网络和智能移动终端来提供医疗和公共健康服务的最新医疗服务模式。

2）远程医疗

远程医疗是计算机网络技术、现代通信技术、多媒体技术与现代医学技术相结合的一门新兴的综合交叉学科，是一种新的医学模式。它以多种数字传输方式，通过多种核心技术和远程医疗软件系统建立不同区域的医疗单位之间、医师和患者之间的联系，实现对医学资料和远程视频、音频信息的传输、存储、查询、比较、显示及共享，完成远程咨询、诊治、教学、学术研究和信息交流任务等。

3）智慧健康

智慧健康就是围绕家庭及个人健康管理和护理，将医疗卫生系统充分对接到基层医疗卫生平台，借用医疗健康终端和系统，通过健康管理平台和设备，由医护人员和健康护理专职人员，向家庭和个人提供个性化的医疗健康服务。智慧健康建设的主要内容包括健康管理跟踪平台、健康管理应用系统以及健康管理终端。

4）智慧养老

智慧养老是在全国智慧城市建设的背景下提出来的，是指利用信息技术等现代科技技术(如互联网、社交网、物联网、移动计算等),围绕老人的生活起居、安全保障、医疗卫生、保健康复、娱乐休闲、学习分享等各方面支持老年人的生活服务和管理,对涉老信息自动监测、预警甚至主动处置,实现这些技术与老年人的友好、自助式、个性化智能交互。

5) 就医支付

为解决医院"三长一短"现象,以服务就医者为本,采用先进信息技术,实现医院之间资源共享和部分资源对外开放,优化就医流程和就医环节,致力为就医者提供便捷、经济、轻松的高质量就医体验。在就医支付方面,主要的建设包括预约挂号平台、医院分诊导医系统、医疗电子支付。在传统的银医一卡通基础上,诊间结算、床边结算、手机支付、信用账户等方式日渐盛行,提供了更便捷、更广泛的支付渠道。

此外,医疗卫生网络的建设也是智慧医疗的重要基础设施建设。医疗卫生专网需实现所有医院、社区卫生服务中心和乡村服务站的网络全覆盖,同时保证疾控网络覆盖全面。支撑医疗健康服务的公网,也需要保证网络的便捷获取和流畅性。

智慧医疗的建设不仅仅是系统的建设,更是智慧医疗相关制度机制的建设,更需要人们医疗健康理念的转变。在智慧医疗的支撑体系建设中,最重要的是标准规范体系和安全保障体系。标准规范体系贯穿于医院信息化建设的整个过程,通过规范的业务梳理和标准化的数据定义,要求智慧医疗各项建设遵循"统一规范、统一代码、统一接口"的原则以及相应的规范标准来加以实施,严格遵守既定的标准和技术路线,从而实现多部门(单位)、多系统、多技术以及异构平台环境下的信息互联互通,真正实现信息资源的充分共享和利用,确保整个系统的成熟性、拓展性和适应性,进而规避系统建设的风险。主要包括智慧医疗卫生标准体系、电子健康档案以及电子病历数据标准与信息交换标准、智慧医疗卫生系统相关机构管理规定、居民电子健康档案管理规定、医疗卫生机构信息系统介入标准、医疗资源信息共享标准、卫生管理信息共享标准、标准规范体系管理等建设内容。安全保障体系从六个方面建设安全防护体系,包括物理安全、网络安全、主机安全、应用安全、数据安全和安全管理,为智慧医疗卫生系统安全防护提供有力技术支持,通过采用多层次、多方面的技术手段和方法,实现信息安全保障,整个体系的构建遵循系统安全工程过程开展。

4.3 智慧医疗产业链

1. 智慧医疗产业链的组成

智慧医疗的产业核心是提供端到端的医疗服务，产业链的整个环节包括政府部门、科研院所、数据中心建设运营机构、网络通道提供商、业务平台开发商、终端开发商以及专业服务提供商。智慧医疗产业链（见图 4-3）同时也涉及保险机构和第三方服务机构等。

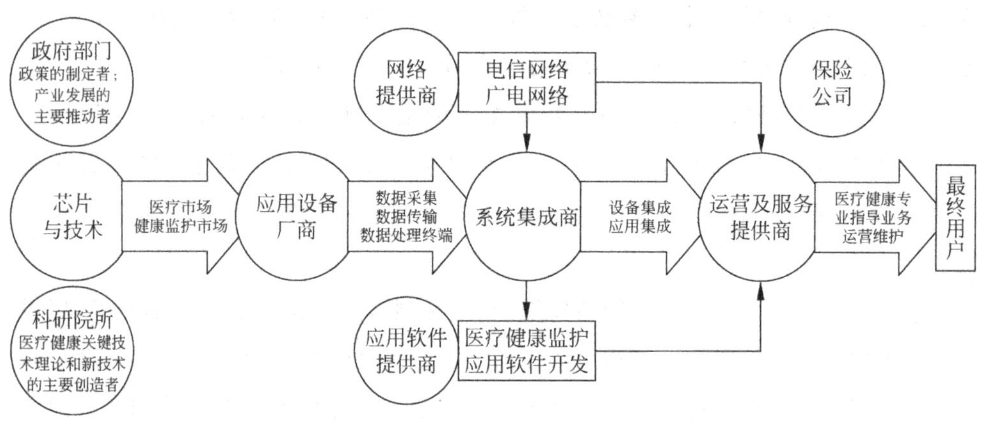

图 4-3　智慧医疗产业链

1）政府部门

政府部门作为智慧医疗产业政策的制定者和医疗信息化发展的主要推动者，通过出台激励机制、配套政策和法律保障与财政支持，引导智慧医疗发展方向，营造产业环境，为合作各方搭建开放、高效的产业服务平台。

2）科研院所

科研院所是智慧医疗各层的技术理论和适度前沿技术的主要创造者。

3）芯片及应用设备生产商

芯片及应用设备生产商是完成最底层的芯片生产，提供信息模块、医疗传感模块和无线通信终端设备等。还包括以二维码、RFID 和传感器为主，实现“物”的识别的器件提供者。

4）软件平台提供商

软件平台提供商负责服务于智慧医疗服务及最终用户的业务平台的开发、测试与实现。

5）系统集成商

系统集成商是面向运营服务机构的整体解决方案提供者。目前智慧医疗运营主体不明确，其在产业链中扮演着重要的角色。

6）电信运营商

电信运营商作为通信网络的提供者，完成数据的传输。在电信运营企业逐渐重视信息运营的驱动力下，正在尝试与传统医疗服务提供商合作，开展联合运营服务。

7）运营及服务提供商

运营及服务提供商作为整个智慧医疗产业链的主要运营主体，是产业链的核心。然而，目前在国内仍没有独立提供服务的企业存在，现今阶段主要仍由医院、独立医师和体检机构扮演着该角色。

智慧医疗发展至今面临的主要挑战在于：医疗行业的信息量非常庞大，而且数据结构异常复杂，加之各医疗机构之间的体制藩篱，因而从数据采集、整合到分析的各个环节都面临重重困难，需要政府各级部门大力配合，提供保障性政策与措施。

2. 智慧医疗产业的发展

智慧医疗产业链的发展主要呈现如下状况。

1）政府投入不足，传统流程限制产业发展

在传统医疗管理模式中，管理系统主要以业务流程为中心，管理体系是一个重叠、交叉的多层次的行政管理控制体系，管理层面则以控制和协调性的工作为主。这不仅有损积极性，而且扼杀了一部分创造力。新型的医疗服务模式要求在医院管理、患者信息管理和服务机制上，通过对流程进行规范设计、科学实施并持续改进与优化，使医疗健康管理达到规范化、系统化和传统化。在推进智慧医疗的过程中，希望以卫生信息技术和医疗信息系统为纽带，充分利用先进的卫生信息技术对医院原有服务流程进行改造。

医疗卫生事业是民生工程，政府相关部门应该加大投入力度，充分的投入可确保关键技术研发的完成及示范工程成功推行和应用，从而避免由于投入不足而导致的失败，或使得项目的结果仅仅停留在理论层面，成果束之高阁。加大人力、物力投入，在关键技术突破方面，要加强国际合作，加大研发力度，加强产学研合作，组建由政府、产业链中各企业、科研院所及医疗卫生行业协会等建立的产业联盟，充分调动各方面力量，加快医疗信息化建设进程。

2）产业链部门合作缺乏协调

我国传统医疗信息化规划各自为政，部门规划多，跨部门的系统规划少。对于智慧医疗总体规划而言，缺乏合作协调。很多医疗卫生相关部门与设备和平台提供商之间缺少沟通意识，与相关部门尤其是通信部门的沟通不足，与信息化专家和公共服务专家的沟通不足，对信息网络相关技术和业务模式的发展缺乏前瞻性，对应用主体的需求也缺乏通盘考虑。

随着各行业信息化不断从局部应用向成片应用、广域应用过渡，一方面，公共卫生部门之间，如血液管理、医院和卫生监督管理、疾控中心、妇幼保健及医疗保障中心等各部门要实现相互协调配合。在信息化顶层设计时，必须理顺协调机构与管理机构的关系，促进相关部门协调运作，系统推进智慧医疗建设。另一方面，智慧医疗是个崭新的概念，只有建立互动共赢的组织协调机制，才能让不同部门、企业、地区之间形成合力，积极主动地推进网络融合与信息共享，促进物联网技术在医疗健康领域的推广和应用进程。

3）国产核心医疗软/硬件设备企业缺乏有益的培育环境

医疗硬件设备，尤其是数字医疗设备方面核心技术及知识产权仍为国外企业所控制。据了解，我国每年从国外进口大量医疗设备要花费数亿美元的外汇，国内近70%的高端医疗器械市场被发达国家的公司所瓜分，核磁、MR和CT等医疗设备市场主要集中在GE、西门子和飞利浦等外资公司手里。此外，在中国医疗软件市场上，国外企业包括IBM、西门子、思科和GE等众多跨国企业已提前在中国的医疗市场布局抢位，专门成立医疗信息化行业部门，大力进军中国医疗信息化行业。

我国应当鼓励国产核心医疗软/硬件设备企业的自主创新力，加大力度培育国产医疗企业。借助新医改实现国产企业产品市场份额的大幅提升，卫生行政主管部门应当建立鼓励国内智慧医疗软件平台、设备及芯片等企业自主创新的机制，并给予政策及配套资金的扶植，促进企业的创新开发，促进国内厂商做专、做强，推动产业进入快速发展的轨道。

4）医学信息与信息医学的科研支持及人才培养缺口严重

医疗信息化人才需求巨大，尤其是既熟悉医疗卫生业务，又精通计算机通信专业的人才严重缺乏。人才严重短缺是制约医疗信息化发展的不争事实。为逐步解决医疗卫生信息化人才需求，国家卫生和计划生育委员会和教育部正联合研究制订医疗卫生信息化人才发展战略，科学规划医疗卫生系统信息化建设人才需求、专业分工、知识与技能要求、培训计划和考核体系；同时出台医疗信息化人才奖励机制，调整专业人才待遇，纠正医院 IT 技术人员薪资低于其他行业的不利状况，吸引人才，稳定队伍；开展国际交流，通过请进来、送出去、师资和学生交流等形式，提高医学信息与信息医学人才的专业水平。同时，支持大批有价值的智慧医疗相关科研课题的开展，在项目中培养医学信息和信息医学科研人员，提高他们的研发能力，加大我国在该领域自主知识产权的权重。

5）法规和政策亟待调整

物联网正处于发展初期，产业链发展不完整，尤其在医疗领域，确实有很多制约智慧医疗产业发展的因素，比如观念、体制、技术和安全等。从目前中国现实状况来看，体制性障碍是最需要优先解决的问题。

实际上，由于存在体制性障碍，不仅医疗行业信息难以实现共享，而且作为物联网发展基石的基础性网络建设也受到了阻碍。正是由于体制性障碍严重阻碍了物联网的发展，所以需要国家改善管理体制，促进应用。同时各个医疗行业管理部门也需要积极转变观念，从过去单纯的管理者身份向未来的合作者身份转变，加强促进部门、地区间的协作和资源共享。目前，已经有很多地区在推进部门之间的协作共享，比如，北京正着力推进的数字北京计划，整合了北京市委、医院、社区、疾控和急救之间的管理网络，形成一个统一的城市卫生信息管理和突发卫生公共事件处理指挥调度核心平台，大大提高了政府各部门指挥通信和协作管理的效率。

随着社会民众对自身健康的关注以及隐私保护意识增强，加强针对公民电子健康档案信息归属权和服务使用权的法律保证，已成为智慧医疗服务运营的重要保障。

4.4　智慧医疗评价体系

1. 中国智慧医疗城市评价指标体系

2013 年，IDC 发布了《中国智慧医疗 30 个城市的评价和推荐》报告。本报告从城市级维度对中国智慧医疗发展现状和未来机遇进行全景扫描，为智慧医疗厂商在进入目标城市提供决策建议。

中国城市数量众多，一二线城市与三四线城市之间、地级市与县级市之间的生产力水平、医疗卫生基础设施状况、专项建设资金配置差异巨大。各城市政府和当地医院在智慧医疗领域的建设目标、核心任务、发展路径和重点项目各不相同。面对中国智慧医疗建设的复杂格局，基于对中国两千余个城市的经济与人口基础、IT机会规模和增速、智慧化专项占投资预算总额的比例、医疗信息化专项试点分布、国家统筹试点分布、市场空间和开放程度等诸多维度数据进行持续性追踪研究，同时结合对“十二五”期间中央政府和各地城市政府重点投资的医疗信息化项目方向等政策信息，创建了中国智慧医疗城市评价指标体系（见图4-4）。这个指标体系主要是为智慧医疗厂商提供业务支持。

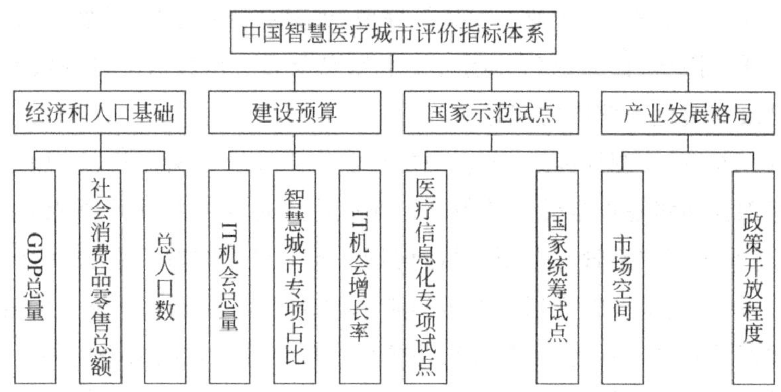

图4-4 中国智慧医疗城市评价指标体系

资料来源：IDC，《中国智慧医疗30个城市的评价和推荐》，2014。

2. 智慧医疗评价指标

智慧医疗的目的是通过医疗资源的互联互通、共享利用，提升医疗资源的利用率和医疗健康服务的水平，使市民可切实享受到具有便捷性、准确性的医疗健康服务。从建设和管理的角度来看，主要包括5个三级指标。

1）市民电子健康档案建档率

市民电子健康档案建档率指标是指拥有电子健康档案的市民所占的比例。智慧城市市民电子健康档案建档率应达到100%。

2）电子病历使用率

电子病历使用率指标是指城市内使用电子病历的医院占医院总数的比例。智慧城市的医院电子病历使用比例应达到 100%。

3）医院间资源和信息共享率

医院间资源和信息共享率指标是指城市内实现医疗资源及信息共享的医院占总数的比例。智慧城市医院间资源和信息共享率应在 90%以上。

4）社区卫生站覆盖率

社区卫生站覆盖率指标代表市民不出社区就能够解决普通病患问题，反映了基本医疗资源获取水平。

5）疫情监控信息发布水平

疫情监控信息发布水平指标指的是城市疫情发布和监控的水平，是有效控制疫情、稳定市民情绪的重要途径。

浙江省、江苏省等省份的医院等级评审中明确要求三级医院信息化建设必须要建立无线门诊输液系统、中心供应室管理系统、临床管理系统等。

此外，人的基本素质和医疗健康观念也是智慧医疗发展程度的重要指标。

第5章 智慧医疗的运营

对商业模式的研究既是一个学术问题，也是一个实战案例。管理大师彼得·德鲁克曾经说过："未来企业的竞争，将是商业模式的竞争，而不是资本的竞争。"所以，选择一个合适的商业模式来进行企业的运营是非常重要的。换句话说，在做一个大型项目的时候，并不能到了后期再考虑商业模式，而是应该在比较早的时候就要进行商业模式及商业化进程的推演和远期规划，并根据实际情况不断修正和改变。这是一个企业可以实现良性运转和可持续发展的基石。德鲁克还认为：对企业而言，最重要的是市场地位，其次是创新，后面是生产力或者内部效率，还有企业的社会责任等。企业的社会责任也是整个移动医疗商业模式中特别重要的一环。因此，凡是涉及医疗和与人的生命健康有关的项目，都必须要学会把企业的商业化进程变成一件美好的事和高尚的行为。

当今世界正面临一场前所未有的变革，而这种变革可能会让我们很熟悉的旧时代逐渐消亡，同时催生了一个我们谁都不知道的新时代。而同样，经典的商业模式在新时代也会有很大变化。但不管怎么讲，商业的本质是人心，是人性。而人性即便经历了几千年，甚至再过几千年，可能也不会有大的变化。不论你是披着互联网思维的"皮"，还是穿着传统思维的"鞋"，所有的商业模式都离不开对人性的洞察，对需求的满足、引导和创造这一本质。即使多么强大和眼花缭乱，技术也只是实现功能的工具。因此，智慧医疗商业模式最根本的是考虑如何能对行业和社会进步起到推动效果，为用户节约成本，而不是让他们故意浪费很多不必要的钱和精力来获取自己的利益。因为从长远来看，任何唯利是图的行为都会被湮没在历史的洪流中。

5.1 健康管理模式

智慧医疗中包含了众多业务，包括面向政府、面向医疗机构及面向公众的业务内容，其中面向政府及面向医疗机构的商业模式是围绕面向公众的业务展开的。本章重点分析智慧医疗面向公众业务的商业模式及可行性。

智慧医疗面向公众的业务以健康管理、健康体检和慢性病管理等业务模式为最典型的商业模式。健康管理是基于个人健康档案基础上的个性化健康事务管理服务，是建立在现代生物医学和信息化管理技术模式上，从社会、心理和生物的角度对每个人进行全面的健康保障服务，协助人们成功、有效地把握与维护自身的健康。其核心内容包括收集健康信息、建立健康档案、评估健康状况、预测健康走向，以及制定并实施健康计划，以便合理管理健康，建立良好的生活方式。目前，健康管理在国内外的信息服务与业务运营都处在尝试阶段，因涉及投资、政策和产品成熟度等原因，至今仍没有很成熟的运营经验。

健康体检是以健康为中心的身体检查，是以医学手段和方法进行身体检查，这里包括临床科室的基本检查，能够早期发现疾病和影响健康的危险因素。该业务模式在我国已逐步成熟，商业模式也逐渐清晰。

慢性病管理的重点是在疾病产生前能进行有效的控制，期待的结果是健康而不是疾病。一旦患病，其结果就属于医疗的范畴了。在具体的管理过程中，为了保证服务的连贯性，有些健康管理机构也提供医疗等延伸服务。比如，综合利用疾病预防学、分子生物学、临床医学和 IT 网络技术等先进的科学手段，对人体的健康风险因素进行有效的干扰。管理提供的就不是单个单一的服务项目，而是一个完整的管理体系，由不同的管理服务环节组成，每个环节都可分解、可量化，具有较强的系统性。

可见，健康管理和慢性病管理模式相似，以下以健康管理商业模式为主进行介绍。

健康管理在美国经过二十多年的研究得出结论：90%的个人和企业通过健康管理后，医疗费用降到原来的 10%；10%的个人和企业未做健康管理，医疗费用比原来上升 90%。由此可见，健康管理不仅是一个概念，也是一种方法，更是一套完整、周密的服务程序。其目的在于使患者以及健康人更好地拥有健康、恢复健康、促进健康，并尽量节约经费开支，有效降低医疗支出。

目前，国内的健康管理模式大体有以下几类。

1. 体检主导型

体检是目前健康服务领域最成熟的经营模式，也是客户接受度最高的健康服务品种。由于其客户基数大、利润率高、现金流稳定，各地体检中心争相发展。为了充分挖掘客户资源的消费潜力，部分体检中心开始介入健康管理服务。由于体检中心拥有大量客户资源，具有最合适的服务切入点，只要管理得当，在体检中心基础上发展起来的健康管理公司将强势进军健康管理行业。

目前，体检机构在国内有以下几类。

1）以医院为主体的体检部门

医院为了提高医院医疗资源的使用效率，大部分都已成立专门的体检部门。在三甲医院甚至推出了专门的针对中高端人群的特需门诊，如上海瑞金医院、广州中山医院和成都华山医院等。

2）依托医院医疗资源而生的体检机构

此类也可称为资源整合性体检机构。目前，很多健康管理公司受到自身条件的限制，没有能力为自己投资建设体检中心，成为医院体检中心的重要合作伙伴，是体检中心客户源的重要输送者。例如，杭州是国内著名的体检疗养胜地，体检疗养机构规模大，市场基础好，设施先进，年体检额在千万元左右的客户就有近十家。但由于缺乏强势的品牌和自有体检基地，健康管理公司仅能获得体检产业链中10%～30%的毛利。除去返回客户的业务费用和业务员的提成，利润非常微薄。

3）自建体检中心的健康服务机构

这类健康服务机构一般前期投入成本较高，所以锁定用户定位也较高。一般会针对企业用户、中高收入的个人用户及家庭用户。成功要素主要是优良的检验设备、良好的就医环境、可靠的服务质量以及相对合理的服务价格和恰如其分的市场营销等必要因素。可靠的服务质量一般会成为此类体检公司的软肋，所以能够通过合理的营销策略对自己进行定位成为关键；另外，优秀的市场销售能力也是此类公司的核心竞争力。因而，此类公司最可能转型为专业的健康管理公司。西方发达国家中的商业业态便是最好的借鉴。

2. 中医保健型

健康管理的重要特点在于对疾病的前瞻和预防。但是亚健康相对西医来说是一个很难精确定位的模糊概念。然而，中医理论却能很好地诠释亚健康的形成发展，并迅速提供解决方案。中医作为国粹，具有广阔市场前景的基础：其一，中医在群众中有大批的拥护者，具有深厚的市场基础；其二，中药具有针对性强、效果好、副作用小的特点；其三，中医拥有针灸、推拿和膏药等传统的内病外治的方法，这些都可以成为健康管理的有效工具。

由于中医是一门经验型的学科，不能定标和定量，因此，对人力资源的要求很高。中医是着重临床的学科，用于健康管理的营利模式还有待进一步探索。

3. HMO（Health Maintenance Organization）型

HMO 是一种最早期的健康管理计划形式。它向会员提供一定范围的健康服务，包括在每月付费或年付费基础上提供预防性护理服务。HMO 有以下几种形式。

1）职员或群体模式

医生本身是健康管理公司成员，或者客户要去医疗中心或门诊部找医生。

2）个体成员协会或网络模式

HMO 会与有些医生及医疗机构有协议，或者说医生有自己的诊所。HMO 会给客户一份医生列表，让客户选择一个基础护理医生。它会处理客户的健康事务。在需要时，客户要通过它来联系有关专家。在有些 HMO 计划中，客户看医生不用花钱，但有些 HMO 则需要付一定费用。如果客户是 HMO 会员，客户看计划内的医生不用花费，但看计划外的医生则需自己付费。

4. POS 计划或医疗经纪型

在一个 HMO 计划内的基础护理医生必须推荐计划内的专家，但作为 POS 计划的会员，可以找计划外的医生或专家而同样可以享受优惠。如果是医生推荐的网络外的服务，则客户会支付全部或大部分费用；如果是客户自己去找在计划范围内却不属于网络成员的服务者，则客户需要支付相应的费用。

5. 信息技术服务型

这类公司从宏观需求着眼，从技术研发入手，为健康管理公司和体检机构提供一些标准化的服务工具或服务。提供诸如标准化的体检报告和体检过程控制，以及数据电子化、导医挂号、慢性病评估、信息素质评估、亚健康评估、运动处方和疾病在线或无线管理等服务。这种服务具有标准化和网络化的特性，可以不受地域的限制，为众多客户提供同一种服务。这种服务如果能够真正符合消费者及健康服务上的市场需求，成功的概率很大。

6. 私人医生型

这类服务企业诉求非常明确，他们将客户目标锁定在中高端，广泛整合医疗资源，尤其是稀缺的医生资源。该模式通过精细入微的服务来赢得市场，运用各种增值服务来获得商业利润。这是目前大多数健康管理公司走的一条路。

但是，由于私人医生是人力资源密集型产业，人力资源的稀缺限制了它的运营规模和服务人数。同时增值服务产品滞后开发性也严重阻碍了对客户消费能力的深度挖掘，解决这个问题的重要方式是进行连锁或加盟特许经营。

7. PPO(Preferred Provider Organization)型

PPO 模式这种健康管理模式可理解为赔付提保型健康管理，主要是帮助保险公司代管投保人的健康。该模式专为会员提供医疗费用优惠的医疗保险计划，通过开展多种措施引导患者去那些医疗费用控制好的医院就诊，达到控制医疗风险，降低医疗费用的目的。目前，此类模式在国外有部分成功案例。

从政策分析看，截至 2011 年，新医改方案历经了三年的酝酿与争论，《中共中央国务院关于深化医药卫生体制改革的意见》和《医药卫生体制改革近期重点实施方案(2009—2011 年)》两份文件相继公布。其中新医改凸显出不少新变化，比如，取消以药养医，允许异地行医，鼓励社区、家庭首诊，普及公民电子健康卡，促进全民建档实施。但这些变化能否治愈“看病难、看病贵”的顽疾，能否破解医疗问题的困局需在实际中检视。

在物联网、云计算、大数据、移动互联网、可穿戴式设备等信息技术的支撑下，智慧医疗领域将有可能全面重塑新的商业模式，从而使医疗的各个细分领域，从诊断、监护、治疗到给药都将全面进入智能化，开启一个医疗健康的新时代。

5.2 互联网医疗的商业模式

从宏观整体角度看，互联网医疗存在的基础是目前稀缺医疗资源低效配置。互联网在医疗行业创造的新增价值在于三方面：一是“连接”属性，即通过高效连接，降低医疗资源的浪费，提高效率，从而产生价值；二是“智能”属性，即通过整个医疗环节产生的大数据，结合人工智能算法，基于数据为医生的诊断、治疗决策提供新的可靠支撑，从而创造价值；三是在整个就医、行医的过程中改善各方体验，从而带来新增商业价值。

从微观角度看，从消费者角度出发，整个就医相关流程可拆分为九个重要环节，依次为健康管理、自诊、自我用药、导诊、候诊、诊断、治疗、院内康复、院外康复（慢性病管理）。这九个就医相关环节构成了互联网医疗商业模式分析的完整全景图框架，包含了消费者所有的诉求点。互联网医疗的商业模式也就从这些环节展开。

互联网医疗的服务对象有患者、医生、医院。

1. 为患者服务

患者是整个互联网医疗服务链的核心。基于患者服务的互联网医疗商业模式可以从患者就诊的各个环节的核心刚需诉求分析。

自诊环节和自我用药环节刚需较强，基于这两个环节的商业模式可行性高。在国内主要有“好大夫在线”、“春雨医生”等具有自诊、用药、简单医患互动功能的 App。在此环节，患者的主要需求是获得可靠的信息，能便宜、便捷地获得解决方法，以及能得到专业医生的指导。在自我用药环节，消费者的诉求是能知道最合理的用药方法，以及最快、最便捷地买到药。这部分的需求比较刚性。随着收入水平提升，“有病硬抗”或随意吃药的消费者行为将逐渐减少。因此基于此环节的商业模式比较可行。

导诊环节也是刚需，商业模式有扩展空间。在这个环节，病人需要知道自己应该去什么医院，到什么科室，找什么医生。对于已经需要去医院治疗的患者来说，这部分需求非常刚性。

候诊和诊断环节，消费者主要诉求在于快捷、便利、省时。对一部分病患来说，这是刚需。我们可以观察到“支付宝”和“金蝶医疗”已经在此环节布局，能够大幅简化候诊就诊流程，省时省力，并提供电子化的病例结果输出。但这一部分的商业模式需要与医院系统对接，是否具备较强的医院资源决定了能否涉足这种商业模式。

院内康复和院外康复环节，消费者也存在刚需，而且是非常刚性的需求。在治疗环节已经完成后，病患的主要花费已经支出，最终目的就是为了能快速、彻底治好病。特别在院外康复阶段，患者存在与医生互动咨询康复进展的需求。基于这一部分可以有硬件（体征监测）以及软件（医患互动）的商业模式。

2. 为医生服务

医生是互联网医疗服务链的必要参与者，在很多环节内如果缺乏医生的参与，则无法实现完整的商业模式。医生的核心诉求主要体现在：增加合法收入、增加个人的品牌知名度、发表更多论文并评上更高职称以及减少工作量。同时在整个诊疗环节，医生还存在需要病患准确病情信息、需要辅助决策信息、降低风险、持续跟踪病患(院外)病情并建立个人病历库等需求。

3. 为医院服务

医院的方向,更多从医疗信息化角度考虑,不是互联网医疗的重点。在这方面,支付宝和金蝶软件等都在提高医院运行效率以及改善患者就医体验方面有所尝试。目前仍处于比较初级阶段,值得持续跟踪。目前,面向医院的 IT 服务更多是传统软件公司运作模式。如何基于医院信息系统,直接获取海量就医患者数据是一个重要的向互联网思维转变的方向,也即 B2B2C 的模式,是传统医疗 IT 企业转型的一条重要路径。

互联网医疗的商业模式核心是服务患者、医生、医院三个主体,并且通过形成产业链条闭环,向药企、商业保险机构、医生、患者、医院五个对象收费。海外模式中还有一些在中国不很适用的收费主体,比如向企业雇主收费,因为雇主承担了一定员工医疗保健费用,因此有降低费用的诉求。

5.2.1 向患者收费模式

向患者收费的商业模式的特点是市场空间大,盈利模式多样,创新点多。

向患者收费的商业模式存在的基础是满足消费者刚需。患者的刚需可以从整个就医流程环节拆解,收费的切入点非常多,医疗健康服务的九大环节,每个环节都存在痛点,都可以作为盈利的突破口。而无论哪种盈利模式,真正解决了患者就医痛点的服务都会获得盈利空间。患者的核心诉求无非是治好病、省钱、省时、便捷、互动。此外,顺人性机制也是向消费者收费模式考虑的核心点。这两者可以判断向患者收费商业模式的可行性程度。另外,在切入方式上,对于原有就医环节的互联网化改善,胜过对消费者新习惯培养。

对消费者收费的具体收费方式大类上可分为硬件销售模式和软件服务模式。

(1) 硬件销售模式已经众所周知,但硬件销售模式在长期发展中可能面临挑战:渗透率提升后,更新需求非刚性。由于存在其他潜在衍生盈利模式,可以用来补贴硬件,可以判定硬件售价在长期应该会持续下降。硬件出售更多是体现出获取用户入口功能,本身的盈利能力在长期会越来越难。但硬件销售本身的市场空间较大,例如血糖仪全球市场空间可达 200 亿美金,短期内依然可观。

(2) 软件服务模式,例如“春雨医生”等,以基础服务免费(获取流量和粘性)、增值服务收费(刚需)的模式进行。

(3) 社群模式,这部分的收费模式仍在探索之中,在互联网医疗行业尚不明显,但一定是趋势所在,具有社群商业模式的威力。

向患者收费的商业模式的主要案例是面向消费者的健康移动应用 Zeo(见表 5-1)。

表 5-1 向患者收费的商业模式案例分析：Zeo

公司简介	Zeo 是面向消费者的健康移动应用,通过一个可佩戴的硬件,监测心率、饮食、运动、睡眠等生理参数,Zeo 提供移动睡眠监测和个性化睡眠指导
主要产品形式和功能	Zeo 是一个腕带和头贴,可以通过蓝牙和手机或一个床旁设备相连,记录晚上的睡眠周期,并给出一个质量评分。用户可以通过监测得分变化或和同年龄组的平均值相比较,对自己的睡眠有一个量化的了解。另外,对于睡眠不好的人,Zeo 也提供个性化的睡眠指导,通过一些测试找到可能的问题
盈利模式	主要是面向消费者的硬件销售和软件服务。Zeo 在盈利模式上有两种选择。一是软件即服务(SAAS)——通过用户订阅以及持续性盈收；二是用户购买设备产生利润。但采用第二种模式非常困难,因为公司为其头戴设备开价 99 美元,利润率并不特别理想。公司在 8 年内共融资超过 3000 万美元
汲取的经验和教训	(1) 服务是健康管理,非刚需,没有充分利用人性,技术优势无法体现。Zeo 在研发过程中审阅了大量科学研究资料。Zeo 的分析数据精准度接近于睡眠实验室的权威数据,而腕部活动记录仪测量得出的数据相对不精准。但是消费者似乎并不关心这些研究结果。这样一来,像 FitBit 这样的竞争设备就会做得更好。 (2) 佩戴麻烦,逆人性。Zeo 所强调的产品价值是可以为消费者提供个人网上睡眠指导。但消费者需要登录它的网站,输入更多的关于自己睡眠以及其他变量的信息。每晚戴着特制头带睡觉也很不方便,用户反而会产生不适感。 (3) 不能忽视艺术和用户体验的重要性。通过数据视觉化促进行为变革非常好,但它更多是一项艺术,而非科学。这类企业需要更多的艺术家、用户界面设计专家以及心理学家的帮助,而非仅仅是技术突破

5.2.2 向医生收费模式

向医生收费模式的特点是市场空间不大,且盈利模式单一,难以成为主要模式。

向医生收费模式存在的基础是满足医生的核心诉求,包括：第一,增加合法收入；第二,增加个人的品牌知名度；第三,发表更多论文并评上更高职称；第四,减少工作量。同时在整个诊疗环节,医生还存在需要病患准确病情信息、需要辅助决策信息、降低风险、持续跟踪病患(院外)病情并建立个人病历库等需求。但从刚性程度上来看,仅有第一条需求可能产生盈利模式。

向医生收费的切入点主要包括辅助诊疗以及预约平台,辅助诊疗层面的需求是持续的,基于此的盈利模式具有较大的发展空间。此外,预约平台类服务存在一定的需求,等我国医生多点执业政策进一步明确和放开后,会有较大的发展空间。

目前向医生收费的公司的具体收费方式主要是会员收费。在美国,医生独立执业,问诊相对自由,所以对医生的盈利模式非常多样,客源、诊断、诊后、用药、器械等都可以是盈利的切入点。中国医疗体系对医生的限制非常多,所以针对医生的盈利模式还是限制在辅助诊断用药以及医生间交流的层面。在预约平台上收费的模式目前发展较好,但存在着会受到政府监管的风险,未来发展并不乐观。目前针对医生收费的企业,例如 Epocrates、丁香园、杏树林等,对医生收费都不是其主要的盈利来源,积极开发其他盈利模式是现存公司的普遍特征。总之,针对医生的盈利的创新点较少,盈利空间也较小。向医生收费的商业模式也有一些国外案例(见表 5-2)。

表 5-2 向医生收费的商业模式案例分析:Zocdoc 医患对接平台

公司简介	Zocdoc 创立于 2007 年,是一家线上医生预约平台,服务遍及美国的 2000 个城市。目前每月要向 500 万用户提供寻找医生和在线预约的服务。在 2014 年 6 月完成的 D 轮融资中,Zocdoc 募集资金超过 1.5 亿美元,市场估值超过 15 亿美元,成为纽约初创企业中名副其实的“新王”
主要服务	Zocdoc 提供高效透明的对接平台。基于地理位置,Zocdoc 为患者和医生提供了一个高效的对接平台,通过 Zocdoc 网站或是移动客户端软件,用户可以随时随地找到附近医生,并查看医生的资质认证、服务点评、空闲时间等信息,并在线与医生预约服务
盈利模式	Zocdoc 对患者用户免费,对注册医生则要收取 250 美元/月的费用。目前有超过 530 万名医疗从业者在 Zocdoc 上向患者提供服务。2013 年,Zocdoc 的在线预约量增长 200%,移动端的预约量的增速则达到 500%
经验总结	目前还不完全适用于中国,等待多点执业政策进一步明确可有发展空间。除了受到联网技术和移动设备的支撑,Zocdoc 的兴起与美国医疗行业的环境以及供需状况有很大关系。首先,在美国,大多数医生是自由执业,而不是像中国一样从属于医院,医生与患者是直接对接,而不必通过医院。Zocdoc 正是大大提高了这一环节的透明度和效率。其次,比起中国,美国的医疗资源供给相对充足,医生需要 Zocdoc 这样一个平台来接收患者资源。基于以上两点,Zocdoc 可以以向医生收费的方式持续盈利,并且随着市场份额越来越大,不论是医生还是患者对于平台的黏性也进一步增强,闭环商业模式逐渐稳固

5.2.3 向医院收费模式

向医院收费模式的特点是市场空间大，盈利空间大，但盈利模式只能满足中短期发展。

向医院收费的切入点包括提高医院管理效率以及提高收入。在这两个层面，医院的需求较强，针对此产生的盈利模式都具有较大的盈利空间，但基本上与医疗信息化更相关，而非纯互联网模式。

目前向医院收费的公司盈利模式主要包括三类：一是软件销售以及维护运营收费；二是硬件销售；三是远程监测服务收费。向医院收费的商业模式案例有 Vocera 医院移动通信（见表 5-3）等。

表 5-3　向医院收费的商业模式案例分析：Vocera 医院移动通信

主要产品功能	Vocera 可帮助大型医院实现快速而有效的通信。随着医院规模的扩大，一个需要解决的重要问题是如何在医院内部实现快速而有效的通信，以应对各种紧急突发事件。Vocera 可以为医院提供移动的通信解决方案，其主要产品是一个可以让医护人员戴在脖子上或别在胸前的设备，可随时收发信息，随时通话并设置提醒，取代了医院过去使用的 BP 机
盈利模式	主要是通过向医院收费实现盈利。2012 年 Vocera 共拥有医院客户 875 家，包括大型医院、中小型诊所、手术中心和养老中心等，其中 775 家在美国本土。公司 2012 年收入近 1 亿美元，主要来自向医院的 Vocera 硬件/软件销售以及维修服务。公司 2012 年上市，现市值为 3.3 亿美元
经验和教训总结	Vocera 近年收入情况并不乐观，总收入增速大幅下降，净利润亏损显著增加。这主要原因来自于医疗信息化技术的提升，大量替代性、低成本解决方案不断产生。原有基于通信技术的产品可能会大面积受到基于互联网技术的产品替代，因此医疗新系统企业更多可以向互联网方向转型

5.2.4 向药企收费模式

向药企收费模式的特点是市场空间大，盈利模式多样。可借鉴的国外案例分析有 Epocrates 基于软件的双向服务。

向药企收费的存在基础，是满足药企的营销、研发需求。药品的营销、产品的研发是药企发展的基本需求，而基于此产生的盈利模式市场空间大。向药企收费是目前软件类移动医疗公司最大的盈利来源，无论是针对医生、患者、医院哪个环节的服务，均可以依靠流量和数据采用向药企收费的盈利模式。

目前向药企收费的公司盈利模式主要包括三类：一是基于流量的广告收费；二是基于数据的精准化推送收费；三是研发数据收费。短期内，广告是向药企收费的主要盈利模式，而基于数据的精准化营销将在未来获得更大的市场空间。向药企收费的公司是目前盈利模式切入点最好的公司。无论在短期还是长期，该盈利模式均有较大的发展空间。但是向药企收费是在产品获得流量以及数据基础上建立的盈利模式，存在一定的壁垒。一旦企业获得了足够的用户以及数据，跨越了盈利模式的壁垒，就能在移动医疗市场上占据一席之地。

向药企收费的商业模式的典型案例有 Epocrates 基于软件的双向服务(见表 5-4)。

表 5-4　向药企收费的商业模式案例分析：Epocrates 基于软件的双向服务

公司简介	Epocrates 于 1998 年由两个斯坦福学生创建，2011 年上市，是全球第一家上市的移动健康公司，2013 年 1 月被美国健康护理技术提供商 Athenahealth 以近 3 亿美元的现金收购
主要产品功能	Epocrates 拥有美国排名第一的移动药物字典，其核心服务是通过手机软件向专业医疗从业者提供信息支持，包括药品相关信息、疾病相关信息、医疗实验室诊断信息等，从而帮助医生更准确和高效地为病人提供服务。目前有超过一百四十万的临床医生使用 Epocrates 的手机软件
盈利模式	Epocrates 的主要收入来源并不是手机软件销售。2012 年，Epocrates 收入 1.2 亿美元，其中 80%来自向药品企业提供市场解决方案(包括 60%的广告和 20%的市场调研服务)，剩下 20%来自软件销售。基于掌握的医生客户资源和软件平台的数据资源，Epocrates 可以通过 DocAlert 信息服务向医生传递药品审批、临床试验数据、治疗指南、处方规定变化等简短的信息，并根据药企的需求进行精准的医生再教育内容投放，以达到精准营销的目的。同时，为药企开展针对特定地区或对象的市场调研也是 Epocrates 的重要收入来源
经验教训和结论	Epocrates 被主攻 EHR 的医疗信息化服务公司 Athenahealth 收购后，收入下滑，总部裁人，短短几年间，一颗耀眼明星已成“明日黄花”。互联网医疗的 App 不再单打独斗，而是委身下嫁给各种 HIS、EHR、EMR 系统，将信息采集和数据分析服务更多地植入“移动化”元素，与传统的医疗信息系统进行深度融合。这很可能是一个未来的重要趋势

5.2.5　向保险公司收费模式

向保险公司收费模式的特点是市场空间较小，盈利模式单一，处于探索阶段。可借鉴的国外案例有 WellDoc 公司案例(见表 5-5)。

表 5-5　向保险公司收费的商业模式案例分析：WellDoc

公司简介	WellDoc 是一家专注于糖尿病管理的移动医疗公司。WellDoc 向用户提供手机 App，并在云端建立糖尿病管理平台，与保险公司合作为用户提供糖尿病管理。医生也可以通过电子病历查看患者的状态。WellDoc 通过自身开发的平台和系统帮助用户监测血糖，利用收集到的用户数据和医生建立专门的合作，协助改变用户的生活习惯以达到控制糖尿病的目的
发展历程和现状	2005 年成立，在移动医疗时代到来之前，就已经积累了许多糖尿病管理的经验。2008 年 6 月，在 DiabetesTechnology&Therapeutics 发表短期临床试验报告，证明糖化血红蛋白水平有显著降低。2010 年 10 月，软件通过 FDA 认证。2011 年 9 月在 Diabetes Care 发表临床试验报告，证明使用移动互联网平台控制血红蛋白水平的显著疗效。试验组和对照组患者糖化血红蛋白下降差异达到 1.2，如果一个糖尿病新药上市能证明和对照组差异达到 0.3，疗效就足够显著。糖尿病管家系统是第一款通过 FDA 对照试验的 App。2012 年 8 月，和 AlereHealth 疾病管理公司合作向 300 000 糖尿病患者提供服务。2012 年 8 月，列入保险公司的报销目录，和处方药物并列。2013 年推出了 App 版本的糖尿病管理软件 BlueStar。这也是美国市场目前唯一一款通过 FDA 认证且需要医生处方使用的糖尿病管理 App。这款产品为确诊患有Ⅱ型糖尿病并需要通过药物控制病情的患者设计，类似于药物治疗。该方案由 WellDoc 拥有专利的自动化专家分析系统提供支持，其中包括实时消息，行为指导和疾病教育，推送至患者的移动设备。2014 年 1 月，WellDoc 被福布斯评为“美国最有潜力的公司”之一，并获得新一轮来自默克公司全球健康创新基金（MerckGHI）和风险投资公司温德姆（WindhamVenture Partners）2000 万美元的投资，至此 WellDoc 总计投资已经超过 5000 万美元
主要产品形式和功能	BlueStar 是一款可以在移动设备上使用的糖尿病管理软件，专为确诊患有Ⅱ型糖尿病并需要通过药物控制病情的患者设计，类似于药物治疗。患者将他们的药物和碳水化合物的摄入量、血糖等数据输入到安装有 BlueStar 软件的移动设备中，系统对现有药物剂量、血糖波动情况、每餐碳水化合物摄入情况等数据进行分析后，为患者提供自动实时的虚拟指导，包括提醒相关测试、药物、生活方式的调整及膳食建议。同时，患者的数据会被定期发送到患者的医生那里以帮助填补在复诊间歇中产生的信息差距，并促进疾病管理的讨论
盈利模式	在收费对象方面，WellDoc 长期以来是向保险公司收费。在 BlueStar 上市之前，WellDoc 在市场上的主要产品是一款名叫 DiabetesManager 的糖尿病管家系统，一个具有移动功能的糖尿病管理平台，该系统的使用费用超过 100 美元/月。由于帮助患者控制糖尿病可以减少保险公司的长期开支，保险公司愿意购买 WellDoc 的产品提供给其客户使用。目前 WellDoc 已停止运营 DiabetesManager，专注于新产品 BlueStar。BlueStar 上市后，福特、来爱德等公司宣布愿意将 BlueStar 纳入他们的员工处方药福利计划，以减少公司的医疗福利开支

续表

借鉴经验	(1) 移动医疗的核心竞争力在品牌+垂直领域服务经验：WellDoc于2005年成立，在移动医疗时代到来之前，就已经积累了许多糖尿病管理的经验，且证明其方式确实对控制血糖有效，在医生和保险公司支付方都获得了认可。WellDoc的产品被纳入保险公司赔付计划的根本原因在于其服务的有效性，以及其品牌来自于患者的信任。这两点都是单纯从App做起的公司无法做到的。 (2) 个性化服务是关键。用户可以通过很多App来监测血糖或其他指标，但如果没有后续的对于用药和生活方式的建议，那么用户粘性很难产生。而即使有些App提出了一些建议，也缺乏病人的个性化管理。怎样在用好大数据的同时，与医生建立起长期持续的合作，决定了产品到底只是一个通信工具还是疾病管理助手

向保险公司收费的存在基础是能够帮助保险公司实现精准化定价和减少赔付支出。具体操作上的主要切入点来自于移动医疗在慢性病管理上的优势，移动医疗能够对慢性病进行长期监测，提供合理的健康指导，从长期上降低保险公司的赔率，所以衍生出了向保险公司收费的盈利模式。

目前向保险公司收费的公司盈利模式主要包括硬件销售以及远程监测服务。向保险公司收费的盈利模式来源于美国，美国商业保险发达，市场占比超过50%，与保险公司的合作为移动医疗公司开辟了新的市场与盈利模式。而中国商业保险覆盖人群不到2%，市场空间较小。一些公司例如九安医疗、中卫莱康试图与保险公司合作，开发新的盈利模式，但仍然处于探索阶段。与保险公司合作的模式值得进一步探索，尤其是能否将移动医疗与社会医疗保险合作，如果能够打通社保市场，移动医疗行业将获得质的突变。

5.3 远程医疗模式

远程医疗被视为绝佳投资机会，大批投资的涌入，必定会加速远程医疗发展更多成功模式。用移动技术打破医疗健康界现有平衡，将是社交网络革命无可匹敌的。目前美国各地用得比较成功的远程医疗模式主要有五种，举例如下。

1. 企业用户的即时医生服务

美国Branson公司投资了基于网络与移动的公司，比如“即时医生”(Doctor on Demand)，能够根据患者给出的症状提供诊疗建议。其盈利主要来自对致力于削减医疗开支，其雇员能够承担高额现款支付的雇主。用户则倾向于寻找能够在其社区提出医疗建议的机构，至于是谁提出建议并不重要。有些公司也面向消费者提供定价付费服务，价格一般在50～60美元。

2. 随叫随到的专科医生

皮肤病等专科诊疗更加有趣，“皮肤科医生随叫随到”(Dermatologist on Call)是一个面向消费者的移动平台。用户把皮疹或痣拍照传送到公司，3个工作日内就能收到皮肤科医生的反馈。此外，该模式还能提供第三方诊断建议。MDLive公司专注于远程医疗，最近与匹兹堡儿童医院合作，为儿科病例提供第三方诊断建议。在拿到检验报告并获得医生的诊断与治理建议后，客户只需支付3000美元，几天后即可与2～5位专家进行交流。

3. 医患在线交流平台

Healthcare kiosk貌似正在步入未来。HealthSpot和SoloHealth是该领域的领袖。HealthSpot的用户在线与医生交流，通过使用一些电子医疗器械，诸如温度计、听诊器、耳镜，以便更好地了解耳部健康状况，或者使用皮肤镜更好的了解皮疹等皮肤问题，使自己在诊疗过程中变被动为主动。远程医疗将在非急诊医学中占据重要位置，kiosks也不例外。每种器械都能为屏幕另一边的医生传送图片或资料。在该服务试行一年后，kiosks与克利夫兰诊所形成了合资企业以探寻未来医学的走向。期间，Kiosks医疗机构已经向他的企业客户提供了制定雇主健康服务。因为有了Healthcare kiosk与其他很多在线模式，对于患者来说，医生渐渐走出视线变成陌生人。然而，SoloHealth等公司的创办人认为这种模式将最终征服熟悉性。SoloHealth在大众网站上提供kiosks服务，同时，消费者还可以在人流高峰地段监测血压、视力以及体重等。WellPoint和Coinstar公司都很关注这一项目。

4. 由药店门诊接入远程医疗

最权威的国家药店目前正在尝试如何通过店内诊所提供远程医疗服务，这一模式将依托药店门诊和线上体验两种方式实现，提供的服务最远能够到达Rite Aid药店。它通过店内诊所和在线体验来接纳远程医疗，目前已在58家分店落地。在有些州服务提供者，比如执业医生和护士能够基于诊断开具处方。此外，这一模式也提供7×24小时不间断在线服务。用户注册并填写联系方式和健康史后，也将获得一份由系统发送给他的家庭医生，并整合进用户的健康记录中。

5. 由本地护士接入远程医疗

CVS的模式是由本地的执业护士为患者提供远程医疗服务。CVS当初是为医保能够报销远程医疗服务的社区提供服务，但随后试点迅速扩张到28个，包括加利福尼亚在内。加大步伐进军医疗行业的零售巨头Walmart也和美国医保合作企业Humana合作，在胡玛纳健康(Humana Health)和健康中心(Well Being Centers)的少数分店提供远程医疗入口。

远程医疗进入主流视野还需时日，业界推陈出新的意识正在苏醒，远程医疗模式也还在摸索中，具有竞争力的商业模式尚不确定。

5.4 移动医疗模式

1. 移动医疗商业模式设计

商业模式直接不等同于获得多少用户或者获得多少融资，获得用户的目的不应该是为了进一步融资。不能没有看见任何可操作性的商业化路线图，甚至把融资作为商业化进程的节点。商业模式不应该是以短期快速增加的用户数和活跃度作为绩效考核的主要指标，应该切实调研真实的一线客户和反复体验产品。

站在更长期可持续发展的角度来看，一个组织与他的利益相关者关系越好，为他人所创造的价值越大，所能够利用的资源就越多；从相反的角度讲，缺乏信任就会产生冲突、摩擦和低效，并在采取防御行为过程中，消耗了太多时间、资源和各种成本。

在移动医疗创业的过程中，不能忽视“四大入口”(即医院入口、医生入口、大众入口和硬件入口)中各个主体客户的重要性。无论面对的是行业内的公司还是医疗机构，无论是医生还是患者或其家属，首要考虑的问题就是如何为他们创造真正的价值，这是公司存在的根本。公司存在于社会中是因为有一个他需要完成的使命，至于盈利和亏损那是后面的结果，不是为什么去做这件事的原因。

移动互联TMT领域的商业模式与移动医疗行业的商业模式有着很大的不同。首先移动医疗是由技术进步驱动的自发性形成而非行政推动的变革，在发展过程中更加草根化、松散化和市场化。虽然容易被一些不确定因素延缓、阻碍甚至扼杀，却非常有生命力。但是移动医疗如果按照常规套路的TMT思路运行会有一些问题。

第一，传统的移动互联开发的想法就是免费。这个是基于一个假设：如果能免费十年后积累了无数的用户，未来肯定有人愿意付钱。但实际上医疗是人类的强需求，用户会不会使用和会不会付钱是两回事，必须要为其创造一个独特的价值让他离不开，他才有可能会为你支付。所以让患者支付是不可能的，让医生支付是不可能的，让医院支付也是不可能的。移动医疗的商业模式只要是真正为用户提高了效率、降低了成本、提供了一种新的体验，这种独一无二的价值就一定会让用户付钱。

第二，移动医疗领域是截至目前，BAT360 等巨头唯一还留下那么一点空间的地方。其他像电商、即时通信、视频、社交、安全、在线教育等等都已全面铺开。这是因为医疗行业有它的特殊性。首先是行业性，光临床医学有 40 多个大的科室、三四百个亚专业、几万种疾病(还不包括基础医学、预防医学、护理学、药学等，还有很多分支)。这衍生出非常大的各种细分市场，并且各种疾病的诊治还有很多的分期、流派和学术争议。其次是地域性，北京、上海和新疆、山西是不同的，大城市和小城镇是不同的。因此行业性和地域性的纵横交错会造成坑坑洼洼、此起彼伏的“小山头”现象。这种小山头是非常不利于大兵团作战的，尤其 BAT 现在都比较重。进攻这种模式的成本也会比较高，这一领域的全面开花可不是像打车补贴三毛两毛的那么少。另外，在医疗进展中不断会有一些变化，医科类新技术、新疗法和新药这种替代性创新和争议一直都存在，有的时候往往会让从业公司无所适从。

第三，传统移动互联跑马圈地的模式是免费低价进入市场之后，大肆占有客户，再把其他的公司打败，进而获得行业地位。医药研的产业链太庞大了，整个医药圈(包括生物、医药、诊断、器械、设备和耗材等等)里每年挣个千八百万的大小公司不计其数，甚至个体户都有这个实力。因此绝大多数公司相对来看都是渺小的，难以将竞争对手都打败。加上行业交叉地域的护城河非常深。即使是一些小的制药厂和代理公司，或者是医药代表，只要有几个医院的产品或是几个科室的药，就能生存得很好。正因为这个产业链足够大，各方实力都很强，TMT 行业内公司想从行外颠覆，从综合实力来看未必能赢。而且在细分领域医药圈内公司的实力一点都不比 BAT 这些互联网巨头弱。

另外，移动医疗和移动互联是不一样的，还要参考医疗的特点。移动互联是一个快行业，精准解决“痛点”的精益创业模式特别适合，把某一点做到极致后快速复制，快速融资，然后快速做规模，良好的爆发力是取胜的关键之一。而医疗是一个慢行业，无论是产品、品牌、医院、医生和技术的积累，都需要长期的过程，体系的构建和人才的储备不可能一蹴而就。

移动医疗行业的商业模式就是矛盾统一体，虽不可能一触而发，但最终会形成一种交汇和碰撞。有的时候可能会颠覆一点，有的时候可能会退缩一点。同时移动医疗这种鉴于移动和医疗两者中间的独特之处，又和传统医疗有很大的不同，其价值链中枢可能会变成医生。因为传统医疗的核心模式或价值链中枢是医院，所有诊疗和收费行为都发生在医院，医生只有隶属于医院才能发挥作用。而进入移动医疗领域之后，就会产生个体化和社区沟通的需求，把医生部分地从医院里解放了出来，可以更多地独立地发出自己的声音，甚至未来较多人配合新媒体营销和移动医疗技术的进步，可以独立执业和收费。那么由谁来撬动医生资源变成了非常重要的问题。因而，降低成本，长期摸索和沉淀非常重要。

综上所述，移动医疗商业模式实现之核心在于三点：第一，给用户创造真正的价值；第二，如何整合医药研上的公司一起转动，从而获得他们的支持（包括钱人财物的支持和顺向产业链推动）；第三，整合医生资源，依靠多方力量，共同撬动医生资源。所以无论从四大入口哪一块切入，整合一条纵贯线上的资源是移动医疗商业模式成败的关键。

摩根斯坦利在一份研究报告中指出，商业模式的第一等级是产品，第二等级是平台，最高的等级就是社区。无论是大众社区、小众社区、医生间的社区、医生与护士的社区、医生与患者的社区、患者与患者间的社区甚至医药机构和医生、患者间的社区，纵横交错的社区才是移动医疗商业模式最终的落脚点。在社区中，情感营销和数据驱动运营会变得非常重要。与用户直接沟通、让用户创造内容和活跃程度也是社区成败的关键。另外，中立性、客观性和学术性也特别关键。

2. 移动医疗产品分类

根据艾媒咨询的预测，2014 年我国移动医疗市场的增长率接近 30%。从目前的现状来看，广义的移动医疗可分为三个层面：一是医生与患者间的在线平台，满足用户在线问诊的需要；二是患者间的交流平台，即同病相怜的患者分享看病的经历；三是医生间的社交平台，用于交流专业信息。在这三个层面中，第一类平台即所谓的“轻问诊”模式目前较为流行。这种模式多以手机 App 的形态出现，用户输入自己的病情，医生能在线提供相应的诊断方案。这在一定程度上解决了因一个小问题就要跑到医院排长队咨询的困扰，颇受用户欢迎。但这种模式的弊病也很明显，因为疾病往往很复杂，不能单纯靠病人的描述来判断。如果因为“隔空看病”引发误诊，维权也比较麻烦。相比不太靠谱的“网络求医”，部分业内人士认为移动医疗最有应用前景的地方应该是疾病治疗前的预防和治疗后的保健跟踪，也就是健康管理，即利用互联网积累健康数据，对一些慢性病如高血压、糖尿病进行管理。

移动医疗是 Sensor＋App＋Service(SAS)的闭环，借助最新的传感器技术和移动互联网的效率，将优质的医疗服务通过互联网延伸，是医疗资源通过智能移动设备的一种辐射。目前，可穿戴硬件与移动医疗的结合非常火热。按照美国学界移动医疗的广义定义，国内的目前移动医疗产品可大致划分为如下几种。

1）医生工具

医生工具通常包括患者病历管理、药品信息、临床指南、前沿的医学资讯等，能够在医生的日常工作中给予帮助。

2）自诊问诊平台

自诊问诊平台包括患者自诊或预诊、医患沟通平台、患者互助平台、签约私人医生等，在日常生活中能够为普通人和患者提供帮助。

3）单科领域

关注某类疾病或某个单科领域，根据疾病的特点借助移动互联网，将慢性病的管理提供给患者。目前常见的领域包括牙科、心血管、糖尿病、呼吸疾病、皮肤疾病等，如妈咪掌中宝用来关注母婴健康。

4）硬件结合

用户通常需要购买专用的硬件，测量生理信息后将通过 App 自动记录下来。此外，还有一些移动监护仪和远程胎儿监护等设备，也能够通过 App 将信息及时发送给患者和家人。

5）医联平台

医联平台主要由第三方供应商或 HIS 厂商开发，或由政府或医疗机构委托开发，常包含挂号、预约、查看医院内的信息、查看化验单等功能。此类平台目前出现与微信、支付宝等结合的趋势。

6）医药电商平台

医药电商平台提供完善的药品信息、药品使用说明、病症查询，并且能够基于用户的地理位置推荐药品购买服务。也包括目前国内最大的几家电商平台，未来开放后的处方药网售，其市场规模将迎来井喷。

7）医疗新媒体

医疗新媒体除了针对医疗机构和企业的服务之外，通过传递医疗资讯，进行患者健康教育，同时可以连接医生、制药企业和患者，并建立社区，为患者服务，采用移动互联网的微博、微信等通用平台架构。

将这些不同的产品进行大概分类，但其中有互相重合的情况。比如：不同业务形态的相互合作，将测量的人体生理信息与医生咨询相结合；也有延伸服务边界的，网上药店未来可能与其他平台合作，先进行病情的描述，然后经过自诊或检索，再推荐用药或附近的药店。

“医疗”是个天生带有强烈监管属性的行业。美国 FDA 已经正式发布移动医疗类 App 监管条例，我国估计也会在一段时间后跟进。但移动医疗作为一个新生事物，还远未达到行业稳态平衡，创新还在继续。

第二篇

应用篇

以物联网、云计算、大数据、移动互联为代表的新一代信息技术日渐深入到城市生产生活中，在从需求出发、以政策引导、由市场驱动的发展环境中，智慧医疗应用就如万花筒，多彩绽放。传统医疗信息化因其焕发新采。智能胶囊、智能护腕、智能健康检测产品、运动测速、健康提醒等移动化、网络化产品和应用成为医疗健康市场的一道亮丽的风景，为大众熟知与接受。医疗健康的理念在发展变化，技术产品创新、商业模式创新、制度机制创新激发社会新活力，医疗健康市场正风起云涌。

本篇主要就智慧医疗的主要建设内容进行了详细的阐述，包括医疗物联网、医疗云、电子健康档案、电子病历、智慧医院、智慧的区域医疗。本章还重点介绍了互联网医疗的应用领域，包括移动医疗、远程医疗、智慧健康、智慧养老。

第6章 智慧医疗的基石

智慧医疗体系以居民的个人电子健康档案为核心，基于医疗物联网的构建，由于全面感知、移动及自动获取而更迅速，由于信息互联融合而更准确，由于全面数据支持决策而更智能的智慧表现。广泛感知、互联互通、智能分析是智慧医疗的主要特点之一。在整个智慧医疗系统中，医疗物联网、医疗云、电子健康档案、电子病历等系统建设为互联互通奠定了良好的基础，构成整个智慧医疗体系的基石。

6.1 医疗物联网

近年来，物联网概念在全国乃至全球都成为热点，物联网技术被称为计算机、互联网之后世界信息产业的第三次浪潮。在我国，物联网是信息化和工业化发展和融合的必然结果。在医疗健康领域，物联网形成了具有行业特色的医疗物联网。

6.1.1 医疗物联网概述

医疗物联网技术是智慧医疗的核心。医疗物联网的应用方式是指依据医疗过程的需求，将各种信息传感设备，如射频识别装置、感应器、移动智能手机、激光扫描器、医学传感器、全球定位系统等装置，与互联网结合起来而形成的巨大的网络，并将这些信息传感设备通过医疗物联网技术与所有的资源连接在一起，进而实现资源的智能化、信息共享与互联。

近年来，医疗物联网蓬勃发展，尤其是RFID技术在医疗行业的应用愈加广泛，医疗物联网中间件也日趋完善。

医疗物联网架构如图6-1所示。随着采集层、传输层技术的发展以及医院新业务点的出现，医疗物联网可以轻易、便捷的在物联网中间件平台实现升级与拓展。基于医疗物联网中间件，融合科技新技术的进步，兼容医院新业务的开展，大幅度降低系统升级与拓展的成本，解决了新通信技术与老系统兼容性问题。

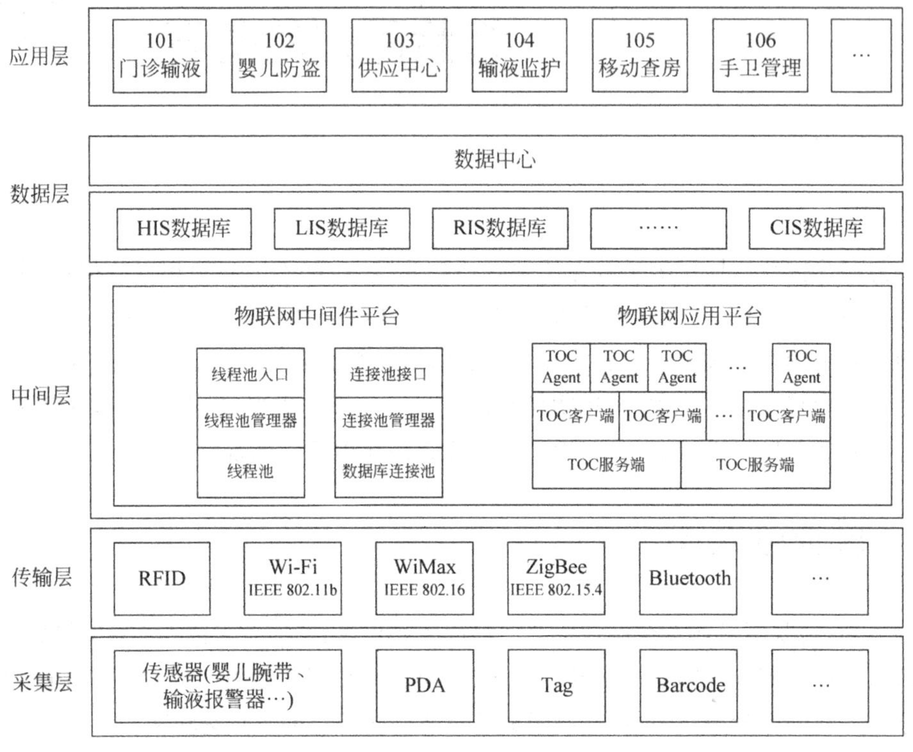

图 6-1　医疗物联网架构图

目前，医疗物联网中间件已有完整的产品应用及解决方案，比如移动门诊输液系统、婴儿安全系统、消毒供应室管理系统、输液监护感应系统、移动临床信息系统、护士移动查房系统、医疗垃圾跟踪系统、医院手卫生智能督查系统、医院设备资产管理系统等。

RFID 技术是医疗物联网的关键技术，在医疗行业的应用愈加广泛。它涉及病人流动管理、病人安全管理、药品管理、血液管理、门禁安全管理、资产追踪、医疗器材追踪、实时定位系统、供应链、工作人员识别等，有助于医院节约劳动力、提高医护人员工作效率、有效防范因操作失误引发的医疗事故、节省医疗成本以及增加安全性等。基于 RFID 技术的医院信息系统在医院的应用既涵盖医院员工、病人、病人亲属等在医院工作、就医、生活的方方面面，又涵盖对医疗设备、药品、救护车等的管理。由于它和医院的日常管理和生活息息相关，相比其他管理信息系统，“基于RFID技术的医院信息系统”建设的成功，更能直接体现医院优越的管理素质，更能让员工、病人、病人亲属和外来访客们感受到贴心的关怀。

1. 基于RFID技术的系统特点

RFID技术之所以广泛应用，是因为基于RFID技术的系统主要具有实施性、适应性、兼容性、安全性、用户友善性等特点。

1）实时性

系统内部各功能模块之间互有接口，可有效地进行实时信息交换，真正实现信息资源的实时共享，减少不必要的重复工作，提升效率。非接触操作，长距离识别，可以大大提高单位时间识别流量，对医院感染控制也有很好的价值。

2）适应性

该系统既适用于从中央到地方各种类型的医院，又能适应同一医院不同时期的需要。即随着医院信息处理范围的扩大与水平的提高，系统能不断地启用或增加新的功能，而不是放弃已有的系统。特别是目前在改革开放环境下设计与实现的系统必须时时准备适应新的管理模式。

3）兼容性

该系统各个功能模块能够很方便地和现有的HIS等医院信息系统兼容。因此，医院既可以安装整个基于RFID技术的医院信息系统，又可以有选择性的只安装系统的一部分模块，把这些模块嵌入到医院现有的其他信息系统中。

4）安全性

通过给不同的医护人员分配不同的权限，系统能够有效防范非授权医护人员进入非授权区域或者查看非授权病例信息等情况；具备内容加密机制和“电子标签-读写器”认证机制，非常可靠地保证医患隐私安全，可实现无线电子结算。

5）用户友善性

该系统的设计完全从医护人员的实际应用出发，全面考虑了医护人员工作的特殊性和他们的计算机操作水平，系统界面不但方便操作、易学易用，又能缓解医护人员的工作压力，给他们带来舒适和惬意。

2. RFID 在医院中的功能

RFID 应用于医院管理和服务中，主要功能包括身份识别、移动办公、安全追踪、整合服务。

1）身份识别

以 RFID 技术整合医疗腕带，先进行医疗无纸化与病历电子化应用，RFID 卷标整合病患姓名与条形码信息，迅速识别身份。

2）移动办公

以 RFID PDA 或 Reader 进行医嘱、护嘱、检体、医药、仪器等相关医疗流程信息录入，同时配合打印机把病历进行直接打印，不再需要手写，可有效降低纸张使用，快速整合诊疗流程。

3）安全追踪

当患者属于特殊病患，如婴儿或精神病患者，可佩戴 RFID 整合医疗腕带，对特定病患进行区域管制与主动行踪监控，确保医疗安全与病患安全。此外，还可以对医疗仪器尤其是高价值设备仪器进行追踪管理。

4）整合服务

提供完整 RFID 医疗应用，并整合相关应用软件开发接口，配合医院开发需求，提供技术自主性协助，掌握系统导入成功与可用度提升的关键。

3. RFID 在医院的应用

RFID 在医院中，主要应用于流程优化、人员管理、资产管理、门禁安防等领域。

1）流程优化

RFID 贯穿于医院管理和服务的整个流程，并通过与各应用系统和平台结合，可优化就诊流程、住院流程、诊断流程等，而且可以循环使用，降低运作成本。以就医流程为例（见图 6-2），对于就医者来说，RFID 从挂号、医生诊断、检验、医嘱、缴费到领药、住院、出院，通过 RFID 标签和读取器自动录入和读取，减少了就医的麻烦，节省了就医时间，大大提高了就诊效率。

2）人员管理

对象：人员管理的对象包括病患人员、医护人员、工作人员等。

技术：腕带式、胸卡式超高频 RFID 电子标签；智能视频（人脸识别、场景研判、行为分析）；电子地图及无线定位技术等。

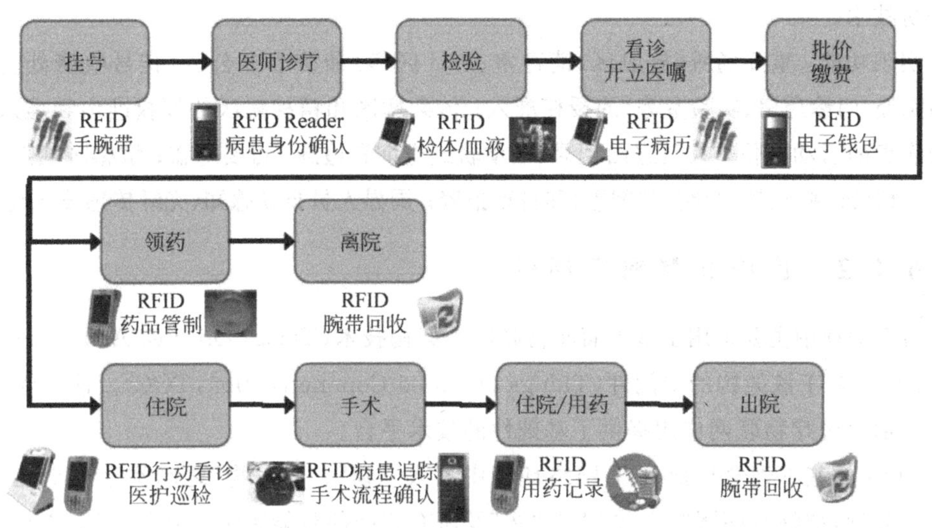

图 6-2 基于 RFID 的医疗流程

实现功能：就诊流程、自助挂号、电子病历、住(出)院管理、病房巡检、区域准入、智能门禁、日常考勤、精神病、老人、儿童、急诊患者、传染病等特殊人员定位、防止新生儿误报或被盗、活动轨迹描述等。在传染病等病区患者的体温等身体状态的监测，降低了感染传染或扩散的几率等。

3) 资产管理

对象：资产管理的对象包括药品、医疗耗材、消毒器皿、医疗设备、血液、急救车辆等重要医疗资源等。

技术：RFID 电子标签及兼容条形码技术，实现对贵重物品和日常物品的全覆盖；电子地图技术及无线定位技术。

实现功能：物品(药品)智能管控、跟踪、定位与防盗、消毒包管理和溯源；物品(药品)目录管理；物品(药品)实时自动盘点、耗材消耗智能统计；设备状态自动提醒(维护提醒、年检提醒、报废提醒等)；血液制品溯源管理；车位管理和急救车智能派车等。

4) 门禁安防

对象：重要场所(手术室、ICU、无菌室、放射室、化验室等妇产科、婴儿房等)；核心办公区；传染病区、精神病区；医院敏感区域和周界。

技术：RFID 超高频电子标签、智能视频(人脸识别、场景研判、行为分析)、光纤周界安防技术。

实现功能：重要场所（放射区、消毒室、ICU 区等）和核心办公区（挂号收费处、住（出）院处、门诊药房、实验室等）的授权准入；传染病区和精神病区的授权准出和准入、精神病患的活动定位；人员进出记录、活动轨迹查询和追溯；母婴防盗；敏感区域人员行为分析（徘徊、翻越、奔跑、跌倒等）和自动报警；周界人员自动感知（光纤传感技术）。

6.1.2 医疗物联网中间件

智慧医疗中主要采用了基于面向物联网的架构技术（Things Oriented Architecture，TOA）以及基于该架构的中间件（Things Oriented Communication，TOC）。该中间件为快速部署医疗物联网应用提供了基础性的技术平台。

TOA 的基本理念是把 IOT 网络环境中，“人—物”、“物—物”之间沟通和交互进行统一处理，把物联网网络中的“人”、“物”及所有相联的智能系统，都可基于完全平等的地位在物联网全网络范围内进行沟通和交互。TOA 注重独立实现各个物联网联网对象的系统功能，并通过简单、统一的接口进行联系，接口采用中立方式进行定义，从而实现 IOT 联网对象之间的松耦合。

TOC 是基于 TOA 思想，实现“人—物”、“物—物”之间有效交互的中间件，每个物联网联网对象维护一个交互列表（Concerning Things List，CTL），交互过程支持一种基于 Push 的菜单式协作。一方面可简化交互过程和交互接口的设计；另一方面，Push 过程可完成物联网对象自身服务的自解释，在不熟悉的对象或服务之间，也可轻松完成沟通。

1. TOC 系统结构

TOC 中间件系统由 Server、Client、Agent 三个部分组成（如图 6-3 所示），整体上采用 P2P 设计技术，Server 和 Client 之间采用扩展的 XMPP 协议（Extend Extensible Messaging and Presence Protocol，X-XMPP）格式进行消息交换。

基于 TOC 中间件的 IOT 网络是支持互联网部署的，TOC Server 之间，通过 P2P 技术架构，整个系统具有良好的规模可扩展性（如图 6-4 所示）。

TOC 通过 CTL 列表统一了“人—物”、“物—物”之间交互形式，彻底打破“人—物”、“物—物”之间的交互障碍。当 TOC 客户端（比如张医生）需要与某个“物”（比如手术室）进行交互之前，需要先添加“手术室”至张医生的 CTL 列表中，然后单击“手术室”，并与之进行交互。

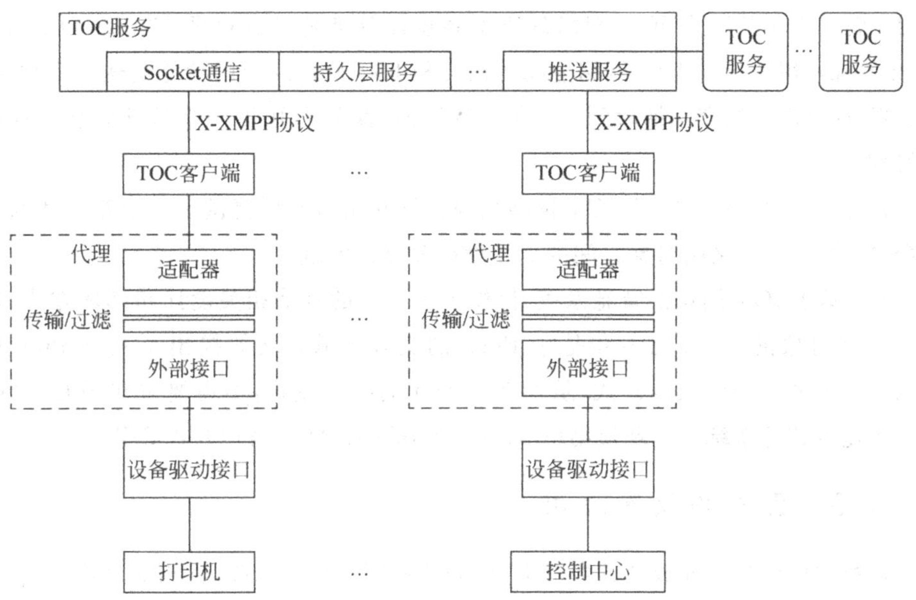

图 6-3 TOC 系统结构图

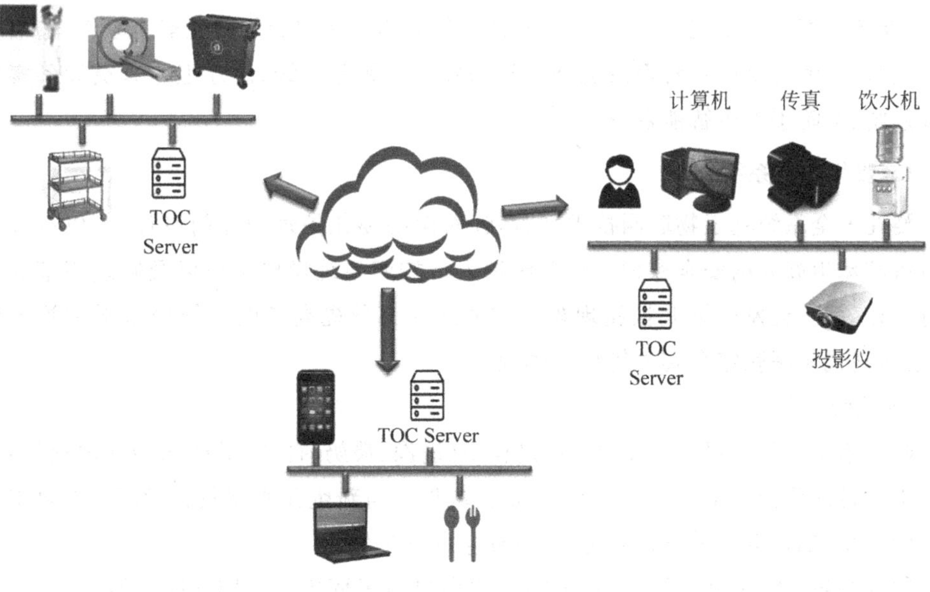

图 6-4 TOC 的规模互联

2. TOA 和 TOC 的系统特点和优点

(1) 提出了一种适合 IOT 网络的智慧系统设计架构 TOA(即 Things Oriented Architecture),用于指导 IOT 网络应用的设计和 IOT 联网对象的功能实现。TOA 把各个 IOT 对象之间的交互抽象到一个统一的层面,保证了 IOT 网络的开放性和规模可扩展性。

(2) 提供 TOC 中间件,为 IOT 网络快速设计和快速部署提供了一个基础性的技术平台,简化了 IOT 网络对象之间的交互设计和接口实现。

(3) 为基于 IOT 网络的智慧系统,提供了一系列的其他相关设计和部署方法,如提出了交互对象的 CTL 列表和基于 Push 的交互方式;又如提出了基于 Pipe & Filter 的 TOC 的 agent 架构模式,从而在 Agent 的扩充过程,不需要重建现有系统;还提出了适合智慧系统的呈现模型(Presence Model)的状态表达方式等等。

6.1.3 医疗物联网应用

医疗物联网已具备较成熟的典型案例,如移动门诊输液系统、婴儿安全系统、消毒供应室管理系统、输液监护感应系统、移动临床信息系统、护士移动查房系统、医疗垃圾跟踪系统、医院手卫生智能督查系统、移动库房/资产管理系统、药品/血库管理系统、智能耗材柜管理系统、供应追溯室管理系统。本章主要介绍婴儿安全系统、输液监护感应系统、消毒供应室管理系统、RFID 医疗垃圾跟踪系统、医疗卫生人员设备实时定位系统、医院手卫生智能督查系统。

1. 婴儿安全系统

婴儿安全系统基于物联网技术平台,针对医院婴儿护理而专门设计,可以有效提供对医院新生婴儿的安全保护。只要医护人员按照系统操作手册以及管理规范标准进行工作,就不会发生婴儿被盗现象。它的应用充分提高了医院管理水平和管理档次,也是现代化医院综合实力优势的体现。

1) 系统目的

防止新生儿被抱错:在日常护理过程中(洗澡、喂奶、打针、早产儿特别护理等)通过护士携带的手持式 RFID 读写器,分别读取母亲与新生儿所佩戴的 RFID 母婴识别带中的信息,确认双方的身份匹配,防止新生儿被抱错。

婴儿防盗:婴儿出院前,在监护病房的出口布置固定式 RFID 读写器,当母婴手环互为匹配门禁显示绿色通行标志，否则显示红色禁行标志，便于保安对于新生儿出院的监控。

2）系统组件

该系统主要设备包括电子腕带、读卡器、出口监视器、通信网关、管理服务器软件等设备（见图6-5）。

婴儿标签

接收器

通信网关

图6-5　婴儿安全系统组件

（1）电子腕带。

系统的核心就是电子腕带，它是一个小巧的射频发射，但却包含了先进的科技和精巧的人体工程学设计，具有射频发射功能（每隔3秒发送一个射频信号）。标签腕带内置导电材料形成回路从而有效防止破坏。电子腕带从戴上标签的瞬间开始，电子腕带就不断地自动发射出对人体无害的信号，以便系统随时进行监控。未经授权，任何试图取下或破坏标签的行为会触发报警。与标签配套使用的腕带可以进行调节以适应不同婴儿，但不可重复使用。由于新生婴儿在出生后的数天内会因迅速失去体内多余的水分而减轻体重，腕带还可以随时根据婴儿体重变化而调整。

（2）读卡器。

读卡器是婴儿安全系统的接收设备，可以接收一定范围内婴儿电子腕带发出的信号，可实现对每个腕带工作情况、婴儿位置以及信号配对情况的实时监控。系统不断监控读卡器的工作状况以确保最高的系统安全，无论何种原因导致读卡器不能正常工作，系统都会发出警报。

（3）出口监视器。

出口监视器是婴儿安全系统中专门用来监视、控制出口区域的设备，通常安装在受控区域（例如妇产科病区）各出口附近。一旦携带婴儿电子腕带的婴儿进入某个出口监视器的控制区域，系统立即报警。出口监视器还可以外接出口报警器，实现声光形式的出口报警。出口监视器还可以外接电磁门禁，实现出口门伸缩的自动开关。

(4) 通信网关。

通信网关安装在妇产科病区楼层的弱电间，用于采集、处理本楼层各读卡器和出口监视器的数据，管理本楼层各读卡器和出口监视器的工作，同时以 TCP/IP 与管理服务器(软件)以及医院的 LAN 相连，包括与保安室、计算机中心等监控报警装置联动。

(5) 管理服务器(软件)。

管理服务器包括系统控制软件和有关硬件，监控及管理整个系统的运作，通常安装在护士站。它采集、判断报警信息，触发本地报警装置(声、光、门禁装置等)，并通过网络将信息提交管理服务器。通过客户端软件显示医院平面图和相关资料，包括每个婴儿电子腕带的工作情况。

3) 系统原理

婴儿安全系统示意图如图 6-6 所示。婴儿身上佩戴电子腕带，时刻发出无线信号。同时在医院内需要进行控制的区域安装信号接收装置，随时接收婴儿电子标签所发出的射频信号。比如该楼层的读卡器接收(正常情况)或被出口监视器接收(被盗的情况)，并据此信号判断标签所处的状态，从而对婴儿所在位置进行实时监控和追踪。

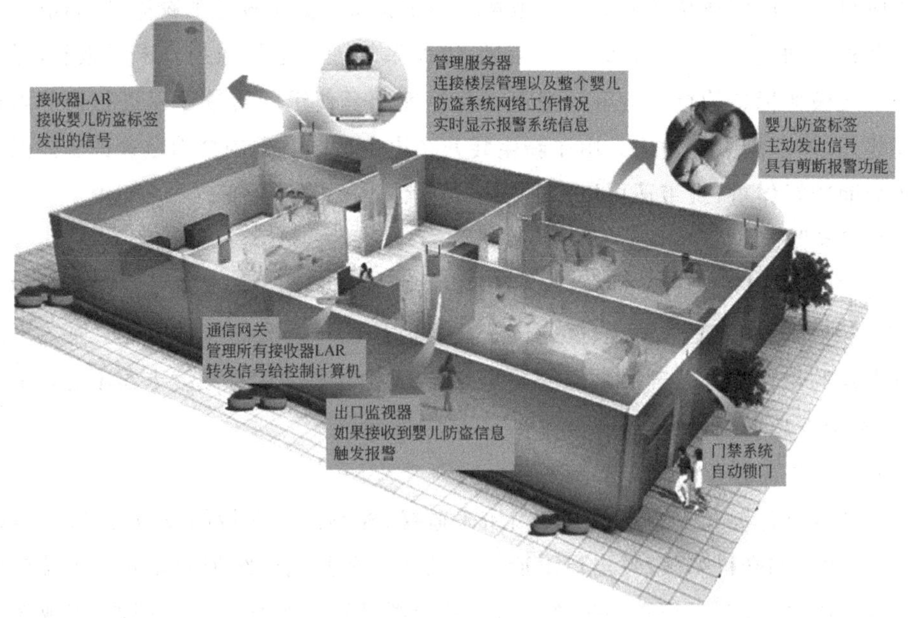

图 6-6　婴儿安全系统示意图

由此可以对企图盗窃婴儿的行为及时发出报警提示，在配合门禁控制系统后更有效防止盗窃婴儿事件的发生。

各读卡器和出口监视器通过 CCL(通信控制线)汇聚到放置在弱电间的通信网关。通信网关集中提供各读卡器和出口监视器所需工作的电源，并通过解码把信息通过 TCP 传输到连接在医院 LAN 的其他相关设备或系统(包括护士台管理服务器、系统中心管理单元、报安报警器)，同时，系统还开放标准的接口，提供安全中心图像触发功能。

4) 系统功能

婴儿安全系统采用了新生婴儿无害设计、高度安全性设计，能实时新生儿远距离监控，准确确认新生儿身份，简化护士工作，杜绝意外事件，提升医院管理水平，提高医院社会效益。

总体来说，婴儿安全系统具备如下功能和特征。

(1) 主动防护功能。

每个婴儿电子腕带都会定时向系统发出信号，使得系统可以及时了解每个标签的工作状态，为所有婴儿提供最大程度的安全保护。当标签电量过低时，系统能主动报警。

(2) 全面监控功能。

系统根据接受到的标签发射信号主动地定期检测所有系统组件是否运行正常，防止各种原因引起的失效。因此系统也具有防止电子腕带脱落及恶意拆除的能力，电子腕带一旦从婴儿身上脱落会立即报警。

(3) 婴儿身份确认。

为婴儿在治疗及护理活动中提供高效的身份核对功能，利用扫描设施可以准确地读取婴儿的身份信息，保证婴儿接受正确治疗，广泛应用于 NICU(新生儿监护室)、新生儿病房等医疗场所。

(4) 强大的报警服务能力。

通过与门禁系统配合，调整出口监视器监测范围，当婴儿出现在出口探测区域，出口探测器接收到标签信息后，控制主机立即控制相应出口门禁使其出口关闭，切断被窃婴儿的出口通道，护士工作站和保安室也同时报警(声、光)。

(5) 使用简单。

系统是为日常操作而设计的。只需经过鼠标几次点击，就能通过系统友好用户界面软件完成婴儿的电子腕带佩戴和出院解除工作。

(6) 抗干扰能力。

读卡器及出口监视器探测范围可调,能够自动检测环境电磁状况,选择合理功率。

(7) 覆盖范围大。

大范围覆盖,每个读卡器覆盖范围可达 20 米以上的覆盖半径。同样的区域可以用更少数量的读卡器,节省了用户成本,方便了实施。

(8) 设计完美。

标签腕带进行了防破坏设计和人性化设计:一方面,内置导电材料形成回路从而有效防止破坏,一旦腕带被非法破坏或其他原因导致回路断路,系统立即发出报警信息;另外,电子标签及腕带采用了细致的人体工程学设计,轻巧且易佩戴,无过敏反应,完全适应婴儿娇嫩的皮肤,有效解决因婴儿失水导致体重减轻而引起的腕带脱落。另外,当某个标签电池电量过低时,系统能主动报警提示更换电池,无须定期进行逐个检查。

(9) 系统扩展性。

系统充分考虑了可扩展性,开放式标准平台可以与其他应用程序、网络和识别设备(如无源电子标签、扫描器)交互,并能方便地接入到其他系统。比如,与母亲条码腕带标签自动匹配,具有强大的母婴身份核对功能,可以联动安全中心图像触发功能。

2. 输液监护感应系统

在医院日常工作中,有一个相当烦人的难题一直困扰着医护人员、病人和家属,即"输液安全"问题。输液护士每天都在进行输液操作,尤其是临床护理人员,会遇到病人出现输液并发症、输液反应非常敏感、接瓶不及时等情况。而每当出现输液反应,护士很可能就是被责怪的对象,可事实上很多时候他们是完全不知情的。近年来,由于医院输液过失已引发过不少医疗事故、医患纠纷,所以输液中的这些情况已经暴露出了普通一次性输液器在输液操作方面的一个先天性安全缺陷和隐患。

静脉输液是临床最常见的治疗手段,由于病区自身条件的限制,静脉输液比较分散,不易对护士进行有效有序管理。目前静脉输液的监护都由病人、家属或护士人工凭眼睛监护,特别晚上人员犯困,会出现输液监护的纰漏,输液安全得不到保证。确保输液安全,是病区护理管理的工作重点。输液监护感应系统可以有效地减少护理差错和纠纷的发生，提高患者的满意度，提升医院的社会效益。

医院输液安全隐患从客观因素来看，主要原因如下。

- 病区输液环境相对复杂，病房都是相互隔开，与护士站的联系只能通过家属或者护士查房巡视。
- 病区护理人员相对病人的人数比例偏小，现有国内医院的人员配置一般是一个护理人员负责十几个病人的护理工作。
- 病区输液流程很复杂，信息化较差的医院，并不能保证有效的三查七对。
- 病区病人呼叫求助反应慢，过多依赖于病人或家属，没有真正服务于病人。

医院输液安全隐患从病人因素来看，主要原因如下。

- 病人听错姓名：一种情况是由于经济的原因及医生把关不严，部分病区病人使用别人的医保卡就医，导致在护士核对姓名时，病人对自己的临时姓名反应错误；另外一种情况是由于患者年老体弱，听觉不灵敏，听错了和自己相似的姓名。
- 病人知识缺乏：部分病情轻的病人因某些杂务会擅做主张，不执行医嘱而自行推迟或提前治疗时间，或根据自己的时间需要自行调节输液滴速；多组输液的患者，对医嘱理解错误，未经过护士自己终止输液，遗漏治疗。
- 病人情绪焦躁：病人由于在输液过程中会出现烦躁、焦虑等情况需要离开床位、出去散心等，这是护士不能控制，也不一定知情的。

市场中床头呼叫系统等产品只能做到病人主动性的单向操作，不能从护士本身的主动性出发，往往存在较大隐患，难以保证输液过程中的安全，可靠性不高。

输液监护感应系统利用条码技术、移动计算技术、RFID 移动识别技术把病区临床护理的各个环节做到很好的整合，通过病人和护士双向互动的方式，实现了一个先进、创新、完美的监控系统，为医院病区的输液护理带来了可靠性、安全性、方便性、实用性。这是一个医院信息化建设的典型。输液监护感应系统采用重力感应和 RFID 射频传输相结合的技术，实现对输液过程的实时监控。当输液量低于一定量时，系统自动报警，有效减少了医疗护理差错纠纷的发生，提高患者满意度，提升医院的社会效益。

输液监护感应系统（见图 6-7）主要由数据服务器、护士站监视器、智能控制器、无线接收器、无线报警器构成，可以通过远程监视器、液晶显示器了解当前输液状况（见图 6-8）。

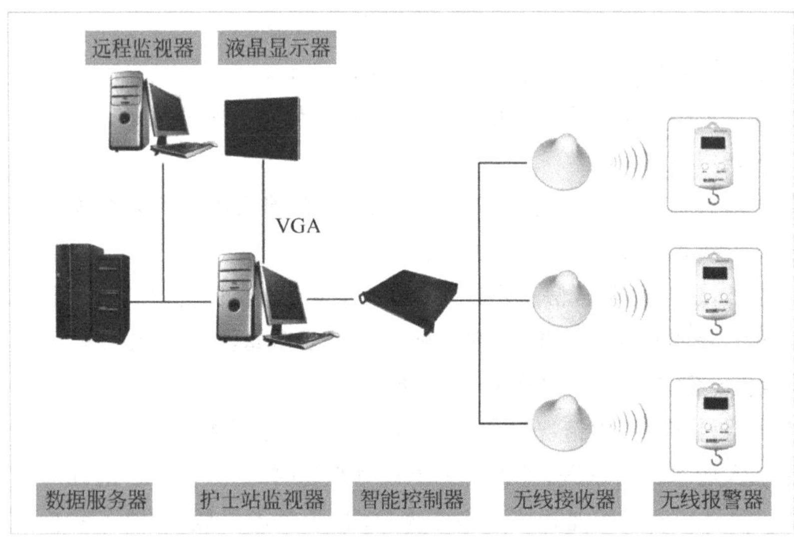

图 6-7　输液监护感应系统构架图

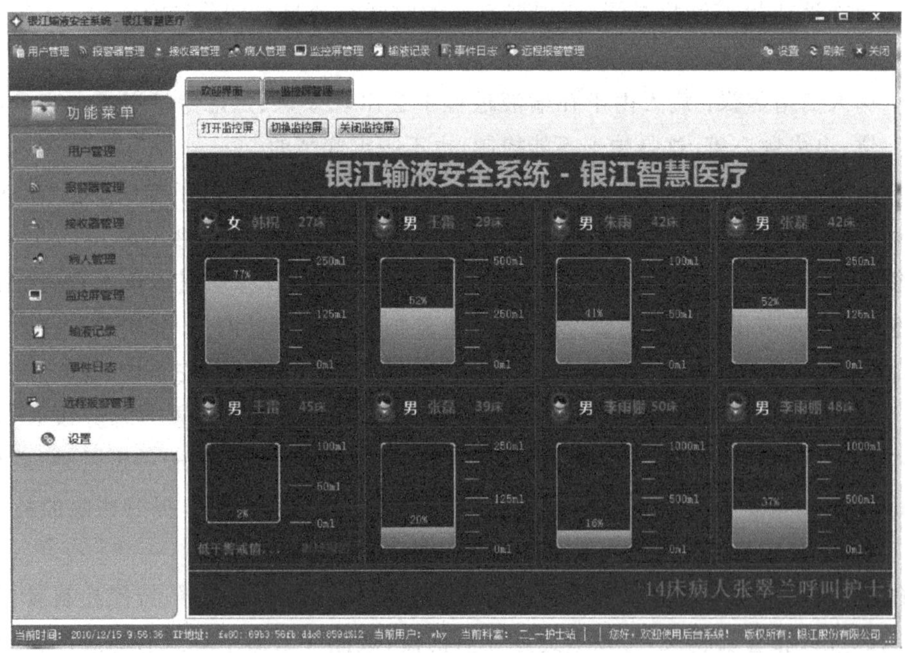

图 6-8　输液监护感应系统界面模型图

输液监护感应系统功能模块(见图 6-9)主要有用户登录、用户留言、用户管理、病人管理、监控屏管理、报警器管理、接收器管理、远程报警管理、事件日志、输液记录、系统设置。在输液监护、流程管理、数据统计等方面起了重要作用。

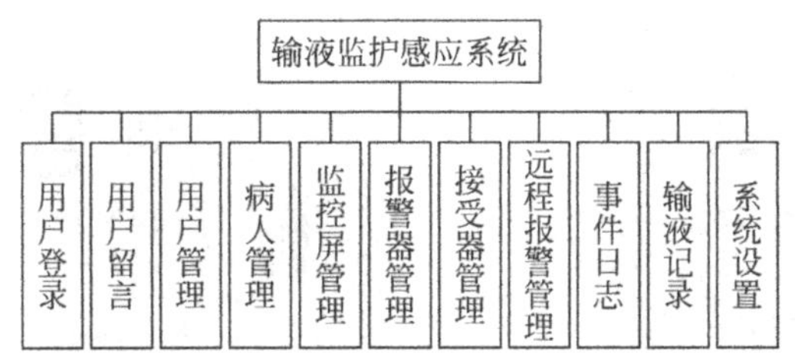

图 6-9　输液监护感应系统功能模块

(1) 建立全院病区、护士工作站、病房三位一体式“物联网”模型,实现对住院病人输液状况进行实时监护。

(2) 构建科学合理的安全规范的输液流程,实现病人安心、放心输液。

(3) 提供一系列输液参数及系统个性化设置及病人输液相关数据统计,方便医院管理决策。

3. 消毒供应室管理系统

医院消毒供应室担负着全院医疗用品回收、清洁、包装、灭菌、存储、发放等工作,是医院消毒灭菌系统中具备清洗、消毒、灭菌功能的核心部门,是无菌物品供应周转的物流中心,是临床医疗服务的重要保障科室。因此,供应室的建设质量和工作质量直接影响医疗护理质量和病人安全,特别是在手术器件包的管理方面直接关乎患者的生命。

在传统管理方法中,由于缺乏有效的监控管理手段,时有手术器械消毒不严格、器械超过消毒有效期、传统的记录纸污染和进入手术室造成交叉感染的事故发生。同时还存在供应室人员劳动强度大,发生事故后,事件可回溯性差,相关单位无法界定责任、消毒费用过高等问题。

1) 系统结构

消毒供应室管理系统(见图 6-10)采用无线局域网,为网络平台,采用 EDA 作为工作人员手持设备。该系统基于无线射频识别(RFID)技术与 Barcode 条码技术,以物联网应用平台为基础,结合 EDA 平台和智能识别技术,针对医院供应室对手术器械包的追溯流程而开发，对器械包的回收、清洗、分类包装、消毒、发放等环节进行信息化管理，对器械包的存放、使用实行监控，最大限度控制和消除了器械包的安全隐患，避免传统流程中存在的劳动强度大、监控不准确、二次污染等问题的发生。

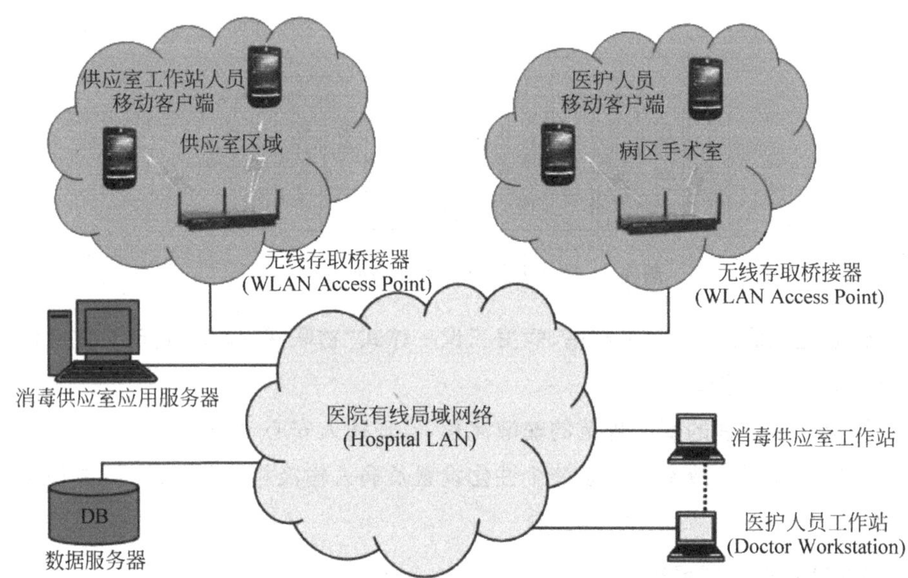

图 6-10　消毒供应室管理系统拓扑结构

2）系统设计理念

消毒供应室管理系统采用可追溯、安全可靠、以人为本等设计理念。

（1）可追溯。

系统会记录各环节数据，在一个消毒包完成周期以后，可以查询消毒包从清洗到回收各个阶段的数据。当一个消毒锅出现消毒失败时，可以立刻追踪到该锅次的其他消毒包，从而防止因消毒包消毒不合格发生医疗事故。而当发生医疗纠纷时，也有依据可寻，实现消毒包的可追溯。

（2）安全可靠。

消毒包在发放、使用环节都会判断消毒包效期是否失效、消毒是否失败等其他异常状态，从而保证消毒包使用的安全可靠性。

（3）以人为本。

通过本套系统的实施，确保了消毒包使用的安全以及可追溯，减轻了医护人员的工作压力，让病人家属满意、放心。这充分体现了“以人为本”的宗旨。

3）系统功能

消毒供应室管理系统实现了全面监控手术包管理流程，提供手术包消毒管理人员等相关信息查询服务。

(1) 全面监控手术包消毒管理

主要流程包括手术包交接管理、手术包存储管理、手术包打包管理、手术包灭菌消毒过程管理、手术包紧急制作管理、手术包手术室清点管理。

(2) 查询统计分析

系统对手术包进行了统计分析，提供查询服务，包括查询手术包流程中各个环节检验操作人员的工作情况、查询各科室使用手术包的情况、查询手术包流程中手术器械的损耗情况等。

4）系统特点

消毒供应室管理系统具有如下系统特征：

(1) 采用智能识别和EDA系统，消毒器械包的记录信息更加方便、准确、全面，对灭菌消毒过程的监管更为严格，方便追溯消毒器械包的整个业务流程，提高了管理效率。

(2) 消毒包过期预警及实时召回，减少医疗差错的发生。

(3) 采用了基于物联网应用平台，支持多样化智能识别设备，在更新底层硬件设备后，不用修改应用系统代码。

(4) 同时支持二维码和RFID两种部署方案。

(5) 避免传统器械包记录纸的感染隐患，节省了系统运行成本。

4. RFID医疗垃圾跟踪系统

医疗垃圾属于危险废弃品，含有大量有害病原体、有毒有害的化学污染物及放射性污染物等有害物质，因而具有极大的危险性。我国早已将其列为头号危险垃圾。针对医疗垃圾，我国国家卫生和计划生育委员会明确规定过，医院里的医疗垃圾必须封闭存储、定点存放、专人运输，医疗垃圾必须进行焚烧处理，以确保杀菌和避免环境污染，不允许以任何形式回收和再利用。医疗垃圾的处置涉及医疗、城建、环保、科研等多个部门，需要各个环节加强协作，加大监管力度。

以RFID技术结合GPS技术、GPRS技术实现可视化医疗垃圾运输管理和实时定位为基础的高速、高效的信息网络平台和EDI等为骨干技术的医疗垃圾RFID监控系统，将为环保部门实现医疗垃圾处理过程的全程监管提供了基础的信息支持和保障。

1）系统目标

RFID医疗垃圾跟踪系统实现了整个医疗垃圾的全程监管，提高了医疗垃圾的信息管理能力，最大限度地保障人民的生命健康安全。其具体设计目标为：有效杜绝医疗垃圾的非法流失；使用RFID电子标签将医疗垃圾的收集、运输、销毁过程实现电子化控制；对医疗垃圾的各种数据进行采集分析，得出各种精确数据；分析实时采集到的数据、实施危险时间报警机制。

2）系统要求

各医疗部门每天产生大量医疗危险废弃品，从医疗单位将废弃品装箱到车辆运输再到中转站称重，然后由中转站车辆送达医疗废弃品焚烧中心，必须24小时内完成。在整个过程中，监管部门对医疗废弃品的完全处置进行监控，保证医疗单位废弃的医疗危险品无遗漏处置或杜绝被再利用的可能。目前，由医疗单位将废弃品装箱，车辆运输到中转站后批量（多个箱）称重，再由车辆送达焚烧中心称重后处理。装箱无封口，称重没有细分到箱，采用传统纸质单据，无计算机应用系统支撑管理，监管延时。

系统基本要求如下：

（1）搭建RFID医疗垃圾跟踪系统、焚烧中心子系统、监管子系统；

（2）对医疗废品箱安装电子标签，在使用废品箱时将重量、单位、时间、所属医疗企业等信息写入箱附带的电子标签内；

（3）在医疗单位取废品时携带便携设备和便携电子秤将重量和所属医疗单位等信息写入箱附带标签，在焚烧中心设置固定或便携式读写器，自动、远距离对电子标签读出、写入信息功能，并且对重量不符医疗废品箱进行报警。

3）系统流程

RFID医疗垃圾跟踪系统的主要工作是：首先医疗行业单位在医疗垃圾运出之前，先上网申报，并将申报数据等相关信息写入RFID标签，粘贴在医疗垃圾包装上；其次在废弃物到达集中处理场后，RFID读写器读取垃圾包装贴附的RFID标签数据信息，并将医疗垃圾的信息资料传送给相关监管部门；最后由垃圾处理部门对症下药，按照与废弃物类别相对应的处理办法进行处理。

RFID医疗垃圾跟踪系统的运作流程为：医疗垃圾电子联单生成、派车任务单生成、出车、收取医疗垃圾(视频开始监控收取过程)、医疗垃圾周转桶称重(称重量实时上传到系统,同时分配 RFID 标签信息)、垃圾装车(收运车开锁记录,开锁信息并实时上传系统)、运输(GPS 定位系统定时传输车辆所在位置)、中转中心(中转中心上传收运车辆到达时间、已收取垃圾分配时间)、焚烧中心(上传车辆到达时间)、接收需焚烧垃圾(开始视频监控操作)、进入焚烧流水线、进入医疗垃圾周转桶重量比对环节(信息上传焚烧中心监控室,处理结束,信息上传系统)、流程结束。

4) 系统特点

(1) 数据自动获取。

实现了医疗垃圾周转桶称重同时对标签自动识别分配,数据实时上传到监控中心。

(2) 方便性。

系统全电子化的数据集中管理,使得大量的数据查找工作由服务器来完成,节省了大量的人力,提高了效率,使得对事件的反应得以提速。

(3) 数据安全性。

本系统采用专为不同使用场合而设计的 RFID 电子标签,识别响应时间快,平均故障发生率低,确保识别环节的安全性、及时性及稳定性。另外采用的高性能及高容错的系统服务器,以确保服务器的高稳定性、安全性及网络的传输速度,从而实现系统的实时传输,保证了信息的及时性。

(4) 提高管理水平。

集中管理、分布式控制。规范医疗垃圾收运环节的监督管理,监督各个必要的环节,使得突发事件第一时间可以到达管理高层,让事件得到及时的处理。

(5) 系统的可扩展性。

5. 医疗人员设备实时定位管理系统

医疗人员设备实时定位管理系统(见图 6-11)对某些人员和设备预置远距离 RFID 标签,并在相应区域预置远距离 RFID 读写器。当人员和设备在区域内时,RFID 标签就会被读写器感知,多个读写器之间的感知信息被信息融合网关收集并进行综合计算分析,同时结合部分预置的参考标签位置,即可实现人员、设备的实时定位。信息融合网关通过 TCP/IP 协议与应用服务器通信并传送对应的定位信息,应用服务器即可通过网络把对应定位信息传输至 PDA 或其他 PC 系统。

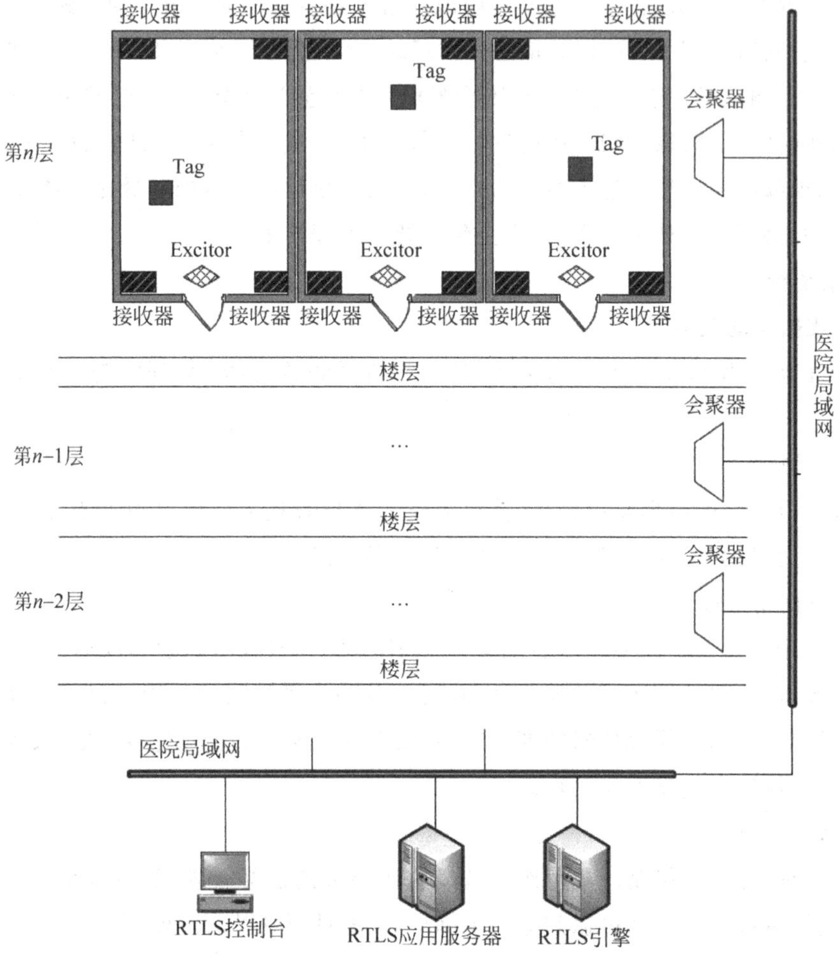

图 6-11　医疗人员设备实时定位系统结构图

医疗人员设备实时定位管理系统采用 ZigBee 技术，构建医院无线传感器网络，通过无线传感器网络实现定位。系统采用了一种分布式定位计算方法。定位引擎根据无线网络中临近射频的接收信号强度指示（RSSI），计算所需定位的位置，可实现 2～3 米的定位精度和 0.5 米的定位分辨率。

医疗人员设备实时定位管理系统还能够扩展应用。

1）医院高值移动资产的信息化管理

本系统通过人员设备实时定位系统，实现对医院高值移动资产的信息化管理。现有医院通常都存在一定数量的高值移动资产，如无创呼吸机、心电监护设备、高精度微泵等。这些设备具有便携、高值的特点。但目前国内医院对这些设备的管理几乎都处于较粗放式的管理模式，普遍存在设备闲置率较高、设备使用存在冷热不均现象、设备缺乏有效的安保监管手段等诸多问题。

通过本系统的实施，可以实现如下应用优势：一方面，该系统可对设备的位置进行实时定位，为资源在全院范围的合理、高效调度提供技术支持，由此可大大提高资源的利用效率；另一方面，由于系统能够记录监管设备的位置和移动轨迹，因此可有效防止设备失窃，即使发生失窃后，也可配合视频监控系统，为寻找证据提供路径和时间依据。此外，该系统还可为设备交班、盘点等过程带来便利，实现对该类资产的自动交班与智能盘点。

2）医院特殊人群的管理

医院特殊病人群体包括：精神病人、残疾病人、突发病患者、新生儿等。这类群体属于自我管理能力比较差，需要医院给予更加完善、细致的照顾。给病人佩戴电子标签，可在后端定位服务器上查看到病人在医院的实时位置信息以确定病人处于安全的环境中。当病人遇见紧急情况，例如残疾病人在洗手间摔倒、儿童找不到自己的病房、突发病患者病情突然发作等，病人可以自己按自己所佩戴的标签告警按钮。后端定位服务器即刻出现告警提示，管理人员可以马上做出反应，实现准确定位，安排援救。

3）医院特殊重地管理

医院有很多禁止病人入内的区域，需要严格监控和管理。如果带有标签的病人闯入此区域时，就会触发后端定位服务器的报警功能，提醒管理人员即时处理。为了更加维护特殊病人的安全，医院可根据实际状况安排特殊病人在安全的区域内。如果病人走出安全区域，病人携带的标签即会向后端定位服务器发出告警信息，管理人员可以实时安排医护人员前去处理。

4）特殊药品监管

对于一些对温度、湿度等要求较高的特殊药品，以及药品失效日期的监控，都需要耗费大量的人力去管理。通过电子标签内置或者外接传感器，标签可以实时采集药品所在环境的温度、湿度、时间等参数上传至定位服务器，可以在定位服务器端设置参数值。当药品所处的环境温度、湿度等超标时，标签就会触发告警提示，管理人员可根据告警提示信息即时处理药品的有效管理，避免不必要的浪费。

6. 手卫生智能督查系统

手卫生依从性管理是医疗机构院感控制中最重要也是最困难的一个环节。手卫生智能督查系统用于建立和加强医院内的手卫生依从性管理体系，通过运用 RFID、非接触式传感器等物联网技术，借助低功耗可穿戴式智能微型设备，对医务人员的手卫生依从性进行友善和及时的提醒。其特点是能够在不妨碍医务人员日常工作的同时，达到有效降低院内感染率的目的。手卫生智能督查系统(见图 6-12)的组成部分包括门内门外识别器、病床区识别器、洗手液瓶识别器、门禁卡、无线接入点、无线中继器和后台服务器等。系统的主要功能是根据医护人员手部的清洁状态，以及人员所处的不同区域(病床区、无菌区、污染区、水洗区和速消区)对手卫生的要求，迅速作出判断，并且在符合条件时进行提醒，通过鼓励和督促医护人员提高对于手卫生规范的依从性，达到显著降低院内感染的效果。

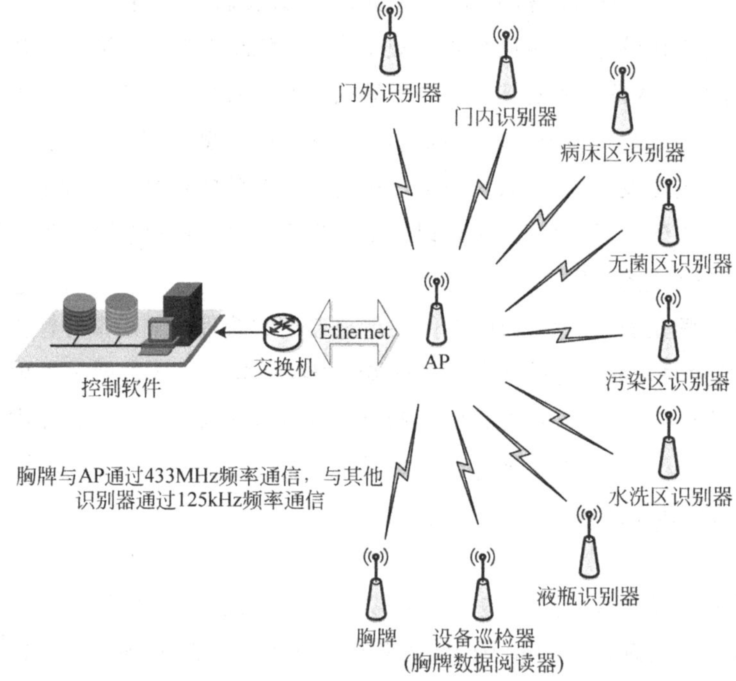

图 6-12　手卫生智能督查系统架构图

6.2 医疗云

近年来，随着信息产业的快速发展，各行各业纷纷加快信息化、数字化的步伐，医药卫生行业也不例外。我国很早就开始重视医药卫生行业信息化的建设，新医改方案的发布更助推了国内医药卫生信息化建设迅速发展。云计算作为当今全球IT的前沿技术，其技术和理念改变了传统计算资源的应用模式，云的理念正在给医药卫生信息化应用带来巨大的变革。

6.2.1 医疗云概述

云是一种基于因特网的超级计算模式，可提供每秒10万亿次的运算能力。用户通过计算机、笔记本电脑、手机等方式接入数据中心，按需进行存储运算。

根据服务类型，云可以分为设施云、平台云、应用云。设施云为用户提供底层的接近于直接操作硬件资源的服务；平台云类似于托管资源服务器，为开发人员提供应用程序的托管；应用云为客户直接提供业务应用，用户只需要根据自己的业务需求对云提供商提供的服务进行配置即可。

根据服务方式，云可以分为公有云、私有云、混合云。公有云中，用户使用的服务，都是由第三方云服务提供商提供。该提供商也为其他的客户提供服务，所有的用户共享云服务提供商提供的所有资源。私有云中，企业内部独立建立的云环境。企业内部的员工都可以访问这个私有云内部的所有服务资源，公司或者组织以外的用户无法访问云资源。混合云是公有云和私有云相结合的形式。

医疗云是在医疗健康领域采用现代计算技术，使用"云计算"的理念来构建医疗健康服务的系统，形成具有医疗健康领域特色的行业云，有效地提高医疗健康服务的质量、成本和便捷性。医疗云给医疗健康服务行业发展带来变化主要包括如下几个方面。

1. 采用云架构，降低IT基础设施采购成本

医疗卫生信息化逐渐从大医院向社区医院、社区卫生站、乡村卫生室渗透。如果采用传统的IT基础设施架构方式，将花费高昂的存储设备、服务器采购成本。云架构采用虚拟化存储、统一存储系统、数据消重备份系统等，可获得可类比于高端存储设备的性能。对一个中小城市来说存储设备采购成本可以降低30%以上。采用云平台操作系统后，将不需要像传统方式那样为每个应用单独配备物理服务器，也不需要采购和部署昂贵服务器。对一个中小城市来说服务器购买成本就节约了30%以上。

2. 打破信息孤岛，以互联互通连成云数据中心

原来医疗信息化医疗卫生机构之间由于缺乏统筹规划和顶层设计，大多数医疗信息化系统仍然未能实现互联互通，形成一个个"信息孤岛"，亟待抓住机遇整合资源，实现从"小圈圈"到"大循环"的蜕变。医疗信息是一种公共资源，不仅要向卫生行政部门公开，更要向社会大众公开。通过管理上的强制执行，技术标准的统一建立医疗云数据中心，促进医疗信息共享，推平医疗信息不对称的"壁垒"，推动医院信息公开透明化，更好地保障公众的知情权和监督权。

3. 专业化运营，破解IT人才短缺困境

在国内大部分地区，尤其是中西部地区，地市级的医疗管理机构、医疗机构IT人才比较缺乏。如果采用原来的自行部署和管理系统，对人员的IT运营维护人员的技术能力要求较高，将面临严峻的管理挑战。采用医疗云，由专门的机构或部门进行管理运营。社区医院等大部分中小医疗机构将只需根据自己的需要申请IT资源和相关的应用服务。整体管理工作量可以减少一半左右，有效地破解了IT人才短缺困境，促进了医疗信息化的推广发展。

总之，医疗云在业务应用、资源利用率、计算能力、成本等问题上，具有良好的解决效果，推动了医疗健康服务行业快速发展，挖掘创新了商业价值。然而，目前医疗云的用户复杂且分散，不同云之间存在兼容性问题，还没有可以普遍推广的模式。因此，医疗云虽然有众多优点，但是在落地运作的时候会遇到较多问题和挑战。

6.2.2 医疗云架构

医疗云架构(见图6-13)分为服务和管理两大部分。在服务方面，主要以提供用户基于云的各种服务为主，共包含基础设施即服务IaaS、平台即服务PaaS、软件即服务SaaS三个层次。在管理方面，主要以医疗云的运营管理为主，包括运营管理体系及信息安全体系，以确保整个医疗能够安全、稳定地运行，并且能够被有效管理。

1. IaaS

基础设施服务层包括硬件基础设施子层、虚拟化&资源池化子层。资源调度与

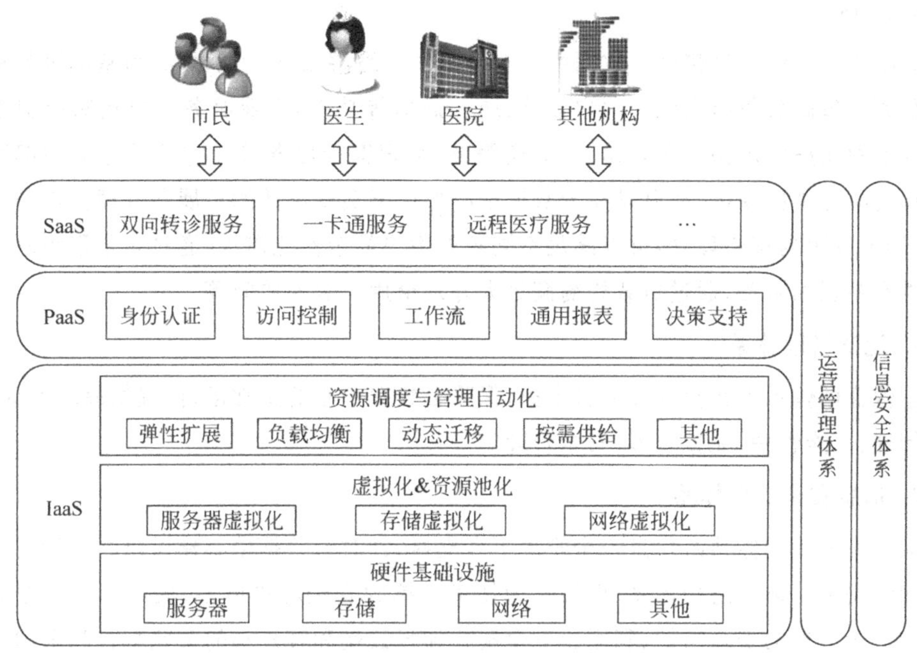

图 6-13　医疗云架构

管理自动化子层。硬件基础设施子层包括主机、存储、网络及其他硬件在内的硬件设备，它们是实现云计算的最基础资源。虚拟化 & 资源池化层通过虚拟化技术进行整合，形成一个对外提供资源的池化管理(包括网络池、服务器池、存储池等)，同时通过云管理平台，对外提供运行环境等基础服务。资源调度与管理自动化子层在对资源(物理资源和虚拟资源)进行有效监控、管理的基础上，并且通过对服务模型的抽取，提供弹性计算、负载均衡、动态迁移、按需供给、自动化部署等功能，它是实现云计算的关键所在。

2. PaaS

平台服务层主要在 IaaS 之上提供统一的平台化系统软件支撑服务，包括统一身份认证服务、访问控制服务、工作流引擎服务、通用报表、决策支持等。这一层不同于以往传统方式的平台服务，这些平台服务也要满足云架构的部署方式，通过虚拟化、集群、负载均衡等技术提供云状态服务，可以根据需要随时定制功能及相应的扩展。

3. SaaS

应用软件服务层是整个云数据中心对外提供的终端服务，可以划分为基础服务和专业服务。基础服务提供统一门户登录、统一通信等功能，专业服务主要指医疗卫生机构的各种业务应用如双向转诊、一卡通服务、远程医疗服务等。它们通过应用部署模式和底层的稍微变化，都可以在云数据中心架构下实现灵活的扩展和管理。按需服务是 SaaS 应用的核心理念，可以满足不同政府用户的个性化需求，通过多个租约向用户提供有差别的服务，通过负载均衡满足大并发量用户服务访问等。

4. 运营管理体系

运营管理体系由运营管理平台支撑，保障云数据中心的正常运行，提供故障管理、计费管理、性能管理、配置管理、安全管理等。

5. 信息安全管理体系

信息安全管理体系由信息安全管理平台支撑，针对云数据中心建设以高性能高可靠的网络安全一体化防护体系、虚拟化为技术支撑的安全防护体系、集中的安全服务中心应对无边界的安全防护、利用云安全模式加强云端和客户端的关联耦合和采用非技术手段补充等保障云数据中心的安全。

6.2.3 医疗云应用

医疗云在实际应用中，因需求不同，形成了一些先行落地的应用。作为医疗云应用的探索，主要有电子健康档案数据中心、医疗云数据中心、医疗云服务平台。

1. 电子健康档案数据中心

电子健康档案数据中心主要采用云计算技术，根据国家卫生和计划生育委员会制定电子健康档案相应规范来建设数据中心，为整个医疗服务奠定了基础。该数据中心汇聚了个人健康档案各种各样的数据，不仅包括相应体验数据，还有相应的就诊方面的数据和健康锻炼方面产生的资料，形成一个基于电子健康档案数字信息体系。

2. 适应服务需求的医疗云数据中心

传统的医院 IT 系统架构已经不能适应对医疗卫生服务需求的日益增长。医疗云数据中心以云计算和 ICT 技术为依托，通过对医疗卫生业务的深入理解，打造基于医疗云的医院信息化系统数据中心。医疗云数据中心采用面向服务的体系架构，通过“集中”实现信息共享、管理方便，通过“分布”实现业务的快速、灵活部署，适应了医疗卫生业务需求的快速变化。

3. 快速响应的医疗云服务平台

医疗云服务平台是直接面向个人提供医疗健康服务的平台。该平台构建在云应用平台和大数据平台之上的信息管理系统，覆盖医院、社区卫生服务中心、医疗站，涵盖个人基本信息和主要医疗服务记录的电子健康档案，并在医疗机构内部建立以电子病历为核心的医疗信息管理系统，可以一站式地提供远程影像会诊、远程医疗咨询、在线健康咨询、健康知识宣教、个人健康档案调阅等医疗健康服务，有助于推进区域医疗合作联盟。

6.3 电子健康档案

电子健康档案是最基本的智慧医疗的基础数据资源，是构建智慧医疗服务体系的关键要素，是医疗健康系统互联互通的桥梁。

6.3.1 电子健康档案概述

电子健康档案(Electronic Health Record，HER)，也称为电子健康记录，是居民健康管理(疾病防治、健康保护、健康促进等)过程的规范、科学记录。电子健康档案是以居民个人健康为核心、贯穿整个生命过程、涵盖各种健康相关因素、实现信息多渠道动态收集、满足居民自身需要和健康管理的信息资源(文件记录)。

电子健康档案中的个人健康信息包括基本信息、主要疾病和健康问题摘要、主要卫生服务记录等内容。健康档案信息主要来源于医疗卫生服务记录、健康体检记录和疾病调查记录，并将其进行数字化存储和管理。《国家卫生和计划生育委员会关于印发〈健康档案基本架构与数据标准(试行)〉的通知》(卫办发[2009]46号)规定五类电子健康档案实行标准化。它们是个人基本健康信息档案、疾病控制档案、妇幼保健档案、医疗服务档案、社区卫生档案。此标准化的实行，使我国的个人健康档案更加统一和规范化。统一电子健康档案的建立，实现医疗机构间的信息互联互通，健康信息共享，切实解决群众看病就医问题。

1. 需求分析

1）健康档案能满足自我保健的需要

居民可以通过身份安全认证、授权查阅自己的健康档案。系统、完整地了解自己不同生命阶段的健康状况和利用卫生服务的情况，接受医疗卫生机构的健康咨询和指导，提高自我预防保健意识和主动识别健康危险因素的能力。

2）健康档案能满足健康管理的需要

持续积累、动态更新的健康档案有助于卫生服务提供者系统地掌握服务对象的健康状况，及时发现重要疾病或健康问题、筛选高危人群并实施有针对性的防治措施，从而达到预防为主和健康促进目的。基于知情选择的健康档案共享将使居民跨机构、跨地域的就医行为以及医疗保险转移逐步成为现实。

3）健康档案能满足健康决策的需要

完整的健康档案能及时、有效地提供基于个案的各类卫生统计信息，帮助卫生管理者客观地评价居民健康水平、医疗费用负担以及卫生服务工作的质量和效果，为区域卫生规划、卫生政策制定以及突发公共卫生事件的应急指挥提供科学决策依据。

2. 系统特点

电子健康档案具有以下几方面的特点。

1）以人为本

健康档案是以人的健康为中心，以全体居民（包括病人和非病人）为对象，以满足居民自身需要和健康管理为重点。

2）内容完整

健康档案记录贯穿人的生命全程，内容不仅涉及疾病的诊断治疗过程，而且关注而真正与健康密切相关的更主要在日常的生活方式、饮食结构和生活环境以及机体、心理、社会因素对健康的影响。其信息主要来源于居民生命过程中，与各类卫生服务机构发生接触所产生的所有卫生服务活动（或干预措施）的客观记录。

3）重点突出

健康档案记录内容是从日常卫生服务记录中适当抽取的、与居民个人和健康管理、健康决策密切相关的重要信息，详细的卫生服务过程记录仍保留在卫生服务机构中，需要时可通过一定机制进行调阅查询。

4）动态高效

健康档案的建立和更新与卫生服务机构的日常工作紧密融合，通过提升业务应用系统实现在卫生服务过程中健康相关信息的数字化采集、整合和动态更新。

5）标准统一

健康档案的记录内容和数据结构、代码等都严格遵循统一的国家规范与标准。健康档案的标准化是实现不同来源的信息整合、无障碍流动和共享利用、消除信息孤岛的必要保障。

6）灵活扩展

在遵循统一的业务规范和信息标准、满足国家基本工作要求基础上，健康档案在内容的广度和深度上具有灵活性和可扩展性，支持不同地区卫生服务工作的差异化发展。能够支持多种网络的传输和多种的物理接口，保证设备升级、更新的灵活性，能够根据今后业务的不断扩大的需要，扩展所需的容量和用户数。

6.3.2　电子健康档案系统架构及功能

电子健康档案是区域医疗信息系统的核心组成部分，广泛应用于居民健康管理、医疗卫生管理和服务以及保险、计生等相关部门。

1. 电子健康档案的系统架构

健康档案的系统架构是以人的健康为中心，以生命阶段、健康和疾病问题、卫生服务活动（或干预措施）作为三个纬度构建的一个逻辑架构，用于全面、有效、多视角地描述健康档案的组成结构以及复杂信息间的内在联系。通过一定的时序性、层次性和逻辑性，在一定区域内将人一生中面临的健康和疾病问题，针对性的卫生服务活动（或干预措施）以及所记录的相关信息有机地关联起来，并对所记录的海量信息进行科学分类和抽象描述，使之系统化、条理化和结构化。

第一维是生命阶段：按照不同生理年龄可将人的整个生命进程划分为若干个连续性的生命阶段，如婴儿期、幼儿期、学龄前期、学龄期、青春期、青年期、中年期、老年期八个生命阶段。也可以根据基层卫生工作实际需要，按服务人群划分为儿童、青少年、育龄妇女、中年和老年人。

第二维是健康和疾病问题：每一个人在不同生命阶段所面临的健康和疾病问题不尽相同。确定不同生命阶段的主要健康和疾病问题及其优先领域，是客观反映居民卫生服务需求、进行健康管理的重要环节。

第三维是卫生服务活动（或干预措施）：针对特定的健康和疾病问题，医疗卫生机构开展一系列预防、医疗、保健、康复、健康教育等卫生服务活动（或干预措施），这些活动反映了居民健康需求的满足程度和卫生服务利用情况。

电子健康档案是医疗卫生系统的基础，与生育健康电子监测系统、儿童计划免疫系统、医院信息系统有着密切的联系（见图 6-14）。

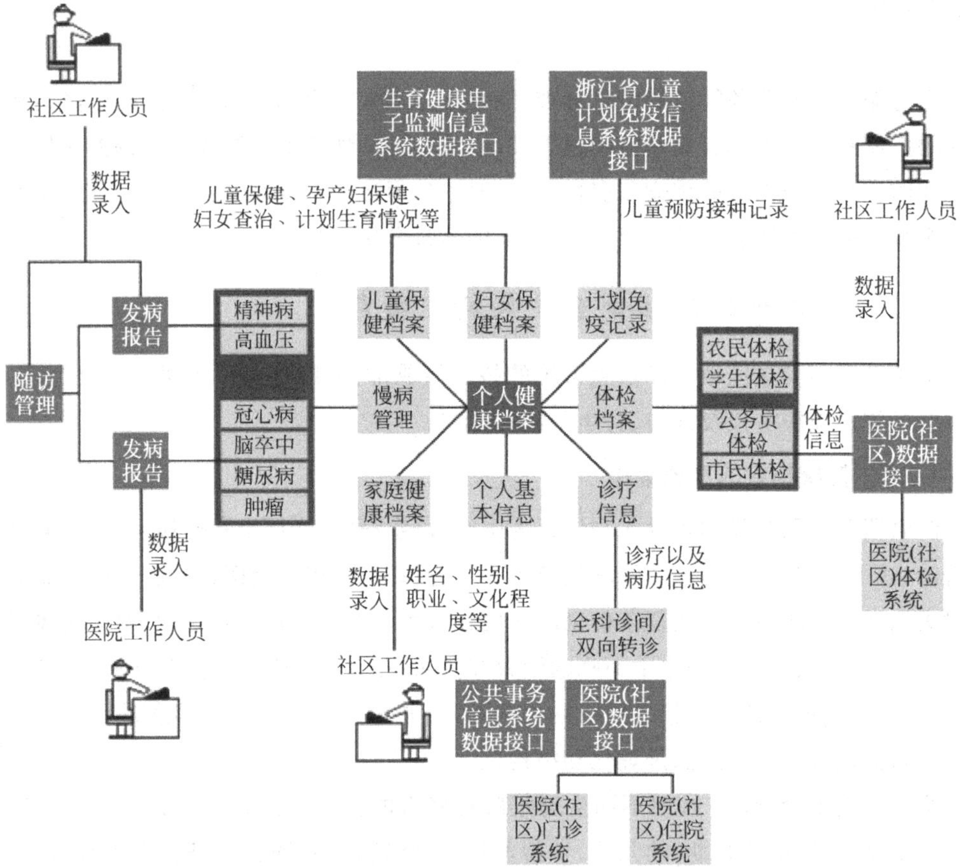

图 6-14　基于电子健康档案的区域医疗信息系统架构

2. 电子健康档案的实现功能

电子信息能够更方便更快速地融入医疗卫生机构的日常诊疗工作之中。一方录人，多方使用，各种记录的标准化和数字化，实现了医疗机构、患者/常人、卫生管理部门之间的信息共享。电子健康档案系统完全建立后，人们的健康信息将更简单、更快捷、更安全地被计算机管理。这有助于减少物理资源的消耗，扩展传播途径，提供更系统的管理方式和查看方式。人们也将更好地管理自己的健康。

在一定区域范围内，市民通过网络可查阅自己的健康档案，还可预约门诊和查询各种检验报告。各级医院之间可以调阅患者的既往病史和就诊情况。慢性病患者的主要监测指标将得到全程管理。

电子健康档案具体功能包括自我记录、互联互通等9项。

1）自我记录

用户可以记录自己的日常健康数据，如胆固醇值、促甲状腺激素、血小板计数、血糖值等健康数据，并可以上传自己的就诊记录。

2）互联互通

用户可以从医院或者其他医疗机构提取自己的就诊记录，包括病状描述、处方信息、医生专长、医疗建议等记录。

3）邀请管理

用户可以邀请并授权医生、健康师、营养师、护理师等专业人士管理自己的健康档案，并可设定其操作权限。

4）双向代理

用户可以添加自己的家庭成员或者亲戚朋友的健康信息，并可为其管理健康信息，从而做到一人管理，全家受益。同时，也可以授权别人代为管理自己的健康档案。

5）机构查看

通过用户授权，医院可以搜索用户信息，并通过用户授权查看用户健康状况（用户的自我记录和就诊记录），方便医生确诊，并给出有针对性的医疗建议和准确的医生处方。

6）统计分析

医联系统提供多种服务功能，方便用户对自己的历史健康信息进行图形统计和分析，并给出分析结果和建议。用户还可下载和邮寄健康数据给自己授权的医生或其他专业人士。

7）预防提醒

医联系统可按国家卫生标准提醒用户关注自身健康状况，及时进行相应的疫苗接种和体检。

8) 用户反馈

医联系统会按用户评分对医疗机构和其从业人员,包括医生、健康师、营养师、护理师等进行服务评定,方便用户做出正确的选择。

9) 健康教育

用户可以对自己感兴趣的医学信息进行订阅。系统会根据用户要求定期将其订阅的信息以邮件的形式发送至用户的邮箱或手机,还将根据季节和用户需要为用户提供健康教育知识,以倡导和组织用户进行健康教育活动。

电子健康档案系统是建立个人核心档案的基础。内容包括个人基本资料、既往病史、生活习惯、家庭成员、家庭基本资料、死亡登记、居民花名册。电子健康档案管理包括档案建立、更新、合并、迁入迁出、注销等功能。以社区为例,社区健康档案网格化管理体现区域健康档案的管理模式,用于责任医生的管理工作平台将管辖的家庭、家庭成员集中展示,将责任医生所管辖家庭(户)进行区片划分,确定家庭(户)编码,明确单元网格。从而确立以老人为核心、辐射家庭成员健康记录、并逐步形成简易家系图。针对社区以小区、楼牌、单元牌、门牌形成虚拟家庭网格,针对社区以村、组、户形成虚拟家庭网格,方便医生进行上门访视、慢病监管、老人保健等。该平台提供管辖人群的基本公共卫生服务并保存历年的社区诊断文档。通过网格化管理,责任医生可以很方便地了解辖区内个体、全体健康状况,已经建档、还未建档、未建档原因。

6.3.3 电子健康档案基本内容

1. 电子健康档案的组成

根据健康档案的基本概念和系统架构,健康档案的基本内容主要由个人基本信息和主要卫生服务记录两部分组成,如图 6-15 所示。

1) 个人基本信息

个人基本信息包括人口学和社会经济学等基础信息以及基本健康信息。其中一些基本信息反映了个人固有特征,贯穿整个生命过程,内容相对稳定、客观性强。个人基本信息主要包括人口学信息、社会经济学信息、亲属信息等内容。

人口学信息:姓名、性别、出生日期、出生地、国籍、民族、身份证件、文化程度、婚姻状况等。

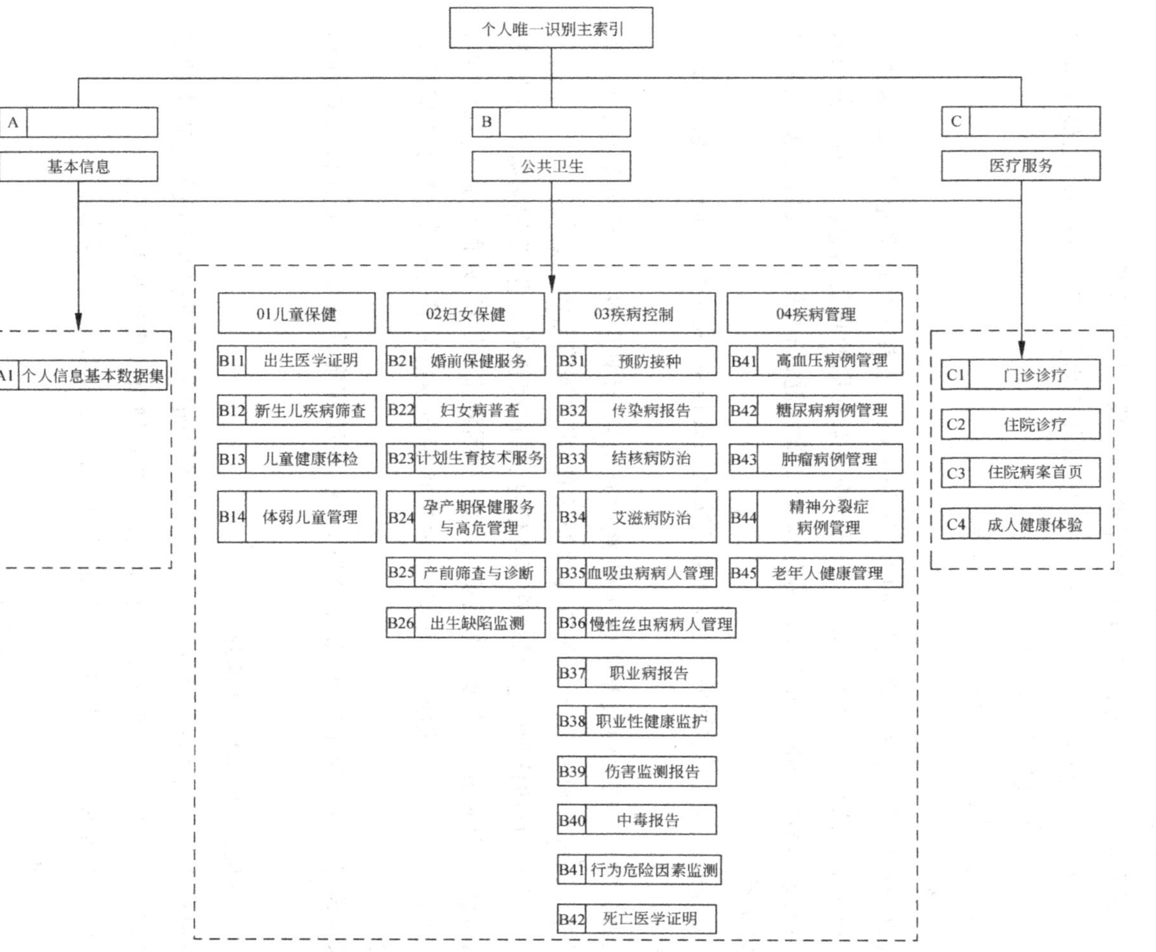

图 6-15　个人电子健康档案总体目录

社会经济学信息：户籍性质、联系地址、联系方式、职业类别、工作单位等。

亲属信息：子女数、父母亲姓名等。

社会保障信息：医疗保险类别、医疗保险号码、残疾证号码等。

基本健康信息：血型、过敏史、预防接种史、既往疾病史、家族遗传病史、健康危险因素、残疾情况、亲属健康状况等。

建档信息：建档日期、档案管理机构等。

2）主要卫生服务记录

健康档案与卫生服务活动的记录内容密切关联。主要卫生服务记录是从居民个人一生中所发生的重要卫生事件的详细记录中动态抽取的重要信息。按照业务领域划分，与健康档案相关的主要卫生服务记录有儿童保健、妇女保健、疾病方法、疾病管理、医疗服务等。

儿童保健：出生医学证明信息、新生儿疾病筛查信息、儿童健康体检信息、体弱儿童管理信息等。

妇女保健：婚前保健服务信息、妇女病普查信息、计划生育技术服务信息、孕产期保健服务与高危管理信息、产前筛查与诊断信息、出生缺陷监测信息等。

疾病预防：预防接种信息、传染病报告信息、结核病防治信息、艾滋病防治信息、寄生虫病信息、职业病信息、伤害中毒信息、行为危险因素监测信息、死亡医学证明信息等。

疾病管理：高血压、糖尿病、肿瘤、重症精神疾病等病例管理信息，老年人健康管理信息等。

医疗服务：门诊诊疗信息、住院诊疗信息、住院病案首页信息、成人健康体检信息等。

2. 电子健康档案的信息来源

健康档案的信息内容主要来源于各类卫生服务记录，主要有卫生服务过程中的各种服务记录；定期或不定期的健康体检记录；专题健康或疾病调查记录。

与健康档案内容相关的卫生服务记录表单主要包括以下六个部分。

1）基本信息

个人基本信息：个人基本情况登记表。

2）儿童保健

出生医学登记：出生医学证明。

新生儿疾病筛查：新生儿疾病筛查记录表。

儿童健康体检：0～6 岁儿童健康体检记录表。

体弱儿童管理：体弱儿童管理记录表。

3）妇女保健

婚前保健服务：婚前医学检查表、婚前医学检查证明。

妇女病普查：妇女健康检查表。

计划生育技术服务：计划生育技术服务记录表。

孕产期保健与高危管理：产前检查记录表、分娩记录表，产后访视记录表、产后 42 天检查记录表，孕产妇高危管理记录表。

产前筛查与诊断：产前筛查与诊断记录表。

出生缺陷监测：医疗机构出生缺陷儿登记卡。

4）疾病控制

预防接种记录：个人预防接种记录表。

传染病记录：传染病报告卡。

结核病防治：结核病人登记管理记录表。

艾滋病防治：艾滋病防治记录表。

血吸虫病管理：血吸虫病病人管理记录表。

慢性丝虫病管理：慢性丝虫病患者随访记录表。

职业病记录：职业病报告卡、尘肺病报告卡、职业性放射性疾病报告卡。

职业性健康监护：职业健康检查表。

伤害监测记录：伤害监测报告卡。

中毒记录：农药中毒报告卡。

行为危险因素记录：行为危险因素监测记录表。

死亡医学登记：居民死亡医学证明书。

5）疾病管理

高血压病例管理：高血压患者随访表。

糖尿病病例管理：糖尿病患者随访表。

肿瘤病病例管理：肿瘤报告与随访表。

精神分裂症病例管理：精神分裂症患者年检表、随访表。

老年人健康管理：老年人健康管理随访表等。

6）医疗服务

门诊诊疗记录：门诊病历。

住院诊疗记录：住院病历。

住院病案记录：住院病案首页。

成人健康体检：成人健康检查表。

3. 健康档案数据资源库

电子健康档案数据资源库主要包含以下内容。

(1) 个人信息基本数据集；

(2) 出生医学证明基本数据集；

(3) 新生儿疾病筛查基本数据集；

(4) 儿童健康体检基本数据集；

(5) 体弱儿童管理基本数据集；

(6) 婚前保健服务基本数据集；

(7) 妇女病普查基本数据集；

(8) 计划生育技术服务基本数据集；

(9) 孕产期保健服务与高危管理基本数据集；

(10) 产前筛查与诊断基本数据集；

(11) 出生缺陷监测基本数据集；

(12) 预防接种基本数据集；

(13) 传染病报告基本数据集；

(14) 结核病防治基本数据集；

(15) 艾滋病防治基本数据集；

(16) 血吸虫病病人管理基本数据集；

(17) 慢性丝虫病病人管理基本数据集；

(18) 职业病报告基本数据集；

(19) 职业性健康监护基本数据集；

(20) 伤害监测报告基本数据集；

(21) 中毒报告基本数据集；

(22) 行为危险因素监测基本数据集；
(23) 死亡医学证明基本数据集；
(24) 高血压病例管理基本数据集；
(25) 糖尿病病例管理基本数据集；
(26) 肿瘤病例管理基本数据集；
(27) 精神分裂症病例管理基本数据集；
(28) 老年人健康管理基本数据集；
(29) 门诊诊疗基本数据集；
(30) 住院诊疗基本数据集；
(31) 住院病案首页基本数据集；
(32) 成人健康体检基本数据集。

6.4　电子病历

电子病历是记载个人的就诊记录，也是构建智慧医疗服务体系的关键要素，是医疗健康系统互联互通的桥梁。

6.4.1　电子病历概述

1. 电子病历的概念

电子病历，即电子化的病历，是由医疗机构以电子化方式创建、保存和使用的，重点针对门诊、住院患者(或保健对象)临床诊疗和指导干预信息的数据集成系统，是居民个人在医疗机构历次就诊过程中产生和被记录的完整、详细的临床信息资源。医院内授权用户可对其进行访问。电子病历和电子健康档案二者联系密切，互相补充，且电子病历是电子健康档案的主要信息来源和重要组成部分。

电子病历贯穿整个医疗过程，完整集中地记录了各种医疗服务者下达的医疗指令及执行结果，并被诊疗过程的各个环节使用，具有高度的共享性，是医院信息系统的核心。

1) 电子病历贯穿整个医疗过程

在医疗业务活动中，临床服务者是医疗指令的发出者。电子病历作为各种医疗指令的载体，把与服务对象相关的各种信息及医疗指令信息传送给相关的医疗服务机构与医疗服务者，从而驱动各医疗服务准确、快速地执行。

2）电子病历是高度共享的医疗数据

为了使医疗活动可以准确、快速地进行，医疗服务者不但要接收到清晰的医疗指令信息，还需要掌握服务对象相关各方面信息。因此要保证数据信息的高效利用，达到一处采集多处利用，使电子病历成为实现医疗数据得到最大限度共享的手段。

3）电子病历是医疗过程的完整记录

临床服务者除了利用电子病历下达医疗指令，还需要了解服务对象进行相关医疗活动的情况。各医疗服务者通过电子病历去记录服务对象在医疗活动中的情况及结果，让临床服务者掌握服务对象的各种情况。

2. 电子病历的特点

电子病历主要具有复杂性、灵活性、可分析性、二重性等特点。

1）复杂性

病人的信息包括了从管理到临床等丰富的内容，几乎覆盖了所有的数据类型，如表格类型、正文文本、影像、X 光、B 超、CT、核磁等，还有细胞学和病例学的影像以及胃镜、腔镜等动态的、非平面影像。

2）灵活性

不同病种需要记录不同的病历信息，其内容、知识、数据的表达都不一样。不同病症的患者有不同的表现症状，需要记录患者进行的不同检查及结果，而根据检查结果的诊断也不相同，用药、手术等信息就更是千差万别。这些情况要求电子病历系统能够灵活处理医疗信息。关系型数据库数据结构僵化，无法满足此灵活性的要求。

3）可分析性

作为重要的临床资料，电子病历有着广泛的需求，如科研、教学、循证医学、流行病防治、医院管理等。其中的大多数需求是统计、分析、挖掘的需求。

4）二重性

电子病历系统所存储的信息中，也包括很多管理数据，比如病人费用，化验单等等。这些信息可以用二维表来进行描述。一个完整的电子病历必须是层次结构。医生看病翻病历也是按时序、分层结构来看数据的。因此，从业务角度层次型也是符合医生的实际工作习惯的。这种情况下，病历信息的复杂度和难度给电子病历系统的实施带来了巨大挑战。以前，业界、技术界都在寻求更好地处理医疗卫生行业数据的工具，既可以满足灵活结构的要求，又要具备开放性，以避免商务风险。

电子病历结合智慧医疗临床需求主要目标是支持医疗医护人员的临床活动，收集和处理病人的临床医疗信息，丰富和积累临床医学知识，并提供临床咨询、辅助诊疗、辅助临床决策，提高医护人员的工作效率，为病人提供更多、更快、更好的服务。其主要支持功能包括住院收费结算管理功能、住院医生工作站、住院护士工作站、移动住院医生工作站、移动住院护士工作站、营养膳食管理功能、无线移动家庭病房功能、远程手术指导功能。

6.4.2　电子病历系统架构

电子病历是居民健康档案的主要信息来源和重要组成部分。健康档案对电子病历的信息需求并非全部，具有高度的目的性和抽象性，是电子病历在概念上的延伸和扩展。

电子病历的系统架构遵循健康档案系统架构的时序三维概念模型，是健康档案系统架构在医疗服务领域的具体体现。健康档案系统架构的三个维度是生命阶段、健康和疾病问题、卫生服务活动（或干预措施），在电子病历中分别体现为就诊时间、疾病或健康问题、医疗服务活动。电子病历以居民个人为主线，将居民个人在医疗机构中的历次就诊时间、疾病或健康问题、针对性的医疗服务活动以及所记录的相关信息有机地关联起来，并对所记录的海量信息进行科学分类和抽象描述，使之系统化、条理化和结构化。

电子病历系统架构的三维坐标轴上，某一区间连线所圈定的空间域，表示居民个人在特定的就诊时间，因某种疾病或健康问题而接受相应的医疗服务所记录的临床信息数据集。理论上一份完整的电子病历是由人的整个生命过程中，在医疗机构历次就诊所产生和被记录的所有临床信息数据集构成。

6.4.3　电子病历基本内容

电子病历系统应严格执行国家卫生和计划生育委员会《电子病历系统功能规范（试行）》的规范和要求，保证系统质量，并提供完整、准确、详细的开发文档资料。应用设计要符合国家及医疗卫生行业的相关标准、规范和医疗自身的发展规划，遵循现行

的或即将发布的涉及电子病历管理系统的国家法律法规。系统功能包括用户授权与认证、使用审计、数据存储与管理、患者隐私保护和字典数据管理等基础功能，保障电子病历数据的安全性、可靠性和可用性。电子病历的管理以建立数据中心为基础，实现信息实时上传和自动备份到医疗数据中心和第三方存储中心，在设定一定权限的基础上实现数据资源的共享，并保障数据安全。系统功能还应包括电子病历创建功能、患者既往诊疗信息管理功能、住院病历管理功能、医嘱管理功能、检查检验报告功能、电子病历展现功能、临床知识库功能、医疗质量管理功能等。

1. 电子病历的组成

根据电子病历的基本概念和体系架构，电子病历的主要内容由门（急）诊电子病历、住院电子病历和其他医疗电子记录（包括病历概要、健康体检记录、转诊记录、法定医学证明及报告、医疗机构信息等基本医疗服务活动记录）构成。

1）病历概要

病历概要的主要记录内容包括患者基本信息、基本健康信息、卫生事件摘要、医疗费用记录。

2）病历记录

按照医疗机构中医疗服务活动的职能域划分，病历记录可分为门（急）诊病历记录、住院病历记录和健康体检记录三个业务域。

3）转诊记录

转诊记录是指医疗机构之间进行患者转诊（转入或转出）的主要工作记录。

4）法定医学证明及报告

法定医学证明及报告是指医疗机构负责向服务对象签发的各类法定医学证明信息，或必须依法向有关业务部门上报的各类法定医学报告信息。主要包括出生医学证明、死亡医学证明、传染病报告、出生缺陷儿登记等。

5）医疗机构信息

医疗机构信息主要指负责创建、使用和保存电子病历的医疗机构法人信息。

2. 病历数据资源库

病历数据资源库中主要包括以下信息。

（1）病历概要数据集；

（2）门（急）诊病历数据集；

(3) 门(急)诊处方数据集；

(4) 检查检验记录数据集；

(5) 治疗处置——一般治疗处置记录数据集；

(6) 治疗处置——助产记录数据集；

(7) 护理——护理操作记录数据集；

(8) 护理——护理评估与计划数据集；

(9) 知情告知信息数据集；

(10) 住院病案首页数据集；

(11) 中医住院病案首页数据集；

(12) 住院志数据集；

(13) 住院病程记录数据集；

(14) 住院医嘱数据集；

(15) 出院记录数据集；

(16) 转诊(院)记录数据集；

(17) 医疗机构信息数据集。

第7章 智慧医院

7.1 智慧医院概述

7.1.1 智慧医院发展背景

从我国目前的发展状况来看，医院是我国医疗服务的主要提供者。尤其是由于人们对基层医疗卫生机构及登记较低医院的不信任，地方重点医院尤其是三甲医院成为人们医疗服务的首选。有些不严重的病情，也要到大医院确诊才放心。这导致对医院医疗需求持续增长，且高于其他机构。

根据中华人民共和国国家卫生和计划生育委员会官网公布的 2014 年 1～6 月全国医疗服务情况。全国医疗卫生机构总诊疗人次达 36.5 亿人次，同比提高 6.2%。其中：医院 14.0 亿人次，同比提高 9.5%；基层医疗卫生机构 21.3 亿人次，同比提高 3.9%；其他机构 1.2 亿人次。医院中，公立医院 12.6 亿人次，同比提高 9.0%；民营医院 1.5 亿人次，同比提高 13.9%。基层医疗卫生机构中：社区卫生服务中心(站) 3.1 亿人次，同比提高 5.1%；乡镇卫生院 4.9 亿人次，同比提高 3.4%；村卫生室诊疗人次 10.0 亿人次。医院病床使用率为 91.0%，同比降低 1.3 个百分点；社区卫生服务中心为 57.9%，同比降低 1.0 个百分点；乡镇卫生院为 63.5%，同比降低 5.0 个百分点。三级医院平均住院日为 10.6 日，同比缩短 0.4 日；二级医院平均住院日为 8.8 日，同比缩短 0.1 日。

解决我国医院发展难题，促使医疗资源得到合理高效应用，信息化手段是一个有效的途径。我国医疗信息化建设已经经历了 20 多年，尤其是在 2009 年新医改方案之后得到了快速发展。我国从 20 世纪 90 年代末开始进行建设数字化医院的探索，未来

几年我国将有70%～80%的医院实现信息化管理，联结成一个庞大的医疗信息网络，为医生、护士、患者提供一个更为快捷有效的信息纽带和相互交流的广阔空间。

然而，相对于我国医疗服务的需求及大众的承受能力，医疗成本高、渠道少、覆盖面窄等问题困扰着大众民生，尤其以“效率较低的医疗体系、质量欠佳的医疗服务、看病难且贵的就医现状”为代表的医疗卫生问题成为社会关注的焦点。目前的普遍状况是大医院人满为患，患者挂号、交费、取药排长队，等候各种检查时间长，热门科室住院困难，而二级医院和社区医院无人问津。这些有很大一部分原因是大部分医院单纯注重硬件建设而缺乏精细化管理，医疗信息集中程度低且缺乏共享与交换，公共医疗管理系统的不完善，医疗卫生队伍的服务意识和服务能力亟待加强。

7.1.2 智慧医院概念及特征

在智慧城市和新一代信息技术新兴发展的背景下，我们认为：智慧医院是以人为中心，依赖于物联网、云计算等新一代信息技术及生物技术，将信息技术和资源与医院设施和资源融合，通过医疗资源的互联共享及制度文化的创新，形成环境舒适、流程便捷、服务优质、运营高效的医院管理和服务模式。智慧医院主要具有环境舒适、流程便捷、高效协同等特点。

1. 环境舒适

环境舒适主要是指医院环境整洁、舒服、友好。医院人员流动大，病人集聚，很容易感染，需要整洁的环境来抑制病菌滋生。医院的药味、消毒水味道等令人不舒服的味道较重，应保持良好的通风，摆放吸附性强的植物，以塑造舒服的环境。另外，智慧医院还需要注重人文关怀，为就医者提供热忱的服务。

2. 流程便捷

就医流程环节多、等待时间长是当下大部分医院存在的问题。智慧医院通过采用网上挂号、自助服务机、手机支付、诊间结算等优化环节，大大缩短了就医流程的时间。智慧医院也提倡通过人性化建筑设计、导引牌、智能化导航，来降低就医环节的时间。关于智慧就医方面的内容，本书将在后文做详细介绍。

3. 高效协同

通过将医院内系统进行高度集成，信息在不同部门之间的实时传递，各个部门工作协同性也大大增加，提高了医院的运行效率。比如，在医生开具化验单的同时化验科室接收到化验请求并为就医者排好队；医生提交处方的同时药房已经准备好药品等待就医者来取，护士收到护理任务。

4. 开放共享

智慧医院不仅在医院内部具有高度的协同共享，而且与其他医院、基层医疗机构、健康护理机构等建立了良好的开放共享机制，使医疗资源在区域内得到有效利用。

7.1.3 智慧医院整体架构

我国大部分大医院，尤其是三甲以上的医院，已经具备良好的信息基础设施。针对这类医院进行智慧医院建设，主要是针对目前出现的问题，在原有信息系统的基础上，重点采用新一代信息技术进行完善。也就是，基于医院业务流程设计，通过整合移动计算、智能识别、信息融合、物联网等技术来构建智慧医院，真正实现医院整体信息化、智能化应用，满足智慧医院各种业务需求。这类医院主要采用如图 7-1 所示系统架构，构建无线通信平台、数据交换平台、物联网应用平台、定位平台，部署各类物联网应用系统。

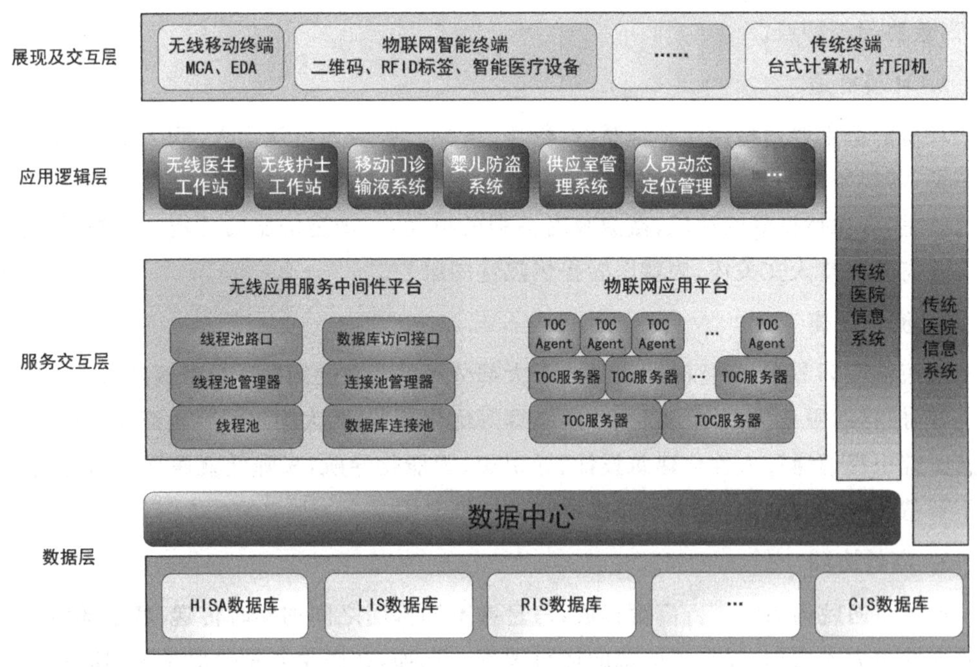

图 7-1 智慧医院整体架构图

1. 无线通信平台

现代化医院强调“以病人为中心”的理念，无线通信平台可以帮助医院实现随时随地的各种信息需求。移动医疗系统正是基于无线通信平台设计，利用先进的无线网络技术和移动计算技术，在医院现有局域网基础之上构建移动服务、实时服务为核心的无线局域网，使医院信息化建立在全网络应用环境，为医护人员更为高效、便捷的业务流程作基础。

2. 数据交换平台

智慧医院涉及的业务系统众多，同时数据信息庞大而复杂。从现实情况看，医院业务系统和数据信息都没有公用的标准可以遵循，帮助医院建立数据交换平台，建立基于 SOA 架构的应用和信息交换服务，从而解决智慧医院所需要面对的各种个性化服务要求。

3. 物联网应用平台

智慧医院建设中引入了全新物联网应用平台和相关中间件产品。一方面，采用全新的面向物联网的架构技术 TOA(Things Oriented Architecture)解决由于 IOT 网络的复杂化和多元化而导致系统设计、开发、维护相对困难的问题。同时开发基于 TOA 的面向物联网通信的中间件 TOC(Things Oriented Communication)，实现低成本、高可扩展性、可维护性的面向 IOT 的医疗智慧解决方案。另一方面，通过智能识别技术应用来构建医院病人、药品等信息的主索引，通过条码扫描和 RFID 技术，为智慧医院提供精确的信息确认和识别系统，从而杜绝传统人工判断和识别所产生的差错事故。

4. 定位平台

为适应医院多层建筑之间及内部的定位和轨迹管理，采用创新的三维医院地理信息系统(HGIS)及定位技术，医院建筑内部人员活动、设备移动均为三维现象。系统采用三维矢量和栅格混合结构集成的数据模型，处理垂直方向和水平方向上的地理信息，可以更精确、更直观地对医院的全部资源(物资源、人资源)进行跟踪和监控。另外，使用 ZigBee、RFID 技术对人员、器械、医疗垃圾进行远程非接触式识别和实时定位，可实现医院内部的轨迹管理，形成医护人员查房、巡视轨迹，规范医院管理，也可对医疗垃圾的运输时间、运输路线进行严格监管，还可对设备、新生儿及精神病人实现有效监管，大大拓展了医院管理能力和资源的利用效率。

5. 应用系统

基于不断创新基础技术和应用支撑平台，已经逐步建成涵盖医院门诊管理、住院管理、营养管理、药品管理和耗材管理等一系列移动应用的智慧医院物联网应用系统。主要包括移动临床信息系统、移动门诊输液系统、婴儿防盗系统、药品条码管理系统、人员动态定位管理系统、医院营养点餐系统、移动库房及资产管理系统。本书在应用篇相关章节有较为详细的介绍。

7.2 智慧的医疗环境

社会和经济发展，生活水平的提高，使人们对医疗保健的需求越来越高，希望能够在更具人性化更加智慧的医疗环境下就诊。智慧医疗不仅改变了医院传统的管理模式、医疗习惯，也影响到医院的建筑设计。智慧的医疗环境通过建筑物的结构、设备、服务和管理，根据用户的需求进行最优化组合，从而为用户提供一个高效、舒适、便利的人性化建筑环境，它是集现代建筑、现代通信网络、现代控制网络和现代计算机于一体的技术。

7.2.1 智慧的医疗环境概述

医院建筑应是有生命的建筑，智慧的医院环境主要是指通过对医院建筑设计、楼宇智能化设计，使医院拥有一个绿色、环保、人性化的环境。它是智慧医院的最基本构成。

在规划和设计医院建筑时，需要体现以人为本的宗旨。医院的设计要紧密结合先进的医疗流程和服务模式，在规划和设计医院建筑中体现以人为本的思想，并力求改善医疗环境。在重视环境安全基础上，医院建筑在设计时应考虑节能降耗和环境友好，包括绿色医院的建筑理念。

智慧医疗环境中楼宇智能化的建设目标主要包括以下几个方面：为医疗机构提供智能化楼宇解决方案，降低医院管理成本、提高工作效率；节能减排、降低大楼运营成本、绿色环保；提供端到端的解决方案，减少重复投入和反复施工；针对业务流程与上层应用无缝连接，系统间横向整合，真正实现智能化；开放的系统平台与业务模式，为医院提供最佳选择；跨专业项目管理能力与实施能力，降低医院管理、实施、沟通成本。

智慧医疗环境的设计要点主要包括四个方面。

1. 病房个人空间的智能化设计

患者因病入院，压力大、心情差，如何才能最大程度地满足病人的要求呢，这就对建筑设计师提出了很高的要求。医院室内的空间设计比较复杂，一方面因为病人的活动领域半径毕竟非常有限，而且每个病人的特点也有很大的差异，如病种的不同、年龄的差别、经济条件的差别以及身体残缺障碍等。因此，病房个人空间需要多约束、智能化的设计。

2. 公共交流空间的创造

人们都期待能够“药到病除”。事实证明，有时病不“除”不是药的原因，而是患者自身不良情绪种下的祸根。心情的好坏不光影响身体健康、疾病的康复，还会干扰药效的发挥。无论生气、悲伤，还是郁闷、惊恐，这些负面情绪都会使药效大打折扣。因此，患者需要与他人进行信息、思想和感情沟通，以减轻痛苦的困扰，缓解心理压力。这就对医院的建筑设计提出了创造必要的、人性化的、环境宜人的公共交流空间的要求。

3. 舒适宜人的声、光、色环境

为住院病人创造安静的康复环境，除合理进行医院的总体布局外，还需在病房内有效的运用建筑材料与构造手段进行防止噪音干扰的设计。目前有些住院处病房楼片面追求立面效果，外墙多开满玻璃窗，过强的光线对卧床病人会产生不良影响，因此在争取良好日照的同时，应防止室内炫光。病人大都来自多姿多彩的生活环境，只有多色彩的病房环境才能使病人消除对单一的“白色”病房所产生的陌生，紧张等不良心理。另外，建筑设计时，进行良好的视线设计也是评价人性化病房的重要标准。

4. 便捷的就医，治疗流线

病人和家属心理负担严重，很容易产生焦躁和不安的情绪。复杂的交通路线，迷宫般的医疗建筑为病人和家属带来极大的不便，影响病人的康复。清晰明了的就诊路线，也消除了医疗人员不必要的来回奔波。

7.2.2 医疗环境的人性化设计

随着现代化医院的发展方向，医院服务范围的不断扩充，服务理念的不断变化以及医院装备的飞速发展。医护人员、病员及探视人员的公共活动空间将进一步扩大，功能更进一步完善。入口大厅也不再局限于出入院办公、收费、导医及鲜花店、小卖部等设施，还将银行、邮局、书店、客厅以至于文化设施也引入医院的公共空间当中，形成共享厅的高大空间，彻底改变传统医院冷峻、单调的形象，使病员一进医院就感觉到亲切、轻松的气氛，减轻患者心理上的压力。酒店大堂式服务理念已越来越成为现代化医院的新趋势。

1. 方便患者的设计

方便患者的设计包括人体工程学的良好运用，无障碍设计，明显的指示标志的导向设计等。由于入口大厅是包括患者、医护人员及探视人员集中的地方，所以应充分考虑各种人流的走向，停留的空间，各种人流的合理安排及划分不同的使用空间，有秩序地组织人流，方便人的良好使用。

2. 手术部人性化的设计

手术部作为外科领域反应高度治疗医学水平的工作环境，首要满足手术需求的所有功能，要求最大限度地保持接近无菌的环境，减少创伤感染，以及要求医务人员创造最有利于工作的舒适环境。同时，考虑患者家属等候的良好场所及便捷的信息反馈。

考虑到人性化的特点，手术部在医院的设计位置应与中心供应、外科病房、ICU、病理、检验、放射科有密切联系，方便医护人员的使用与管理。合理地安排区域，不仅仅满足了基本的使用要求，同对也提高了医院的正常运转。从医护人员的卫生通过、患者的手术准备到医生的业务展开，在细节的处理当中考虑以人为本的理念，包括对走廊的空间处理，如宽度、高度、色彩、装饰，应本着减轻术前患者的心理压力来设计。医生在手术中的一切准备工作同样应方便展开，各种器械、敷料、设备以及患者用血、病理的化验都应顺畅、合理地进行安排。手术室中对医护人员休息空间的塑造及患者家属等待空间的塑造同样重要，宽敞、自然采光、通风应是考虑的要点。通过先进的视频手段来报告手术中的情况，让家属第一时间获得信息。

3. 护理单元人性化的设计

护理单元人性化的设计主要包括护士区域、医生区域、病人区域三部分。

1）护士区域

护理单元的设计应以方便病人为中心而进行，而医护人员是保障病人得到良好的治疗和照顾、早日恢复健康的主体。“以人为本”的原则同样也应在他们的环境中得到体现。

护士工作区域的设计，一方面要满足位置适中、宽敞、开放与各区域联系快捷的需求。患者可以方便地接触到护理人员，随时感受到护理人员对他的关心照料。适中的位置可减少护理人员的行动距离，降低护理人员的工作强度。位置选择还应考虑病人身体状况及护理需求的不同，如ICU的护理室设置应在护士站附近，以保证及时采取措施处理。另一方面还应考虑合理安排治疗、处置、换药用房、提高劳动效率的问题。各类用房设施可参照一体化厨房的设计原则进行设计。安排好护士的更衣、休息辅助空间，达到自然采光通风，使护理室也有一个舒适、便利的工作环境。

2）医生区域

在以往护理单元平面设计中，医生工作用房通常和护理用房布置在一起，对患者完全开放。这种情况满足了病人心理的安全需求，但同时也对医生的正常工作产生了干扰。医生对病人的了解及制定护理治疗计划，可交给护士执行，医生的讨论、会诊、示教应有一个自主封闭、合理的区域，免受干扰。

3）病人区域

首先是安排良好的朝向，通风等条件，可从通风、采光、隔音考虑。其次可根据床位数的不同来划分区域，方便护理，满足不同患者的需求。再者对病员治疗空间的设置，同样以人为本的原则设计，良好的交往空间，可以帮助病人迅速融入新的集体，消除陌生感、不适感。

一方面，交通空间的处理，应结合就医特点，适当安排等候区域，方便管理。另一方面，交通空间的处理，可配合色彩材料等手段，联系、区分护理单元的各个区域。护理单元的人口空间可以适当变化。打破千篇一律的特点，加强病人对所处环境的融合，减少其无助、受控的消极感受。

7.2.3 智慧的医院设施

通常医院的建筑不是孤单的一幢，往往是由多幢楼组成的建筑群。智慧的医院设施主要包含建筑智能化、通信自动化、业务专业化三部分组成。

1. 建筑智能化

1）楼宇设备自控系统

医院建筑群分散且功能复杂，配套的机电设备众多，设计时考虑对暖通、给排水、变配电、照明等各种机电设备进行集中管理、分散控制，使建筑设备的运行状态、事故情况、能源消耗、负荷变化都能及时反映，并使其处于最佳控制状态。并对病房和手术室等对环境要求特殊的场所进行专业化设计。楼宇自控系统主要监控的范围涵盖冷水机组、新风机组、空调机组、通风及送排风系统、给排水系统、电梯系统监控、照明系统、变配电系统及其他系统。

2）火灾自动报警控制系统

由火灾探测器、区域报警器和集中报警器组成，也可以根据工程的要求同各种灭火设施和通信装置联动，以形成中心控制系统，即由自动报警、自动灭火、安全疏散诱导、系统过程显示、消防档案管理等组成一个完整的消防控制系统。

3）公共/紧急广播系统

由广播主机、音频信号源、功率放大器、音量调节器、现场末端扬声器及物理连接线路组成，紧急广播与背景音乐系统共用一套主机设备。在手术部、住院部等设置可调音量的扬声器，为医患提供轻松的医务、治疗环境。

4）闭路电视监控系统

闭路电视监控系统是安全技术防范体系中的一个重要组成部分，是一种先进的、防范能力极强的综合系统。它可以通过遥控摄像机及其辅助设备(镜头、云台等)直接观看被监视场所的一切情况，可以把被监视场所的情况一目了然。同时，电视监控系统还可以与防盗报警系统等其他安全技术防范体系联动运行，使其防范能力更加强大。

5）防盗报警系统

构建多层次、立体的安全防范体系，在医院主出入口、车库、门诊大厅、候诊室等设置彩色摄像机；在库房、财务室、机房、药房等设置红外双鉴探测器；在手术室、医疗器械室、药品库房等重要场合设置电子门禁设施；在医院周边、宿舍楼、车库死角等设置无线巡更点。

防盗报警系统是大楼内安全防范系统中极其重要的部分，设置防盗报警系统，可以使重要区域内在无人或摄像机监视不到时，一旦遇到非法入侵时，立即发出警报，并指出警报地点，以便保安人员及时处理问题。本系统设置的合理性、有效和可靠与否将直接关系到大楼的安全防范技术总体水平和质量。报警子系统主要由紧急按钮、微波被动红外探测器、报警控制主机、控制键盘、电子地图管理软件、计算机组成。

6）无线巡更系统

巡更为安防系统的重要辅助手段，为保障大楼范围内的安全，需要设定巡更路线，重点监察重要部位、大楼重要通道、围墙等地。无线巡更系统一般采用非在线式巡更方式，利用巡更巡检器将所有的巡更信息传输到计算机内，管理人员就能根据巡更数据知道各巡更人员的巡查情况，并清晰地了解所有巡更线路的运行状况，而且所有的巡更信息的历史记录都可在计算机中保存或打印，以备事后统计和查询。

利用先进的碰触卡技术开发的管理系统，可有效管理巡更员巡视活动，加强保安防范措施。系统由巡检纽扣、手持式巡更棒、巡更管理软件等组成。具有操作全自动，数据实时；巡查点不限制，全过程记录；路线连贯，行为分析准确；调度有效，及时；移动的“摄像头”等优势。

7）门禁系统

出入口门禁安全管理系统是新型现代化安全管理系统，集微机自动识别技术和现代安全管理措施为一体。它涉及电子、机械、光学、计算机技术、通信技术、生物技术等诸多新技术，是解决重要部门出入口实现安全防范管理的有效措施。

8）智能一卡通管理系统

由信息中心、门禁控制、停车场管理、消费管理、档案管理等子系统组成，通过非接触IC卡实现员工证件、食堂售饭及其他小金额消费等综合功能。

9）有线电视系统

卫星电视接收及有线电视系统，是现代化智能建筑不可缺少的弱电系统。它将卫星电视信号、自办节目信号、有线电视信号通过前端、传输分配网络传送到各个用户终端，获得丰富多彩的广播电视节目和最佳的收视效果。

10）能耗计量系统

建立能耗计量系统，对用电量、水量（冷水、生活热水）、医用气体（氧气、压缩空气、负压空气、笑气）、空调热能应实现量化管理，即时提供系统的能耗数据。

11）机房工程

主要是对保安监控中心、计算机网络中心、弱电配线间和电话交换机房等专业机房的设计与施工，包括机房设备、机房装修、机房监控等几部分。

现代的机房建设工程充分体现了新技术、新材料、新工艺、新设备的特点。一方面机房建设要为计算机系统的安全可靠、正常运行，延长设备使用寿命，提供一个符合国家各项有关标准的优秀的技术场地；另一方面，机房建设要给机房工作人员提供一个舒适、典雅的工作环境。可以说计算机机房的建设工程是一个综合性的专业技术系统工程，具有建筑室内设计、空调、通风、给排水、强电、弱电等各个专业所特有的技术要求，也具有建筑装饰关于美学、光学、色彩学等专业的技术要求。

弱电机房通常由以下几个部分组成：建筑装修系统（包括方形抗静电全钢活动地板地面敷设、矿棉吸音板吊顶安装、墙面白色乳胶漆处理等）、机房配电工程、机房防雷系统、防雷接地系统、UPS 不间断电源系统。

12）停车场管理系统

停车场管理系统配置包括停车场控制器、自动吐卡机、远程遥控、远距离 IC 卡读感器、感应卡（有源卡和无源卡）、自动道闸、车辆感应器、地感线圈、通信适配器、摄像机、MP4NET 视频数字录像机、传输设备、停车场系统管理软件等，有助于医院对于内部车辆和外来车辆的进出进行现代化管理。

2. 通信自动化

1）手术示教系统

能将手术室内医生的手术过程、细节信息以及手术室内的各种医疗设备的视频资料，在没有人数或空间限制，没有病菌感染忧患前提下，都真实的全方位的呈现到实习医生，或观摩人员的眼前。包括实时互动的手术直播、中央控制、病档管理、音视频课件制作以及线上学习管理等模块。

2）护理呼叫系统

由安装在病区护士站的呼叫主机和分别设置在病房床头、病房卫生间、病人随身配备的呼叫分机、走廊显示屏组成。一旦病人按呼叫按钮，护士站的主机就发出声光报警信号，同时，走廊显示屏同步显示呼叫床位号，护士人员便可以立刻赶往病房处理紧急情况。

3）电子叫号系统

系统由分诊台、子系统管理控制电脑（与分诊台合一）、系统服务器、管理台、信息节点机、信息显示屏、语音控制器、无源音箱、呼叫终端（物理终端或虚拟终端）、分线盒组成。在每个科室配置一套子系统。多个子系统联网组成整个医院的叫号系统，叫号子系统之间与系统服务器之间通过内部协议互相通信。

4）RFID 识别系统

RFID 智能身份识别管理系统，依托医院无线网络，利用 RFID 识别技术实现对院内各类人员的身份识别与定位，也对医疗设备、药品识别定位。系统可实施院内分区管理，对重要的设备和人员身份进行实时追踪，全面提升医疗质量。

5）隔离探视系统

特护、隔离和监护等无菌病房及严重的传染病房，探视家属是不得入内的，通过该系统可以方便实现探视者与患者之间交流沟通，极大体现了医院人性化的服务。

6）对讲系统

无线对讲系统具有机动灵活，操作简便，即按即通，语音传递快捷，使用经济之特点，是实现生产调度自动化和管理现代化的基础手段。无线对讲系统对于大楼、写字楼、公寓等综合性建筑群的安全保卫、设备维护、物业管理等各项管理工作带来极大的便利。

7）远程探视系统

面对面沟通是人们对于彼此交流的一种基本需求，这种交流方式比起只通过语音、文字来进行沟通更加有效、清楚，而在表达方式上更丰富、更亲切、更符合人们的习惯。但医疗行业由于其行业自身的特殊性，有时不允许病人与家属或其他相关人员进行近距离接触，以减少传染性疾病传播的可能。远程探视系统可以提供病患人员与亲属之间的网上探视，以及与外地亲友的远程多人非接触式会面。在治疗期间做到隔离而不封闭，可以正常的与家人、朋友、同事、领导进行“面对面”的交流。目前网络和 PC 的发展已极其普遍，当病人患有传染性疾病被隔离无奈与家人分开的时候，病人家属只需到 VCON 网站免费下载一个 HD Vpint 软件终端试用版，安装在家中计算机或网吧计算机中，即可与朝思暮想的亲人“见面”。

3. 业务专业化

1）综合布线系统

综合布线系统提供语音、数据和多媒体信息传输的基础平台，是医院保持正常运转的“神经系统”。设计时不仅考虑用户当前的使用需求，也要保证系统未来的先进性。

2) 计算机网络系统

网络采用内外网物理隔离的方式，内网主干采用万兆以太网技术，宽带，支持手术视频直播、医学影像传输及存储等服务；外网主干采用千兆以太网技术，支持网上视频，与 INTERNET 互联互通，实现电子邮件、主页浏览、文件传输、电子公告等服务。

3) 大屏幕显示系统

在医院设置 LED 大屏幕、条屏和多媒体触摸查询工作站，病人就诊前就可了解医院发布的最新信息、窗口服务信息、医院简介、服务项目介绍、常用收费标准介绍、科室位置示意图、科室平面示意图、专家特长介绍、专家门诊时间安排表、银行卡使用须知等信息。

4) 视频会议系统

会议室将建设成为集会议、培训、学术交流等为一体的多功能会议场所。为了能更充分发挥其功能，设备配备应采用先进的、现代化的电子会议设备。利用多种显示手段，展示各种多媒体资料、图文信息、进行国际、国内交流等活动。

5) 多媒体查询系统

多媒体查询系统应用范围非常广阔，主要是公共信息的查询。随着医院向信息化方向发展和计算机网络在国民生活中的渗透，信息查询都以多媒体查询系统显示内容的形式出现。通过本系统，就诊人员可以自助查询相关信息，能有效减轻医院内医护人员与患者间的信息不对称情况。

7.3 智慧的医院管理

医疗服务信息化是国际发展趋势，医院正加速实施基于信息化平台、HIS 系统的整体建设，以提高医院的服务水平与核心竞争力。智慧的医疗信息系统不仅提升了医生的工作效率，使医生有更多的时间为患者服务，更提高了患者满意度和信任度，无形之中树立起了医院的科技形象。

7.3.1 智慧的医院管理概述

根据我国医院管理信息系统的成长过程分析，我国医院信息化一般经历了三个阶段：第一阶段是医院管理信息化阶段，主要建设内容包括部门级信息化管理系统、全院级信息化管理系统、人力资源管理系统等；第二阶段是临床管理信息化阶段，主要建设内容包括电子病历系统、医学影像系统等；第三阶段是局域医疗卫生服务阶段，主要建设内容是在社区、偏远地区实现远程医疗信息充分共享。移动通信、物联网、云计算、大数据等技术推动医疗信息化以人为中心，打破信息孤岛，实现互联互通，开发出丰富的智慧医疗应用。

智慧的医院管理主要是通过信息化的手段，推进临床诊疗的网络化、自动化、智能化，促进医院资源有效利用，获取医院的最大效益。智慧的医疗管理主要包括三方面内容。

1. 更好的临床医疗服务

支持医院医护人员的临床活动，收集和处理病人的临床医疗信息，丰富和积累临床医学知识，并提供临床咨询、辅助诊疗、辅助临床决策，提高医护人员的工作效率，为病人提供更多、更快、更好的服务。

2. 更有效的资源利用

支持医院的行政管理与事务处理业务，减轻事务处理人员的劳动强度，辅助医院管理，辅助高层领导决策，提高医院的工作效率，从而使医院能够以少的投入获得更好的社会效益与经济效益。

3. 更开放的医疗服务体系

支持医疗资源在医院之间共享利用，促进大医院与小医院、社区医院之间形成紧密的医疗服务系统，促进与护理服务、健康服务、保险服务等相关服务的有效衔接，促进国际国内医疗机构更便捷地开展医疗难题研究和合作。

本节主要介绍医院信息综合集成平台、临床信息系统、临床业务辅助信息系统、医院资源计划系统。

7.3.2　医院信息综合集成平台

医院信息综合平台是医院信息系统中集成水平最高的系统，集合了各个业务系统，实现与外部系统的对接，是医院医疗信息系统水平的综合反映。

1. 系统概述

作为数字化医院的核心综合应用系统，医院信息综合平台在一个大型医院内部实现医疗临床信息的集成重组，利用先进的技术手段，在最大程度保护医院已有 IT 系统投资的基础上，建立面向临床、面向科研、面向集团化管理的信息技术平台，实现临床科研一体化以及医疗信息集成和共享交换，实现医疗临床信息的深层次利用，促进医院内部信息流的通畅，从而实现医疗服务质量、医疗管理质量和医疗科研水平的提高，更好地为患者服务。在实现医院集团内部临床信息整合的同时，统一设计和实现临床信息的对外交换共享、双向转诊等业务模型，从而方便实现与社区医疗、区域医疗和公卫系统的衔接。医院信息综合集成平台着力于解决两大问题。

1）医疗临床信息连续性及相关性

基于现有的 HIS、CIS、LIS、PACS 等应用系统，实现医疗机构内部及之间信息的互操作性，在更高的层面上进行信息集成，以信息服务的方式与医疗服务信息技术共享平台进行信息服务级衔接。

2）医疗临床信息标准化及再利用

建立以病人为中心，以优化流程为导向，以信息标准为基础，以电子病历为信息单元的医疗临床信息标准化、电子化、语义化处理平台，在实现临床信息采集与存储的基础之上，实现临床信息的深度利用。

2. 系统架构

医院信息综合平台全面整合了先进的医院信息系统（HIS）、医学影像存储与传输系统（PACS/RIS）、医院实验室系统（LIS）、医院综合管理系统、办公自动化系统和远程会诊系统等，同时结合银江多年从事的移动医疗系统开发技术和系列产品化软件，面向医院全面进行信息化建设的大型综合应用系统。

医院信息综合平台是一体化数字医院集成平台，采用 SOA 架构，采用模块化设计，用户可以自由组合的功能模块，可根据医院的具体工作流程定制、重组和改造。

医院信息综合平台（见图 7-2）采用四层分布式应用架构设计，将展现层、服务层、应用层、数据层分离，并辅之以统一的标准规范和完善的安全控制体系，保证了整个系统具有良好的可扩展性、可重用性、可管理性和高可靠安全性。

基于应用支撑平台，医院信息综合平台通过统一标准的数据格式和数据表示形式，完成系统内各系统的数据集成、数据交换并完成与其他系统的数据交换，从而全面实现整个系统的跨平台、多异构系统的集成、整合和扩充，全面实现各应用系统的业务和数据融合。

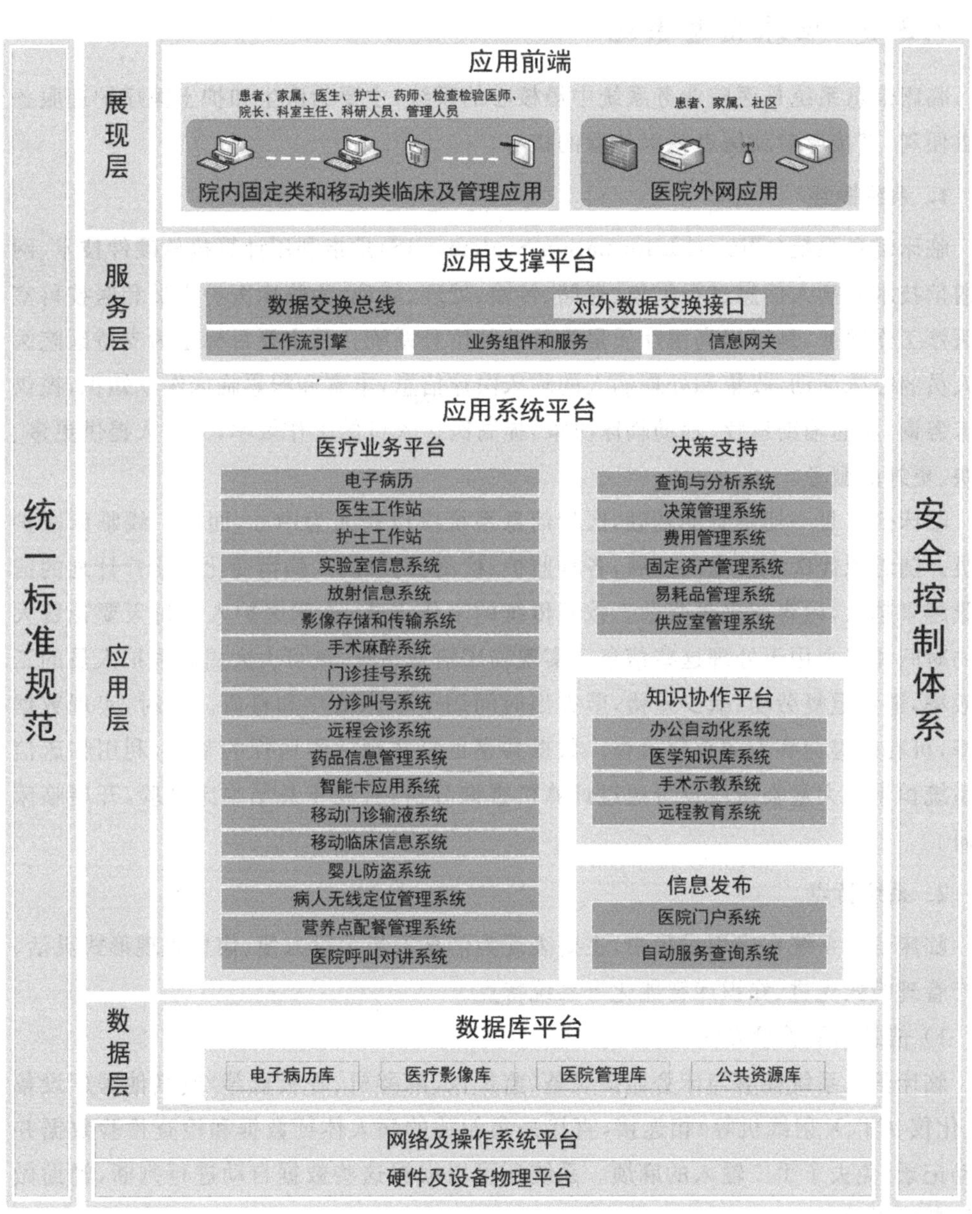

图 7-2 医院信息综合平台系统结构

7.3.3 临床信息系统

临床信息系统是医院业务系统中最核心的系统，主要为医生和护士医疗护理服务提供便利，直接影响就医者就医体验的核心。

1. 系统概述

临床信息系统(Clinical Information System，CIS)是指利用计算机软硬件技术、网络通信技术对病人信息进行采集、存储、传输、处理、展现，为临床医护人员和医技科室的医疗工作服务，是以提高医疗质量为目的的信息系统。其主要目标是为支持医院医护人员的临床活动，收集和处理病人的临床医疗信息，丰富和积累临床医学知识，提供临床咨询，从而辅助诊疗、辅助临床决策，提高医护人员的工作效率，为病人提供更多、更快、更好的服务。

临床信息是一切信息的基础，医疗信息系统应以病人为中心，面向一线临床医护人员。随着现代医疗技术的发展，各种监护、检测、记录病人病情变化和诊疗计划的信息量越来越大，内容越来越复杂。按照传统的工作方式，临床医护人员每天要花费大量的时间和精力用于处理这些信息。实现临床信息系统，就可大大提高医护人员的工作效率，避免重复劳动，减少差错，节省出时间用于临床治疗和科研。同时，实现数据共享，可有效避免病人的重复检查。数据共享也是实现远程医疗的基础，利用临床信息系统积累的大量临床信息可通过计算机查询分析，有利于总结临床经验，开展临床科研。

2. 系统特点

临床信息系统在应用过程中，主要表现为信息采集手段方便、信息表现形式灵活、医疗管理模式先进、知识库智能化等系统特点。

1) 信息采集手段方便

临床信息系统能够与床旁监护设备(监护仪、麻醉机、呼吸机等)或其他医疗设备(生化仪、CT、X射线机等)相连接，直接采集相关的病人体征数据和检查检验数据并自动记录，免去了手工输入的麻烦。系统还可以根据这些数据自动进行判断，辅助做出诊断或提示。

2) 信息表现形式灵活

传统的纸张记录方式不利于医护人员查找，而对已有数据的加工处理、变换不同

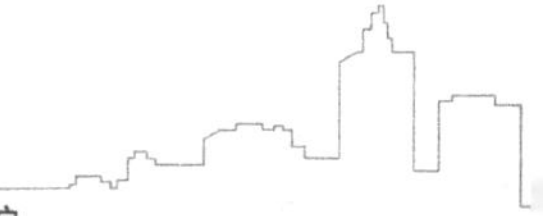

的表现方式是计算机系统的一大优势。临床信息系统几乎都结合了图表功能，便于医护人员查找，这些功能彻底改变了过去的医生、护士工作站中对手工医疗文书记录简单模拟的状况。

3）医疗管理模式先进

临床信息系统结合了先进的医疗管理思想和管理模式，其中最突出的是诊疗方案和临床路径的采用。临床信息系统引入临床路径（Clinical Path Way）的管理概念。其方法是：根据病人的病种、病情分类，制定出规范化的诊疗方案，落实到每天的医疗活动中，形成规范化的医疗路径；对每个病人，严格按规范实施医疗，对医疗效果及时进行评价、对发生的变更记录原因，定期对变更进行评价并改进医疗过程。

临床信息系统可以对临床路径的管理方法提供很好的支持。选择了临床路径的病人即自动生成每天的医疗活动方案，详细到病人要完成什么检查、化验，进行哪些治疗等；对每天完成的医疗活动进行记录，对医疗效果和病情进展进行评价；对临床路径的变更进行管理，对未按计划完成的活动分析并记录原因，对医疗方案及时作出调整；对临床路径的执行情况提供统计分析，为发现并纠正出现的问题提供信息依据。

4）知识库智能化

当前临床信息系统应用的一个重要特征是发挥计算机的优势，建立各种形式的知识库服务，并且与医嘱系统相联系，帮助医护人员掌握和应用这些知识，提高就诊效率。

3. 子系统

医院临床信息系统也是个综合系统，包括很多个子系统，如医院信息管理系统（Hospital Information System，HIS）、临床管理系统（Clinical Information System，CIS）、医学影像存储与传输管理系统（Picture Arching and Communitation System，PACS）、检验放射科管理系统（Radiation Information System，RIS）、实验室管理系统（Laboratory Information System，LIS）等。

1）电子病历（Electronic Medical Record，EMR）

电子病历是指在医院内全面记录关于病人健康状态、检查结果、治疗过程、诊断结果等信息的电子化的医疗文件。

2）医生工作站（Doctor Work Station，DWS）

医生工作站是指协助临床医生获取信息、处理信息的信息系统。国家卫生和计划生育委员会于2002年颁发“医院信息系统基本功能规范”，增加了医生工作站，并将其作为临床信息系统的构成部分。它将医院医生工作站分为“门诊医生工作站分系统”和“住院医生工作站分系统”。

3）实验室信息管理系统LIS

实验室信息管理系统是指利用计算机技术实现临床实验室的信息采集、存储、处理、传输、查询，并提供分析及诊断支持的计算机软件系统。其中包括临床检验系统、微生物检验系统、试剂管理系统、实验室辅助管理系统等。

4）护理信息系统(Nursing Information System，NIS)

护理信息系统是指利用计算机软硬件技术、网络通信技术，帮助护士对病人信息进行采集、管理，为病人提供全方位护理服务的信息系统。

5）医学图像存储与传输系统PACS

医学图像存储与传输系统是指应用数字成像技术、计算机技术和网络技术，对医学图像进行获取、显示、存储、传送和管理的综合信息系统。

6）放射学信息系统RIS

放射学信息系统是指利用计算机技术，对放射学科室数据信息，包括图片影像信息完成输入、处理、传输、输出自动化的计算机软件系统。

7）临床决策支持系统(Clinical Support Decision Systems，CDSS)

临床决策支持系统是指用人工智能技术对临床医疗工作予以辅助支持的信息系统。它可以根据收集到的病人资料，做出整合型的诊断和医疗意见，提供给临床医务人员参考。专家对CDSS做出更为严谨的定义：根据两项或两项以上的病人数据，主动生成针对具体病例建议的知识系统。

8）手术麻醉监护系统

手术麻醉监护系统包括麻醉深度、呼吸、血压、心肺等参数动态测定和报告。

9）ICU(Intensive Care Unit)监护信息系统

ICU监护信息系统包括对ICU室中的床边监护设备的数据实时采集、传输、存储、与HIS系统的信息共享、与EMR系统的无缝联接等。

10）心电信息系统

心电信息系统包括常规心电图、移动心电图(床边机)、动态心电图、运动心电图、动态血压、食道调搏、心内电生理、心电向量、踏车试验、心室晚电位、心率变异、倾斜试验、晚电位等。

11）脑电信息系统

脑电信息系统包括常规脑电图、脑地型图等。

12）血透中心管理系统

血透中心管理系统包括血液透析过程的数据测定、记录、病情观察、医嘱、LIS报告等。

13）眼视光中心

眼视光中心包括各类眼科检查信息的采集、分析、存储、图文报告等。

14）超声系统

超声系统是指利用彩色多普勒血流成像仪、B超、A超等以超声原理研制的仪器辅助医生诊断疾病的系统。

15）肺功能测定系统

肺功能测定系统是指应用肺功能测定仪对肺容量、通气功能的测定，以及通气功能障碍类型的判断等协助医生测量肺功能的系统。

16）晚电位检测系统

心室晚电位（Ventricular Late Potential，VLP）是心室肌某部的局部电活动在体表记录到的信号，是一种无创伤性检查的新技术，在临床上常常用来筛选和预测急性心肌梗塞（Acute Myocardial Infarction，AMI）是否可能发生室速或室颤。

17）肌电图检测系统

肌电图检测系统包括高性能生物放大器并附皮肤阻抗测量，专业化的主系统设计，可编程的刺激器，高分辨波形监视和打印。

18）内窥镜系统

内窥镜系统包括支气管镜、胃镜、肠镜、膀胱镜等检测系统。

7.3.4　临床业务辅助信息系统

临床业务辅助系统的主要目的是辅助临床医疗活动能够有序、准确地开展，主要是对就医者进行规范引导和管理、对医疗工作和器械进行有序管理和安排，主要包括以下系统。

1. 排队叫号系统

以高科技的计算机技术手段来取代顾客排队，从而解决顾客排队的烦恼，有效地提高医院服务质量。同时可以监控和预计顾客流量,实时掌握服务情况,提供有用管理信息,优化资源组合,提高劳动生产率。可根据不同的客户要求灵活配置该系统。

2. 病房呼叫对讲系统

病房呼叫对讲系统,即医院护理对讲系统,属于安防对讲行业,是一种医院护士站护士与病床病人之间的呼叫、对讲。可以让病人快捷方便地得到护士的服务照顾,也大大改善了医院的服务效率及环境。

3. ICU/CCU 病房探视对讲系统

特护、隔离和监护等无菌病房及严重的传染病房,探视家属是不得入内的,通过该系统可以方便实现探视者与患者之间的交流沟通,极大体现了医院人性化的服务。

4. 信息显示及引导系统

在医院设置 LED 大屏幕、条屏和多媒体触摸查询工作站,病人就诊前就可了解医院发布的最新信息、窗口服务信息、医院简介、服务项目介绍、常用收费标准介绍、科室位置示意图、科室平面示意图、专家特长介绍、专家门诊时间安排表、银行卡使用须知等信息。

5. 远程教学及会诊系统

远程医疗会诊、教学是网络科技与医疗技术结合的产物,包括远程诊断、专家会诊、信息服务、在线检查和远程交流等。

6. RFID 身份识别与定位系统

RFID 智能身份识别管理系统是依托医院无线网络,利用 RFID 识别技术实现对院内各类人员的身份识别与定位,也对医疗设备、药品识别定位;系统可实施院内分区管理,对重要的设备和人员身份进行实时追踪,全面提升医疗质量。

7. 医用气体管理系统

医用气体管理系统主要用于对各手术室、恢复室、病房等医用气体的集中供应进行压力、流量等的安全检测及计量。

8. 手术室综合管理系统

手术室综合管理系统主要是对手术室的空调系统、呼叫系统、手术室监控系统、远程会诊、视教系统进行管理。

7.3.5 医院资源计划系统

医院资源计划系统主要是从企业资源优化配置的角度,来阐述如何使医院的资源得到最大化利用,从而降低成本,提高效益。

1. 系统概述

中国医院信息系统建设往往集中于优化前台医疗管理业务的HIS系统、为医生临床治疗提供支持信息的作业系统(LIS、PACS)、为医生提供规范化标准化辅助临床活动的作业系统(CIS)等系统上。而医院管理者对于医院的经营运作,包括财务管理、成本管理、采购管理、库存管理、资产管理、业绩管理、IT运营管理等方面,信息系统较少涉及。信息技术较少在医院经营管理的高度发挥作用,尤其是一体化的医院资源计划系统(ERP)的建设还没有提到重要的地位。随着医院面临的来自政府、患者、自身的挑战越来越大,医院对管理科学化、规范化、精细化的要求也越来越高,医院迫切需要用一切资源和手段提升医院的管理和创新。

企业资源计划(Enterprise Resource Planning,ERP)的本质,是以系统化的管理思想建立在信息技术基础之上的管理平台。ERP针对管理界、企业界和信息界的不同表达,分别有着它特定的内涵和外延,相应地采用了"ERP管理思想"、"ERP系统"和"ERP软件"三重表述方式。总而言之,ERP是融现代化管理理念、管理流程和信息系统为一体,为成千上万的企业发展和战略转型提供支撑,被证明是确实有效的管理工具。

在医院环境中,医院资源计划系统(Hospital Resource Planning,HRP)能够帮助医院加强管理能力,包括提高组织之间的协调和协作能力,加强资产设备管理,加强物资、医材和药品的库存管理和采购管理,实现预算管理、成本管理,提升绩效管理能力,降低运行成本和减少浪费,提升医院科学管理和科学决策的水平,进而优化医院的流程,提高病患满意度。

医院资源计划系统扮演的角色大致可以分成三个层次:

第一,HRP是带动IT转型的驱动力。由于现有IT系统对业务的支持能力还不高,医院可以通过医院资源计划系统与现有系统的有效整合,使得信息技术对业务提供更强大的支撑能力。

第二,HRP是流程优化的驱动力。医院可以利用医院资源计划系统的实施来改进医院的采购、财务流程，加强医院的成本管理，提升医院的管理效率。

第三，HRP是医院转型的驱动力。真正成功的HRP系统应用能够从战略、流程、人才和技术等多个方面强化医院的优势，提高医院的资源配置能力，从而提高效率，降低成本和不必要的浪费。

实施医院资源计划系统是一个总体规划分步实施的过程，六个关键因素是：

(1) 领导和管理医院的高层领导要具有强烈的管理意图，并参与到系统实施过程中；

(2) 与业务战略相结合，时刻把医院的业务战略与HRP实施结合在一起，从业务战略的角度清晰定义ERP项目实施的深度和广度；

(3) 医院在实施HRP的过程中对组织与文化的建设应与HRP系统实施相协调，这样才能确保实施的效果最大化；

(4) 技术与医院原有系统整合，使用准确的数据；

(5) 严谨有效的项目管理是保证项目成功实施的必要条件；

(6) 医院信任并接受经验丰富的ERP咨询公司的外部支持。

2. 系统结构

医院HRP是一套支持医院整体运营的高度集成的应用系统。它不仅包含着人、财、物的管理，还要集成其他各种应用系统，特别是HIS系统的大量数据。在此基础上构成以成本核算和绩效考评为主要内容的，支持医院整体运营调控的管理平台。

HRP的功能结构从底层到最顶层，分为三大部分，如图7-3所示。

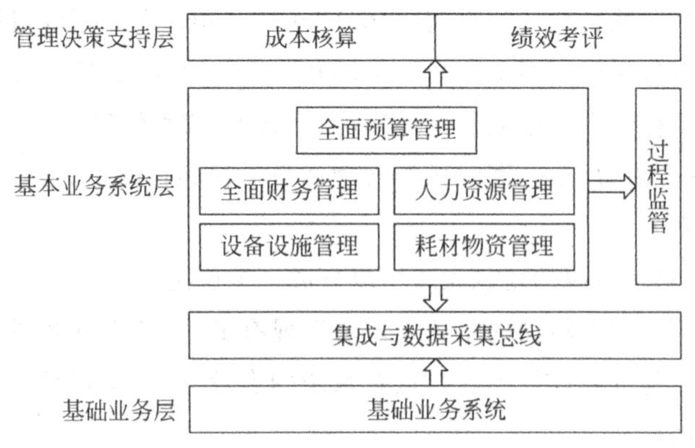

图7-3 医院HRP的功能图

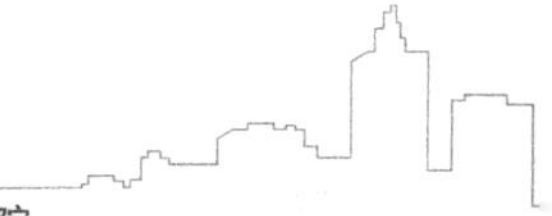

第一部分(最底层),称为基础业务层。它的主体是医疗业务系统(HIS、CIS 等)、教学科研管理系统等具有实体性的业务系统,以及各类直接录入数据的数据采集系统。

第二部分(中间层),称为基本业务系统层。它包括医院人、财、物的管理系统以及过程监管系统。这一层的功能模块是 HRP 的核心,也可称为 HRP 的核心层。

第三部分(最上层),称为管理决策支持层。它的主要功能模块是支持医院不同层级管理调控用的成本核算和综合绩效考评系统。这个系统完全是利用下边两层所产生的数据,按照医院管理者的要求,按照制定好的指标体系和分配权重,经过加工计算,提取出供各级管理者调控用的信息。

医院 HRP 经过全面整合,实现医院各系统之间互联互通、数据共享,构成支持整个医院管理调控的平台。

尽管医疗业务系统是医院里主要的信息系统,但就目前的需求来说,相对于支持整体运营平台建设,它的主要作用是提供患者流转数据、医疗收费数据、药品和医疗物资消耗数据、以及一切与成本绩效有关的数据。所以,仍然把它放在基础业务系统中。当 HIS 系统和 HRP 系统向更高的智能化方向发展时,HIS 和 HRP 之间肯定会产生双向通信。

需要特别提到的是所有职能部门发生的业务数据,凡与财务有关的数据均以资金流的形式传入财务系统,以便在数据准备齐全的基础上,经过加工处理,完成全成本核算和综合绩效考评,构成一个完整的以经济为主线的整体运营管理支撑平台。

3. 系统功能

HRP 系统基本业务层贯彻了“以预算为主线,以财务为核心,贯穿整个医院的人、财、物管理”的指导思想。它的核心子系统包括全面预算管理、财务管理、物资耗材管理、设备设施管理、人力资源管理等五个系统,另加一个过程监管系统。这一层中的功能系统是医院“后台”信息管理的主体。

下面将描述各个子系统的系统功能、有关的业务流及实现思路。

1) 全面预算管理

全面预算管理系统可以实现预算编制、预算控制、预算分析与考核等功能,其重要作用在于对预算的执行控制。控制行为必须详细制定,否则实际运作时,缺乏方向,徒劳无功。预算控制的目的主要有两点:一是保证作业的最终结果与既定预算目标相符合；二是随时向主管者提供有关信息，便于他们及时监督或调整。

在预算编制环节和预算执行环节都进行预算控制。在这一事前控制体系控制之下，使医院“有计划地赚钱，有计划地花钱”，使医院一切经济活动都在领导的掌控之中。

预算编制和预算执行后对每个科室、每个项目的执行结果及时进行分析，以便发现已经出现和可能出现的问题，及时采取措施，保障整体运营平稳。

2）财务管理系统

医院财务管理系统的功能主要包括以下几点。

凭证管理：完成凭证的制定、审核后的录入、凭证过账、自动生成会计账，并提供凭证查询功能。

账簿管理：提供各种账务处理查询筛选的功能，可以按凭证、科目名称、发生金额范围、日期范围等搜索条件进行详细查询。

结账及报表：可用于报表的定义、编制和输出，其中包括试算平衡表、期末结账和资产负债表，并在数据库中生成相应的记录。

统计和汇总：包括门诊和住院收入支出统计查询、科室病房工作量统计查询、物资消耗库存统计、固定资产折旧统计、房屋面积统计等。使每一项统计汇总的关键字段可用于查询，方便用户使用。

资金管理：一是要求，鉴于资金业务比较繁多，系统设计时应将资金部分单独拿出来；二是要求，提供医院与金融机构账务记录的查询功能。

银行对账：每个月底，医院都会收到银行提供的账务单，而医院本身对每一笔银行账都有记录，这样即可将这两份数据进行核对，数据一致就可以完成勾兑，否则，不是银行未达账，就是医院未达账。

系统设置：这是提供给系统管理员的，它的功能主要包括用户密码修改、凭证、摘要、银行编码等数据维护、账户设置、账户初始化并启用新账户。

3）物资管理系统

低值和高值消耗品的管理，包括采购、验收、入出库、库房盘点、价格调整等作业的全过程管理。它们的支出将受预算控制。

低值和高值消耗品的实际消耗，包括数量和对应的费用。在所有 HIS 中均有详细记录，这些数据应该从 HIS 系统中提取，经过转结账处理之后会自动计入财务系统，并计入成本。

对于非医用物品，如果也有相应的管理系统，可按照医用物资的类似方法处理，如果没有对应的管理系统，则将单位、数量和对应费用手工输入，计入财务系统，计入成本。它们的支出同样受预算控制。

4）固定资产管理系统

固定资产管理系统主要包括以下功能。

资产设置：参照国家相关标准，实现固定资产的类别、分组、折旧方式、条码信息、资产档案等全面管理。固定资产包括占用房屋、办公设备、医疗设备等所有固定资产。

资产需求计划审批：包括临床科室固定资产需求计划编写、提交和审批。

资产采购管理：包括资产采购环节的招标、合同、付款方式等。

资产验收入库：设备到货后，对设备进行验收、标签打印、填写入库单、确认入库。

资产变更管理；根据使用情况，对资产的变更进行登记。

资产盘点：对资产进行定期盘点，并对盘盈盘亏进行处理，最好还能支持移动盘点，以提高工作效率。

折旧计提：应该能够支持多种折旧计提方式，能够对公用设备进行折旧分摊处理。

账表：资产的各类账表包括部门构成分析、价值结构分析、类别构成分析、使用情况分析、折旧分析等各种分析报表。

5）人力资源管理系统

人力资源管理系统的功能主要有以下几点。

建立人力资源计划：依据需要建立包含全院的和各基层部门的各级各类人员计划。

人事信息管理模块：本模块用于管理人员的基本信息，包括合同聘用信息。

综合绩效模块：个人绩效同样是体现在多个方面的，包括工作数量、质量、创新、成果以及考勤等信息。个人绩效信息，既可以与各个系统关联完成，也可以将各个系统有关数据采集到一起构成，需要注意的是，个人绩效信息的变化是很频繁的。

学习与创新能力模块：它将记录个人接受培训情况、成果创新情况、论文论著等情况。

奖惩记录模块：它将包括获得的奖励、荣誉称号以及差错事故和各种处分等情况。

此外，人力资源管理系统还包括薪酬福利记录模块、整个资源的统计分析模块等。

第8章 智慧的区域医疗

8.1 智慧的区域医疗概述

8.1.1 我国的公共卫生服务体系

公共卫生服务体系、医疗服务体系、医疗保障体系、药品供应保障体系是我国医疗卫生的基础体系。《国务院关于印发卫生事业发展“十二五”规划的通知》(国发[2012]57号)指出了“十二五”期间我国公共卫生服务体系的主要建设内容及重点建设工程。

1. 我国公共卫生服务体系规划

我国公共卫生服务体系的主要建设内容包括重大疾病防控体系、卫生监督体系、突发公共事件卫生应急体系、妇幼卫生和健康教育能力、采供血服务能力五方面建设内容。

(1) 加强重大疾病防控体系建设。

开展重点疾病监测,加强传染病网络直报系统建设和管理,完善疾病监测系统和信息管理制度;建立覆盖城乡的慢性病防控体系;建立、健全覆盖城乡、功能完善的重性精神疾病管理治疗网络;加强疾病防控实验室检测网络系统建设;建立传染病实验室质量管理体系;落实疾病预防控制机构人员编制,优化人员和设备配置,重点支持中西部地区提高工作能力。

(2) 完善卫生监督体系。

加强基层卫生监督网络建设;加强卫生监督监测能力建设,完善监测网络直报系统;建立、健全食品安全风险监测评估预警、食品安全标准和事故应急处置与调查处理体系;充分利用现有资源,建立比较完整的职业病防治体系,提高防治能力;加强环境卫生、放射卫生、学校卫生、传染病防治、医疗执法等卫生监督能力建设。

(3) 加快突发公共事件卫生应急体系建设。

完善突发公共卫生事件综合监测预警制度，建立风险评估机制；加强国家级、省级紧急医学救援和实验室应急检测能力建设，支持中西部地区加强卫生应急队伍建设，到2015年，形成指挥统一、布局合理、反应灵敏、运转高效、保障有力的突发公共事件卫生应急体系；加强院前急救体系建设，重点提高农村地区急救医疗服务能力。

(4) 加强妇幼卫生和健康教育能力建设。

加强市、县级妇幼保健机构能力建设；建立健全省、市、县三级健康教育工作网络，重点加强省、市级健康教育能力建设，提升乡镇卫生院、社区卫生服务中心健康教育能力，完善健康素养监测体系。

(5) 加强采供血服务能力建设。

完善无偿献血服务体系，加强血站血液安全保障能力建设，积极推进血站核酸检测工作，提高血站实验室检测能力。到2015年，血液筛查核酸检测基本覆盖全国。

建立专业公共卫生机构、城乡基层医疗卫生机构和医院之间分工协作的工作机制，确保信息互通和资源共享，实现防治结合。加强专业公共卫生机构对医院和基层医疗卫生机构开展公共卫生服务的指导、培训和监管。通过多种措施，增强医院公共卫生服务能力，提高公共卫生机构的医疗技术水平。

公共卫生服务体系建设重点工程包括：

- 重大疾病防控体系建设。一是针对严重威胁群众健康的传染病、地方病等重大疾病，加强防控能力建设，支持承担重大疾病防控任务的各级公共卫生机构建设；二是重点加强国家级鼠疫菌毒种保藏中心建设。
- 卫生监督体系建设。支持基层卫生监督机构业务用房建设和基本设备购置；完善饮用水卫生监测网络。
- 农村急救体系建设。改扩建县级急救机构业务用房，配置必要的急救设备和救护车；进一步完善突发公共卫生事件应急救治网络。
- 食品安全风险监测体系建设。为省级、地市级疾病预防控制机构配置实验室检验检测设备。

实施国家基本公共卫生服务项目，扩大项目内容和覆盖面。实施国民健康行动计划，重点做好食品安全(包括餐饮、饮用水卫生)、职业卫生、精神卫生、血液安全、慢性病防控、卫生应急等工作。执行“国民健康行动计划”，主要从防控重大疾病、保障重点人群健康、控制健康危险因素三方面入手。

- 防控重大疾病。重点传染病防控（艾滋病、结核病、乙型肝炎、血吸虫病等）、扩大国家免疫规划、人畜共患病防治、重点地方病防控、重大慢性病防控、精神疾病防治。
- 保障重点人群健康。母婴平安（农村孕产妇住院分娩补助、降低孕产妇死亡率和消除新生儿破伤风项目、出生缺陷综合防控）、农村妇女宫颈癌和乳腺癌检查、农村地区儿童健康改善、农民工健康关爱、职业健康、白内障患者复明、健康学校。
- 控制健康危险因素。突发事件卫生应急、饮用水安全与环境卫生（农村改水改厕、饮用水卫生监测）、医疗质量和安全、食品安全保障（标准制定与跟踪评价，风险监测和评估、事故调查处置能力建设）、全民健康生活方式及健康素养促进、血液供应和安全。

2. 我国公共卫生服务存在的问题

长期以来，我国医疗卫生存在“重医疗，轻预防；重城市，轻农村；重大型医院，轻社区卫生”的倾向。医疗卫生宣传不够，大众形成了一些不良的就医习惯，比如“小病扛，大病慌”的隐忍态度、有毛病喜欢往大医院跑的“大医院病”。但在这些涌向大医院的人群中，有近70%患者的疾病是可以通过社区医疗机构治疗的常见病和多发病。这些导致大部分大医院存在着一些问题和不良现象。主要表现：一是大医院专家科患者候诊时间长；二是医生病例书写潦草，使患者难以辨认；三是只要是看病，医生就会要求患者做各项检查；四是个别医院出现小毛病、大处方；五是导医服务还不够到位，致使患者就医问诊不便等。

然而，在大医院人满为患的情况下，社区卫生服务机构的卫生资源却闲置。因此，需要统筹城乡，发展社区卫生服务，将社区卫生工作作为重点，建立比较完善的、公立的、初级医疗卫生服务体系，加强社区医院人才培养，改变就医诊疗思想和习惯，逐步养成“小病在社区，大病在大医院”、“小病不出村，大病不出县”的就医思路。还需坚持预防为主的方针，加强预防保健，从源头上控制疾病，减少就医需求。另外，社区医疗卫生服务人员配备不到位、积极性不高、人才结构不合理是造成社区医疗卫生资源闲置的根源。要推动社区医疗卫生发展，关键是加强医疗卫生队伍建设，完善社区医疗卫生人员配置工作，定期对社区医卫人员进行培训，推动社区医疗卫生服务规范化。

3. 我国公共卫生服务的发展方向

随着国家深化改革，医药计生体系融入卫生体系，过去的五项业务将增加计划生育这一新业务变成六项业务，两大基础数据库要增加全国人口数据资源库变成三大基础数据库，国家卫生信息化"十二五"规划从"35212"变成"36312"。新的规划具体如下："十二五"期间，我国将重点建设国家级、省级和地市级三级卫生信息平台；加强信息化在公共卫生、医疗服务、计划生育、新农合、基本药物制度、综合管理六项业务中的深入应用；建设电子健康档案、电子病历和全国人口数据资源库三个基础数据库；建设一个医疗卫生信息专用网络；逐步建设信息安全体系和信息标准体系。

在新医改的推动下，我国的医疗服务体系就诊结构正在发生变化（见图 8-1），逐步改变"倒三角"式的医疗卫生体系。在新体系下，社区卫生服务机构将主要承担预防保健职能，向居民提供常见病的治疗和预防，为市民提供经济、便捷的卫生服务；三级三甲医院为主的医院体系的主要职能将是提供诊疗疑难杂症、大病重病的诊疗服务，进行诊疗疑难杂症和大病重病的教学研究、大规划临床试验和医学研究。社区卫生服务体系与医院体系之间由推荐体系为就医者进行合理地分流和疏导。比如，通过双向转诊制，可以将部分病人转移到社区就诊，不但可以有效地减轻大医院的治疗压力，而且也方便了社区居民。

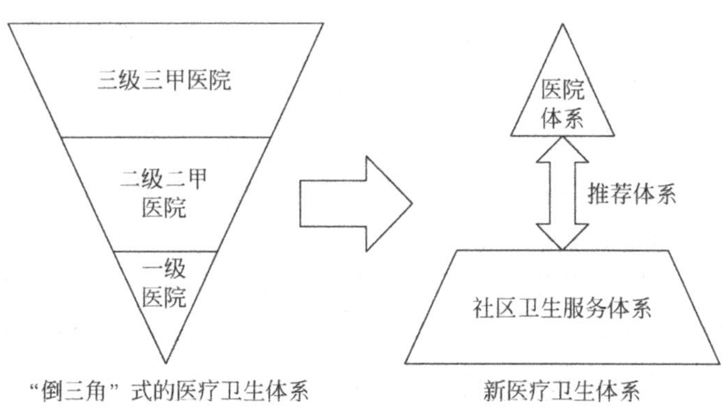

图 8-1　城市医疗体系就诊结构

由此带来的变化：一是社区卫生服务机构数量将快速增长，机构设备和人员素质将得到提高；二是中档医院将出现分化，部分条件较好的医院将会转化为三甲医院，而部分效益差或规模小的医院可能会被转化为社区卫生服务中心或者其他服务机构；

三是高端医院的门诊占有率将逐步下降到50%左右。总体来说，区域内医疗卫生资源将得到优化利用，逐步缓解市民“看病难，看病贵”的问题。

8.1.2 智慧的区域医疗理念

在一个城市新医疗卫生体系的构建中，涌现出了一种具有较强区域特色的新医疗卫生理念。以当地最有影响力的一个医院或者几个医院作为中心医院，与下级区域内所有医院进行连接，共同组成一个医疗共同体，实现医疗信息共享。上级医院可以对下级医院通过远程的方式进行教学，也可以利用专家资源为下级医院提供诊断服务，下级医院可以将疑难病例上传到上级医院，请求提供诊断服务以及治疗方案。病人可以在区域内进行不同医院之间的转诊，且病人在不同医院的病历信息可以根据需要随时调阅辅助对比诊断。这种带有较强区域特色的新理念就是区域医疗。

1. 理念

信息化工具被作为一个非常重要的手段来支持区域范围内的医疗卫生服务，提升区域医疗在医改过程中的重要地位，有效提升整个公共医疗体系。智慧的区域医疗是指围绕“看病难、看病贵、看病烦”等就医问题，遵循以人为本、服务于人的理念，采用新一代信息技术加强卫生防控，加快资源协同调度，优化卫生管理决策，提高卫生资源利用率，实现预防、保健、医疗、康复等相结合的全方位智慧医疗保障和智慧健康管理。立足于从每一位老百姓的诊前、诊中、诊后的就诊过程和社区预防、康复、保健相结合出发，实现全区域各个卫生站点的卫生信息化，为全区老百姓就医提供保障措施，为全区老百姓用药提供安全监护，为全区老百姓提供全面的健康跟踪管理。

智慧的区域医疗的内涵包含如下要点。

- 在信息技术协助下提升医疗服务可及性，实现区域优质医疗资源的整合。智慧医疗将在医疗信息、应用整合与共享技术平台上实现三方面突破，实现城区二、三级医院和社区医疗机构之间的双向转诊、检验信息共享、处方共享、预约医生、预约检查和视频会诊。
- 使“小病在社区、大病进医院、康复回社区”的居民就诊就医模式成为现实，利用信息化成就普及医疗服务的构想，有效提高医疗卫生工作效率和服务质量。
- 从建设和最终应用的角度，围绕政府应用、百姓应用、医护专业人员应用角度进行思考、规划和设计，坚持以人为本、服务于人的理念，倡导老百姓积极参与到区域医疗健康卫生防治相结合的健康管理中。

- 让政府通过卫生资源管理、120 急救调度、卫生应急指挥、决策分析等应用提高管理决策水平、资源调度能力、资源利用效率。
- 加强对公共卫生、医疗服务、计划生育、基本药物制度、基本医疗保障、综合管理的监管，通过提高政府职能部门的业务和信息化利用能力，为医护专业人员和老百姓提供良好的就医环境、就医体验，为开展全民健康跟踪提供有力支持。

2. 目的

智慧的区域医疗的目的是：全面整合医疗卫生相关单位的信息资源，实现公共卫生、医疗服务、行政管理、社区卫生等业务领域的综合应用、信息互通和业务协同，构建立体的社区卫生服务网络体系；建成以区域医疗为中心的健康档案共享体系，强化健康服务网络；形成卫生信息资源共享库，支撑数据分析和领导综合决策；最终在区域内形成智慧的医疗卫生管理服务体系。

智慧的区域医疗以人为本，为政府工作人员、老百姓、医疗专业人员提供不同的应用。

- 政府在卫生管理应用方面重点在于卫生防控加强、资源协同调度加快、卫生管理决策优化、各方面卫生资源利用率提高。
- 老百姓应用方面主要是个人参与、自我管理，让老百姓积极参与全区域医疗健康防治相结合的健康管理。通过加强面向老百姓的区域健康卫生建设，打破原先重区域医疗、轻区域健康的局面。区域医疗还使农村的居民可以享受更快捷、更便利的医疗服务。
- 医护专业人员应用方面重点在于医生技能提高、应用信息化水平提升、有效利用信息系统开展专业业务，便于对老百姓诊前、诊中、诊后的健康跟踪。

3. 区域医疗机构之间的关系

医疗卫生机构主要包括卫生行政机构、公共卫生专业机构、基础卫生服务机构、医疗联盟、相关其他行业五大类。智慧的区域医疗充分发挥了医疗卫生各业务单位的优势，使相互之间关系(见图 8-2)更加明确和效益最大化。公共卫生专业机构、基础卫生服务机构、医疗联盟三者相互协作，卫生行政机构对其进行监督管理。医疗卫生部门还与民政局、计生委、公安局、药监局、医保局进行婚姻、孕产、户籍、社保等信息的对接。

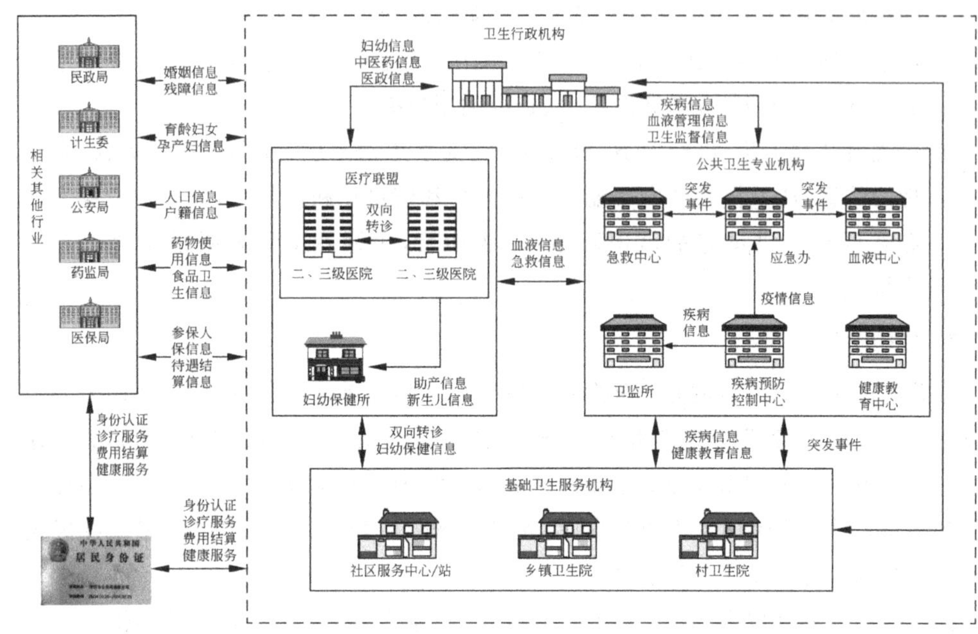

图 8-2　区域医疗机构之间关系

区域医疗机构之间关系的理顺,有助于实现区域医疗,促进基本公共卫生服务逐步均等化,提高医疗卫生业务质量和效率及公共卫生资金分配的合理性;有利于统一和规范各医疗卫生机构信息化,提高卫生行政监督管理能力;有利于区域内医疗资源优化配置,提高卫生决策和应急指挥能力。

区域医疗机构之间的系统主要由接口进行连通(见图 8-3)。主要的接口有与客户端进行对接的服务接口、与管理系统进行对接的管理系统接口、与区域卫生数据中心进行对接的区域卫生接口、与医保农保系统进行对接的农医保接口、与大型医院信息系统对接的斟药目录接口。

4. 智慧的公共卫生管理体系

智慧的公共卫生管理体系针对公共卫生的管理和安全,通过建立强大的公共卫生数据中心和应急指挥系统,构建"听得见、看得着、查得到、控制得住"的指挥枢纽,统一指挥区域内公共突发事件的应急管理;建立强大的卫生监督系统,推动卫生监督执法综合管理的现代化进程。

智慧的公共卫生管理体系利用现代通信技术、计算机应用技术、多媒体技术、GPS

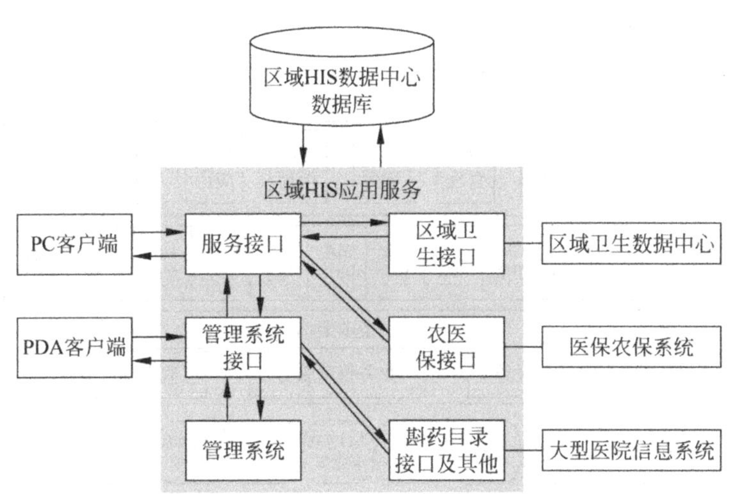

图 8-3 区域卫生平台之间的连接

技术及地理信息技术，整合各类基础资源数据库，建立一套覆盖区域的突发公共卫生事件应急指挥系统。该系统实现对突发公共卫生事件的有效采集、分析、计划、组织、协调和及时的控制等指挥调度功能，面对突发公共卫生事件，提供各种通信和信息服务，提供决策依据和分析手段，以及指挥命令实施部署和监督方法。它能及时、有效地调集各种资源，实施医疗救治工作，减轻突发公共卫生事件对人民健康和生命安全造成的威胁，利用最有效的控制手段和较小的资源投入，将损失控制在最小范围内。

智慧的公共卫生管理建设整体架构(见图 8-4)主要包括技术体系、运行维护与支持体系、安全保障体系三大部分。其中技术体系的建设重点主要由基础设施、数据中心、资源整合、应用支撑层、应用层、综合门户六层组成。

基础设施层基于整个技术架构的最底部，主要提供基础的软硬件环境，有网络及通信基础设施、主机服务器及存储系统、视频会议系统、大屏幕展示系统、操作系统、应用服务器、数据库管理系统。

数据中心汇集了整个公共卫生管理系统的各类数据库，包括模型库、知识库、方法库、预案库、人口基础数据库、灾情数据库、空间信息数据库、基础自编数据库、资源数据库等。

资源整合重点是面向实际应用需求，对数据、应用、业务进行整合，是支撑实际应

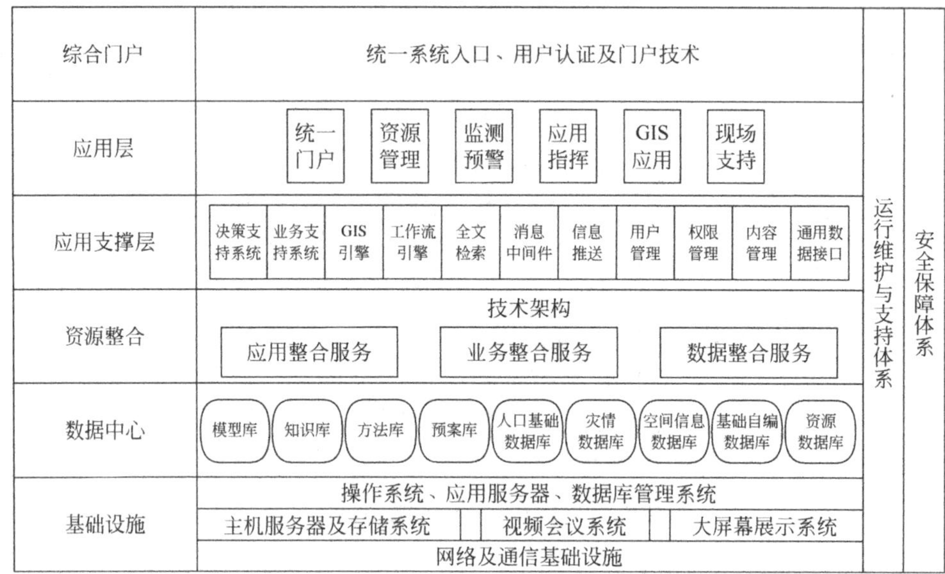

图 8-4　智慧的公共卫生管理建设整体架构图

用服务最核心的能力。

应用支撑层为最终应用服务的实现提供技术支撑，包括决策支持系统、业务支持系统、GIS 引擎、工作流引擎、全文检索、消息中间件、信息推送、用户管理、权限管理、内容管理、通用数据接口等。

应用层是直接面向最终用户提供管理和服务的应用，包括统一门户、资源管理、监测预警、应用指挥、GIS 应用、现场支持等方面。

综合门户是与最终用户直接互动的界面，提供统一系统入口、用户认证及其他门户技术及服务。

8.1.3　智慧的区域医疗建设要点

针对当前存在的主要问题和需要建设的内容，实现区域医疗的建设要点涵盖转变观念、体系创新、医护人员、卫生监管等方面。

(1) 转变观念，从医疗救治为重点过渡到预防保健与医疗救治相结合为重点。

一个人维护正常健康包括健康和医疗两部分，健康卫生更注重自身健康跟踪，医疗卫生更注重医治。当前没有积极倡导进行事前预防、事前保健，一般人发病进行诊

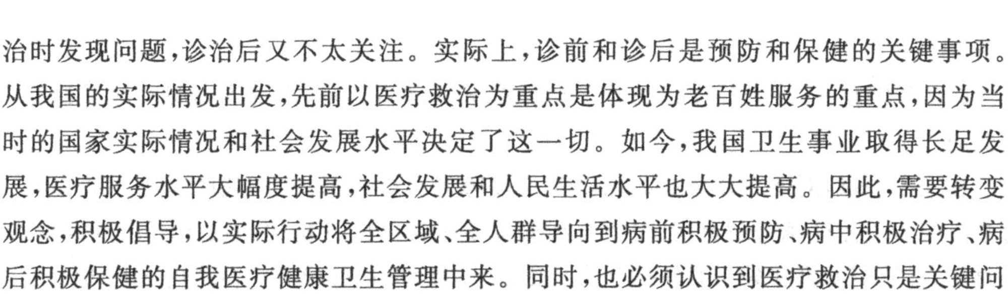

治时发现问题，诊治后又不太关注。实际上，诊前和诊后是预防和保健的关键事项。从我国的实际情况出发，先前以医疗救治为重点是体现为老百姓服务的重点，因为当时的国家实际情况和社会发展水平决定了这一切。如今，我国卫生事业取得长足发展，医疗服务水平大幅度提高，社会发展和人民生活水平也大大提高。因此，需要转变观念，积极倡导，以实际行动将全区域、全人群导向到病前积极预防、病中积极治疗、病后积极保健的自我医疗健康卫生管理中来。同时，也必须认识到医疗救治只是关键问题之一，还需要强调预防保健等健康管理，将面向老百姓的健康管理导入老百姓生活中，让老百姓重视起来，参与进来。

(2) 融合创新，建立居民自我健康跟踪和医生健康跟踪相结合的区域健康卫生管理体系。

区域卫生信息化方面的创新离不开已存在的信息化基础，没有现在的基础也就没有所谓的创新。当前，在医疗救治偏重的情况下，需要融合现有的区域卫生信息建设成果，深入分析进行创新、完善和优化，提高和深化区域卫生健康管理体系，建立一个人人都可参与、人人都受益的自我健康跟踪管理体系。需要通过积极倡导，与社区家庭医生健康管理相结合，引导老百姓注重自身健康管理。全区域老百姓通过自我健康管理跟踪，进行自我健康体检、健康体检预约、健康分析评估、自助健康体检、用药等健康提醒、健康档案查询等跟踪自身的健康状况。

(3) 转换角度，建立医护专业人员专业技能提高、应用信息化水平提升的区域医疗卫生体系。

当前，从整个区域医疗体系发展来看，区域卫生信息化最薄弱的环节并不是信息化水平不足或技术储备不足，而是对最终需要为谁服务、由谁来提供服务、由谁来服务的认识不足。而卫生信息化最终服务的对象是老百姓，大部分医疗健康服务由政府主导来提供服务，由医护专业人员将专业技能通过信息化手段更好、更快地为老百姓服务。区域医疗应该以人为本地设计信息化系统，减轻医生操作负担，提高业务应用能力，帮助进行辅助诊断，帮助相关医护人员为老百姓提供更好的医治服务，建立更加融洽的医患关系。比如，医生在诊治过程中，利用信息化手段，对用药是否合理、近期是否有过检查、抗生素是否超标、健康指导、医疗知识库等，进行医疗过程的监控，帮助医生进行医疗质量控制，也帮助医生进行知识学习和技能提高。通过转诊系统等，可以实现通过医疗机构之间的协同来帮助老百姓享受到优质的医疗服务，还可以通过区域性的优质资源共享来帮助基层医生进行诊治，优化医院与基层卫生的资源共享。

(4) 深化监管，以提升政府卫生管理决策、资源调度协同、高资源利用率的辅助管理能力。

在卫生领域，对老百姓最好的保障就是保障老百姓就医安全，就医安心。现代人对个人健康关注度越来越重视，希望得到有优质资源的医疗机构的服务，今后很长一段时间，优质资源都将处于紧缺的状态。因此，需要细分、细化整个城市的医疗卫生监管，规范医疗设备更新换代。通过卫生资源事前、事中、事后的监管，充分利用卫生资源，为体系内的基层卫生提供医疗资源帮助，提升医疗卫生决策科学性，有效调度和协同医疗资源。

(5) 做好信息化管理，建立标准规范的管理办法，使区域卫生信息平台高效运行。

由于医疗卫生行业自身的特殊性，信息化效用难以衡量，有些标准规范过于细致而不便推广应用，区域卫生信息平台建设方面标准规范始终难于统一并应用到卫生的各个行业。同时，运营维护区域卫生信息平台的监督主体、指导主体、信息校对主体、信息采集主体等问题尚无一个信息管理办法进行规范，导致数据信息采集的失真度加大、信息泄露风险提高、资源浪费严重。因此，要以为民、惠民为根本，做好信息化管理，建立标准规范的管理办法，让医疗喜欢采用，让百姓得到实惠，有效解决老百姓“看病难、看病贵、看病烦”的问题。

(6) 探索与创新，探索区域卫生信息化可运营内容，建立可持续可运营创新模式。

区域卫生信息化建设是一个世界性难题。建立科学可持续发展的可运营模式越来越受各地政府部门的关注。从整个城市来考虑，可以集中资源，快速推进，让老百姓尽快得到实惠。但要可持续发展，建立可运营的创新模式，需要三方面持续探索和推进。从政府自身职能考虑，对事关老百姓的核心公共卫生服务，需要由政府投资建设，从而保障基础性的公共卫生服务。对可运营并给老百姓带来实惠的，可以在政府部门监督下由运营集成商进行运营和管理。对部分可运营但涉及各方面关系的，可以在政府部门主导下，结合集成商进行运营建设和管理。

(7) 引用先进技术，优化资源，加快推进区域卫生信息化建设。

利用先进的技术理念，按需所取的技术支撑，为各方面集中式建设区域卫生信息平台提供了良好的条件，为解决本身卫生领域信息化管理水平低、难维护运营提供了有效措施。同时，互联网、移动互联网、物联网的发展，使信息化深入到每个角落，在卫生应用领域有更多的信息手段可以为老百姓提供安全、可靠的医疗健康卫生服务。另外，利用信息化的优势，可以在不同区域、不同领域使资源得到进一步的优化利用，提高了医疗资源的利用率，进一步完善了城市级医疗功能。在区域卫生信息化过程中，引入先进技术，优化医疗卫生资源，可加速和提升城市整体区域卫生信息化建设，使城市医疗功能面向全区域老百姓提供诊前、诊中、诊后更快更有效的服务。

8.1.4　区域卫生信息平台之间的关系

从城市级来看，区域卫生信息平台处于中心位置(见图 8-5)，上与省级卫生信息平台对接，通向国家级卫生信息平台；下连区县级卫生信息平台，直达社区卫生站、村卫生室等基层医疗机构信息系统；横向与医疗机构信息平台、健康管理跟踪平台对接。

在构建城市级区域卫生平台的时候，需要着重考虑以下三个方面。

1. 理顺建设自身主体

整体区域卫生信息平台建设自身主体包括面向市内各区域、各医疗机构之间进行信息共享、交换、协同的市级区域卫生信息平台；面向老百姓进行自我健康管理、健康咨询的健康管理跟踪平台；面向基层医疗机构整合区域卫生信息化建设的区县级卫生信息平台；面向市级医疗机构进行内部信息整合与外部信息互通的市级医疗机构卫生信息平台；面向上级平台及与横向相关业务对接的对外服务。

2. 应用要从百姓出发

区域卫生信息化平台建设，目的是保障老百姓的医疗健康卫生。医疗健康卫生是城市功能的一部分，是必需品，是为了保障老百姓的生活更加安康。提倡百姓健康生活，全员全人群的健康卫生需要从诊前、诊中、诊后全过程和体检前、体检中、体检后相结合来分析。老百姓在诊前和体检前就可进行健康咨询、预约就诊、预约体检、远程咨询等。对一些轻微病症可以进行自我诊断和远程诊断相结合，排除病症并能得到有效的治疗。在诊中和体检中可以对问诊记录、诊断记录、检查记录、输液记录、用药记录、体检记录等何时开始、情况如何、何时结束等状态进行全程跟踪和监管，保障全城老百姓诊疗和用药等安全。在诊后和体检后可以通过自身的健康管理跟踪和社区家庭医生跟踪，进行健康监测、健康查询、健康分析评估等。

3. 加强政府监管职能

区域卫生信息化建设，由政府主导，有效运行靠政府监管。政府通过资源的事前、

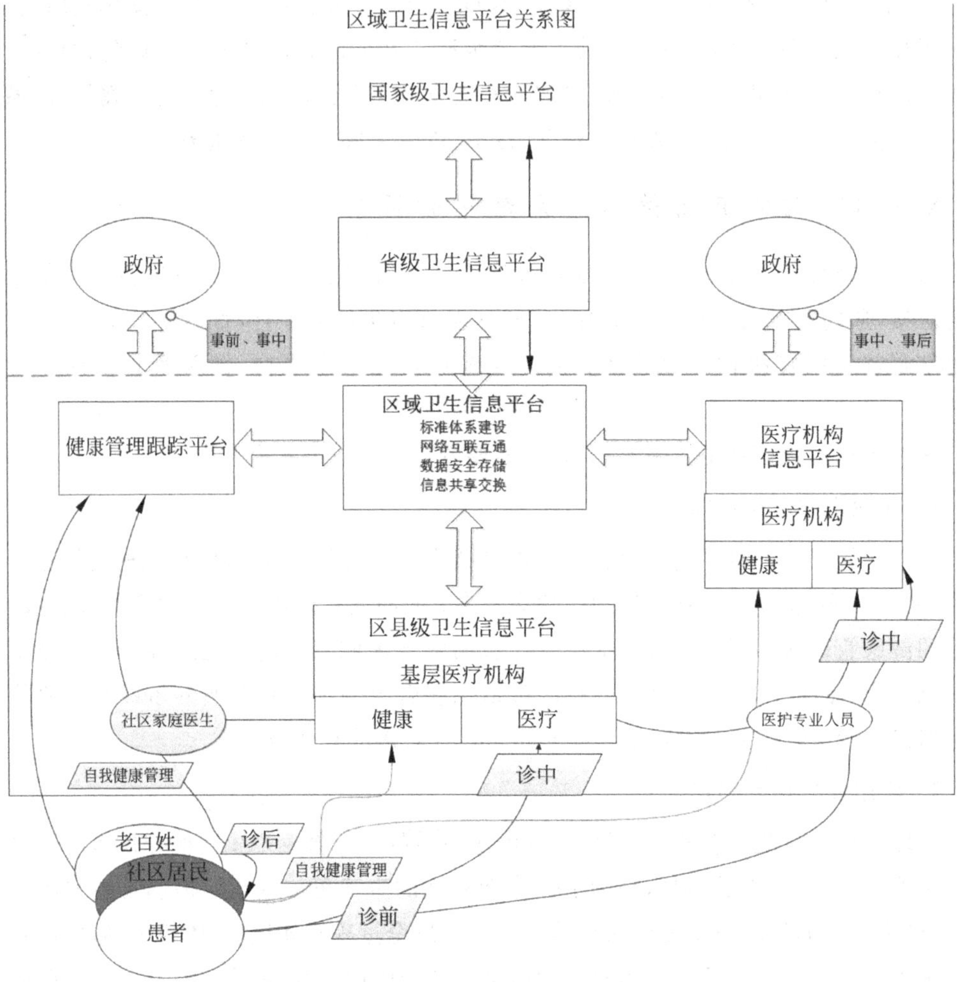

图 8-5　区域卫生平台之间的关系

事中、事后闭环监管的保障措施，保障卫生资源得到最合理的应用。卫生资源利用的好坏、利用率的高低直接影响到整个城市的医疗健康卫生的质量。建立区域医疗资源协同和信息共享，当基层医院医生对检查、疾病等诊断能力不足时，可通过信息平台进行资源共享，让有能力的医院医生进行诊治。建立区域卫生资源管理和监督，对基层医院设备资源落后的问题，可以将大医院更新换代后的设备进行回购和调配，有效规范医疗设备资源的采购、维修、回购等过程并对之进行监管。

8.2 智慧医疗大数据云平台

8.2.1 智慧医疗大数据云平台概述

智慧的区域医疗建设主要围绕智慧医疗大数据云平台及配套基础系统优化。智慧医疗大数据云平台从建设和最终应用的角度，围绕政府应用、百姓应用、医护专业人员应用角度进行思考、规划和设计。坚持以人为本、服务于人的理念，倡导老百姓积极参与到区域医疗健康卫生防治相结合的健康管理中。让政府通过卫生资源管理、120急救调度、卫生应急指挥、决策分析等来提高管理决策水平、资源调度能力、资源利用效率，加强对公共卫生、医疗服务、计划生育、基本药物制度、基本医疗保障、综合管理的监管。通过提高政府职能部门的业务和信息化利用能力，为医护专业人员和老百姓提供良好的就医环境、就医体验，为开展全民健康跟踪提供有力支持。

智慧医疗大数据云平台应用云计算新技术，建设资源易整合、基础设施易扩展、系统易维护的系统平台，充分利用资源，节省建设成本。主要包括基础设施、云融合平台、云数据中心、云应用(见图 8-6)。本章将在后文详细介绍医疗卫生数据中心、医疗云融合平台。

1. 基础设施

基础设施建设的主要内容为网络与硬件平台，是整个云平台保持高效运行的通道，是整个体系的保障和基础。通过云计算可以集中管理的方式对硬件进行统一管理，易于维护、节省资源、便于监督管理，解决之前信息化建设过程中资源不能充分利用的问题，便于医疗大数据生产、转换、深加工。

2. 云融合平台

云融合平台主要为各个医疗机构之间提供统一的数据标准，便于大数据采集，使数据共享、交换、协同能融合处理，使信息可以快速地转换利用。它包括各个 POS 端的接入系统、企业总线系统、服务应用系统、数据字典、平台监控、MPI 管理等功能。

3. 云数据中心

云数据中心是整个医疗大数据云平台的核心内容之一，包括人口信息库、EHR库、EMR 库、索引库，是整个医疗大数据中心。基层医疗数据中心，主要为基层医院

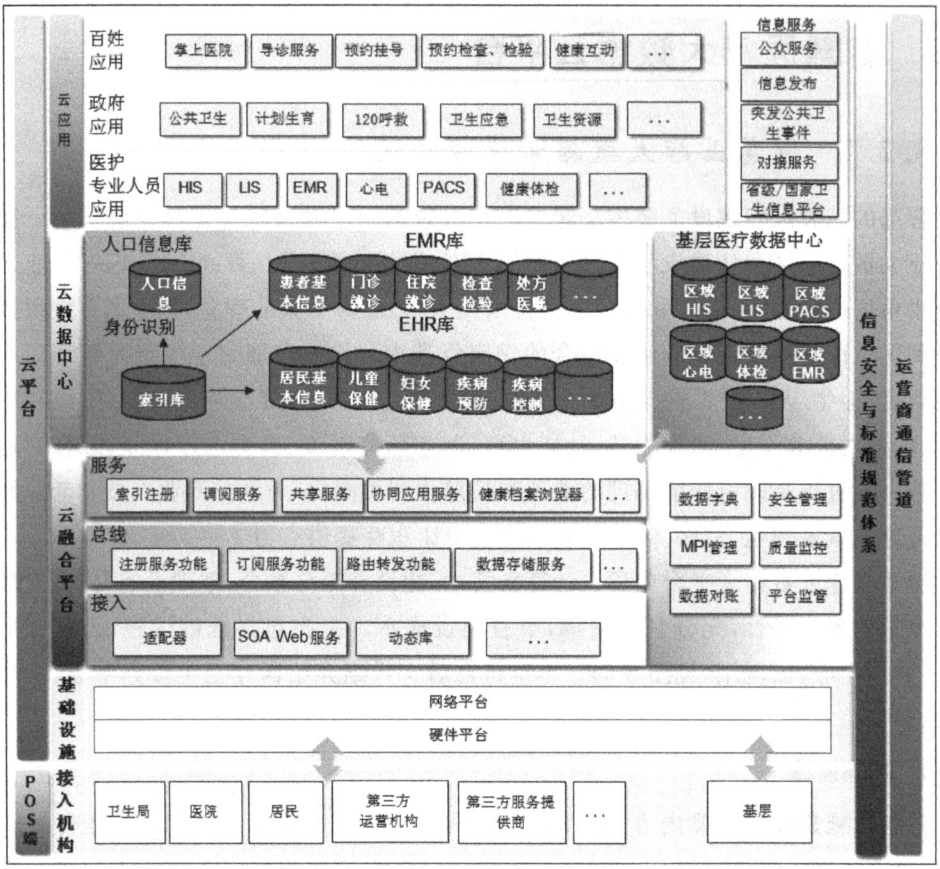

云平台
云应用
百姓应用
掌上医院
导诊服务
预约挂号
预约检查、检验
健康互动
…
政府应用
公共卫生
计划生育
120呼救
卫生应急
卫生资源
…
医护专业人员应用
HIS
LIS
EMR
心电
PACS
健康体检
…
信息服务
公众服务
信息发布
突发公共卫生事件
对接服务
省级/国家卫生信息平台
云数据中心
人口信息库
人口信息
身份识别
索引库
EMR库
患者基本信息
门诊就诊
住院就诊
检查检验
处方医嘱
…
EHR库
居民基本信息
儿童保健
妇女保健
疾病预防
疾病控制
…
基层医疗数据中心
区域HIS
区域LIS
区域PACS
区域心电
区域体检
区域EMR
…
云融合平台
服务
索引注册
调阅服务
共享服务
协同应用服务
健康档案浏览器
…
总线
注册服务功能
订阅服务功能
路由转发功能
数据存储服务
…
接入
适配器
SOA Web服务
动态库
…
数据字典
安全管理
MPI管理
质量监控
数据对账
平台监管
基础设施
网络平台
硬件平台
POS端
接入机构
卫生局
医院
居民
第三方运营机构
第三方服务提供商
…
基层
信息安全与标准规范体系
运营商通信管道

图 8-6　智慧医疗大数据云平台规划图

信息系统存储数据，包括 HIS、PACS、LIS 等。

4. 云应用

云应用主要包括智慧健康网应用、核心公共卫生服务、信息发布、基层医院应用系统等。

智慧医疗大数据云平台的运行，还需要以下系统的支撑。

1）居民健康卡

居民健康卡是解决区域内患者唯一身份识别问题的介质，便于区域内快速建立患者主索引，为区域内各个医疗机构提供快捷的主索引服务。在保障数据安全与隐私的条件下，居民健康卡应用功能主要有卡管理功能、患者/公众服务应用、医护人员服务应用、自助服务应用、费用结算功能。

2）基层医院信息集成平台

基层医院信息集成平台遵循信息共享、业务协同和统一管理的理念，采用先进成熟的系统架构和开发工具，实现了卫生局(及相关条块部门)、中小型医院和患者基于公共网络的互动和协调，实时完成区域内跨医院医疗业务各数据的统计分析，提高了决策支持数据的及时性和准确性。主要内容包括基层医院 HIS、区域 LIS、区域 PACS、区域心电、区域消毒中心、区域病理中心、区域远程医疗、区域健康体检、区域慢性病管理、基层医院机构与个人绩效管理、区域卫生统计决策分析等。

3）健康档案浏览器

区域居民健康档案涵盖居民从出生到死亡整个生命周期的健康记录，包括基础信息以及医疗、预防、保健、康复、健教和计划生育技术服务等方面的健康档案信息。建设区域居民健康档案，逐步实现“多档合一”，体现预防为主的方针，实现健康档案与临床信息的一体化。基于健康档案共享，实现一个人从出生到死亡的所有健康记录的集成。实现后无须纸质病历，并实现检查、检验结果的共享。

4）核心公共卫生服务

建设核心公共卫生服务，即卫生应急、计划生育、医疗服务、医疗保障、药品管理、公共卫生、综合管理。

5）智慧健康网

智慧健康网是基于云端的设计思路，采用最新的无线技术、物联网技术、移动互联网技术和个人健康管理相结合开展的健康信息管理，是一个面向群众的基于互联网、移动互联网应用的智慧健康信息平台。主要功能包括：

- 提供导诊服务功能——掌上医院、药品及药店信息查询、预约等功能。
- 提供智慧诊疗功能——社区家庭医生网上签约、诊间服务、双向转诊、远程咨询等功能。
- 提供查询服务功能——提供检验、检查、医学知识、药品物流配送等查询服务。
- 提供在线商城功能——基于支付宝的第三方支付模式，提供个性化健康管理服务的订购形式，提供健康监测、远程救护等智慧养老服务，提供可穿戴设备的健康监测服务等功能。

8.2.2 医疗卫生数据中心

医疗卫生数据中心建设主要是数据存储。数据存储有集中式存储、分布式存储、联邦式存储。一般采用最符合实际情况的联邦式存储，减轻数据中心压力，提高利用效率。医疗卫生数据中心的数据库建设主要包括三大基础库、索引库、基层医疗数据库、居民健康跟踪库、卫生管理库数据库。

1. 三大基础库

三大基础库包括人口信息数据库、电子健康档案数据库和电子病历数据库。

全员人口信息数据库实现全员人口信息的实时动态管理，为促进人口与经济社会、资源环境全面协调可持续发展提供决策依据。数据内容包括家庭成员信息、人口基本情况信息等。

居民电子健康档案数据库建设，可以支撑区域内基层卫生计生机构间信息动态共享及业务协同，提升公共卫生和基层医疗卫生应用服务水平，满足居民个人健康档案信息查询，增强自我保健和健康管理能力，提高全民健康水平。数据内容包括基础档案、慢性病管理、妇幼保健、健康体检、老人保健、出生证、死亡登记等信息。

电子病历数据库是以电子病历为核心，实现医院内部信息资源整合和共享，提高医疗服务效率和质量，加强公立医院行为监管，体现公益性。通过云融合平台实现居民基本健康信息和检查检验结果、医学影像、用药记录等的医疗机构之间信息共享，实现区域内居民电子健康档案与电子病历的实时动态更新，提高数据质量。数据内容包括门诊患者基本信息、住院患者基本信息、检查检验信息、处方医嘱信息、手术治疗信息、挂号收费信息等。

全员人口信息、电子健康档案和电子病历三大数据库相对独立又相互关联，在确保三大数据库基本信息的一致性、准确性、完整性，避免多头重复采集的基础上，对外授权实现部门信息共享，对内有效提升临床和基础医学科学研究水平，实现信息资源综合开发利用和信息共享，支撑人口健康战略决策和精细化服务管理。

2. 索引库

索引库以健康档案索引为核心，建立全面掌握区域卫生信息平台所有关于个人的健康信息事件，包括居民何时、何地、接受过何种医疗服务，并产生了哪些文档。健康档案索引包括健康事件信息和文档目录信息。健康事件信息包括时间、地点、健康事件名称等；文档目录信息包括临床文档、预防保健文档等。

索引库主要包括居民索引、医务人员索引、文档目录索引。建立居民索引，主要实现以唯一身份识别为机制建立居民唯一索引，实现以人为中心的存储，实现居民个人一卡通及一人多卡功能。建立医务人员索引，主要实现对医务人员在区域内的医疗活动进行识别和关联、实现调阅权限和隐私信息的控制以及为绩效考核做准备。文档目录索引主要是根据居民索引对文档目录信息做快速准确的定位。

3. 基层医疗数据库

基层医疗云数据中心主要面向基层卫生业务，实现数据集中部署、统一管理。基层医疗云数据中心的信息可通过云融合平台实现与三大基础库的交互、区域内不同医疗服务机构之间的交互。基层医疗云数据中心包括内容有区域 HIS、区域 LIS、区域 PACS、区域心电、区域消毒中心、区域体检、区域 EMR 等。

4. 居民健康跟踪库

在区域卫生数据中心建设中，全区域居民健康跟踪库详细记录了居民自身健康管理跟踪的数据，记录居民病前何时开始感冒发烧、用了什么药、进行何种治疗、康复结果如何等数据。居民健康跟踪库详细记录围绕居民自身健康进行的病前自我健康预防、保健、健康咨询，病中积极进行医疗救治、配合医生进行治疗，病后进行康复、健康监测等信息。同时，居民可通过居民健康自我跟踪，对数据库中需要开放的数据进行维护，根据自身的需要设置何时在哪个医疗机构进行了哪些诊疗是否开放的权限管理。因此居民健康跟踪数据库包括个人基本资料库、实名认证信息库、诚信档案库、健康监测库、健康档案库、药品信息查询库、疾病知识库、在线商城等数据库内容。

5. 卫生管理库数据库

区域卫生数据中心卫生管理库是为政府职能部门存储与数据统计、决策分析、业务协同相关的信息。卫生管理库的一部分数据从居民健康跟踪库、电子病历库、电子健康档案库、人口信息库中筛选过来，还有一部分数据通过业务协同和数据上报集中上来。卫生管理数据库主要为政府职能部门提供业务监管、决策分析、资源调度协同和监管等功能，提供数据挖掘分析的数据来源，是制定卫生指标管理体系的数据元库。

8.2.3 医疗云融合平台

医疗云融合平台进一步推进区域卫生信息数据的深化应用，基于卫生数据中心，扩展健康档案数据交换平台，建立共享平台，实现与本市范围内省市级医院以居民健康记录为核心的采集，构建居民全程健康档案，并在此基础上形成对联网范围内信息的共享和业务协同，形成面向卫生决策者的业务监管。

医疗云融合平台主要将区县级医院、基层医院等各个医疗机构数据进行融合共享，打破区域内山头林立的业务不能充分利用的局面。其主要内容包括平台服务、平台总线、平台接入。云融合平台以云计算为基础，基于区域互联互通实现信息共享；云融合平台基于企业总线机制，实现统一身份识别、统一接口接入；云融合平台通过统一标准规范对各类系统数据信息交换、共享进行规范；同时，云融合平台为市级医疗机构、区县级卫生信息平台、省级信息平台提供数据共享和数据交换支持。基于云融合平台从而实现面向医院、医生、护士、居民提供档案调阅、电子病历共享、移动查询、预约诊疗、健康互动等功能。

1. 信息共享交换

区域卫生信息平台，采用异构性最强、传输量最小的数据交换方式进行信息共享与交换。区域卫生信息共享与交换主要包括数据字典、安全管理、平台应用服务、平台总线服务、平台接入、健康档案共享。

1）平台应用服务

平台应用服务包括注册服务、存储服务、调阅服务、共享与协同服务。

注册服务实现平台的基础应用是整个平台建设的必要条件。注册服务包括对个人、医疗卫生人员、医疗卫生机构、医疗卫生术语的注册管理服务以及个人主索引、医疗卫生术语和字典注册服务等。系统对这些实体提供唯一的标识。

云融合平台数据存储服务是一系列存储库，用于融合数据库、基层医疗数据中心库等。核心的存储库分为全人口信息库、健康档案库、电子病历库、索引库；核心存储库存放了融合数据，提供数据共享、协同应用、统计分析等服务。基层医疗数据中心库包括区域 HIS、区域心电、区域 LIS、区域 PACS、区域消毒中心等业务数据中心库，提供各个应用系统的数据集中存储服务。

调阅服务提供以个人健康档案为核心的内容信息调阅。调阅可以是一份完整的从出生到死亡的健康档案记录，也可以按时间段或按专项内容调阅。根据不同的场景可以定制不同的调阅级别设置，如需要调阅患者的检验信息则调阅服务只要提供患者基本信息和检验信息即可。调阅服务最终得到的数据以一定的方式展现，也属于共享服务的一种体现形式。

医疗卫生信息共享和协同服务基于健康档案存储服务，提供医疗卫生机构之间的信息共享服务和业务协同服务。根据健康档案信息的分类和服务需要，医疗卫生信息共享和协同服务分为七个域：个人基本信息域、主要疾病和健康问题摘要域、儿童保健域、妇女保健域、疾病控制域、疾病管理域以及医疗服务域。这些域又可以进一步细分为若干个子域，例如，医疗服务域可以分为诊断信息域、药品处方域、临床检验域、医学影像域。

2）平台总线服务

数据交换服务总线ESB是整个区域卫生信息平台的技术核心，ESB通常采用面向服务的体系结构。该服务保证在一个异构的环境中实现信息的稳定、可靠传输，屏蔽掉用户实际中的硬件层、操作系统层、网络层等相对复杂、烦琐的界面，为用户提供一个统一的、标准的信息通道，保证用户的逻辑应用和这些底层平台没有任何关系，最大限度地提高用户应用的可移植性、可扩充性和可靠性。提供一个基于应用总线的先进应用整合理念，最大限度地减少应用系统互联所面临的复杂性。系统的实现维护都相对简单，保证每一个应用系统的更新和修改都能够实时地实现；同时当新的应用系统出现时能够简便地纳入到整个IT环境当中，与其他的应用系统相互协作，共同为用户提供服务。

3）平台接入

平台接入按技术实现分为适配器、动态库、基于SOA的Web服务三种方式。平台接入按内容可分为注册接入、数据共享接入、协同应用接入三种方式。平台接入按部署方式可分为集中式云中心接入、分布式前置机接入、混合接入三种方式。

4）数据字典

数据字典主要包括机构代码设置、行政代码设置、诊疗科目设置、公用业务字典、药品代码目录等。公用业务字典遵循GB/T等国家标准，遵循《卫生信息基本数据集编制规范》、“医疗机构诊疗科目名录”、地方“医疗机构诊疗科目名录”、“2012国家最新基本药品目录(2012版)”等统一规范。

5）安全管理

安全管理主要包括用户资料、用户岗位设置、医务人员资料、在线访问分析、用户MAC绑定、调阅授权。

用户资料主要对用户信息进行增删改查，对用户分配岗位。用户基本信息包括登录名、密码、用户姓名、性别(此部分信息可以从医务人员资料中获取)、服务机构、用户类别、有效开始日期、有效结束日期、显示顺序。

用户岗位设置主要对用户岗位进行增删改查,对岗位分配工作职能。

医务人员资料主要对用户的姓名、性别、年龄、身份证、工作单位、所在科室以及职业、文化程度等进行维护。

在线访问分析提供对在线连接用户的实时监控功能,提供分时段(分钟)实时连接数、用户数、访问量图表展示。

用户 MAC 绑定实现 MAC 地址绑定登录功能,整合 MAC 地址白名单、黑名单功能,阻止非法侵入,确保系统安全。

调阅授权默认为可调阅居民所有的信息。当居民设置相关开放的权限后,医务人员只能查看居民开放的档案信息。

6) MPI 管理

MPI 管理主要包括 MPI 检索服务、注册新人服务、更新个人信息服务、MPI 合并服务、MPI 注销服务、MPI 拆分服务。

MPI 检索服务是根据身份证号、姓名、手机号码等部分信息查找个人,根据所有符合要求的个人信息返回个人 ID。

注册新人服务是当上传个人信息中包含身份证号,且无法根据该身份证号在系统中检索到个人信息时,系统立刻完成注册新人服务,生成 MPI;当上传个人信息中不包含身份证号时,系统立刻完成注册新人服务,生成 MPI,并调用 MPI 合并服务。

更新个人信息服务是根据个人 ID 更新其他个人基础信息。

MPI 合并服务是为支持 MPI 的合并。MPI 记录中包含个人身份匹配度、主 MPI 两个字段。当上传个人信息中包含身份证号,且根据该身份证号、姓名可以在系统中检索到个人信息时,系统自动完成 MPI 合并。当上传个人信息中不包含身份证号,或包含身份证号但姓名不同时,系统在完成注册新人服务后,首先根据姓名、性别进行检索。如果检索出的数据中有带身份证的记录,再根据模糊身份匹配算法,依据出生日期、户口地址、手机号等 MPI 要素,计算上传信息与带身份证记录的匹配度,并将带身份证记录的 MPI 作为主 MPI 保存。

MPI 注销服务是当该居民死亡后,系统提供 MPI 注销,使其 MPI 进入注销状态;或者在居民年龄达到 150 岁后,系统自动注销 MPI。进入注销状态的 MPI,其相关医疗卫生服务活动文档、公共卫生服务活动文档将从主数据库中迁移。

MPI拆分服务是当发现进行合并的MPI、卡介质实际不属于同一个人时，可以把不属于同一个人的MPI、卡介质从其中拆分出去。

7）平台监管

平台监管是区域卫生信息平台的重要一环，是实现平台有效运行的管理工具。它指对市级平台、区县级各平台自身的运营进行监管。平台监管包含两部分内容。

（1）平台自身的运行监控。

运行监控是对平台何时启动、是否正常运行、何时终止等运行过程实现实时监控并记录，并对紧急故障情况实现报警。主要包括企业总线监控、平台应用服务监控、数据存储监控等。

（2）基于平台应用的业务监控。

业务监控是对平台接入注册的内容进行记录，对注册了什么内容、何时注册、注册是否成功等进行全程的记录和监控。主要内容包括注册服务内容监控、共享与协同内容监控、MPI合并拆分监控等。

2. 数据安全存储

区域卫生信息平台数据存储是整个平台建设的核心，是整个区域卫生信息平台的心脏。数据中心最重要的内容就是存储个人的健康档案，存储一个人从出生至死亡的所有医疗健康卫生记录。全区域全人群全生命周期健康管理，不仅数据信息量大，而且对存储要求较高，涉及的都是个人健康信息，私密性强，因此对数据各个流转和存储环节都需要有极高的要求。数据中心一般可分为健康档案数据、电子病历数据、人口信息数据、索引信息数据、公用字典及机构、医护人员数据、管理数据等。

对市级存储要求实现索引存储，记录全区域的个人健康数据索引，标记每个健康记录在哪里产生、存储在哪里、需要从哪里去获取数据。各个区县级平台通过向市级平台注册个人索引，记录唯一的索引标识，为实现信息的路由、整合提供支持。整个区域卫生信息平台实现逻辑分布式存储，减轻市级平台的压力，使市级平台专注于数据共享交换和协同，使平台工作效率提升。

区域卫生信息平台，数据安全中重要的功能是实现质量监控。质量监控包括数据量检查、质量校验、数据分析、质量改进。

数据量检查是根据数据自动对账报警，监控实际采集的数据量与上报的数据量是否一致。

质量校验是审核错误日志、每日例检、重传和补传、业务逻辑质量校验。

数据分析是针对数据对账、质量校验发现的问题进行统计整理，对产生问题的原因进行分析，可以对上传率、日志发现率、每日例检率、重传补传率、业务逻辑错误率等指标进行分析。

质量改进是及时驱动业务系统或相关人员整改数据异常，跟进改进情况，从而提升质量。

3. 数据采集

区域卫生信息平台数据采集作为区域卫生平台前端，主要以标准的数据采集规范为指导，完成对区域卫生平台内医院、基层卫生服务机构、公共卫生服务机构的数据采集、转换、校验、打包并推送至平台中心。主要功能包括接入机构注册、患者注册、术语维护、数据抽取、数据转换、数据打包校验及上传、前置机参数设置、日志管理等。数据采集的范围一般包括医疗业务数据、公共卫生业务数据、业务管理数据。一个人的医疗健康数据分布于不同的各个医疗机构节点。根据全生命周期的管理模式，通过对当前和生命周期的分析，可以在几个关键节点上进行优先数据采集，使采集的数据最大程度地得到利用。

全生命周期健康信息可以从以下几个关键点过程进行采集。

(1) 出生分娩阶段，可以在分娩医院或出生证领取阶段建立出生档案。

(2) 3岁以前阶段，可以在社区儿童保健阶段进行儿童保健档案的建立。

(3) 入园或入学后，可以通过学校组织学生进行学生体检采集信息。

(4) 参加工作后，此年龄段人群从发病因素上理解相对较少，同时此阶段对个人信息隐私比较重视，可以通过医院医疗数据的部分采集来完成最难年龄段的数据采集。

(5) 退休后，可以通过社区健康保健管理进行数据采集。

健康大数据包括采集、管理、交换等标准，明确收集数据的范围和格式、数据管理的权限和程序以及开放数据的内容、格式和访问方式等。数据采集以健康档案为核心，建设全生命周期的健康档案。数据采集的最终目的是为了进行健康档案信息共享，实现区域性健康管理。

4. 对外服务及接口

区域卫生信息平台是城市医疗健康功能的有力支撑，是衡量一个城市医疗健康水

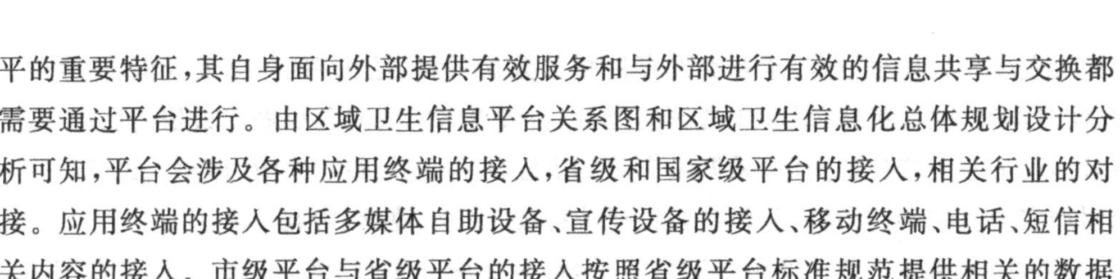

平的重要特征，其自身面向外部提供有效服务和与外部进行有效的信息共享与交换都需要通过平台进行。由区域卫生信息平台关系图和区域卫生信息化总体规划设计分析可知，平台会涉及各种应用终端的接入，省级和国家级平台的接入，相关行业的对接。应用终端的接入包括多媒体自助设备、宣传设备的接入、移动终端、电话、短信相关内容的接入。市级平台与省级平台的接入按照省级平台标准规范提供相关的数据服务，若省级平台未建设，可通过市级平台直接与国家级平台对接。区域卫生信息平台的建立，可以为公安、民政、人保、银行、药监等提供相关信息的共享服务。

从城市管理功能而言，为政府提供管理支撑应用是区域卫生信息平台建设的一项重要内容。一方面政府通过区域卫生信息平台，了解当前区域医疗健康的整体状况、重点领域的发展趋势、突发事件的应急指导、区域内卫生资源的利用程度等，形成较全面的决策数据信息支撑，从而对重要事项进行部署，在各级医疗机构进行重点内容的执行，使决策最终惠及广大老百姓；另一方面通过数据的采集、上传、全样本分析，形成新的决策数据信息，制定新的深入优化的措施。通过两方面的措施，形成从决策至部署、从部署至执行、从执行至反馈、从反馈至再决策，构成整个医疗健康卫生体系的闭环式管理。区域卫生信息平台的一项重要功能就是为形成闭环式管理提供信息化技术支持。

8.3　政府应用子系统

8.3.1　卫生应急指挥系统

自然灾害、病疫的发生往往是突发的，影响面广，扩散迅速。九八年洪水、汶川地震、传染性非典型肺炎(SARS)、甲型 H1N1 流感等都是牵动全国甚至世界人民的重要事件。如何防止病情扩散，尽量控制影响是关系到国家公共安全的重要命题。

卫生应急指挥系统是政府公共卫生信息网络功能的扩展，一般在政府原有公共卫生信息网络平台上进行功能扩充，将疾病与突发公共卫生事件监测信息、医疗救治信息、卫生监督执法信息和相关信息集中在统一的网络平台上，结合 GIS 电子地图实现图文一体化表达与分析。该系统采用科学的危机处理办法、先进的信息处理技术和现代的管理手段，根据公共卫生事件应急决策业务的特点和要求，建立突发公共卫生事件分级处置、协同应急的业务规范和应急流程，实现对突发事件的辨别、处理和反应，跟踪突发事件处理全过程，承担突发事件相关数据采集、危机判定、决策分析、命令部署、实时沟通、联动指挥、现场支持等功能，以在最短时间内对危机做出最快的反应，最有效地动员和调度各种资源，采取最有效的措施预案，进行指挥决策，保障人民群众生命财产安全，保持社会稳定和促进国民经济持续、快速、健康、协调发展。

卫生应急指挥系统主要由基础信息平台、专业服务平台、综合决策辅助平台三大应用系统平台构成。

- 基础信息平台包括数据采集、传输以及数据仓库的建立与管理等。
- 专业服务平台包括专业模型库、方法库和知识库的建立和应用等。
- 综合决策辅助平台包括资源管理与调度、信息发布和展示、综合业务管理等。

进一步地，卫生应急指挥系统的主要构成也可从如下几个方面进行划分。

- 在综合管理方面包括应急资源管理系统、评估系统、综合信息展示系统等。
- 在虚拟应急方面包括应急预案、应急演练等。
- 在应急监测方面包括信息采集系统、信息分析系统等。
- 在综合指挥方面包括研判系统、指挥调度系统等。

卫生应急指挥系统各主要系统的主要功能如下。

(1) 应急资源管理系统主要是对应急资源（车辆、通信设备、医疗设备、急救人员等）的管理和调度。

(2) 应急评估系统主要是对应急预案和实际应急结果的一个评估和改进。

(3) 综合信息展示系统主要是利用 GIS 和 GPS 技术，对静态和动态的建筑、车辆、人员的集中、统筹的展示。

(4) 应急预案主要是对虚拟应急事件的应急管理、指挥、救援计划等的方案规划。

(5) 应急演练主要是对虚拟应急事件的应急管理、指挥、救援计划等的联合演练。

(6) 信息采集系统主要是对区域内的医疗机构、公共卫生机构（血液中心、急救中心、应急中心、妇幼中心）等的相关信息的采集和提取。

(7) 信息分析系统主要是对采集和提取的信息进行分析，从而提炼出需要的数据，为卫生应急事件提前做出预警。

(8) 研判系统主要是就当前发生的卫生应急事件，对各类静态的数据和动态的信息进行综合的研究，以便判断出一个最佳的处理手段。

(9) 指挥调度系统主要是利用各种通信、计算机、GIS、GPS、信息处理等高科技技术，统一指挥调度各类急救资源，快速、高效、准确地解决突发事件。

本节主要介绍卫生应急系统在实际建设中需要重点考虑的几个子系统，包括数据库、预案模型、区域疾病预防控制管理信息系统、突发公共卫生事件应急指挥系统、与城市其他部门协同应急指挥系统。

1. 数据库

(1) 当地与区域性历史疫情数据库。

数据部分来源于当地公共卫生数据库，对此数据库一些数据进行统计分析后得出的处理结果等数据也进入此库供决策分析。

(2) 国内外综合型疫情信息数据库。

此库信息可以向国家有关部门申请获得，同时可以增加一些同当地疫情相关的信息，同时GIS系统部分疫情信息也可以综合到此库。

(3) 本地各区域医疗急救资源数据库。

部分数据从当地医疗救治信息系统抽取并整理加工，同时采集医疗资源和社会资源信息入库，如公安部门的人口分布、社区资源等。

(4) 地理GIS、环境、交通信息数据库。

GIS在整个公共卫生信息系统建设中占有重要地位，可以说是公共卫生信息数据的一个展示窗口，在辅助决策中起着举足轻重的作用。但地理信息也是动态的信息，所以必须注重GIS系统的升级工作，尤其对公共卫生热点区域如疫区要求地理信息尽可能详尽。

2. 预案模型

建立突发公共卫生事件应急处理的预案模型，目的是为了各级卫生行政部门、医疗机构、卫生监督、疾病预防控制中心等在应急处理各类重特大突发事件时，作为制定现场调查、抢救、处理的参考依据和实施指南，在平时作为业务培训、技术演练使用。

可根据当地《灾害事故救援工作管理办法》制定相应的预案模型，具体预案可由系统预案模板生成，包括但不限于：

- 食物中毒应急处理预案；
- 急性职业中毒应急处预案；
- 公共场所污染危害健康事故应急处理预案；
- 饮用水污染事故应急处理预案；
- 放射事故应急处理预案；

- 化妆品损害事件应急处理预案；
- 医院感染流行或爆发事件应急处理预案；
- 鼠疫控制应急预案；
- 地震应急反应处理预案。

3. 与城市其他部门协同应急指挥系统

在面对某一应急事件的时候，往往需要城市多个部门之间协同运作，统一指挥。卫生应急指挥系统基于智慧城市空间信息服务平台的基础，充分利用数字化、网络化和系统集成技术，与国家气象、水文、地理部门，国家统计、公安、人口部门建立信息交换机制，同时与国家地震、抗洪救灾等指挥中心建立协调机制，互通信息，资源共享。在处理某一公共卫生应急事件的时候，卫生应急指挥系统要充分调动卫生内部各部门之间协同作战，同时与城市其他部门进行必要联动，共同进行医疗协同应急管理，如图 8-7 所示。

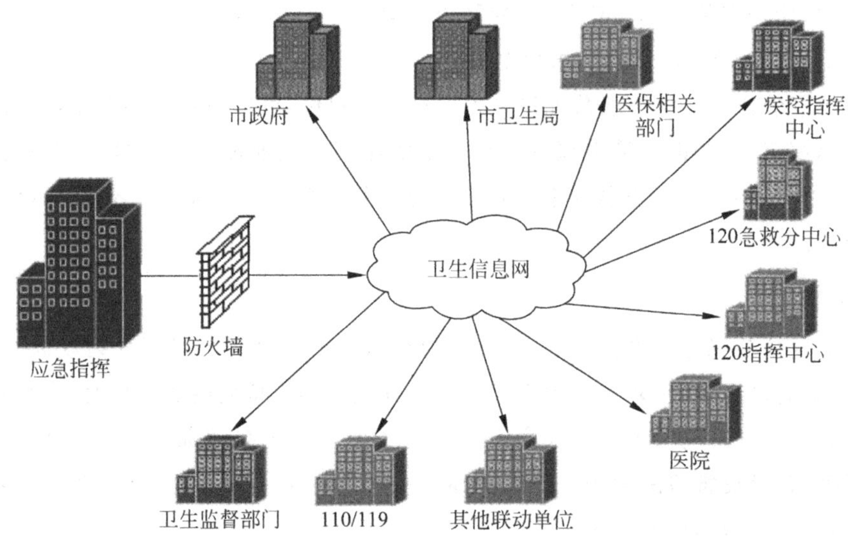

图 8-7　医疗协同应急管理

按照平战结合原则，建立和规范指挥中心业务流程，明确数据库、知识库、模型库更新的频率和方式以及与信息来源系统的关系，与公共卫生管理信息系统和城市其他部门系统进行一体化融合，使公共卫生应急指挥系统成为城市应急联动指挥系统的一部分，实现系统内部各个机构以及卫生主管部门和其他机构之间的联动指挥，协同工作。加强对日常应急资源的有效管理，实现对社会和公众的各类求助做出快速反应，提供更加便捷的救助服务，保障重大突发事件或自然灾害处理的指挥和部署，为城市管理和公共安全的科学决策提供信息和通信平台。完善城市应急管理体系，可以切实保障城市的安全运行。

4. 区域疾病预防控制管理信息系统

该系统从疾病控制的业务出发，充分考虑现有的部分业务，国家直报（如疫情直报等）与区域主管部门信息获取的需求，在围绕疾病预防控制业务特点的基础上结合部分国家传报系统，将疾病预防控制中心、各监测点、卫生主管部门的相关业务流程实现网络化，及时、准确、快速地完成采集数据、分析、预警、预测等环节的工作。

1）疾病监测

疾病监测包括传染病监测、慢性病监测、寄生虫病监测、地方病监测、病媒生物监测、死因监测等。

2）学生健康监测

学生健康监测包括学生疾病监测、学生体质监测、学校卫生综合监测等。

3）危害因素监测

危害因素监测包括职业危害因素监测、放射危害因素监测、环境危害因素监测、健康行为危害因素监测等。

4）食品安全监测系统

食品安全监测系统包括膳食营养监测、食品污染物监测、食源性疾病监测、饮用水卫生监测等。

5）消毒杀虫监测

消毒杀虫监测包括实现消毒杀虫监测管理，建立监测单位档案；制订监测计划并对工作进行预警，实现消毒杀虫事件管理；收集和管理四害监测数据等。

5. 急救一体化管理系统

突发公共卫生事件应急指挥在突发事件发生和处置期间，迅速地收集和获取来自全区各区县乃至社区的各种管理和应急处置的资源信息，并及时调度相关的资源，为控制突发事件做出合理科学的判断。系统要求能够达到卫生监督、疾控系统内部业务管理的全面信息化，数据信息采集的规范化、制度化，行政事务处理的网络计算化以及实现网络信息资源的高度共享和统一管理。

急救一体化管理系统是为各种突发紧急事件提供医疗紧急救援服务的。急救一体化管理系统按系统功能及所处位置区分，包含以下子系统：有线无线通信系统、计算机急救受理系统、社区特别服务系统、急救信息管理系统、地理信息系统、大屏幕投影控制系统、计算机网络调度信息系统、院前院内信息互通系统。

急救一体化管理系统的软件部署在急救中心，硬件部署包括车载的通信设备、车载传感设备、中心的硬件设施、医院的通信设备等。

急救一体化管理系统主要功能如下。

(1) 有线无线通信系统。包括所有的有线无线的音视频通信。

(2) 计算机急救受理系统。包括求救接受、求救识别、出车单方案编制、出车指令下达、求救出车实时记录、计算机辅助决策、求救受理台管理等。

(3) 社区特别服务系统。对社区内人员的健康状况进行分类，重点病人的病情、医疗手段、护理要点、家庭住址、住宅电话及相关亲属的联系电话等都预先备案并存储在计算机中。当这些用户打电话给"120"急救中心时，所有的原始资料都显示在计算机屏幕上，为救护病人、服务病人争取了更多的时间，同时做到有的放矢。

(4) 急救信息管理系统。提供录音、录时和系统受理、调度、出警等关联信息，以便于对院前医疗纠纷进行判定。

(5) 地理信息系统。对区域内的建筑和车辆、人员的展示。

(6) 大屏幕投影控制系统。通过大屏幕投影，可实时掌握急救动态。

(7) 计算机网络调度系统。系统能够为一般病人、特殊病人及重大灾难救援提供处置预案，可以根据求救地点、病情性质等自动生成出动方案，自动确定辖区医院，自动打印出车路线图。

(8) 院前院内信息互通系统。急救车可通过车载系统和医院进行实时的互通，为急救患者提供及时有效的院内资源。

6. 卫生应急指挥辅助决策信息系统

卫生应急指挥辅助决策信息系统是对整个区域的公共卫生信息系统的综合应用。此系统的运行环境，充分考虑到资源共享的原则，可以和当地卫生厅已建成的应急指挥中心共用场地、通信网络、数据库、计算机、视频音频（如网络视频会议）、大屏幕显示等。这种设计大大节省了系统在硬件上的投资。该系统通过建立 A、B、C、D 等应急指挥辅助决策相关的信息数据库，对整个公共卫生信息系统的数据库进行整理发掘。

8.3.2　疾病预防控制信息系统

疾病预防控制信息系统可以经平台实时从各医院、社区卫生服务中心(站)获取疾病个案信息,智能分析出区域群体疫情信息,与医疗机构联网完善传染病的上报流程和模式,提高上报效率和质量,实现传染病、慢性病、精神病等疾病的实时监控和预警报告。

疾病预防控制信息系统内容涉及疾控业务防病地理信息系统专项工作平台、传染病管理、慢性病管理、职业病管理、精神病管理、卫生监测管理、统计报告、免疫预防接种、实验室样品检验检测、疾病信息在线填报等系统。

疾病预防控制信息系统主要功能如下。

(1) 慢性病管理系统。实现从个人到人群的慢性非传染性疾病管理(如高血压、糖尿病等专项信息的管理),个人及人群的患病风险评估,干预措施(如体重管理、膳食管理、运动指导等)的实施,干预效果的评价。

(2) 传染病管理系统。通过各类疾病的实验室检测数据,分析疾病的流行态势,及时发现新的病原,为制订针对性的防治措施提供科学依据。

(3) 职业病管理系统。法规性文件、数据编辑、系统设置、健康监护、职业病登记及数据处理。

(4) 精神病管理系统。患者基本信息登记录入、患者随访、肇事登记、年度评估、注销登记,通过社区服务中心对社区精神病患者的基本信息和日常随访、管理工作情况进行记录,并可通过查询统计模块随时列出患者信息一览表、肇事信息一览表、全区患者情况统计表。

(5) 免疫预防接种管理系统。建立完整的免疫预防接种记录数据库,具有强大的疫苗接种提示和查询功能,实现了免疫工作的数字化管理,增强了免疫预防接种工作的计划性,能有效避免疫苗的漏种,同时有利于免疫跟踪和数据分析研究。

(6) 统计报告模块。可实现以信息化手段通过区域卫生信息平台,统计各类关键病种及分析报告,例如,生命统计、重点慢性病病历报告、恶性肿瘤报告、死亡原因分析报告等。

(7) 疾病信息在线填报。扩展疾控系统疾病信息在线填报系统,完善目前已有疾病监测网的信息直报效能。

(8) 卫生监测管理。提供针对各机构、领域及特殊人群(职业、环境、学校、食品、水资源、营养等)的相关卫生异样状况的实时监控及管理服务。

(9) 疾控业务防病地理信息系统专项工作平台。动态监测各类相关机构实时提交至平台的数据，帮助分析出各类疾病分布的地理特点，及时发现高发地区，有针对性地提出预警及防控措施。

(10) 实验室样品检验检测。承担组织、管理、提升各项检测技术能力，向客户提供可靠、有效的检测数据和优质的服务。加强中心实验室管理体系和技术运作的有效性。系统可提供快速、有效且具有权威性的各种检验结果。

8.3.3 合理用药电子预警管理系统

合理用药以患者为中心，提高医疗质量，降低医疗风险，是医院信息化的根本目的。合理用药系统一般以《中华人民共和国药典》为标准，配以权威的药物知识库，对医院的用药进行全面的审查，实现对药物的剂量、禁用、慎用、配伍禁忌、相互作用，对患者生理、病理等状况，对放疗、化疗、手术等特殊治疗期的合理用药的审查，以达到合理输液、合理用药、保护病人健康及生命安全，减少和避免医疗事故。

为切实加强药品使用监督管理，落实国家基本药物质量监管措施，深入推进医药卫生体制改革，须建立区域基本药品流通监管系统，实现所有基层医疗机构药品的统一管理、统一采购，开展医生处方的药品使用监督，逐步完善基本药物制度的实施工作。

(1) 可以抽查各乡镇卫生院、服务站的处方，考核处方的规范性、完整性、基药的使用，将服务质量结果反馈给各乡镇卫生院，供医疗机构进行机构绩效和个人绩效指标的考核。

(2) 在处方点评中能统计抗菌药物处方、激素类处方、静脉滴注类处方。

(3) 可自动分析不规范(或超常)处方，提供异常提醒。

(4) 建立处方评价表和综合评价指标，如平均每张处方用药品种数、使用抗菌药的处方数、抗菌药使用百分率、使用注射剂的处方数、注射剂使用百分率、处方中基本药物品种总数、基本药物占处方用药的百分率、处方总金额、平均每张处方金额等。

合理用药电子预警管理系统采用多层机构运行模式，提供接口和控件，可以直接嵌入医院信息系统的医生工作站、护士工作站、静脉配置中心等工作中，实现处方实时监测和相关药物信息以及疾病、手术的在线查询功能，为医生提供临床辅助参考。

合理用药电子预警管理系统平台功能主要实现药品使用和归总等环节的管理，即事前预警、事中控制、事后分析，从而为医生在看病诊疗过程中对药品的使用提供辅助。实现的主要功能有：

(1) 用药预警监测。实现对医药处方监测审查和提示，及时预警药品安全问题，并对异常信号自动监测，及时预警可疑药品不良反应、假药劣药和异常用药。例如，单张处方不能超过 500 元，除非到医师或主任处特殊批复，抗生素流程及用量使用限制等。

(2) 医药记录审计。可以在事后根据实时开药记录进行审计管理。

(3) 医药查询统计。实现对例如医院和内部人员的抗生素使用排名等信息统计与详细内容查询；通过对关键数据比较，从而发现开药用药的问题及原因，例如药物异常情况等。

(4) 对医疗行为全过程、全方位的动态管理与监督。

(5) 整合医学科研资源，使医务人员快速掌握最新医疗技术和方法。

合理用药电子预警管理系统平台通过与智慧医疗卫生信息平台的集成，实现对全市医疗服务机构药品采购、开方、使用、归档过程中的预警信息进行掌控。

8.3.4 公共卫生监督系统

公共卫生监督执法是目前卫生信息化建设的薄弱环节，在卫生系统计算机广泛应用于医院管理、临床业务以及办公自动化的今日，大多数的卫生监督业务仍在以手工方式操作，影响了效率与质量。在全国大部分地区对医疗机构尤其是民办医疗机构、医院医生、美容场所从业人员等资质和资格的管理监督都十分薄弱，难以做到信息的公开。公共卫生监督系统帮助相关职能部门及时掌握卫生监督数据以便为制定公共卫生政策提供依据，提高执法和监督的能力，提高工作效率和管理水平，使卫生监督工作实现科学化、规范化和标准化。公共卫生监督系统的网络拓扑图如图 8-8 所示。

1. 系统设计原则

1) 系统安全原则

公共卫生监督系统利用防火墙、VPN、身份认证技术和病毒防护措施，保障网络和应用系统的安全运行。

2) 硬件系统建设原则

公共卫生监督系统硬件系统遵循先进性、实用性、可靠性、扩展性、易维护性的原

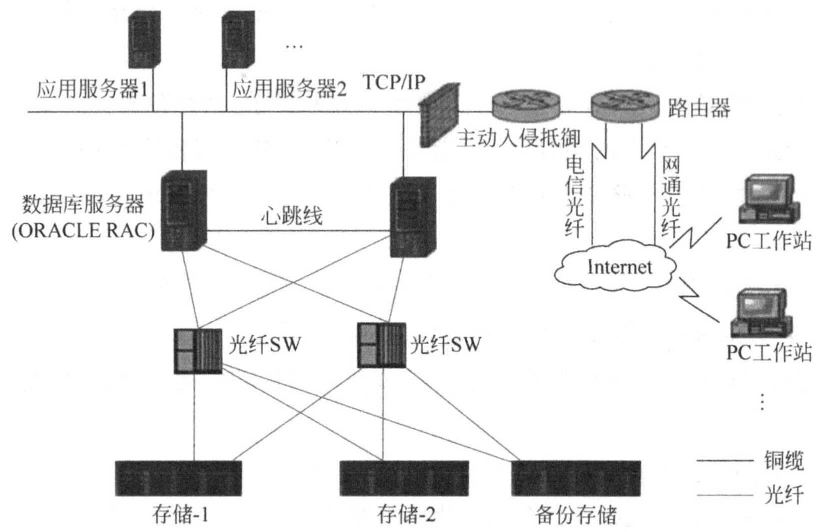

图 8-8 公共卫生监督系统网络拓扑图

则，统一标准，统一规划，建立省级数据中心，省、地（市）、县（区）统一访问省级数据中心，建立三级卫生监督网络系统。

3）应用软件设计原则

公共卫生监督系统软件设计遵循先进性、实用性、稳定性、标准化、安全和保密性、开放和可扩充性、易维护性、易操作性原则。

2. 系统结构

公共卫生监督系统主要基于 B/S 三层结构模式，即表示层、应用服务器和数据操作层（见图 8-9），所有服务采用 B/S 结构，使外部用户不直接访问数据库服务器，以保证企业数据库的相对安全。

3. 子系统

公共卫生监督管理运作主要通过卫生监督所与行政办事中心的系统互动完成（见图 8-10）。

1）系统管理子系统

系统管理子系统用来设置卫生监督机构的基本信息，如卫生监督机构名称、服务器代号等，进行员工管理，设置所有员工的业务操作权限及片区权限。分配用户的报

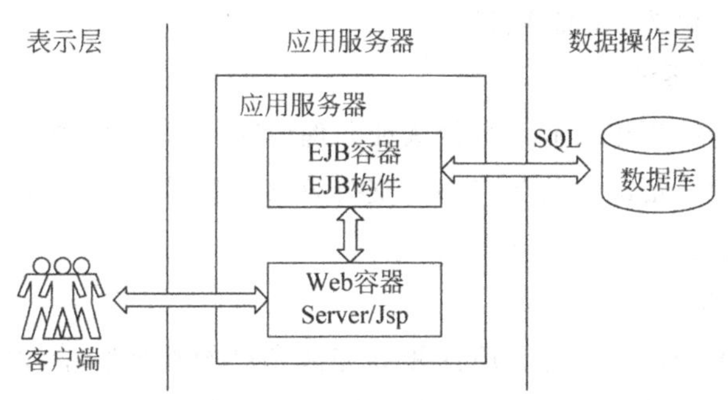

图 8-9 公共卫生监督系统构架图

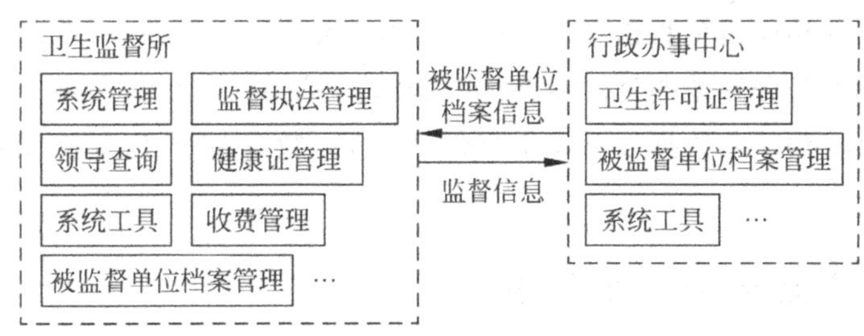

图 8-10 公共卫生监督管理运作

表和查询权限。还可设置行业属性字典、经济性质字典、片区街道字典等。

2）被监督单位档案管理子系统

被监督单位档案管理子系统提供被监督单位资料的统一管理，包括单位建档、资料管理、综合查询、年度评价备档和预建档等，并为其他子系统提供其所需要的单位信息。同时又从其他子系统获取被监督单位的监督、监测、执法、许可证等档案信息。

3）卫生许可证管理子系统

卫生许可证管理子系统用于完成辖区内被监督单位卫生许可证的管理，许可证申请、审核及自动审批、打印、发放与领取；许可证证件的复验、过期、注销及证件的变更管理；证件格式、证件有效期、复验期及自动审批的灵活设置；能对申请单位进行 IC 卡发卡管理，不仅能够从单位档案子系统中获取办证单位的基本信息，而且可以将办证结果传回单位档案子系统。

4）监督执法管理子系统

监督执法管理子系统用于完成卫生监督和执法信息的处理并生成国家法定的监

督执法文书,可记录、修改、查询并打印。

5) 健康证管理子系统

健康证管理子系统用于从业人员健康证办理情况的管理,实现从业人员办证申请登记、培训、审核及健康证的发放与打印。支持直接将照片打印在健康证上并在证件上打印加密条码,提高健康证的防伪能力。

6) 领导查询子系统

查询子系统主要辅助卫生监督所内领导完成自己的管理职能,以表格、图形的方式提供各种预定义指标的查询结果并提供丰富的分析决策数据。

7) 系统工具

系统工具主要功能包括数据导入、导出、备份、恢复。数据导入、导出功能实现卫生监督部门现场办公和异地办公的需要,如现场许可证复验管理、现场辖区单位监督管理。系统还可将预建档数据以 Excel 的类型导入。数据备份、恢复确保系统数据的安全性与完整性。

8.3.5 其他政府应用子系统

1. 120 急救指挥调度系统

120 急救指挥调度中心是本地区医疗急救体系的中枢神经,是面向本地区提供院前急救服务的医疗应急调度机构,是关系到人民生命安危、社会安定、经济发展、政治稳定必不可少的非赢利性单位。

120 急救指挥调度系统采用最先进的车联网技术实现车辆集中统一调度,利用先进的 GIS 技术实现数字化实施动态调度指挥。系统主要由十大子系统组成,主要包括 CTI 功能软件子系统、数字录音子系统、急救信息硬件子系统、急救信息软件管理子系统、大屏幕显示系统、GIS 地理信息子系统等。系统特点是网络一体化、一机三屏功能、多方通话功能、数字化实施动态调度指挥、强大的数据统计管理功能。系统通信网络自成一体、技术成熟可靠、操作实用方便、科学集成、无缝扩展。

2. 卫生管理决策支持系统

卫生管理决策支持系统是基于区域卫生信息平台的建立,利用平台采集到的海量数据,建立一个涵盖区域全民诊疗信息、预防保健信息、公共卫生信息等全面卫生数据中心,从而实现对业务、管理有效的数据支持。卫生行政部门主要关注的是如何提高卫生服务质量、强化绩效考核、提高监督管理能力、化解疾病风险等方面。通过网络可以随时查阅区域内医疗卫生行业各种最新的统计数据，加强宏观管理，优化卫生资源的配置；可以通过网络全面掌握全区医疗卫生服务体系、救助体系、保障体系等方面的详细信息，为制定区域内公共卫生政策提供准确依据；可以利用数据中心和平台对区域内各种医疗卫生数据进行采集、归并及挖掘分析，提供业务监督与决策支持。

辅助决策分析主要是决策应用内容及相关业务领域的内容。决策应用主要是卫生指标的应用，通过卫生指标评估卫生服务需求和现状，进行不同地区人群健康状况、卫生系统绩效比较，能够及时发出报警信息，预测未来的状况及趋势。卫生指标主要包括汇总指标（如卫生总费用、床位数）、相对数指标（如婴儿死亡率）、平均数指标（平均住院天数）。相关领域内容包括公共卫生、医疗服务、计划生育、医疗保障、基本药物制度和综合管理。

3. 卫生资源管理系统

区域性卫生资源管理信息系统是一个全方位的综合管理平台，真正实现协同信息的共享。它是一个开放的平台，为各种信息系统提供标准接口，使各层管理人员获得集中的、统一的管理信息。卫生资源涉及内容众多，本系统从实际应用管理出发，围绕人、财、物对其中关键的内容进行监管，主要包括资产财务统计管理、卫生机构和人才管理、医疗机构和设备管理、医学实验室管理、专家救治队伍管理、药械储备管理、生物制品管理、血液制品管理。

4. 公共卫生

面向政府应用的公共卫生应用内容包括健康档案、健康体检、儿童保健、妇女保健、老人保健、慢性病管理、健康教育、传染病管理、计划生育指导。这些应用以数据分析、工作报表为主。政府管理部门通过相关的应用可实时了解区域内公共卫生各个指标是否满足既定考核要求；通过各项应用，政府职能部门通过卫生机构的排名、同比分析、环比分析、按卫生机构、行政区划、年半季度月等多种方式进行相关内容的检索、统计。政府监督部门可以通过相关的指标进行分析指标构成项的数据统计、检查明细内容是否符合规范要求、对各个医疗机构的医疗质量进行监控。

5. 计划生育

政府部门通过计划生育相关内容，统计查询辖区内育龄青年、待产孕妇、叶酸发放情况、妇女病检查情况、优生优育监测等内容。

6. 医疗服务

面向政府部分的应用主要包括指标应用、业务应用、医疗机构监管应用。指标应用主要以阳光用药指标、工作负荷指标为主要内容，按区域-医疗机构两级指标进行管理。业务应用主要包括门诊患者、门诊处方、门诊费用、住院患者、住院医嘱、住院收费、病案首页、出院小结、手术报告、实验室检验、检查文字报告、床位查询等。医疗机构监管应用主要以门诊就诊人次、门诊处方分析、门诊收费分析、出入院及人次床位、出院收入分析为主。通过医疗服务应用，政府管理部门可实时了解各个医疗机构运营情况、医疗质量情况等。

7. 医疗保障

医疗保障主要以参与医保和新农合的居民为对象，为政府部门提供包括参合情况统计、参合缴费统计、参合人员构成统计、门诊补偿统计、住院补偿统计、民生工程表（县级）、医疗机构住院补偿情况统计、参合人员补偿表（县级）、门诊补偿情况分析、疾病住院费用情况分析表、医疗机构门诊补偿情况统计表、住院补偿费用按类别统计表、补偿汇总统计表、参合人员疾病住院登记表、参合人员住院正常分娩补偿登记表、参合人员门诊补偿登记表以及参合人员特殊病种大额门诊补偿登记等情况。

8. 综合管理

综合管理主要包括绩效考核、人员管理、固定资产、财务管理等。

8.4 医护人员应用子系统

8.4.1 区域医疗卫生基础信息系统

采用基于云架构的基层医疗信息化系统，集中部署，分布应用。以建成的云数据中心为支撑，辐射全区域的基层医疗业务系统，满足上千家，甚至上万家中小医院医疗业务应用。系统包括中心集成平台、医保支付平台、药房管理系统、门诊收费系统、门诊医生站系统、门诊护士站、住院收费、住院病区等。

1. 门急诊挂号系统

门急诊挂号管理系统给病人每次就诊分配一个就诊号码，并进行统一编号，根据号码的唯一性对病人基本信息进行追溯管理；通过门急诊挂号系统把相关信息自动传递给门诊、药房、医生诊间等有关科室。

2. 门急诊收费系统

门急诊收费管理系统完成门诊收费过程的电子化处理，支持自费病人、医保病人等各类病人的收费，实现医疗保险类的实时结算，并打印各类门诊发票和报销凭证。

3. 自助挂号与报告查询

人们越来越希望能以更加方便快捷的方式实现就医、诊疗过程。但区域内基层医疗机构同样面临的三级医院门诊部“三长一短”问题。合理解决这些问题，是提高基层医院管理质量和服务水平的关键环节之一。自助挂号与报告查询包括硬件设备与应用软件。硬件涉及自助挂号机、刷卡机、打印机等智能化设备。应用软件包括医保卡号、门诊卡号、病历卡号的自动识别；自助挂号、报告查询应用功能；自助挂号缴费的结算功能等。该系统可结合院内一卡通系统实现自动充值功能。通过自助挂号与报告查询系统，可基于医院短信平台，及时提醒患者报告状态，有效地提高就医体验。

4. 多媒体导医台

多媒体导医台是社会普遍关注的医疗服务窗口，不但可以实现卫生的资源共享，从而明显提高康复医院管理和服务水平，同时也提高了全院的工作效率，提升医院的品牌效益和核心竞争力。人性化服务应包括医院排队叫号系统、医院就诊指示牌、医院数字标牌、医疗保健知识播放等。多媒体导医台以前瞻性、拓展性、先进性、实用性为设计思路，采取集中控制、统一管理的方式将视音频信号、图片和滚动字幕等多媒体信息通过网络平台传输到显示终端，以高清数字信号播出。它能够有效覆盖康复医院大厅、住院部、候诊区、就诊区、药房、电梯间、通道等人流密集场所，并实时地发布挂号信息、就诊情况、医疗常识等重要信息。多媒体导医台以独有的分布式区域管理技术真正实现了同一系统中不同终端区分受众的传播模式。

5. 全科医生门诊工作站

全科诊疗是基层卫生服务机构为居民提供的以病人为中心，以健康问题为导向，以多发病、常见病的诊疗为主导，持续照护的基本医疗服务。全科诊疗服务是为全科诊疗过程提供的信息技术辅助管理支持，包括门诊诊断、门诊处方、门诊病历、申请单处理、转诊和预约管理、疾病上报、健康档案调阅、门诊首次测血压、档案建立、慢性病随访为一体的门诊医生服务终端。全科诊疗信息是药房、检验检查、诊疗收费等系统的基本数据来源。全科诊疗服务可进行的后续功能操作包括健康档案更新、家庭健康档案管理、预防接种服务、0～6 岁儿童健康管理服务、孕产妇健康管理服务、老年人健康管理服务、高血压患者健康管理服务、2 型糖尿病患者健康管理服务、重性精神疾病患者管理服务。它还可以进行住院管理、家庭病床与护理、健康体检、双向转诊、远程医疗等服务。

6. 病案管理系统

医院病案管理系统依照国家相关规定及医疗行业规范，从实际出发，密切结合当今医疗卫生和医院管理体制的改革趋势，根据医院实际需要，采用先进、成熟技术和设计思路开发制作的一套全面的、一体化的医院病案管理系统软件。功能模块有病案录入，日期报警，查询和出院人数统计。系统的整体设计以电子病历和医嘱为基础，代表了全球 HIS(医院信息管理系统)领域的发展潮流和方向。医院病案管理系统着重于全面提高医院的现代化管理水平。一方面，可以减少、避免因为管理制度不完善而产生的经济漏洞，实现增收节支的目的；另一方面，为病人提供现代化的服务手段，准确、及时地为病人提供医疗服务和医疗费用信息，提高对病人的服务水平，从而提高医院的整体竞争力。

7. 住院收费管理系统

住院收费管理系统是医院出入院日常工作的处理，包括病人入院登记、预交款管理、出院结账等。能正确统计病人在医院的费用情况，及时反映病人的欠费情况并为病人提供各类实时查询，以方便病人对医院的监督。系统提供出院病人费用补记、费用重算、中途结账、发票使用管理、完备统计报表等功能，以方便病人灵活结算。

8. 住院管理

住院管理是为有住院条件的基层医疗卫生服务机构所提供的信息管理服务。住院管理服务是为住院管理业务提供的信息技术辅助管理应用支持。主要内容包括入区登记与撤销、出区登记与召回、医嘱录入与停止、病历书写、病案首页、常用药典与配伍禁忌、医嘱执行、护理记录、治疗卡打印、健康教育处方等。

9. 医院短信平台

随着人民生活水平的提高和医疗保健意识的增强，社会对医疗卫生个性化服务的要求也日益强烈。同时在市场经济条件下，如何利用新的科学技术提高医疗服务水

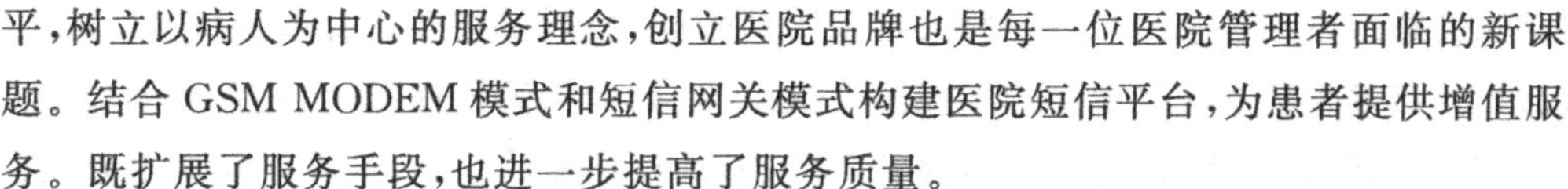

平，树立以病人为中心的服务理念，创立医院品牌也是每一位医院管理者面临的新课题。结合 GSM MODEM 模式和短信网关模式构建医院短信平台，为患者提供增值服务。既扩展了服务手段，也进一步提高了服务质量。

10. 统计查询

统计查询支持按科室、接诊医生、时间段等结合条件，查询历次处方及费用明细、检验检查结果、次均费用并提供比较功能；统计各个科室分项费用（诊疗费、检验检查费、药品费用等）收取情况、医生工作量、抗生素使用比例等信息。

11. 接口系统

此处的接口系统指针对医院与医院外部系统的接口，主要为医保接口。医保接口系统通过灵活处理与医保中心接口，能够方便地进行医保病人的挂号、结算、入院、出院、转院管理。还可根据各地医保中心政策进行系统的定制工作，实现与 HIS 系统的整合。可以根据当地医院医保政策进行定制支持医保病人门诊挂号、结算支持医保病人入院、出院、转院管理，医保病人发生费用实时上传、实时结算（视当地医保政策而定）医保病人用药、治疗的实时审批控制（视当地医保政策而定）。

区域医疗卫生基础信息系统还包括了移动医疗相关系统和产品，比如移动临床信息系统、移动门诊输液系统、输液监护感应系统，还包括合理用药电子预警管理系统等。这些将在 9.1 节做详细介绍。

8.4.2　区域健康卫生管理信息系统

1. 慢性病防治管理系统

慢性病防治管理系统实现各类慢性病防治业务集成的一站式管理，以健康档案为基础，提供社区重点慢性病患者的日常随访、监测、健康教育处方、治疗方案管理、基本资料查询、业务提醒等功能。系统内嵌高血压管理、糖尿病管理、肿瘤管理、冠心病管理、脑卒中管理标准业务流程。

2. 妇幼保健系统

通过健全妇幼保健电子档案，实现区域妇幼保健信息共享，对区域妇幼保健工作进行全程的动态管理，从而提高妇幼保健工作质量，实现妇幼保健工作的静态管理转向动态管理、定性管理转向定量管理、结果管理转向过程管理、事后管理转事前管理。区域妇幼保健管理系统包括孕产妇保健管理系统、妇女保健管理系统、儿童计划免疫系统、儿童保健管理系统、儿童营养评价系统、妇幼保健监控系统、区域妇幼保健查询统计系统、区域妇幼保健综合服务平台。

3. 老人健康管理

老人健康管理为医护专业人员提供全面的老人健康管理。老人健康管理只针对辖区内60岁以上常住居民，每年为老年人提供一次健康管理服务。内容包括询问生活方式、体格检查、辅助检查、健康状况评估和健康指导，还包括老年人生活自理评估，并积极应用中医药方法为老年人提供养生保健、疾病防治等健康指导。从疾病分类角度，高血压、糖尿病等心血管疾病是最易病发的人群，开展老人健康管理服务，可以使未病老年人群得到正确有效的健康指导和疾病预防，又可以使患病老年人群的病情得到控制，降低老年人健康生活成本，从而给家庭、社会减轻经济负担。

4. 健康体检系统

根据国家公共卫生服务规范，老年人需要进行一年一次的健康体检，儿童、成年人等都需要进行至少两年一次的健康体检。通过健康体检，检出异常，从而对异常进行有效健康干预，对降低病发有积极的意义。体检医生可以根据健康档案数据分析，检索辖区内未检人群，通过电话、村联络员通知居民到社区卫生服务中心进行体检。体检医生通过套餐设置、科室体检、总检报告发放等完成居民健康体检。居民健康体检信息同时可以自动归档到个人健康档案。最近一次体检所得的基础生命体征数据、饮食习惯、用药情况可以通过更新到健康档案专项管理中，使健康体检也为社区慢性病等随访提供服务。体检系统为体检医生提供体检疾病检出统计、医生工作量统计、社区人群体检率统计等相关内容，便于社区医生进行结算和上报。

5. 健康教育系统

通过有计划、有组织、有系统的社会教育活动，让广大老百姓自觉地采纳有益于健康的行为和生活方式，消除或减轻影响健康的危险因素，预防疾病，促进健康，提高生活质量，并对教育效果作出评价。健康教育的核心是教育人们树立健康意识、促使人们改变不健康的行为生活方式，养成良好的行为生活方式，以降低或消除影响健康的危险因素。通过健康教育，能帮助人们了解哪些行为是影响健康的，并能自觉地选择有益于健康的行为生活方式。健康教育可分为群体性健康教育和个人健康教育。健

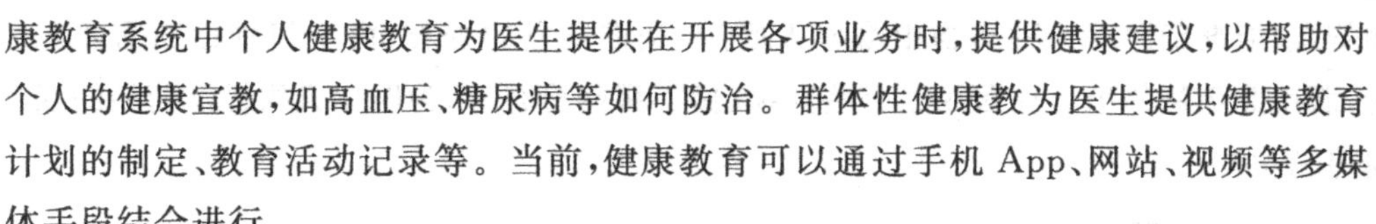

康教育系统中个人健康教育为医生提供在开展各项业务时，提供健康建议，以帮助对个人的健康宣教，如高血压、糖尿病等如何防治。群体性健康教为医生提供健康教育计划的制定、教育活动记录等。当前，健康教育可以通过手机 App、网站、视频等多媒体手段结合进行。

6. 慢病与传染病监测与上报

系统实现基层医疗机构慢病、传染病监测，统计分析，为公共卫生慢病随访、传染病追访提供基础人群监测。系统要可与门诊全科医生工作站对接，在医生工作站实现强制报告。医生在医生工作站中做出的诊断，属于传染病 ICD10 目录、慢性病 ICD10 目录的，必须强制报告，不报告不允许开处方。医生也可直接登录系统，填写报卡上报。

7. 统计分析与工作报表

支持按行政区划、卫生服务机构、时间段及自定义查询条件进行健康档案数据查询，提供社区诊断、人群分类等统计分析以及高血压、糖尿病、脑卒中、冠心病等慢病相关内容的工作报表。支持按科室、接诊医生、时间段等结合条件，查询历次处方及费用明细、检验检查结果、次均费用，并提供比较功能。还可统计各个科室分项费用（诊疗费、检验检查费、药品费用等）收取情况、医生工作量、抗生素使用比例等信息，实现社区诊断分析、社区疾病谱分类、各个生命周期人群分布。

8.4.3　区域卫生综合管理信息系统

1. 基本药物管理

基本药物是指适应基本医疗卫生需求、剂型适宜、价格合理、能够保障供应、公众可公平获得的药品。基本药物的特征是安全、必需、有效、价廉。政府举办的基层医疗卫生机构全部配备和使用基本药物，其他各类医疗机构也都必须按规定使用基本药物。为保障基本药物在用药过程中安全使用，必须对基本药物进行管理。从药物的管理可分为事前、事中、事后管理。事前主要对基本药物进行归类编码，建立统一的基本药物标识，对药物的生产地、厂家、有效期、规格、批次等进行记录。事中主要对基本药物使用过程中是否为基本药物、是否在有效期内等有效规则进行校验，确保基本药物的使用，防止非基本药物使用。事后对医生开具的处方药物进行分析，进行抗菌药物占比分析、药品收入占比分析、大剂量的处方跟踪等。通过事前、事中、事后的基本药物管理，能准确跟踪一种药物由哪些人服用、是谁开具的处方、由于何种诊断需要配置，服用此药物的患者还服用了哪些药物、做了哪些检查等，为医疗机构提供药品的双向追溯功能。

2. 药库管理

药库管理属于医疗机构内部管理，不会涉及与患者交互的部分。药库管理是基层卫生机构用于管理药品从入库、储存到出库以及盘点、药品调价等过程的管理，也是基层卫生机构药品管理人员对药库药品的管理。主要包括药品采购、药品入库、药品出库、药品盘点、药品调价、药品库存管理、药品有效期管理、低限报警等。

3. 药房管理

药房对发出的药物应记录发药给谁、何时发、发的哪些药物、发的药物与电子处方是否一致、药物是否会有配伍禁忌等。药房管理是基层卫生机构药品管理人员对库房药品的管理。药房主要功能为药品信息获取、药品划价、发药、对账、领药、药房药品盘点、报损、调换和退药功能。药房发药管理与全科诊疗电子处方、住院医嘱管理相衔接进行药品划价与发药，老百姓通过药房取得药物。药房是门诊患者诊疗的最后环节，是药剂师与患者接触的窗口，是药剂师开展药学服务的窗口。药房窗口的药学服务时药剂师运用专业知识，通过语言和文字向患者提供与药物应用有关的服务，以提高药物治疗的安全性、有效性和经济性，实现合理用药的目的。

4. 物资耗材管理

物资耗材管理是基层医疗机构以及基层医疗卫生机构物资管理人员针对各种不列入固定资产管理的低值易耗品的管理。物资耗材主要功能包括物资耗材字典管理、采购计划编制、专购品请购、入库、请领、出库、调拨、盘点、物资耗材损益处理等。物资耗材管理需要从院前采购进行管理，从采购入库到使用回收全过程建立跟踪机制，通过对耗材的跟踪记录可以监控耗材何时采购、何时入库、何时出库、何时被使用、使用者是谁、用于何种病诊等，建立起全方位的耗材跟踪。物资耗材跟踪，不应跟踪到出库，对出库后再院使用的物资耗材还需要持续跟踪，以保障耗材被正确安全的使用。

5. 设备管理

设备管理是基层医疗机构针对设备固定资产的管理。设备管理包括设备分类字典管理、供应商和制造商管理、设备台账管理、设备入库管理、设备出库、设备折旧、设备销减与增值管理、设备清查、设备状态管理、请领、维修管理、检定和检验管理、设备报废管理等。设备管理是卫生资源的重要内容，对设备进行监管和对可重新利用的设备进行管理可以缓解区域医疗卫生资源不足的情况。

6. 财务管理

财务管理适用于基层医疗服务机构以及所辖下级机构、科室针对医疗服务、公共卫生等相关的收支项目进行管理，提供相应的财务管理接口与专业的财务管理软件进行对接。基层医疗卫生机构财务管理是对机构中资金的收入、支出以及国有资产进行管理和监督。该模块提供关于预算、收入、支出、资产相关的管理内容。主要功能包括单位预算管理、收入管理、支出管理、收支结余管理、资产管理、负债管理、净资产管理。

7. 绩效考核

绩效考核包括两部分内容：个人绩效考核和机构绩效考核。个人绩效管理适用于基层机构管理人员对医护工作者的工作绩效进行评定，主要包括关键绩效指标设定、指标的获取与评价（工作量、服务效果、服务质量、满意度考核、综合评价）。机构（部门）绩效管理适用于基层机构管理人员对机构或部门的综合绩效进行评定，主要包括指标设定、指标获取与评价（业务量、服务效果、服务质量评价）、综合评价。

8. 院长查询

院长查询是院长、财务及各高层对医院进行微观、宏观管理的重要工具。它不仅可以监控药库、药房、门诊、住院等各个科室的运作过程中的所有细节，而且可以对各个科室的数据进行统计。这可作为评价各个科室工作量，对各个科室工作进行调整、对医院的重大决策提供支持的重要工具。

8.4.4 其他医护人员应用子系统

1. 区域影像存储与传输处理系统

PACS系统（Picture Archiving and Communication Systems，影像归档和通信系统）是应用在医院影像科室的系统。主要任务是把日常产生的各种医学影像（包括核磁、CT、超声、各种X光机、各种红外仪、显微仪等设备产生的图像）通过各种接口（模拟、DICOM、网络）以数字化的方式海量保存起来，当需要的时候在一定的授权下能够很快的调回使用，同时增加一些辅助诊断管理功能。它在各种影像设备间传输数据和组织存储数据具有重要作用。PACS 系统从医院信息化角度主要实现了以下功能。

1）全院 PACS(PULL-PACS)系统功能

通过智慧医疗物联网连接全院医疗影像设备、诊断科室和临床科室以及放射科和其他检查科室的影像检查设备，系统配置大容量的影像存储设备，以满足全院科住院和门诊各科室医疗影像信息的互联互通和数据共享交换，以及实时查询和调用。

2）科室 PACS(MINI-PACS)系统功能

MINI-PACS 系统是单独连接检查科室的 PACS 系统，其功能是在检查科的范围内使用。根据放射科、超声科、病理科、心电科、内镜科等各影像检查科室的特点提供不同的解决方案，通过影像诊断软件和检查流程管理软件，可生成各种多媒体检查报告，可以显著提高检查科室的工作效率、诊断准确率和智慧医疗的管理水平。

3）视频采集设备智慧功能

目前国内医疗配备相当数量的医疗视频检查设备，如超声、内镜、病理显微镜、DSA 设备。这些设备都具备标准化的通信接口（DICOM3.0），需提供医疗视频检查设备通信接口软件，满足 CT、磁共振、CR、DR、DSA、C 臂、PET、超声、胃镜、肠镜、喉镜、鼻镜、阴道镜、腹腔镜、宫腔镜、病理、DSA、细胞学等软件接口模块，实现以视频采集方式获取医疗检查视频信号和图像信息。系统应提供全面和完整的医疗视频图像报告模板库和检索，以及图像后处理功能等，支撑住院、临床、门诊医生的医疗工作效率、诊断准确率和医疗水平。

4）PACS 远程医疗影像会诊功能

PACS 系统应具有支撑远程医疗的影像会诊功能，可将远程医疗影像会诊工作界面嵌入诊断医生工作站操作界面中，应具有集成 DICOM 采集、诊断医生工作站、多媒体及视频图像为一体，为医疗机构间的远程网络会诊和院内各科室会诊提供医疗影像和视频的服务。

5）报告处理

针对 PACS 系统提供放射、CT、MR、B 超、病理、内窥镜等报告系统，针对不同的检查类型提供专业的报告模板。

2. 区域临床实验室信息系统

随着信息技术的发展，临床实验室信息系统（Laboratory Information System，LIS）已经成为临床实验室最重要的组成部分之一。实施 LIS 的主要目标是为检验室开展检验工作提供更加有效的系统支持。LIS将尽量减少以人工操作的方式来实现信息转移,减少在接收检验项目、报告结果和保存记录等工作中可能会出现的人为误差,为检验结果查询提供更有效的方法,节省了管理信息所需的索引时间和精力。

智慧医疗临床实验室采用自动化程度高的LIS,支持实验室日常工作、管理决策、科研等为目标的信息收集、处理、存储、传播和应用的系统。LIS信息系统设计以实验室标本检测全过程中产生的数据和信息管理为要求。LIS信息系统设计的重点是临床实验室检验结果数据接收和数据处理。数据接收就是从检验仪器接收数据并转换为LIS的数据格式。常用的通信标准是RS-232和TCP/IP。不同的仪器型号传输的文本格式不同,每台仪器都需要一个专门通信接口程序。接口程序对原始的通信文本应记录在本地计算机中,数据接收错误时可以查找原因。系统进行集管理、统计、分析检验各实验室日常工作有关的各种数据信息的专业管理软件,系统采用统一部署,分布应用模式,与区域HIS紧密集成。检验系统以病人标本流动为主线,以数据处理为中心,以质量控制为核心。

3. 区域体检信息系统

软件功能包括检查前体检病人差异化管理、体检中期各种信息资料的数字化管理、体检后期的检验评估和健康评估等功能。与医院信息系统、PACS、LIS心电系统等的无缝连接。基于个人体检和团体体检,完成体检对象基本信息管理、体检组织管理、体检报告管理、费用处理等功能。体检系统应采用与HIS、LIS、PACS一体化设计,体检系统可以自动接收上述系统的体检申请信息及体检病人的相关体检结果。系统提供了体检相关工作的全套功能,借助于计算机网络、条码、IC卡、接口、视频摄像以及通过LIS接口、PACS接口等各种接口程序实现与医院其他系统和仪器的无缝连接及双向数据交互,快速高效地完成全部体检业务,输出美观统一的体检报告。

4. 区域先诊疗后付费监管系统

智慧医疗为老百姓看病提供了便捷的就医体验。在区域内,政府通过智慧医疗理念,为方便全区内老百姓看病就医,解决“看病烦”问题,各医疗机构开展先诊疗后付费、边诊疗边付费等多种付费方式,解决老百姓就医过程中不断排队缴费的问题。这些智慧医疗举措深受好评。同时老百姓未付费或后付费的诊疗服务时,也会出现未缴纳的费用无监督、无监管的现象。

针对这一问题,区域先诊疗后付费监管系统从区域卫生整体的角度出发,帮助政府解决未付费、后付费的有效监控和管理，让政府可以通过系统知道哪些医疗机构哪些费用未收取、哪些患者未交费、可以采取哪些措施让老百姓及时交费。

5. 区域双向转诊系统

区域医疗协同是当前区域医疗信息化的重点内容，通过不同等级、不同规模、不同地域的医疗机构在医疗服务上的协同，充分利用大型医院的丰富资源和先进技术。同时该系统发挥社区卫生服务中心贴近患者服务便捷的优势，为区域内的患者提供最优服务，有效缓解“看病难、看病贵”的难题，为医疗改革带来新的转机。

由于社区卫生服务机构在设备和技术条件方面的限制，一些无法确诊及危重的病人需转移到上一级的医疗机构进行治疗。上一级医院对诊断明确、经过治疗病情稳定转入恢复期的病人，也将重新送回所在辖区社区卫生机构进行继续治疗和康复。其目标是为建立“小病在社区、大病进医院、康复回社区”的就医新格局。在我国医疗体制改革进程中，双向转诊制是在社区首诊基础上建立的扶持社区医疗卫生，解决“看病难、看病贵”的一项重要举措。这对于减少由于城市综合性大医院承担大量常见病、多发病的诊疗任务而造成的卫生资源浪费，以及基层医院和社区医疗服务机构需求萎靡、就诊量过少等现象具有重要意义。大病从社区医院转到大型医院，康复调养从大医院转到社区，并实现智能导医和协同挂号。

6. 区域药品零库存应用系统

当前物流业的快速发展、药品企业相关配送机制提升、医院信息系统的完善，医院药品实行零库存管理已成为发展趋势。通过利用 HIS 系统对药品实行零库存管理，使库存压缩到最低限度，从而减少药品资金的占用，降低医院、药品企业的运营成本，提高医院的运营能力。同时，通过物联网技术，使药品从生产到消费实现整个生态链的实施监测跟踪。

7. 区域卫生信息发布平台

信息发布服务平台为智慧医疗养老综合体提供了信息发布的渠道。拥有一个好的信息发布及对外服务平台可以全面展示养老综合内容，多样多渠道的宣传康复医院的文化和理念，宣传康复医院先进的健康的管理方式，用更开放、更好的方式推广医院品牌。信息发布及对外服务平台主要以医院的主动信息发布为主，对外进行宣教。平台具体板块内容包括首页展示、医院介绍、新闻中心、就医指南、网上医疗、健康园地、科研教学、网络反馈、下载中心、预约挂号等。信息发布对外服务平台可以与面向居民的智慧健康集成，通过掌上医院的形式为居民提供预约挂号、健康咨询等服务，极大地方便居民就医问诊。

8. 区域 HIS 移动客户端应用

利用移动 3G 或 GPRS 通信技术，利用移动终端实现现场办公，基于 PDA (Personal Digital Assistant，掌上电脑）移动终端区域，使 HIS 移动客户端应用越来越在基层医疗中发挥重要作用。如：“村医生医务通系统”（见图 8-11）利用 3G 或 GPRS 通信技术和无线移动终端，实现上门诊疗实时查阅和录入信息，实现出诊开具电子处方和医保结报等功能。

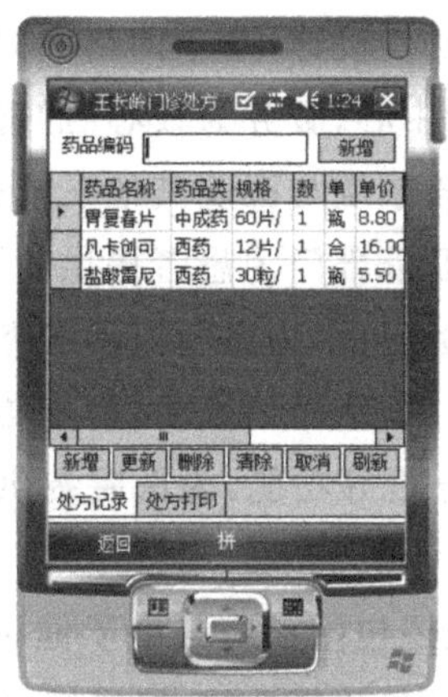

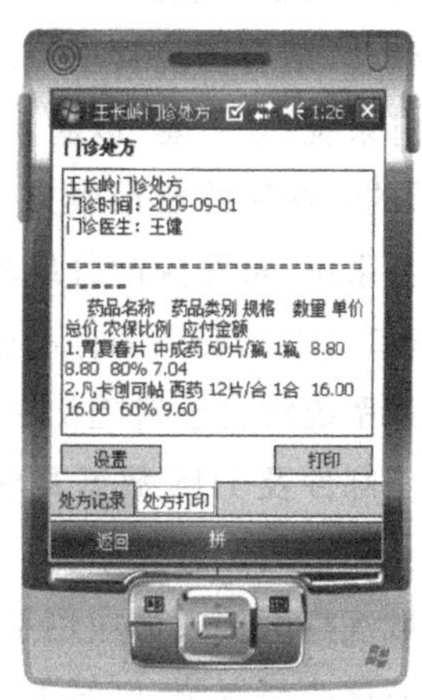

图 8-11　PDA 终端上门诊疗服务界面

这是以无线网络为通信手段，以轻巧便携的具有无线通信功能的 PDA 为终端的一套面向社区和村卫生室医疗健康的工作站集成系统，为基层医疗卫生服务体系建设提供完整信息系统解决方案。目的是实现社区医生上门诊疗、随访、突发性卫生事件应对等提供技术支持，为居民提供可靠、方便的基本医疗、预防、保健、康复、健康教育、计划生育指导等多位一体的医疗健康服务。

社区卫生移动工作站系统（见图 8-12）由社区卫生移动信息软件系统和无线应用终端两部分组成。社区卫生移动信息软件系统分为服务器端程序和客户端程序两部分：服务器端程序实际上是把社区卫生及诊疗系统发布成接口方式供客户端调用；客户端程序在 Windows Mobile 环境中运行，与服务器端的通信采用无线通信方式。本系统特点是无线应用终端采用智能手机（PDA），体积小、携带方便、待机时间长，由于系统中通信数据采用了压缩技术所以流量非常小，GPRS 流量费用非常低廉。

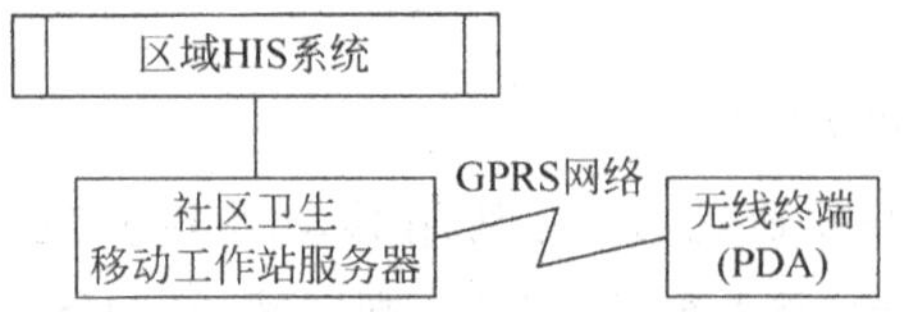

图 8-12　村卫生室移动工作站架(PDA)构图

9. 医患关系管理系统

医患关系管理系统(Customer Relationship Management，CRM)是根据客户关系管理的概念，结合医院管理特点研发设计，基于网络面向患者的分析型医院客户关系管理信息系统，是一套“以病人为中心，服务为核心”的管理系统，为医院提供院前、院中、院后的专业医疗营销服务。该系统与医院其他系统进行集成，是一个完整的综合信息服务系统，将医院内分属各职能部门为患者提供的服务，集中在一个统一的对外联系“窗口”，采用统一的标准服务界面，为患者提供系统化、智能化、个性化、人性化的服务。该系统结合患者随访中心，智能短信平台，智能语音平台，并可与医患通(商务通)、电子邮件及 HIS 数据共享分析等功能，为医院提供全方位、人性化的服务平台，从而建立和谐的医患关系。

区域医疗医护人员应用系统还包括了应与电子健康档案系统、电子病历系统、区域卫生诚信监督系统、区域卫生监督协管系统、居民健康卡管理与应用系统、远程诊疗系统、远程会诊系统等。详细参照相关章节介绍。

第9章 互联网医疗

互联网、移动互联网、物联网、云计算、大数据等技术在医疗领域的渗透，为传统的医疗服务行业带来了颠覆性的变化，涌现了众多新的业务模式。

互联网医疗就是把传统医疗的生命信息采集、监测、诊断治疗和咨询，通过可穿戴智能医疗设备、大数据分析与移动互联网相连。所有与疾病相关的信息不再被限定在医院里和纸面上，可以自由流动，上传，分享。这使跨国家、跨城市之间的医生会诊轻松实现。互联网医疗提供健康教育、医疗信息查询、电子健康档案、疾病风险评估、在线疾病咨询、电子处方、远程会诊、远程治疗和康复等多种形式的医疗服务和健康管家服务。

互联网医疗，代表了医疗行业新的发展方向，有利于解决中国医疗资源不平衡和人们日益增加的健康医疗需求之间的矛盾，是国家卫生和计划生育委员会积极引导和支持的医疗发展模式。本章主要介绍移动医疗、远程医疗、智慧健康、智慧养老、就医支付几个重点应用领域。

9.1 移动医疗

9.1.1 移动医疗概述

在当今社会的快速发展大背景下，人们的健康意识越来越强烈，对于医院的选择也不再是一成不变。医院所面临的生存和发展的压力巨大。医护水平、硬件设施、服务态度、收费标准等竞争是决定医院综合竞争力的关键因素。大多数医院已经完善了HIS系统，已经实现了电子化向网络化的跨越。门诊和住院收入是医院盈利能力最强的两部分。但是在一般情况下，医院通过改扩建住院部来扩大效益。但受到实际物理环境的影响，这种单纯扩充病床来达到显著提高效益的方法并不容易。因此，通过智慧的移动和远程医疗等方式，提高医护人员的工作效率、提高病房周转率，就成为信息化对效益提升的一种新的探索。

1. 移动医疗的概念

国际医疗卫生会员组织(HIMSS)给出的定义为，移动医疗(Mobile Health)就是通过使用移动通信技术，例如 PDA、移动电话和卫星通信，来提供医疗服务和信息。具体到移动互联网领域，则以基于安卓和 iOS 等移动终端系统的医疗健康类 App 应用为主。移动医疗是一种将移动计算、医学传感以及通信技术融合为一体的新兴医疗保健模式，是对医疗技术和卫生服务的延伸和补充，是在充分开发利用信息资源的基础上，为更多的人群提供更有效的医疗卫生服务。

移动医疗是现代通信技术、互联网技术和临床医学等多个交叉学科的发展而催生的，通过无所不在的网络和智能移动终端来提供医疗和公共健康服务的最新医疗服务模式。随着无线网络的不断升级，移动宽带网络和服务大力推展，智能手机和新型连接设备渗透率日渐提高，越来越多的人希望通过手机等智能移动终端获得高质量的健康信息服务。移动医疗是医疗服务和移动互联网、物联网的融合应用，根据移动区域内医疗保健服务需求，对医疗资源进行柔性配置，提供随时随地、高效便捷的医疗信息与诊疗手段，促进居民健康服务均等化，改善医疗水平与服务等级。

移动医疗应用的主要模式可以分为两种：一种是面向医院医生的，主要用于医生之间的交流、医学知识库的应用和常用医学工具等；另一方面是直接面向用户或者患者的，主要用于寻医问药、远程医疗、预约挂号、信息查询和随访服务等。比如：借助“TD－LTE”高清、移动、无线的技术优势，可以帮助救护车上的医护人员，通过移动高清视频获得清晰、快速的远程指导，不错过治疗的“黄金半小时”；社区医生带上移动医疗诊断设备，可以随时请大医院、著名的医生进行远程会诊；社区医疗信息平台，可以用短信、彩信、WAP、呼叫中心等方式向公众提供掌上医讯、预约挂号等服务。

移动医疗主要从医疗资源共享和医疗差错减少两个方面促进医疗卫生服务的提升和扩展。

一方面，针对在医疗人力资源短缺和优质医疗资源集中的情况下，移动医疗可以从减少任务的人力投入、共享区域医疗资源等方法来帮助缓解。主要的应用有无线查

房、移动护理、药品管理和分发、条形码病人标识带的应用、无线语音、网络呼叫、视频会议和视频监控等。这为发展中国家的医疗卫生服务提供了一种有效方法。

另一方面，通过减少医疗差错，来提升医疗卫生服务质量，缓解医患关系。比如，在对病人护理过程中，有可能出现护理人员交接环节的失误，以及在发药、药品有效期管理、标本采集等执行环节的失误。据美国权威机构的调查显示，每年有超过1500万例的药品误用事故在美国医院内发生。为了避免这些失误，就需要医护人员及时地得到和确认患者的医疗信息，确保在正确的时间，对正确的病人，进行正确的治疗。

2. 移动医疗市场的发展

移动医疗正成为医疗信息产业一个新的增长点。根据清科研究中心统计，从2010年—2014年3月，移动医疗行业共发生投资事件58起，涉及企业33家，披露金额超过1亿美元。而具有医学背景或互联网背景的个人创业者在移动健康医疗领域的努力受到更多资本青睐。数据显示，从2013年—2014年3月，29起投资事件均投向个人移动医疗。仅2014年1—3月，面向个人投资事件已发生9起。移动医疗规模在发达和发展中国家日渐上升。数据显示，2013—2017年全球移动医疗市场预计由45亿美元增至230亿美元。2017年欧洲地区移动医疗市场规模有望居全球首位，达到69亿美元，亚太和北美地区紧随其后，分别为68亿美元和65亿美元。就国家而言，美国移动医疗市场收入将达到59亿美元，占全球市场总收入的四分之一，中国和日本移动医疗市场收入将分别在25亿美元和14亿美元左右。

我国已于2010年进入深度老龄化阶段，即65岁以上人口超过总人口14%。预计2035年后，中国将和英国等欧洲国家一起进入超级老龄化社会，即65岁以上人口超过总人口的20%。医疗需求在这种情况下会激增。而中国社会一直面临医疗资源分布不平衡和短缺的问题，医疗需求增长与供给不足的矛盾冲突，也为移动医疗深度发展创造了空间。清科研究报告预计，未来3～5年移动医疗市场会出现爆发式增长，成熟的商业模式将随之出现并逐步走向正规。前期投入的移动医疗机构开始逐渐累积用户，预计到2021年市场将得到高速发展。

我国亚健康人群也大幅增加，移动医疗市场空间巨大。根据《2012中国城市居民健康白皮书》调查发现，35～65岁的人群正在成为慢性病大军。其中超重、肥胖、血脂异常、脂肪肝和高血压人群显著增加，且发病年龄日趋年轻化。世界知名医疗咨询机构IMS预计，到2050年，全球每5个人中就有一人超过60岁，患有高血压、晚发性糖尿病、心脏病等需要监控的慢性疾病的人群增多。疾病发生之前通过移动医疗设备对亚健康指标的测量，可以提早发现慢性病，有利于治疗。移动医疗领域拥有广阔发展蓝海。中国医药物资协会也发布了《2013 中国医药互联网发展报告》。该报告显示 2013 年中国移动医疗市场规模达到 23.4 亿元，较上一年增长 25.8%；预计到 2017 年年底，中国移动医疗市场规模将突破百亿元，达到 125.3 亿元。

3. 移动医疗生态系统

移动医疗生态系统是指为移动医疗产业链上利益相关各方(包括患者、药厂、设备供应商、竞争者等)及其周围环境形成的一个经济联合体。这种联合体以单位或者个体的相互作用为基础。单位和个体是移动医疗生态系统中的有机成员，其他还包括生产者(医疗服务机构)、移动运营商、医疗设备供应商、移动医疗应用服务商和其他风险承担着。这种经济联合体生产出对消费者(患者)有价值的产品和服务。

移动医疗生态系统是一个具有一定经济利益关系的单位组成的动态结构系统。在这个系统中，相关的有机体在一定空间内与其所在的商业环境协调作用，共同打造以患者为中心的高效医疗服务所形成的复杂的进化系统。

移动医疗生态系统成员主要包括患者(消费者)、医疗服务机构(生产者)、移动运营商、医疗设备厂商、移动医疗应用服务商。

1) 患者

患者是移动医疗生态系统的核心，利用移动运营商提供的移动技术和医疗设备供应商提供的移动设备，以及应用服务商提供的应用，与医疗服务机构建立高效沟通和交流机制，获取实时的医疗服务信息。患者的满意度是衡量一个移动医疗生态系统是否良性循环的标志。

2) 医疗服务机构

医疗服务机构负责随时随地地为患者提供各种医疗服务应用，包括预约的生产与取消、远程医疗、家庭健康监测、自我医疗、支付交易、健康培训、健康管理、急救护理、公共卫生信息等。

3) 移动运营商

移动运营商利用通信运营服务能力，从最初引入合作伙伴提供移动医疗解决方案，逐渐发展到与医疗设备提供商及服务商深度合作、联合开发产品并提供服务。部分运营商还基于对该领域巨大市场前景的考虑，专门成立公司，开始独立运营移动医疗服务。具体应用的实现可通过3G、4G网络远程采集医疗信息、医疗病例和医疗共享信息，让医生通过捆绑无线终端比如平板电脑或者手机获取医院各种各样的信息。

4）医疗设备厂商

医疗设备厂商将移动医疗设备研发生产作为新兴业务增长的关键，而一批非医疗领域的制造型企业也开始涉足移动医疗领域。移动医疗包括智能手机和医疗平板电脑等。移动医疗对便携医疗设备的需求会大大增加，比如床边监护仪和B超等。一般来说，便携医疗产品的市场化成本较高，其研发成本、市场开拓成本、时间成本和市场周期都给这些企业带来很大压力。

5）移动医疗应用服务商

移动医疗应用服务商通过整合移动运营商、医疗设备厂商的网络和终端资源，在数据分析挖掘基础上，为用户提供个性化的医疗健康信息服务。在技术的开发过程中，需要从医院本身的需求出发（比如这种技术医院需不需要、需要多久），特别需要融合一线医务人员，结合实际的救治流程来开发平台或者设备。在信息平台设计上，不仅要负责数据处理，还要负责信息采集的标准化，需要考虑集成医生工作站、护士工作站、地方信息终端和门诊输液等环节。

9.1.2　移动医疗系统架构与功能

为了满足医院各种应用的要求，在医院现有局域网的基础上架构无线网络，建立信息传输的硬件平台，为系统应用前端配置无线手持终端PDA，实现应用实时化和信息移动化，培植中间件技术建立面向服务的通用数据交换平台、系统维护和扩展。

如图9-1所示，整个系统架构在医院原有局域网（LAN）之上，在数据中心配置应用服务器与LAN相连，提供系统应用服务；在主机房配置无线交换机与核心交换机连接；在LAN上配置WIPS，提供系统的安全、管理服务；在楼层通道根据通道长度配置相应数量的AP；根据AP数量及连接AP的网线长度限制，在相应楼层配置供电交换机；在医护人员处配置PDA应用前端（EDA）设备。

移动医疗的目的在于提高医院的运营效率，降低医疗错误及医疗事故的发生率，从而全面提高医院的社会效益以及竞争力，这是医院信息化发展的必然趋势，而且也是医院“以人为本”医疗模式的保证，更是一个现代化医院的综合实力体现。

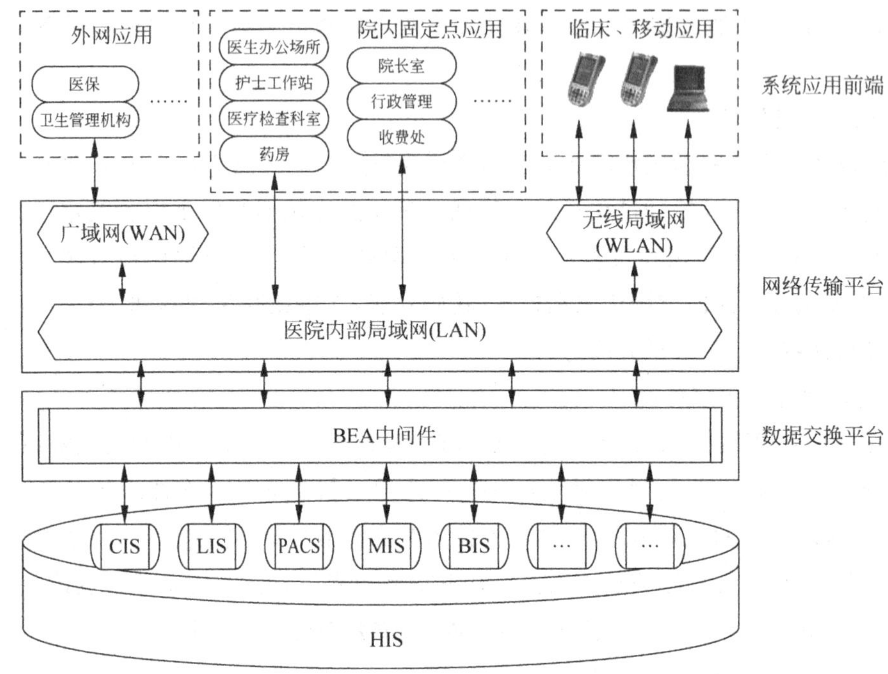

图 9-1 移动医疗系统结构

1. 系统功能

RFID 病患身份辨识。手持数据终端可从主机下载 RFID，辨识当日所有病患的照片及相关病历与处方数据，医护人员可操作手持数据终端来显示所需要寻找的病患，并进行相关记录工作。

医护手持数据终端应用。在完成辨识医护，并确认医护身份后，医护人员即可运用与医院信息系统整合的手持数据终端上的医疗电子表单，直接通过 Wi-Fi 实时查询病患数据，直接勾选及输入手持数据终端上的清单，并暂存于手持数据终端上。还可进行批次传输，隔一段时间后就回传至后端主机系统。

健诊问卷调查系统与检验项目查询。在完成身份辨识后，即可由医护人员，询问病患的检查问卷项目，运用手持数据终端的电子问卷调查表，依据所回答的问题，直接勾选手持数据终端上清单，并暂存于手持数据终端上，可回传至后端主机系统。

2. 系统优点

1）加强医院管理效率和力度，实现了查房中的快速无缝漫游

无线临床信息系统运用高效、实时、移动化的信息处理方式。实时记录医院各个环节的医疗信息、医疗和收费过程，便于医院管理者及时准确地掌握医院各项信息，从而有利于管理层根据情况实时做出决策判断，完善医院的考核体系，提高了医院管理效率和管理力度。

2）减少医疗差错和事故

利用一、二维码和 RFID 技术、标志和识别药品、生化标本、设备、医护工作人员以及病人身份等信息。通过运用 PDA 进行条码扫描不仅可以快速进行信息对应关系的确认，而且也有效杜绝了人工判断差错的产生。

3）减轻了医护工作人员的工作强度，提高了医护人员的工作效率

PDA 的应用使医护人员能随时随地获得和处理病人诊疗信息，大大减轻了医护人员的工作强度以及工作压力，全面提高了医护人员的各项工作效率。

4）优化信息存取流程

借助条形码，RFID 和移动计算等各种成熟技术，大大减少了医护工作中海量信息录入、手工抄写等工作环节。

5）实现"以病人为中心"的医院管理理念

医护工作人员通过使用 PDA，实现实时获取和处理病人的诊疗信息，确保了患者在第一时间得到恰当的诊疗。

9.1.3 移动医疗应用子系统

广义上，移动医疗应用的地域范围从医院扩散到社区、家庭，直接操作对象从医生、护士扩展到患者和普通人，服务领域从疾病治疗延伸到康复监护和健康监测。常见的应用有医生工作站、护士工作站、门诊输液系统、远程监护系统等。医生的查房终端就集成了电子病例以及整合了临床路径和合理用药等功能，实现了无纸化实时监控，提高了医护质量。远程监护也包括了老人监护、慢性病观察、新生儿监测以及 ICU 监测等。移动医疗、远程医疗两者采用的技术类似，也都是围绕医疗来展开。

本书认为，移动医疗主要是围绕医生和护士为患者提供疾病治疗和护理服务这一核心业务展开；远程医疗主要是借助异地的医疗资源来帮助实现疾病治疗和护理服

务；智慧健康是围绕疾病预防、健康监测、康复保健等健康需求提供医疗健康咨询和服务。因此，本书将有意识地将某些应用划分入移动医疗、远程医疗、智慧健康。

本章主要介绍移动临床信息系统及其配套的移动医生工作站和移动护士工作站，还有移动门诊输液系统等。

1. 移动临床信息系统

移动临床信息系统是为满足医生和护士临床服务而推出的，以无线局域网络为网络平台，以医院信息系统(HIS)为支撑平台，以移动计算和条码识别为核心，实现电子病历移动互联网。该系统充分利用 HIS 的数据资源，通过数据整合，实现了医院信息系统向病房的扩展和延伸，极大地推动了医院的信息化建设，帮助医院实现临床服务的无线化、移动化和条码化管理，是医院信息化的必然趋势。

移动临床信息系统充分利用 HIS 的数据资源，通过数据整合，实现了医院信息系统向病房的扩展和延伸，极大地推动了医院的信息化建设，帮助医院实现临床服务的无线化、移动化和条码化管理，是数字化智慧医院发展的必然趋势。

具体来说，移动临床信息系统以无线网络为依托，使用移动数据终端(EDA)，将医院各种信息管理系统通过无线网络与 EDA 连接，实现医护人员在病人床边实时输入、查询、修改病人的基本信息、医嘱信息、生命体征等功能，同时可以快速检索病人的检查、化验等临床报告。在南京军区南京总医院，住院病人都会佩戴一根条码腕带，病人腕带使用二维码标识，医护人员通过 MC50 扫描病人腕带，就可以直接、准确地完成病人身份识别，并快速完成出入院、临床治疗、检查、手术、急救等医疗环节的信息记录。

电子病历移动化是移动医疗实现的重要突破，将电子病历从桌面应用推向了移动应用。当前国内各大医院纷纷展开电子病历系统的建设，随着医疗文书的电子化逐步加深，仅局限于桌面级的医疗文书的录入和调用方式将成为推进电子病历应用的“瓶颈”，无法解决实时电子化的医嘱执行、生命体征录入等问题。移动临床信息系统的应用使医护人员能随时随地访问电子病历，及时记录病人的相关信息并获得完整的诊疗信息。

1）系统架构

移动临床信息系统采用典型的三层架构设计(见图 9-2)，有效降低开发和维护成本，各层业务相对独立、层次清晰。客户端采用瘦客户机，对客户端计算能力要求不高，与EDA的特点相符。同时应用服务器能适应大规模和复杂的应用需求，可适应不断变化的业务需求，访问异构数据库实现简单，能有效提高系统并发处理能力，还能有效提高系统安全性。移动临床信息系统针对医生和护士，分别配有移动医生工作站和移动护士工作站。

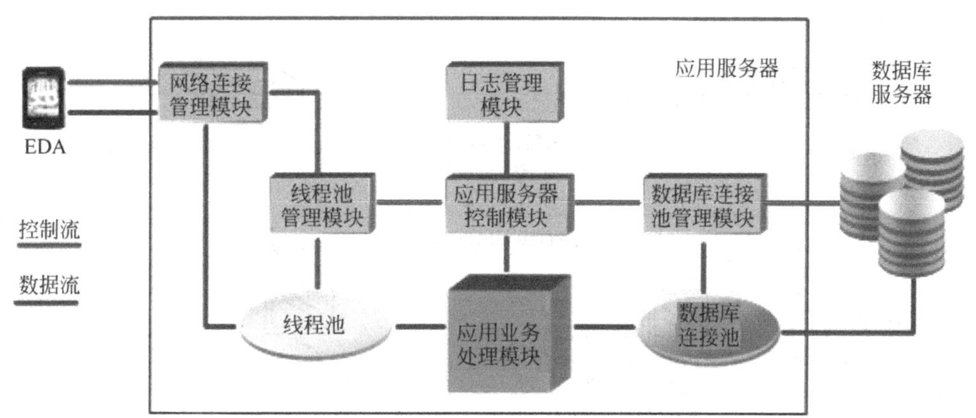

图9-2　移动临床信息系统三层架构

移动临床信息系统架构（见图9-3）在医院原有局域网（LAN）基础上，在数据中心配置应用服务器，此服务器连接在LAN上，提供系统应用服务；在主机房配置H3C WX5002无线交换机，该交换机与核心交换机连接；同时配置H3C iMC WSM服务器，提供系统的安全、管理服务；根据AP数量以及连接AP的网线长度限制，在相应楼层配置H3C S3652P-ER供电交换机；在楼层通道根据通道长度配置相应数量的H3C WA2110 AP；在医护人员处配置MC50前端应用设备（EDA）；在入院管理处、药品发送点，配置斑马888TT打印机，以打印必需的腕带条码和药品条码。

2）系统成效

（1）加强医院管理作用。

移动临床信息系统可以使医院管理方式和管理力度与国际接轨。通过该系统，医院的各种信息、记录和资料都将实时电子化管理，可以实现护士工作记录和医生工作记录的有效跟踪，加强对药品的管理。医院管理人员能及时准确地掌握医院各个环节的信息，使医生和医院管理者实时做出正确决策，从而提高医院管理效率和管理力度。

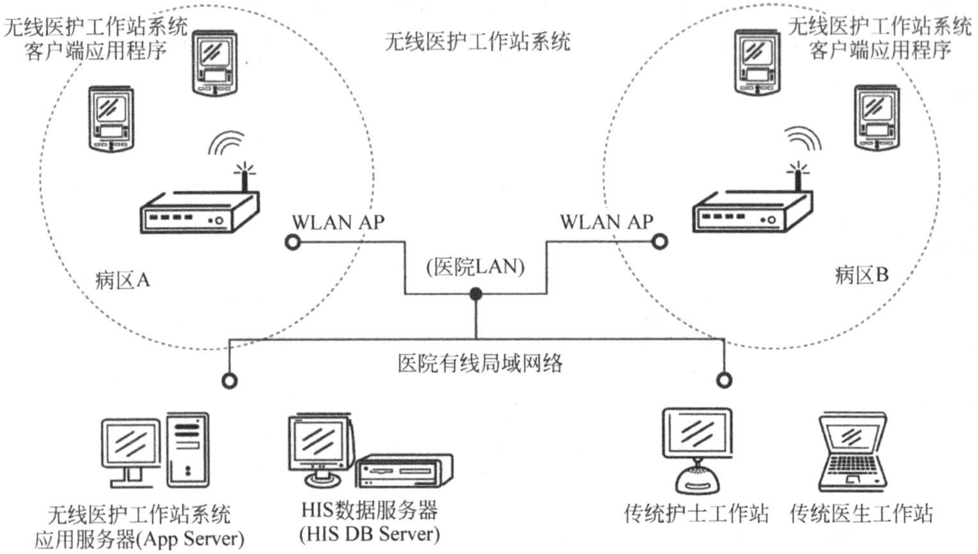

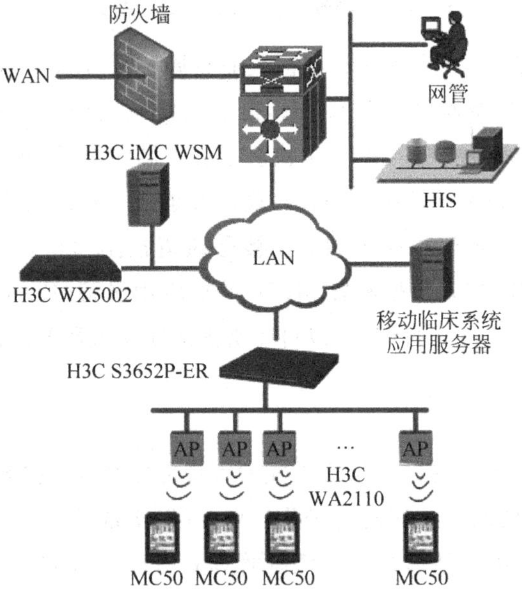

图 9-3 **移动临床信息系统网络架构**

(2) 优化流程，提升工作效率。

在传统的医护流程中，HIS数据库中的数据与病人无法进行直接交互，医护人员需要通过打印纸质病历进行查房；在执行医嘱过程中，需要人工判断该病人是否就是需要服用该药品的正确病人，以及药品是否正确；在询问病人信息时，需要通过病人口述，先用笔记录病人口述内容到纸上，最后回到护士站后进行计算机录入。在使用移动信息系统后，医嘱执行流程、药物执行流程和护理评估流程等都得到了优化，通过优化的医护流程和条码识别技术，不但减少了工作环节，而且通过条码识别，提高了医护人员处置效率，大大提高了每个医护人员的工作效率。根据实际使用统计，通过流程优化所带来的提高效率，一般可以让每个护士每天平均增加25%的时间给病人。

(3) 保护病人隐私，杜绝医疗差错。

在传统的工作方式下，医护人员通过人工判断和转抄等方式进行病患信息的传递，这种落后的信息传递方式，不能保证信息的准确性，所以非常容易造成由于人工判断错误或书写错误而造成的医疗事故，给医院带来医疗纠纷。

(4) 使用EDA对病人腕带进行扫描，从数据库调取病人信息。

应用移动临床信息系统后，每个住院病人都会佩戴一个条码腕带，腕带上的条码是二维条码，病人腕带是完整的病人识别系统的重要组成部分。护士在执行医嘱的时候，通过随身携带的EDA对病人腕带进行扫描，病人信息就会从数据库中调出，同时该病人的需要服务的药物信息也会自动调出。护士在给病人服务药物之前，通过EDA对药物条码进行扫描，服务该药品的病人信息就会进行自动匹配。通过条码技术实现病人身份和药物身份的双重核对，真正杜绝医疗差错，同时，由于病人腕带的应用，可以保护病人隐私的安全。

(5) 减少成本，提高绩效。

根据医院实际使用统计，应用移动临床信息系统后，减少了纸张和打印，包括打印耗材在内，一般每病区每年可以节约成本在数千元。同时也为创建节约型社会、降低碳排放做出实际的贡献。通过移动临床信息系统的应用，医院不但可以减少耗材成本的支出，同时通过提升护士工作效率，可以减少护士配备和减少病人住院天数，使医院获得良好的经济效益和社会效益。

2. 移动医生工作站

医生工作站主要提供给医生使用，可以满足医生查房时的所有工作需求。医生工作站系统可以部署在移动数据终端上，也可以选择在移动临床助手 MCA 上进行部署。

1) 系统功能

信息查询：可查看病人住院信息，如床号、姓名、住院号、费用、病情、诊断、主管医生等，也可查看病人体征信息，包括病人体温、脉搏、呼吸、血压、出入量、体重等。

开立医嘱：医生可输入医嘱内容、选择医嘱使用频次、输入药品规格等，也可停用医嘱或作废医嘱。

医嘱查询：可查看病人自入院以来的所有医嘱内容，并分不同颜色显示。

报告查询：医生可以查看病人的检查、检验结果详细信息，异常结果将以红色显示。

此外，移动医生工作站还具备一些特色功能。

- 查看病历：医生可使用 EDA 查看病人的病历，包括病案首页、病程记录等。
- 支持医嘱本及套餐医嘱：在病人全部医嘱界面，增加医嘱本选项，并支持套餐医嘱。
- 支持随访及医疗分组：支持一个医生主治多个科室的病人。
- 便签及录音功能：增加便签功能，方便医生在床旁记录文本信息及语音信息。
- 发送短信：单独发送、群体发送、全病区发送以及查看历史信息。
- 条码或 RFID 应用扩展(病人标识识别系统)。
- 合理用药智能提示：医生开具医嘱时，系统根据药物配伍禁忌做出相应的智能提示；包括药物配伍禁忌提示、孕妇提示、肝肾功能损害提示等信息。

2) 系统优势

(1) 提高工作效率、降低工作强度。

医生在患者床旁可完成数据的查询和医嘱的下达。这不仅减轻了查房医生的负担，提高了查房效率，而且借助先进的信息化手段，可以使查房过程执行得更为准确，患者医疗过程更加安全。

(2) 优化诊疗流程，提高临床诊疗安全性。

实时患者信息查询、医嘱项目的开出，为患者诊疗争取了宝贵的时间，有效提高了患者的满意度和临床诊疗的安全性。

(3) 提高临床用药水平，降低用药事故发生率。

通过用药提示和药品禁忌提示，有效提高了临床用药的安全性，避免一些临床用药错误事件的发生。

3. 移动护士工作站

护士工作站是提供给护士使用的，可以满足护士日常所有工作需求。护士工作站部署在移动数据终端上，护士可以通过移动临床护理系统跟踪医嘱的全生命周期。在目前医院信息系统功能范围下，HIS系统只跟踪到医嘱转抄这一步，即把医嘱分解成为可操作的执行项目并且在这一步就对该条医嘱执行收费，不再跟踪医嘱实际执行过程。而移动临床护理系统将现有护士工作站延伸至病人床旁，执行者通过扫描患者腕带条码、药品包装容器条码完成医嘱执行确认和收费，并准确记录了实际执行人，执行时间。

护士用PDA在病人床旁完成对病人各项护理信息的采集和记录。数据自动存储到数据库。完成单一生命体征项目的记录后，自动生成趋势图。医生下达医嘱后，信息会自动转移到PDA上，可显示提示信息，护士可在无线网络范围内的任何区域进行数据读取、查询、查对与执行。

1）系统功能

信息查询：护士可通过PDA上实时查看病人的基本信息，并以显著的方式标明病人的护理等级、病情状况以及是否发烧等相关信息。

生命体征录入：护士能够通过PDA在病人床旁实时采集记录病人的体温、脉搏、呼吸、血压、出入量、神智信息等各项指标。

医嘱执行：护士能够通过PDA在病人床旁执行医嘱。

全科体征智能提示：能够根据病人的护理等级、危重状态、发烧及手术等具体情况，结合医院的规定，自动动态计算出病人需要测量体征的时间点。

报告查询：能够查看病人的检查申请情况、检查和化验结果。

入院评估：护士能够手持PDA在床旁对入院病人进行评估工作。

健康教育：能够手持PDA在床旁对入院病人进行健康教育工作。

此外，移动护士工作站还具备以下其他功能。

- 各不同科室可以根据自身的要求自定义生命体征录入界面、参数等配置信息；
- 支持在护士站打印佩戴于住院病人手腕上的腕带；
- 腕带系统具备可扩展性及开放的接口，支持医院后续其他应用；
- 可以根据医嘱执行频次对医嘱自动进行分拆；

- 可以根据医嘱的执行途径分类显示；
- 可以为病人输液类药品打印二维条码标签；
- 执行医嘱时，记录医嘱的执行时间、执行护士等信息，为日后的医嘱执行记录查询提供有效数据；
- 用户可以根据医院的规定对体征测量规则进行自定义配置；
- 用户对评估项目可灵活配置，方便日后的维护；
- 用户可对健康教育项目及内容灵活配置，方便日后维护。

2）移动护士工作站报表系统

移动护士工作站报表系统包括以下内容。

- 病人床位卡浏览；
- 体温单；
- 生命体征观察单；
- 护理记录单；
- 特别护理记录单；
- 入院评估单；
- 健康教育记录；
- 服药单记录；
- 临时医嘱记录；
- 输液单记录；
- 治疗单记录；
- 注射单记录；
- 危、重病人查看；
- 新入科病人查看。

3）应用优势

移动护士工作站在实际使用中，具备如下应用优势。

（1）电子病历移动化，病人医嘱有效跟踪，优化护理流程，提升工作效率。

（2）保护病人隐私，实时监控护理质量，杜绝医疗差错，提高患者临床护理的安全性。

（3）降低耗材支出，提升护理管理的水平，保障医疗质量。

4. 移动门诊输液系统

门诊输液室是医院人群相对集中而且流动性较大的场所，也是医院护理管理工作的重要环节。但目前，许多医院的门诊输液过程缺乏信息系统支撑，一方面导致门诊输液室环境嘈杂，护士工作繁忙，容易出现安全事故；另一方面，医院也很难准确考核护士的工作量。

移动门诊输液系统将彻底改变这种落后的管理。它的网络架构如图 9-4 所示，移动终端、打印机、扫描枪等都通过无线网络相连，突破了时空的限制。它依托条形码技术、移动计算技术和无线网络技术实现护士对病人身份和药物的双重条形码核对功能，杜绝了医疗差错；依托无线呼叫技术实现病人求助时，护士及时响应，并改善输液室环境以及减轻护士工作强度和工作压力。

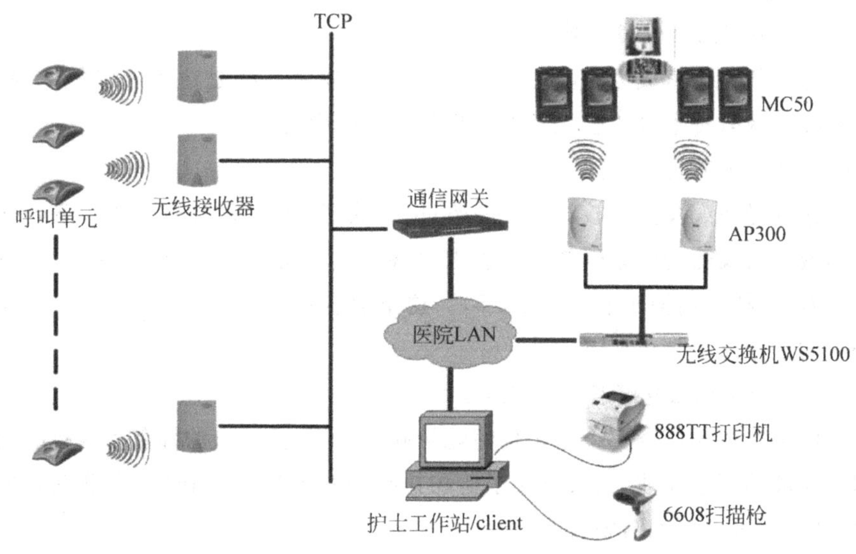

图 9-4 移动门诊输液系统网络架构

从技术层面看整个系统的逻辑结构，可以分为三层(C/S/S 结构)。

(1) 客户端 MCSO。负责业务数据的显示、编辑等操作，然后在输液报警中生成相应的病人输液信息。

(2) 应用服务器(AppServer)端。作为三层架构的中间层，负责输液报警与 HIS 数据库服务器之间的数据交换。

(3) 数据库服务器(DBServer)端。数据库服务器使用 HIS 原有的数据库服务器,不修改原来数据库的任何结构,只是增加一些数据库表。

1) 系统特点

(1) 身份核对条码化。

条码双联标签使用,保证用药安全;病人、药品扫描核对,杜绝差错事故。

(2) 病人服务人性化。

自动呼叫创造和谐输液氛围;移动呼叫保证病人呼叫及时响应。

(3) 医院管理信息化。

简化护士工作流程,减轻护士工作强度;自动生成护士工作考核报表,提升医院整体管理水平。

2) 应用优势

(1) 符合医疗信息化发展趋势。

移动化和条码化正成为医院应用的热点,门诊输液系统是将条形码技术、移动计算技术和移动网络技术真正引入医院流程管理的典型范例。

(2) 优化工作流程,提高工作效率。

系统通过对病人及药物核对流程的改进,形成了"生成病人和输液袋条码标签→护士对输液病人及药物的条码核对→护士应答病人移动呼叫→输液后病人身份的再次条码核对"的科学输液流程(见图 9-5)。这不但有效消除了不安全因素,也大大提高了护士的工作效率。

(3) 为护士工作量化考核提供依据。

护士的每次核对信息都被电子标签记录并保存,包括护士的姓名和执行时间。它便于门诊输液的流水作业,大大方便了药物执行信息的核实,同时能准确统计护士的工作量,使部门管理更加清晰流畅。

(4) 及时应答呼叫,改善输液环境。

病人在输液中有不适反应、接瓶或输液完毕时,需要呼喊护士进行操作,这造成了输液室环境嘈杂、护士不能及时应答病人呼叫及病人位置确认错误等安全隐患。应用移动门诊输液系统后,病人在结束输液或需要接瓶处理甚至发生病情变化时,按动输液坐椅上的呼叫器,护士可在输液室的任何地点使用移动终端接收呼叫,即时处理输液病人求助信息。这样不但使护士能够及时应答病人的呼叫,同时也改善了输液环境。

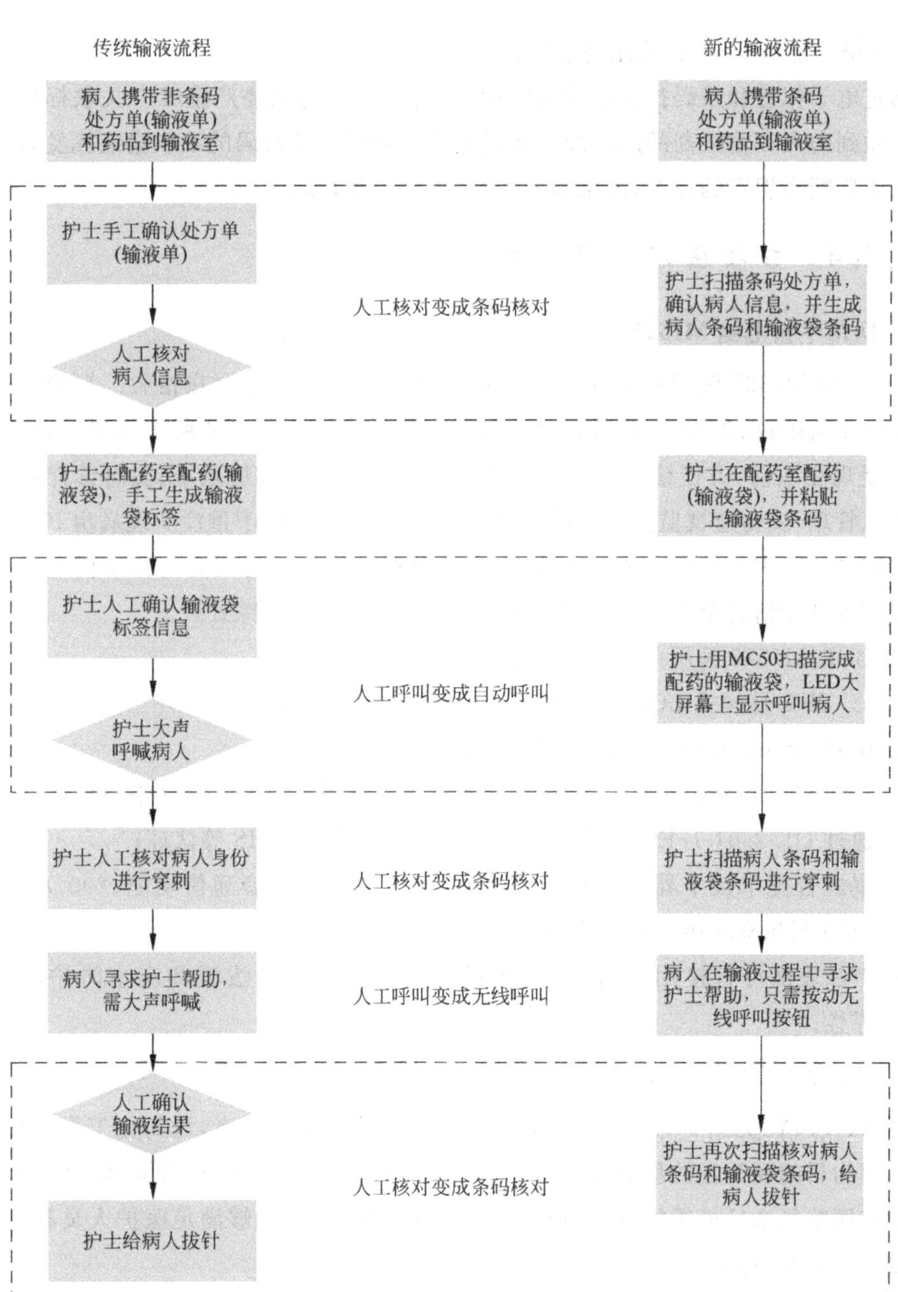

图 9-5　移动与传统输液流程对比

(5) 增强输液安全，杜绝用药差错。

通过电子标签和条码扫描技术的应用，使病人身份与药物产生唯一关联标识，能够完全做到病人和输液药品的匹配。通过电子扫描核对条形码的双联输液标签，从而绕过人工判断和识别的环节，增强输液安全，彻底杜绝用药差错。

9.1.4 移动医疗应用产品

1. 医用平板电脑 M1525

ARBOR M1525 医用平板电脑，让医护信息无时无刻不停留在指尖。轻轻一触，过去穿行于监护仪、实验室、放射科以及查看大量的病历所收集的所有资料现在都能够自动展现在眼前，方便诊疗与护理工作。M1525 集电子病历系统、实时诊疗信息、药物确认管理、安防监视监控等多种应用于一身，可广泛应用于重症护理病房 ICU、手术室、静配中心、中心和病区药房等处，并可结合移动推车成为医院的移动信息中心。它可以实现就诊信息全方位、全对象、全过程的有效采集和跟踪处理。

ARBOR M1525 医用平板电脑具备如下应用优势：

- 15"TFT 触摸式 LCD，纯白色外观，一体式机身高性能；
- Intel Core 2 Duo CPU，支持 2GB 内存；
- 支持 802.11b/g/n 无线网络、蓝牙等移动交互设备以及千兆网络适配器；
- 通过 UL-2601-1/EN60601-1，CE/FCC B 级认证，RoHS 等认证；
- 集成智能卡读卡器用于身份识别、内置麦克风及语音通信功能、200 万像素 CCD 照相机应用于医疗诊断；
- 产品表面可直接用酒精擦拭，坚固、耐用、IP54 等级泼溅和灰尘防护，高可靠性。

2. 移动临床助理 MCA T10Y

MCA T10Y(见图 9-6)是一款专门针对医疗临床护理工作者，以简化工作流程和提高效率为目的而开发的移动临床助理。它具有轻便易于携带，符合人体工学设计，以及适应医院复杂环境等特点，特别适用于医疗临床应用，能够满足医护人员移动于各类复杂医院场所的需求。

MCA T10Y 可以运行任何现有的基于桌面 PC 的电子病历及医院信息系统，并可将这些应用延伸至临床，以配合医护工作者高移动性和快节奏的工作。Intel MCA

T10Y从临床应用的特殊需求出发，提供便携和可靠的服务，以实现就诊信息全方位、全对象、全过程的有效采集和跟踪处理。

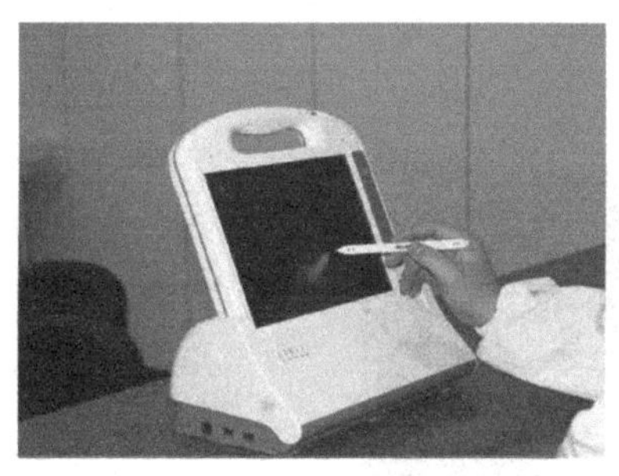
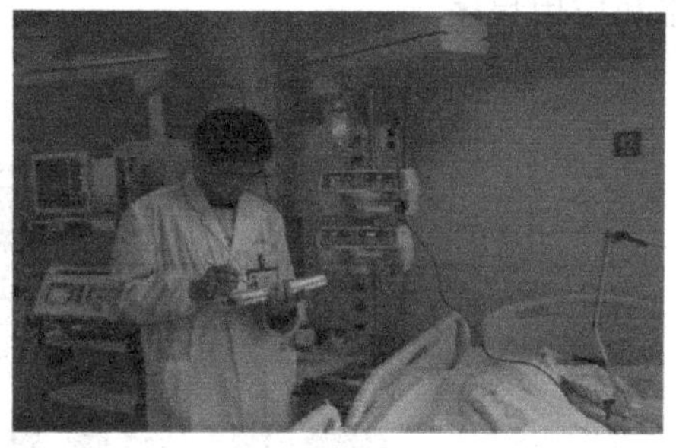

图 9-6　移动临床助理 MCA T10Y

MCA T10Y具有如下产品特性。

1）轻巧安全

MCA T10Y仅重1.3kg，具有"提着就走"的人体工学设计，完全防水密封设计，可消毒清洁，符合IP54规范。4英尺屏幕可任意方向自动旋转，亮度随环境自动适应，高度防震，高强度外壳。

2）无线移动

内置802.11n高速无线网卡，内置蓝牙，红外线，条码及RFID读取器，指纹识别登陆，智能卡扫描登录及智能触控屏幕。

3）流程简化

运行现有的基于桌面PC的电子病历及医院信息系统，实现就诊及床旁信息全方位、全对象、全过程的有效采集和跟踪处理。在查房时快速准确地查阅及核对病人信息及药品信息，确保安全给药。支持床边音频/视频记录，可轻松创建医患记录，并且同步传递给其他部门。

3. 移动数据终端MC50

摩托罗拉MC50（见图9-7）采用EDA前沿技术设计制造，是移动数据终端中首款小型轻便的数据终端它具有一、二维条码等多种高级数据采集功能、摄像功能、拍照功能以及灵活的语音和数据通信功能，并且很容易与无线局域网（WLAN）实现同步。MC50基于Microsoft® Windows Mobile™的平台使其可以兼容Microsoft、Oracle®、Siebel®、SAP®和IBM®等公司的客户关系管理系统（CRM）软件，可以轻松而迅速地应用于各种环境。由于增加了移动管理软件，可以迅速部署并管理成千上万的 MC50 设备，并且可以通过基于 Web 的直观界面马上看到结果，并控制所有移动数据终端、无线网络和应用程序。

图 9-7　MC50

MC50 在设计、部署、计算、数据等方面具有明显的优点和显著特点（见表 9-1）。

表 9-1　MC50 的优点与特点

优　　点	特　　点
企业级基础	结合了移动计算、数据采集和无线网络的完全集成解决方案
耐用设计	延长了产品生命周期，比消费类设备的停机时间更少
直接部署系统	可以快速而轻松地安装投入运行
高速 CPU 性能	可运行企业级应用程序
多样化的数据采集功能	每次都能准确快速地采集信息
基于标准 IEEE 802.11b (WLAN)的无线连网功能	采用安全的移动事务处理实现实时通信和决策制定
现成的 IP 语音通信功能(VoIP)	通过即按即讲、对等网络、一对一或一对多实现无缝语音通信
移动服务平台(MSP)	快速部署到移动设备、网络和应用程序中，并使它们持续可视化，以降低成本
智能电池	确保最长运行时间
用户可操作的带盖 SDIO 插槽	在改善声效的同时提供技术上的灵活性
用户友好的键盘选件	提供灵活的功能和键盘设计，实现高效的数据输入

MC50 独具特色的设计使其可以很轻松地集成到医院新的或现有 IT 基础设施中。MC50 设计得比消费等级的 PDA 更为经久耐用，其他各方面（从电池接点到键盘直至声音功能）的可靠性都得到了增强。增强的功能性、便携性和耐用性，确保 MC50 有足够的能力满足医院日常高强度的使用。不但实现医疗各个环节信息的实时存取，而且还实现医护人员的点对点呼叫、集群呼叫、医护人员之间的语音对讲、移动处理病人的床边呼叫、远程图像监控、病人床边营养配餐、医疗设备与仪器的管理等应用。这些性能和功能的紧密结合，提供了更广泛的应用功能扩展空间和升级空间，带来了更低的总拥有成本，获得最大的投资回报。

9.2 远程医疗

9.2.1 远程医疗概述

1. 远程医疗概念

远程医疗（Telemedicine）是指通过计算机技术、通信技术与多媒体技术，同医疗技术相结合，旨在提高诊断与医疗水平、降低医疗开支、满足广大人民群众保健需求的一项全新的医疗服务。远程医疗是计算机网络技术、现代通信技术、多媒体技术与现代医学技术相结合的一门新兴的综合交叉学科，是一种新的医学模式。它以多种数字传输方式，通过多种核心技术和远程医疗软件系统建立不同区域的医疗单位之间、医生和患者之间的联系，实现对医学资料和远程视频、音频信息的传输、存储、查询、比较、显示及共享，完成远程咨询、诊治、教学、学术研究和信息交流任务等。

目前远程医疗在国外许多国家尤其是一些发达国家，已被广泛应用于脑外、胸外、眼科、心脏、放射、皮肤等多种医学专科的诊断治疗和疑难重病的专家会诊。我国幅员辽阔，特别是广大农村和偏远地区医疗水平较低，远程医疗更有发展的必要性。

远程医疗发展对我国医疗保健业的改革有巨大的影响。对于目前困扰医疗保健普及系统的种种问题，远程医疗提供了全新的解决思路和措施。计算机和多媒体技术以及通信技术迅猛发展，为远程医疗的发展提供了契机，能够较好地解决一些医疗问题。比如，医生和病人可以通过视频进行安全、快速的交流，病人和医生在网上及时的交流能使得医生更好的了解病人的病情发展状况和发病时的表现；病历和 X 光片等资料通过双流技术实现会诊时的实时传输；多家医院的专家对一例病例进行远程会诊；一些疑难杂症需要多地专家会诊；传染性疾病不易到公众医院就诊等。

虽然远程医疗、远程医学、移动医疗、电子医疗等名词在医疗产业中看似相近，实则内涵迥异。美国医疗卫生信息与管理系统协会（HIMSS）将远程医学简单的定义为“一种规模更大、管理更严格、以质量为导向并专注于服务有偿付费的产业”，而移动医疗则被视为“一种不受管制、以日常医疗产品为基础并专注于小型和自费医疗方案的产业”。然而，不管是叫远程医学、远程医疗，还是叫移动医疗、电子医疗，这些医疗服务正在接受临床研究的检验。

《国家卫生计生委关于推进医疗机构远程医疗服务的意见》（国卫医发[2014]51号）指出，远程医疗服务是一方医疗机构（以下简称邀请方）邀请其他医疗机构（以下简称受邀方），运用通信、计算机及网络技术（以下简称信息化技术），为本医疗机构诊疗患者提供技术支持的医疗活动。医疗机构运用信息化技术，向医疗机构外的患者直接提供的诊疗服务，属于远程医疗服务。远程医疗服务项目包括远程病理诊断、远程医学影像（含影像、超声波、核医学、心电图、肌电图、脑电图等）诊断、远程监护、远程会诊、远程门诊、远程病例讨论及省级以上卫生计生行政部门规定的其他项目。

我们认为，移动医疗主要是围绕医生和护士为患者提供疾病治疗和护理服务这一核心业务展开。远程医疗主要是借助异地的医疗资源来帮助实现疾病治疗和护理服务。

在我国大部分医院，远程医疗主要由远程会诊系统这一综合性的系统来支撑。该系统能够提供远程医疗的大部分服务，包括远程会诊管理、病历资料采集、远程专科诊断、远程监护、视频会议、远程教育、远程数字资源共享、双向转诊及远程预约等。

远程医疗深入发展的一个方向是远程手术，医生可以通过虚拟现实技术与网络技术结合，使得医生亲自对远程的患者进行一定的手术过程操作。也就是说，医生根据传来的现场影像通过键盘、鼠标、“数字手套”等输入设备来进行手术操作，其一举一动可转化为数字信息传递至远程患者处，控制当地的医疗器械的动作，就如把“内窥镜”与“器械”的长度变得更长了。这种手术对专家的操作技巧与相关设备的要求也是很高的，在我国尚未广泛推广，应采取谨慎的态度。《国家卫生计生委关于推进医疗机构远程医疗服务的意见》指明，医疗机构之间运用信息化技术，在一方医疗机构使用相关设备，精确控制另一方医疗机构的仪器设备（如手术机器人）直接为患者进行实时操作性的检查、诊断、治疗、手术、监护等医疗活动，其管理办法和相关标准规范由我委另行制定。

随着医院之间数据的共享程度加大及大数据挖掘技术的发展，网上医疗专家系统在远程医疗中发挥着越来越重要的作用。该系统对大量的数据进行“挖掘”，抽取一定

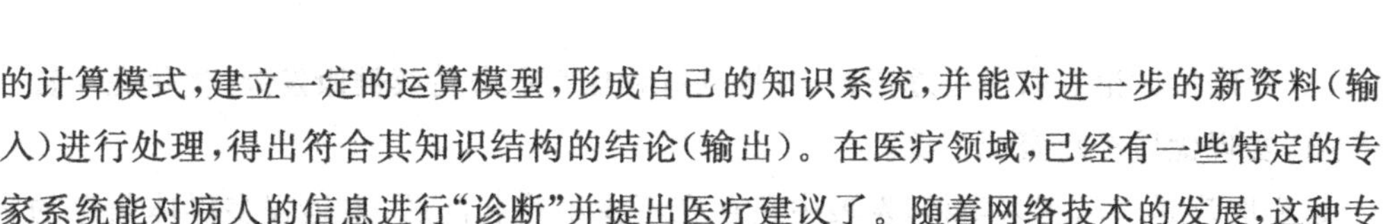

的计算模式，建立一定的运算模型，形成自己的知识系统，并能对进一步的新资料（输入）进行处理，得出符合其知识结构的结论（输出）。在医疗领域，已经有一些特定的专家系统能对病人的信息进行“诊断”并提出医疗建议了。随着网络技术的发展，这种专家系统正逐步通过网络，为广大求医者提供初步的医疗服务。

2. 远程医疗发展现状

远程医疗萌芽于20世纪60、70年代的遥测心电图和宇宙飞行中对宇航员进行医学保健遥测和监护。国外已有近60年的研究历史，大致可分为三个阶段：第一代，20世纪60年代初到80年代中期，发展较缓慢；第二代，20世纪80年代后期到90年代后期，随着通信和电子技术的不断提高，美国和西欧国家在远程会诊、医学图像的远距离传输等方面取得了较大进展；第三代，目前正处于远程医疗的快速、全面发展时期，成熟的项目商业化，已经在医疗诊断和治疗过程中发挥出越来越重要的作用。目前，远程医疗技术已经从最初的电视监护、电话远程诊断发展到利用高速网络进行数字、图像、语音的综合传输，并且实现了实时的语音和高清晰图像的交流，为现代医学的应用提供了更广阔的发展空间。

我国远程医疗的研究和应用起步较迟，最近几年才得到重视和发展，但在国家的大力支持下发展很快。远程医疗的核心技术如计算机技术、通信技术等都达到或接近了国际先进水平。中国二十多年的远程医疗发展可以划分为以下几个阶段。

- 尝试发展的阶段：主要通过一些远程的手段达到会诊咨询目的。
- 快速发展阶段：1997年7月中国金卫医疗网络正式开通，标志着我国医疗卫生信息化事业跨入了世界先进水平。
- 规范化、实用化发展阶段：随着互联网技术的高速发展，国内涌现一大批提供远程医疗服务的实体单位和服务模式。

2010年以来，中央财政投入8428万元，支持22个中西部省份和新疆生产建设兵团建立了基层远程医疗系统，并安排12所原国家卫生和计划生育委员会部属（管）医院与12个西部省份建立高端远程会诊系统，共纳入12所原部属（管）医院、98所三级医院、3所二级医院和726所县级医院，有力推动了远程医疗的发展。根据国家卫生计生委2013年的统计，全国开展远程医疗服务的医疗机构共计2057所。

随着技术的进步，远程医疗服务的范围已经有了很大扩展。远程病理诊断、远程影像诊断、远程监护等新的远程医疗服务项目得到比较广泛的应用。远程会诊、远程门诊、远程病例讨论等服务正逐步推广，推动远程医疗服务持续健康发展，优化医疗资源配置，实现优质医疗资源下沉。

远程医疗是一门新兴学科，发展中还存在不少困难和问题，如远程多媒体信息的实时传输和网上服务的安全性等诸多问题有待解决。许多技术标准和临床标准都未建立，在法律、法规方面，美国医学会(American Medical Association，AMA)和美国远程医学会(American Telemedicine Association，ATA)已经制定了一些行为规定，但尚不完善。尽管我国的远程医疗技术已取得了初步的成果，但距离发达国家的水平还有很大差距，在技术、政策、法规等方面还需不断完善。

远程医疗技术是目前国际上发展十分迅速的跨学科高新科技，已跨越国界和时空，对医疗保健改革产生巨大现实的影响。它的意义在于打破地域界限，既可以使偏远地区的患者享受高水平的医疗服务，又可以提高大城市的医疗服务水平，还可以提高医学自身的水平，更合理地配置医疗资源。这无疑将极大地促进医疗和保健事业的发展。随着国家信息化基础建设的逐步完善，远程医疗系统将在多种通信线路并存的情况下，向移动性、多样性、实时性方向发展，产生极大的社会效益和经济效益。

9.2.2 远程医疗核心技术与优势

1. 远程医疗的核心技术

1) 网络技术

互联网是一个实用的巨大信息资源，加之卫星通信的不断发展，为远程医疗的发展开辟了另一渠道。远程医疗系统可以采用多种通信网络，如宽带多媒体异步通信网(Asynchronous Transfer Mode，ATM)、卫星网、公共数据网(DDN 数字数据网，Digital Data Network)、ISDN(综合业务数字网，Integrated Services Digital Network)等。目前，最理想的是 ATM，动态图像的质量达到电视效果。卫星通信速度快，安全性能好，特别是可移动性强，尤其适合野战部队使用。DDN、ISDN 加快了图像传输速率，提高了会诊质量，但还不能完全胜任远程医疗的各种服务。

2) 多媒体数据库技术

远程医疗所处理的医学信息，包括高分辨率的静态和动态图像、声音、文字、生理参数和辅助信息。这些信息需要合理地储存于存储介质中。远程医疗系统采用 Internet 技术，客户/服务器(client/server)体系结构，以支持分布式并发和多媒体处

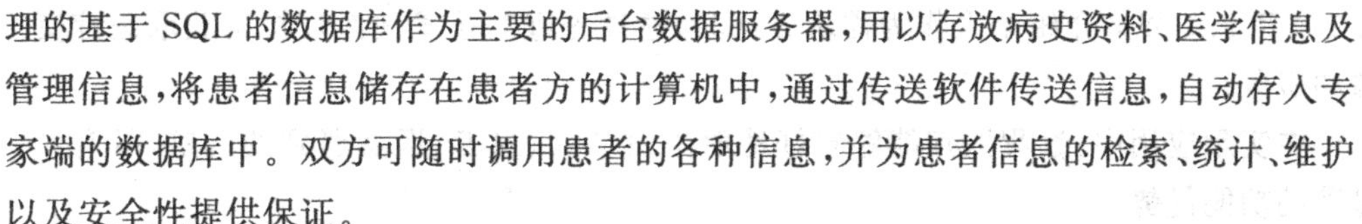

理的基于 SQL 的数据库作为主要的后台数据服务器，用以存放病史资料、医学信息及管理信息，将患者信息储存在患者方的计算机中，通过传送软件传送信息，自动存入专家端的数据库中。双方可随时调用患者的各种信息，并为患者信息的检索、统计、维护以及安全性提供保证。

3）电子病历技术

电子病历的发展是远程医疗中重要的前提条件之一。它将传统的纸质病历完全电子化，提供电子存储、查询、统计、数据交换传输重现的数字化病人的医疗记录。电子病历不仅包括了纸质病历的内容，而且还包括声像、图文等信息。其完整的资料数据处理、网络传输、统计分析等是传统的纸张病历无法比拟的。尤其是在国内远程医疗会诊及国际间的交流中，大大提高了工作效率和医疗质量。电子病历是医院现代化管理的必然趋势。

4）医学影像处理技术

医学图像信息在患者信息中一般占有重要的比重，而且信息量大。医学图像信息的采集和传输是远程医疗技术中的难点。随着医疗器械的不断发展，医学影像处理技术油然而生，即 PACS 技术，而且同步出现了 DI-COM3.0（国际上医学影像设备图像传输接口的标准）。PACS 系统，以 DI-COM3.0 的格式采集医学图像，采用客户/服务器方式将医学图像传送到服务器中。专家随时随地可以上网调阅患者的各种影像资料，极大地帮助医院简化和加速医学影像的显示、归档和共享使用。

5）视频会议技术

视频会议系统的出现使得远程医疗迅速发展。1996 年，新加坡 CreativeLab 公司的 ShareVision PC3000 视频会议系统能较好地利用模拟电话线传送音频与视频信号，基本满足远程专家会诊服务的需求。近年来，随着 Internet 的发展，符合国际电信联盟 ITU-T 标准 H.320、H.323、H.324，并且支持 ITU-T 的 T.120 多点数据会议标准的视频会议系统，适合带宽范围为 14.4～384KB，使远程会诊的质量大大提高。

2. 远程医疗的功能优势

远程医疗主要由医疗服务的提供者、远地寻求医疗服务的需求方以及联系两者的通信网络及诊疗装置组成。医疗服务的提供者，即医疗服务源所在地，具有丰富的医学资源和诊疗经验。远地寻求医疗服务的需求方，可以是当地不具备足够的医疗能力或条件的医疗机构，也可以是家庭患者。本章主要以医疗机构作为需求方进行阐述，

9.3 节和 9.4 节将介绍个人作为需求方，如何通过先进的技术向医疗机构获取医疗资源和服务。

在实际应用中，远程医疗能够较好地解决对社会、患者、医院遇到的问题，具有较显著的功能优势。

1）对于社会

帮助缓解基层百姓日益增长的医疗需求与城乡医疗资源结构巨大反差之间的矛盾。重点解决经济落后地区、边远山区人民的看病难问题。遇到自然灾害、突发疫情等紧急状况时，有更为快速、更为安全的渠道向当地提供医疗救助。远程医疗建设是医院信息化建设的重要组成部分，对于推进全行业的信息化建设起到促进作用，有助于打造推广“科技医疗、绿色医疗、人文医疗”的社会理念。

2）对于患者

方便。病人在当地就能得到专家诊断和治疗建议，避免了长途奔波异地寻医所带来的麻烦。

快速。通过远程会诊系统，在极短的时间内便可获得诊断意见，有利于患者把握最佳诊治时机。

经济。远程医疗可以实现疑难病症的异地会诊和本地治疗，为患者节约大量的外出求医花费。

权威。远程医疗的专家都是国内知名的教授、主任、副主任医师。

3）对于医院

引入大量知名专家资源，更为便利地调用国外合作医疗机构的专家资源，在短时期内迅速提高医院的知名度，防止病人流失。在专家的配合下，开展一些全新的医疗服务项目，提高医院本身的医疗水平，带来好的经济效益。远程医疗为医院带来一种崭新的无纸、无片医院的全新概念，使医院病历资料的保存逐渐向数字化转换。中心医院和下级医院合作，就疑难病例提供更为快捷的医务指导，更为及时地为边远地区的重病患者提供医治。突发事件发生时，突破恶劣自然环境阻碍，第一时间向灾区提供医疗救助。能更为便利的给异地医务工作者提供跨地区的医务培训。远程医疗作为一项先进的增值医疗服务，新的赢利点将带来可观的经济效益，一次投入、长期回报，而且低碳环保。

9.2.3 远程会诊系统

远程会诊系统可以实现多个医院之间的资源互补、各取所长、综合利用，从而充分

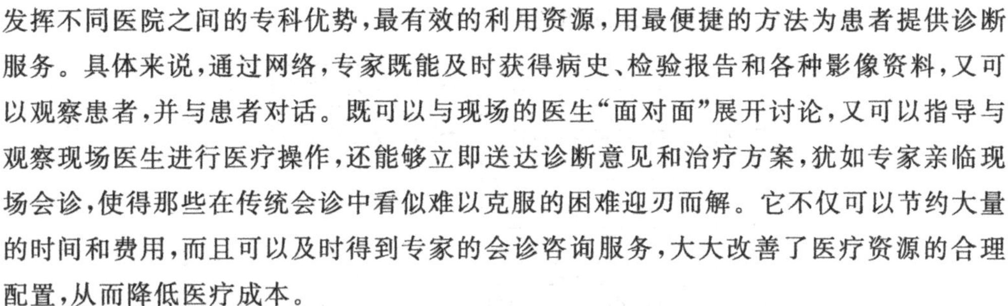

发挥不同医院之间的专科优势，最有效的利用资源，用最便捷的方法为患者提供诊断服务。具体来说，通过网络，专家既能及时获得病史、检验报告和各种影像资料，又可以观察患者，并与患者对话。既可以与现场的医生“面对面”展开讨论，又可以指导与观察现场医生进行医疗操作，还能够立即送达诊断意见和治疗方案，犹如专家亲临现场会诊，使得那些在传统会诊中看似难以克服的困难迎刃而解。它不仅可以节约大量的时间和费用，而且可以及时得到专家的会诊咨询服务，大大改善了医疗资源的合理配置，从而降低医疗成本。

1. 远程会诊系统架构

1）基层远程会诊系统

三级甲等综合医院为基层医院提供远程会诊服务，实现远程会诊、远程教育、远程数字资源共享、视频会议、双向转诊及远程预约、影像和心电的远程诊断功能。基层远程会诊系统的架构示意图如图 9-8 所示。

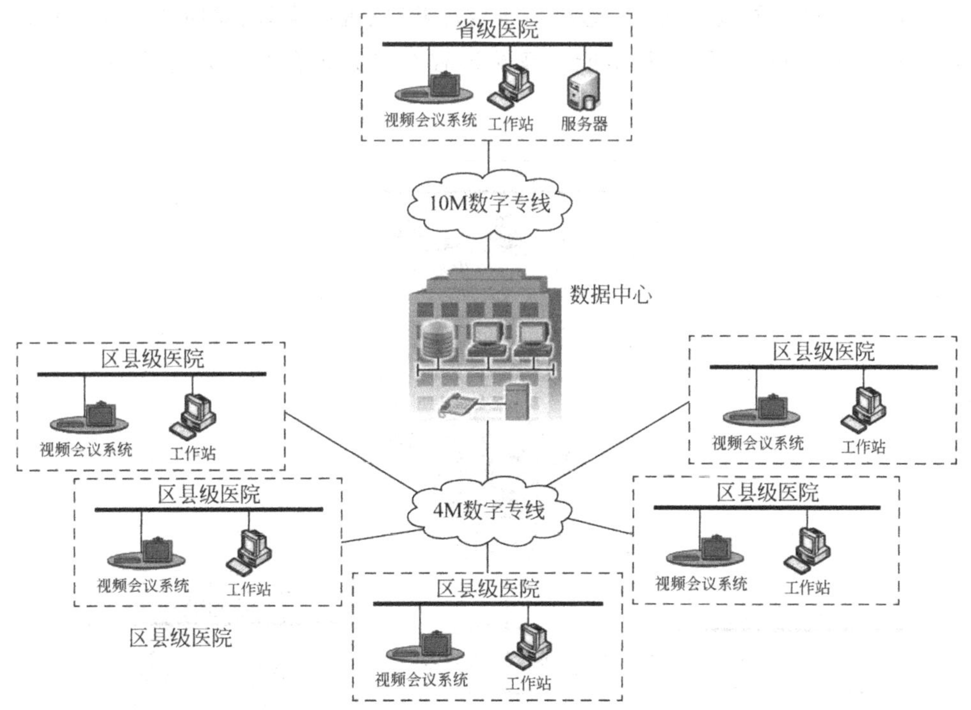

图 9-8 基层远程会诊系统的架构示意图

基层远程会诊系统的功能示意图如图 9-9 所示。

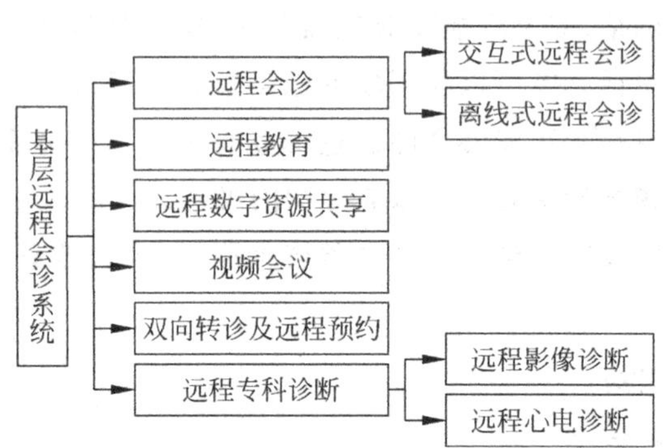

图 9-9 基层远程会诊系统的功能示意图

2）高端远程会诊系统

部属(管)综合医院为省(地市)级医院提供高端远程会诊服务，实现远程会诊、远程监护、远程手术指导、远程教育、远程数字资源共享、视频会议、双向转诊及远程预约、影像和心电、病理远程诊断功能。高端远程会诊系统的架构示意图如图 9-10 所示。

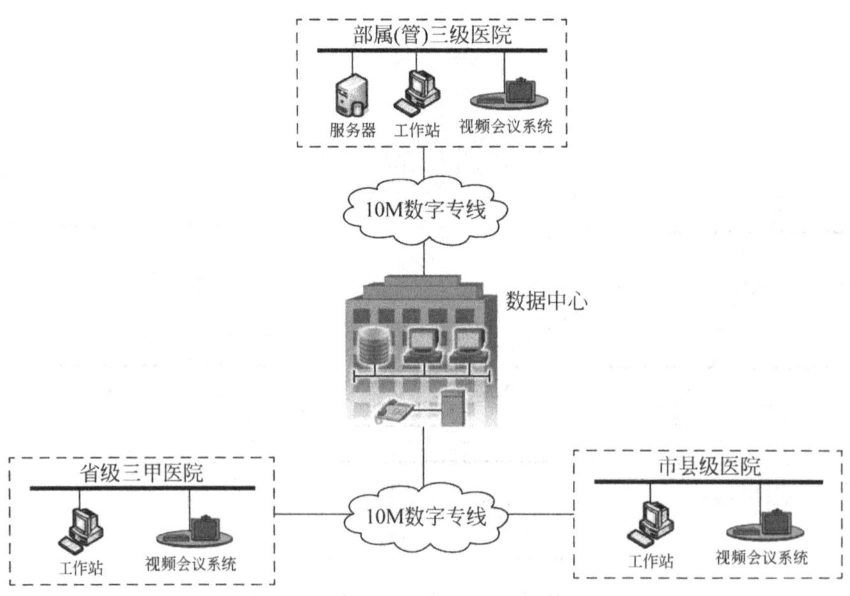

图 9-10 高端远程会诊系统的架构示意图

高端远程会诊系统的功能示意图如图 9-11 所示。

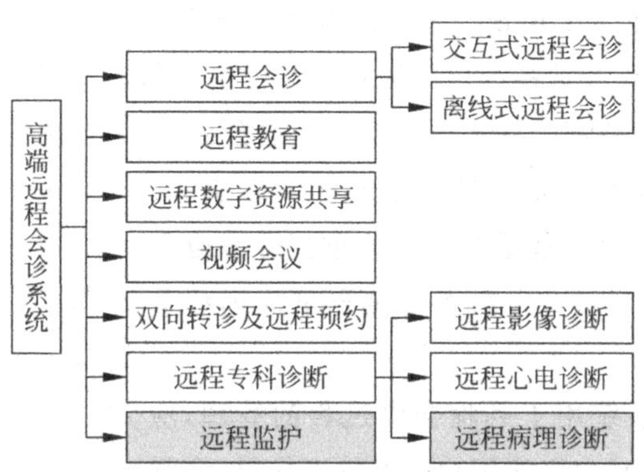

图 9-11 高端远程会诊系统的功能示意图

2. 远程会诊系统设计

远程会诊系统的设计遵循安全、实用、先进、易维护、可扩展等原则。系统对参与远程会诊的人员应有明确的角色界定及相应的权限分配，对所开展的服务项目有规范的业务流程和功能模块支撑，保障远程会诊各参与方实现信息对称和无障碍的沟通，以达到满意的应用效果。

远程会诊系统的业务数据库和服务器操作系统均应使用当前行业内的主流产品，尽可能降低系统维护的技术难度。远程会诊系统包括远程会诊管理子系统、病历资料采集子系统、远程专科诊断子系统、远程监护子系统、视频会议子系统、远程教育子系统、远程数字资源共享子系统、双向转诊及远程预约子系统八个子系统。

1）远程会诊管理子系统

按照实现方式，远程会诊包括交互式远程会诊和离线式远程会诊。

• 交互式远程会诊。

支持会诊专家与申请医生、患者间的实时交互式远程会诊；支持患者的临床需求，实现患者在病床上就能实时接受专家远程会诊服务；支持会诊专家对异地病床上的患者视频画面进行远程控制；针对危重症患者，支持床边监护仪等生命体征数据的实时传输，为会诊专家提供连续、动态的诊断依据。

• 离线式远程会诊。

支持会诊专家与申请医生间的非实时离线式远程会诊；支持申请医生提交会诊

申请信息和病历资料；会诊专家根据实际情况，非实时浏览会诊申请信息和病理资料，并编写和发布会诊报告；申请医生再浏览会诊报告。

按照实现功能，远程会诊系统可分为普通远程会诊与急重症远程会诊两类。基层医院的普通远程会诊系统部署在基层医院的远程会诊室，为全院的门诊和住院病人提供远程门诊会诊、远程预约会诊等普通远程会诊服务。急重症远程会诊系统部署在基层医院的急重症患者抢救科室或重症监护病房(ICU)，为患者提供急重症远程会诊服务。

远程会诊管理子系统用于远程会诊过程的管理，应基于B/S的架构设计，减少终端用户的维护工作量，增强系统的可扩展性，应包含如图9-12所示的功能模块。

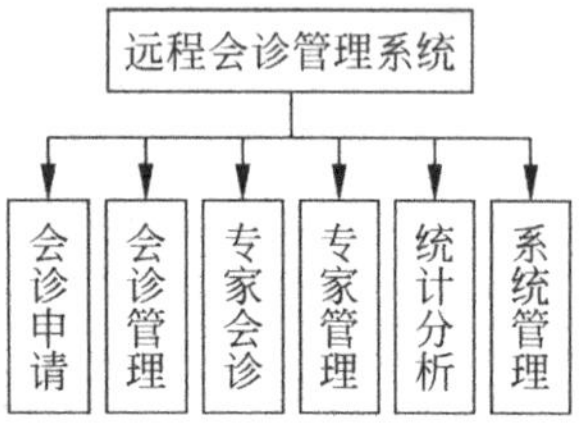

远程会诊管理系统
会诊申请　会诊管理　专家会诊　专家管理　统计分析　系统管理

图9-12　远程会诊管理子系统功能示意图

远程会诊管理子系统功能模块详述见表9-2。

表9-2　远程会诊管理系统功能列表

功能模块	功能描述	应用医院	功能属性
会诊申请	会诊申请提交与修改；专家信息查询；病历资料提交与查询等	省级、地市级、县级医院	基本功能
会诊管理	会诊申请管理；病历资料管理；会诊报告浏览等	部属医院、省级医院	基本功能
专家会诊	病历资料浏览(医学影像、心电图、病理图片等)；会诊报告编写、修改与发布；会诊报告模板管理等	部属医院、省级医院	基本功能
专家管理	专家信息管理；权限管理等	部属医院、省级医院	基本功能
统计分析	按医生、医院、病种等进行统计分析	部属医院、省级医院	推荐功能
系统管理	基础数据维护；权限管理；服务器信息监控等	部属医院、省级医院	基本功能

2) 病历资料采集子系统

病历资料采集子系统应支持模拟信号、数字信号、实时信号的处理，主要功能如下。

(1) 模拟信号处理。

病人的胶片及纸质病历、化验单、图文报告等通过扫描方式实现数字化。系统支持扫描文件的传输、存储和阅读，支持病历资料的手工录入。胶片资料建议胶片使用医学专用扫描仪处理，能支持输出为 DICOM 3.0 影像文件。纸质资料使用普通平板扫描仪处理，扫描文件以 JPEG 格式保存。

(2) 数字信号处理。

系统应支持借助 DICOM 网关从具有 DICOM 3.0 接口的影像设备获取患者的影像资料，也应支持自 PACS 图文工作站导入 DICOM 3.0 影像。系统支持与电子健康档案、电子病历、数据中心等系统间实现互联互通。有条件的医院可以根据国家卫生和计划生育委员会已经颁布的有关电子病历的标准规范，导出患者病历信息，远程会诊系统支持针对导出信息的导入、传输、存储和阅读。

(3) 实时生命体征信号处理。

系统支持床边呼吸机、监护仪等生命体征数据的实时采集与传输，实现对患者进行 24 小时不间断的连续动态的观察。

3) 远程专科诊断子系统

远程专科诊断子系统应支持影像、心电、病理的远程诊断功能。

(1) 远程影像诊断。

支持从标准 DICOM 3.0 接口的影像设备或 PACS 系统获取患者的影像资料，并进行存储、再现以及相应的后处理操作。建立基于 DICOM 3.0 协议、B/S 架构、Web 浏览方式的远程放射会诊系统，支持影像资料的后处理、关键图标注、保存，支持影像会诊报告的书写、发布，支持报告模板功能。支持远程影像会诊过程中多方进行医学影像(含静态和动态)的实时交互式操作。支持远程会诊专家在任意位置通过互联网安全认证后，进行远程影像会诊。有条件的上下级医院，可建立科室对科室的远程影像诊断服务关系。

(2) 远程心电诊断。

支持从数字心电图机采集心电图信息，并进行无损的数据传输、存储和再现，把基层医院的静态心电图数据传送给上级医院会诊专家。支持专家对心电图的判读、打印，支持报告的书写、发布。12 导数字心电图支持通过 Internet、GPRS、电话线等方式传输心电图数据。数字心电图数据可存储为 XML、DICOM 等通用数据格式。支持不同病例及历史资料的分析、对比。有条件的上下级医院，可建立科室对科室的诊断服务关系。

(3) 远程病理诊断。

采用病理切片数字化扫描技术，将病理切片转换成由完整数字图像组成的虚拟数字切片。病理切片的全自动显微镜必须符合国家医疗器械的管理条例。支持对虚拟数字切片进行缩放操作，支持对关键图的标记、保存，支持病理图文报告的书写、发布。病理切片扫描、病人信息上传、专家会诊、报告下载都在远程病理会诊平台上进行操作和管理。有条件的上下级医院，可建立科室对科室的诊断服务关系。

4）远程监护子系统

支持基层医院的危重症患者在病床上实时接受专家的远程监护服务。针对危重症患者，支持床边呼吸机、监护仪等生命体征数据的实时采集与传输，实现对病情进行24小时不间断的连续动态地观察。

远程监护功能与病人床边的视频会议结合，实现专家与申请医生、床边病人的远程互动式交流，达到良好的实时会诊、持续监护的效果。支持会诊专家远程云台实时控制病人的视频，支持预置多个病人观察视角并支持快速切换。

5）视频会议子系统

视频会议子系统为远程会诊服务提供音视频交互功能，其主要功能如下。

(1) 支持医学专家与申请医院医生、病人的远程互动交流、会诊；支持对异地的摄像头进行远程控制，实时调整观察视角；支持危重症患者的床边需求，患者在病床上就能实时接受专家远程会诊、远程监护服务。

(2) 支持会诊申请医院与不同国家卫生和计划生育委员会属(管)医院及不同省级三级甲等医院间开展远程会诊服务；支持跨专科、跨机构、跨区域的多专家同时对同一基层患者进行实时联合会诊。在向不同医院申请会诊时，系统应快速无缝切换，增强系统响应效率和扩展能力。

(3) 开展远程教育，支持授课专家音视频和课件幻灯的同步，双方可互动交流，支持培训过程的实况转播和录像。

(4) 支持各医疗机构间的高清视频会议，满足医疗机构间学术交流、病例讨论、经验分享等业务需求。

(5) 音视频录制/回放，支持会诊、会议、教学过程的录制和录像回放。

(6) 在条件允许时可与应急指挥系统视频平台进行互联，支持音视频信息的报送。

6）远程教育子系统

支持实时交互和课件点播两种培训模式。

实时交互培训应能保证授课专家音视频与课件播放同步，支持培训参与方实时交互，支持对培训过程的录像，并保存为通用文件格式存储在远程会诊中心，支持进行流媒体课件的制作、整理、归类。实时交互培训应包括对远程手术观摩、远程护理示教及远程教学查房的支持。

支持课件点播服务，具备新增、删除、上传、查询等课件管理功能。

7）远程数字资源共享子系统

支持基层医疗机构共享医学图书情报资源，为其查阅医学文献提供便利，以提高基层医务人员的业务水平。

同时，支持上级医院把具有典型意义的病历、案例分析、手术录像等资料与下级医院共享，供基层医院医务人员参考、学习。

8）双向转诊及远程预约子系统

支持基层医疗机构和上级医院之间的双向转诊和远程预约。支持上级医院出院病人信息自动下转至病人所属基层医疗机构，由基层对病人进行随访与院后管理，引导病人当地复查复诊。

支持基层医院完成预约挂号、预约检查、转院申请等操作，支持上级医院完成相关申请受理及信息反馈。

9.2.4 远程医疗监护系统

远程监护（tele-monitoring）提供了一种通过对生理参数，如心电、电压、体温、呼吸、血氧饱和度等进行连续监测来研究对象生理功能的方法。通过面向家庭、出诊医生的各种远程监护仪器，使个人能够方便地对自身的健康状况进行自我检测和分析，实时了解自己的身体各类信息（如心电 ECG、脑电 EEG、肌电 EMG、呼吸、体温等生理信号）。同时仪器将这些信号参数通过仪器显示屏，以数字和波形形式显示出来，使个人能直观获得自己身体各类指标是否正常，被监护人可通过仪器提供的分析功能做出初步的病理诊断。而且采集到的身体信息还能被存储起来，方便对数据的后续分析处理。随着远程医疗的深入发展，系统还通过网络等远端通信技术将患者与医疗服务端（如医院、私人医师、监护中心等）建立连接，实时将监护人身体状况通过网络传递给远程数据库或医生，一来可以实现医疗信息的数据库管理，二来还真正实现远程监护诊断，让个人不用出门就能得到最及时有效的诊断。

远程监护包括了老人监护、慢性病观察、新生儿监测以及 ICU 监测等。家庭护理将成为未来的发展方向。家庭护理对象主要是手术后在家中的恢复病人、残疾人和老年人、高发病人群的家庭监护、健康人的家庭监护。家庭护理中重要应用领域有患有心脏病、高血压、糖尿病等慢性疾病病人以及产妇、胎儿和新生儿等。

1. 系统简介

远程医疗监护系统综合利用无线通信技术、计算机技术和智能信息处理技术，实现生命体征数据的远程实时采集、传输、存储、处理和分析的网络信息系统，是集院外预防、监测、急救和康复指导为一体的新型网络医疗应用平台。该平台通过各种无线体征监测设备，如无线血压计、无线血氧仪，无线血糖仪等设备测量生命体征数据，然后通过用户手机或平板电脑等智能终端接入万维网对数据进行显示或传输，实时发送到医院的中心数据库进行智能分析，形成电子病历数据，由医护人员进行远程监测并及时响应预警，同时根据设备上的定位设备，发现患者并实施现场急救。

根据数据流程，远程医疗监护平台主要由 4 个部分组成。

(1) 数据采集：通过对现有生命体征监测设备进行定制，内置通信模块实现，完成生命体征数据的采集和监测，其中包括 12 导联同步动态心电监护仪、无线血压计、无线血氧仪、无线血糖仪。无线监测设备采用蓝牙通信技术，具有体积小、携带方便、性价比高、采集精度高、功耗要求低等特点。不仅省去了线缆缠绕的麻烦，而且可以长时间持续检测。

(2) 数据传输：采用支持蓝牙和 3G/Wi-Fi/卫星通信技术的智能手机或医用平板电脑，主要作用是通过蓝牙技术接收便携式医疗设备采集的病患生命体征数据，并进行显示，同时通过 3G/Wi-Fi/卫星通信技术将数据远程转发给医院的中心数据库。数据传输设备携带方便、耐用，可适应全天候使用。

(3) 数据存储：为了保证系统的可扩展性，采用数据库和 Web 服务器实现数据存储和访问。

(4) 数据分析：采用智能信息处理技术，一方面对接收的数据进行实时分析和预警，并通过短信平台指导诊疗和康复；另一方面方便医护人员查看、分析和会诊，便于指挥急救或指导康复。当病人处于危急时刻时，还可通过设备获取病人的位置信息，便于及时组织抢救。远程医疗监护系统体系结构如图 9-13 所示。

2. 系统功能

远程医疗监护系统硬件设计总体把握容易携带、价格低廉、使用方便等人性化要求。采集设备采用蓝牙进行通信，一方面是由于蓝牙已成为当前智能手机/平板电脑的标准配置，具有广阔的客户群，易推广；另一方面智能手机/平板电脑很容易接入因

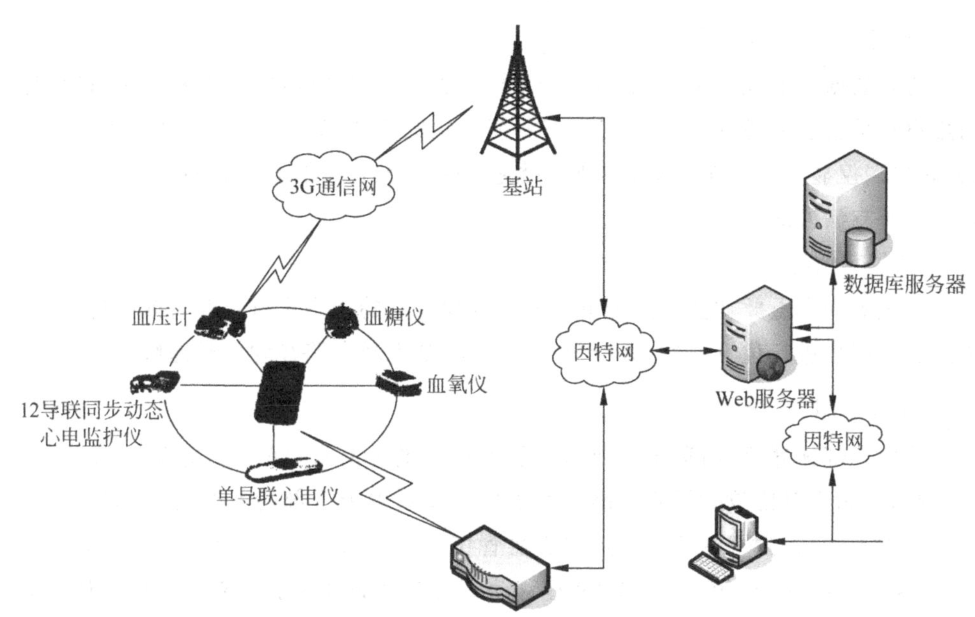

图 9-13　远程医疗监护系统体系结构

特网，有利于节省成本。本节主要讨论软件系统的设计。远程医疗监护系统软件主要由安装在智能手机/平板电脑上的客户端软件、数据访问服务、数据分析与管理软件和数据库组成。其中客户端软件主要面向用户，数据分析与管理软件则面向医院和急救管理部门。软件系统主要完成以下功能。

1）用户管理

系统需要管理的用户类别主要有客户（患者）、医疗单位（医院、社区卫生服务站）和管理人员，并根据不同类别提供相应的功能。管理人员主要负责用户管理，如创建或注销用户等。医疗系统为每一个需要服务的患者建立唯一的账户信息，用户通过客户端软件登录系统，可将采集到的数据传送到中心数据库，查看监测数据以及变化趋势，并进行参数设置，如家属联系方式等。在此基础上，还可根据医生建议设置个性化的预警参数值，实现急救定制。

2）数据访问与存储

为了支持跨平台访问，便于更新，终端软件（主要包括客户端软件和数据分析软件）采用浏览器/服务器架构设计和实现客户端程序，根据用户类别加载相应的客户端应用程序。

3）数据显示、分析与预警

对监测数据当前或历史变化情况进行图形化显示，随着客户的不断增多，进行监测的用户数量会越来越庞大。系统还需要能够实时发现监测异常的客户，并进行预警，如客户端仅显示登录账户本人的监测数据，数据分析终端则面向医护和管理人员，能够查看所有病人的监测信息。

4）急救定位与方案规划

该系统的一个重要功能就是能够对监测发现异常的用户进行及时有效的抢救，对需要急救的用户进行位置定位，并给出急救方案，如急救车路径和急救医院等。

3. 系统应用

在军队干部休养所（简称干休所），心脏疾病是老干部常见病、多发病，它发病快、死亡率高，发病后对抢救时间要求高。为了保证体系内老干部的及时有效抢救，有些医院投入近60万元为干休所配备远程心血管疾病急救系统，并在急诊科重症监护病房（Intensive Care Unit，ICU）建立“远程移动ICU监控网络平台”，对体系内干休所老干部提供心脏疾病远程实时监控，急诊室专家可实时进行远程会诊和急救指挥。

抢救过程中，利用无线监测设备将体征数据实时传输到急救中心，并通过救护车上的图像传输系统实时传输抢救过程，组织专家现场进行会诊，指导抢救，实现“患者未到，信息先到”，使医院专家与抢救现场医护人员协同救治，早期诊断，为院内救治准备赢得时间。实现对院前急救和转运的多场合监控指导，院内提前做好各种抢救准备，老干部入院后，第一时间进入“急救绿色通道”，直入手术室。基于远程医疗监护平台的院前急救系统的应用优化了急救流程，赢得了抢救的黄金时间，大大提高了救治成功率。

9.3 智慧健康

9.3.1 智慧健康概述

1. 中国居民健康状况

《2012中国城市居民健康白皮书》[①]通过抽取北京、上海、广州、深圳、天津、武汉、

---

① 由中国医师协会HMO、中国医院协会MTA、北京市健康保障协会、慈铭体检联合发布，调查时间为2012年8月30日至2013年1月30日。

成都、大连、金华、合肥等20个城市和地区样本，结合新浪、新华网在线调查和线下访问调查结果，对中国城市居民健康状况进行了调查统计。该白皮书从个人、家庭、企业和城市维度，涵盖生活方式、易患疾病、健康观念和心理健康四大方面内容，共发布十三大主要发现。

发现一：35～65岁人群成中国慢性病大军。

在对18～80岁年龄组的体检数据调查分析中发现，35～65岁人群是慢性病大军。调查发现，超重和肥胖，血脂异常和脂肪肝、高血压呈明显上升，发病年龄日趋年轻化。调查还发现，一线城市糖尿病患病率明显高于二线城市，二线城市明显超过三线城市。此次调查还发现骨质疏松、牙病较三年前有明显升高。造成城市居民慢性病居高不下且持续上升的原因，主要和城市环境污染、不健康的生活方式和不良的生活习惯有关。其根源是城市居民健康知识匮乏，尤其是"重治轻防"意识根深蒂固。从对在体检中发现疾患的患者长期跟踪、检测和干预的实践证明，很多慢性病带来的危害，可以通过改善生活方式和科学的健康管理得到控制和康复。

发现二：老年人体检异常检出率，骨质疏松居首。

在对60～80岁的老人体检发现，骨量减少、骨质疏松异常检出率居首位，所占比例为66%。其次是老年颈动脉粥样硬化和眼底动脉硬化发生率分别为64%和51%，且随年龄增长而增高，总发生率男性显著高于女性。其他体检异常检出率依次是体重偏高、血脂异常、白内障、脂肪肝、血压高、血糖高、尿酸高和心电图异常。结果表明，老年人群的高发病不仅和老龄退行性变和代谢率下降有关，还与老年人社会交往减少，孤独等负向情绪增多，压力增大，户外活动减少和热量摄入过多等不良生活方式等综合因素有关。

发现三：家族生活方式病超过遗传性疾病成家族病新杀手。

调查发现，以家庭为单位的生活方式病正逐渐成为城市居民新型健康隐形杀手，其危害已超过家族遗传病。越来越多的夫妻之间、子女之间甚至一家三口罹患同一种疾病、多种疾病或癌症。其中，以家庭为单位出现的三高(高血压、高血脂、高血糖)、脂肪肝、肥胖、糖尿病、胃炎、大肠癌、肺癌的聚集现象尤为严峻。究其原因，夫妻、子女或者大家庭成员，长期遵循相同的生活习惯，尤其是相同的饮食、睡眠、居住环境等，极易导致家庭成员患上同一种疾病。

发现四：近六成人感染幽门螺杆菌，40岁以上人群是防控重点。

在对近两年的体检数据统计发现，幽门螺杆菌感染率(HP)达到58%，其中，40岁以上年龄组 HP 感染率显著高于其他年龄组。调查还发现，在感染幽门螺杆菌的家庭或人群中，采取分餐制或餐具消毒的家庭不足 3%。慈铭体检专家提示，胃幽门杆菌是引起慢性胃炎、消化性溃疡的主要病因，也是引发胃癌的危险因子。幽门螺旋杆菌传染力很强，要养成良好的卫生习惯，为避免感染家人，最好采取分餐制和餐具消毒的方法。HP 防治工作应将 40 岁以上人群作为防控重点，该年龄段健康体检项目设计中应涉及 HP 感染筛查。目前，常规应用的检测方法为碳 13(C13)和碳 14(C14)尿素呼气试验抗原检测和血清学抗体检测。检出阳性者应该及时进行药物治疗。

发现五：北京、上海、广州呼吸系统和心血管系统体检异常上升趋势明显，元凶锁定 PM2.5。

调查发现，呼吸系统异常检出率占 77%，其中老人和儿童所占比例超过三分之二。43%的城市居民表示曾出现心悸、疲劳、晕眩、呼吸困难等心血管系统异常症状。相比较 2009 年调查，北京、上海、广州上升趋势明显。究其原因，城市居民呼吸系统和心血管系统异常主要是空气中可吸入颗粒物污染导致，也就是人们常说的 PM2.5。不仅如此，PM2.5 指数还决定心情指数，在本次抽样调查中还发现，一线城市居民表示已经习惯，但同时表示会直接影响户外活动的频率。二线城市居民更关注 PM2.5 的指数变化，PM2.5 指数越高，心情越差。三线城市调查表示，PM2.5 会对心情有影响，但有户外活动时还是会参加。

发现六：城市居民“重”口味五宗“罪”，要口感不要健康。

重口味轻营养，要口感不要健康是城市居民普遍追求，仅为贪恋一时的舌尖快感，却忽略了健康的价值。调查发现，在食用味精(主要成分“谷氨酸”)含量超标问题方面，武汉、成都、合肥等二线城市超过一线城市人群。调查还发现城市居民“重”口味其他四宗“罪”：

(1) 单一口味中偏盐、偏辣、偏甜居前三位。

(2) 根据中国营养学会每日膳食指南，油脂的摄入推荐量每天为 25 克左右，但调查发现城市居民存在食用油量超标，长年单一食用一种油超过三分之二，而在中小城市居民为例，多食用以含饱和脂肪多的动物油为主。

(3) 为增色增香增鲜，过度加入佐料，致健康减分。味道越重，化学成分的含量就越高，如色素、香精、增鲜剂、增稠剂、防腐剂等对健康的威胁就越大。

(4) 在家庭烹饪中，高温煎炸食品超过蒸煮，营养流失严重。

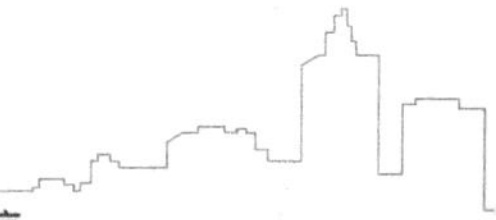

发现七：城市居民身体集体"缺水"，过度饮料族和咖啡族为身体"埋"炸弹。

水是补充生命细胞内水分、促进身体新陈代谢的重要一环，也是补充微量元素的方式之一。调查显示，有近三分之二的人每天喝水少于身体所需正常水分。户外作业人员和上班族最缺"水"。其中出租车司机，因为受职业环境以及害怕如厕的尴尬等情况的影响，成为缺"水"重灾区。调查还显示，在 25～60 岁人群中，过度依赖饮料一族占到 39%，过度咖啡族占 33%，其中女性咖啡族远超男性。喝茶一族占 15%，40 岁以上人群居多。矿泉水或白水等一族占 13%。这也是直接导致城市人群集体出现肥胖、骨质疏松、消化系统紊乱、睡眠质量差的一大诱因。

发现八：城市居民七成人快乐感偏低，四成人患有"情感亚健康"。

"在您目前的心理状态中，包含哪些情绪?"调查结果表明，快乐感不足三成。一成人自感平淡，不快乐感占七成，其中包括烦躁、沮丧、自卑、孤独等情绪。大部分人在过去一个月内，被一种或多种负面情绪困扰超过 5 天以上。忧郁、生活及工作态度消极、疲倦感、对周围事物缺乏兴趣、创造力耗竭、突发恐惧等情绪频频发生。调查还发现，有四成人对待工作、家庭亲情或朋友存在过度给予或过度索取，情绪波动大，偏执和患得患失等情感亚健康问题。其中，北京、上海、广州、深圳以及沿海经济发达城市人群所占比重较大，这与城市生活压力增大密切相关。值得注意的是，有超过一半的人在对待自己或家人朋友的不正常精神状态时选择的是忍让甚至漠视。虽然参加调查的大部分人选择"自我排解"选项，但当问及当无法排解的时候的措施时，不少人选择不回答，少数人选择"采取极端形式以寻求身心的放松"，主要有"吸烟"和"大醉一场"。

发现九：职业女性亚健康问题凸显，快和急是病因。

调查显示，85%的城市职业女性患有不同程度的亚健康。尤其是白领职业女性，由于长期处于快节奏的生活状态下，加之好强、急躁的性格，工作和心理压力得不到宣泄，缺乏必要的锻炼，饮食不规律等等原因，亚健康现象亟待解决。在对城市职业女性的抽样调查中发现，腰酸背痛、易患感冒、精神焦虑、肢体畏冷、经行不律、困倦乏力、面色灰暗等问题成为越来越多女性需要面对和解决的问题。

发现十："丁克一族"孤独感仅次于空巢老人，"421 家庭"压力最大也最幸福。

在过去三年，针对城市丁克家庭、421 家庭(即 1 对独生子女夫妇赡养 4 位老人、生育 1 个子女)和空巢家庭的调查中发现，孤独感是丁克家族和空巢家庭共同的心声。一方是自愿不要孩子，另一方是孩子不在身边，因为没有孩子或是孩子不在身边而缺失的天伦之乐让他们内心倍感生活的落寞。调查还发现，曾经坚持想要成为"丁克一族”的人正在慢慢改变自己的想法，有三分之一的人表示，当初想要成为“丁克”主要还是迫于生活的经济压力，担心未来子女的教育等问题。如果各方面条件允许，他们愿意放弃做丁克一族。而52%的受调查者坦言自己的父母已经被动加入空巢老人行列，而他们最担心的是父母的健康以及父母的赡养问题。值得注意的是，相比丁克家族和空巢家庭，421家庭是压力最大却也是幸福感最强的一方。他们最大的压力不是经济问题，也不是住房问题，而是子女的教育和父母的健康问题。

发现十一：癌症和城市生活因素调查，生活压力大成为致癌首因。

相对于两年前，所生活的城市变化情况，调查结果显示，认为空气质量差排第一、交通拥堵排第二、缺少足够宽敞的文化活动场所居三，生活节奏加快和压力骤增分列四和五，生活饮用水质量不达标紧随其后。在癌症和城市生活因素相关问题的调查中，生活压力大、食品安全、环境污染和公共运动场所少成为调查对象的公认因素，分别占比74%、65%、63.6%、45%。在压力调查方面，男性压力体验感整体大于女性，健康状况也不如女性。在压力源调查中，较两年前有所改变，工作压力、父母的赡养和健康担忧、子女教育跃居经济压力(买房、购车)之上。

发现十二：疾病预防意识加强，实际行动差强人意。

调查者对自身或家人所患疾病的主要原因清楚，认知度清晰，85%的人认为在“应如何预防疾病”方面，合理膳食、保持良好的睡眠、保持乐观情绪很重要，但在实际生活中却很难做到。九成半人承认有“管不住嘴，迈不开腿”的现象。当感觉身体不适，但不清楚原因，通常的处理方式有多种选择，33%的人选择“询问家人或朋友上网查询”，28%的人选择“凭自己的常识作出判断”，26%的人选择“去医院进行检查”，13%的人选择“去体检中心进行健康检查”。由此可见，自我诊断仍是主要方式，但是否可行，值得探讨。

健康管理专家表示，尽管个人掌握必要的自我诊断常识和自我保健技能和方法很重要，但是毕竟医学知识有限，个体病情不同，很多疾病都有相似的症状，有时还会额外增加患病时的恐惧心理。所以，当身体出现不适时，应该及时去医院或体检中心进行全面检查，以免贻误病情。专家还表示，健康不能终止在口头上，维护健康需要专业人员和民众各己共同承担起各自的责任。倡导“为自己的健康负责”的意识。只有意识提高了，行动跟上了，才能达到事半功倍的效果。

发现十三：家庭收入越高健康投资越多，健康管理存在投资误区。

在选择健康管理项目方面，购买营养保健品是城市居民首要选择，定期体检超过

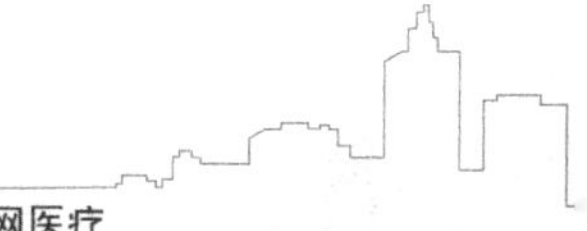

购买健康保险，位居第二，运动健身位居第四。在2013年，家庭在健康投资方面的金额，1000元以下占24%，二线城市居多。但值得注意的是，投入1000～3000元/年相比三年前提高了近两成，占48%，其中城市白领、金融、IT等行业人群居多。投入3001～5000元/年相比三年前有所提高，占17%。投入5000元/年以上占11%，主要分布在城市高收入家庭或个人，大多投资项目比较多，除了基本的定期体检，购买健身卡外，还会订阅或购买健康类报刊等。相比2013年，2014年有45%的个人表示健康投资比例有所提高，主要的花费变化是在体检方面和购买营养保健品方面。调查还发现，城市家庭收入越高，健康投资花费比例越高，投资内容越丰富。在对城市家庭每年的健康投资对比分析中发现，北京高居榜首，其次是上海、广州、深圳，结果表明，这与个人或家庭对健康的关注程度有紧密联系。

综合而言，健康管理意识整体较往年增强，但健康管理仍存在投资误区，缺少科学引导。应该引起关注并加以克服的是："健康说起来重要，忙起来次要，生活中忘掉"这种广泛存在的无力惰性状态。

2. 智慧健康理念及内容

随着我国居民收入水平不断提高，消费结构升级步伐不断加快，人们对生活质量的要求日益提高。特别是人口老龄化带来的健康服务需求的增长，使家庭成员健康问题尤其是老年人的健康问题成为全国关注的焦点。根据世界卫生组织公布的一项预测性调查显示，全世界亚健康人口总的比例已占到75%，被确诊患有各种疾病的占人群总数的20%，真正健康的只有5%。

在政府层面，国家以人为本，提出了切实可行的新医改方案和"健康中国2020"的健康发展战略。"健康中国2020"战略明确提出到2020年我国主要健康指标基本达到中等发展中国家的水平，人均预期寿命将从2005年的73岁增加到2020年的77岁，卫生总费用占GDP的比重要增加到6.5%～7%，提高两个百分点。这一政策可谓将"健康强国"作为一项基本国策，提高到了一个国家战略的高度，未来政府医疗健康投入将持续增加。国务院总理李克强于2013年8月28日主持召开国务院常务会议，研究部署促进健康服务业发展。随后，国务院于2013年9月14日公布了《关于促进健康服务业发展的若干意见》，提出到2020年，基本建立覆盖全生命周期的健康服务业体系，健康服务业总规模达到8万亿元以上。

随着无线通信技术应用的不断深入，城市无线网络系统(如城市Wi-Fi等)不断完善。主导的健康管理模式将以医院为中心的医疗护理模式转向家庭及个人健康管理和护理模式，医疗健康的重点将从以医院为中心和主要用于急救转向以社区为中心和主要用于慢性病的日常监测与管理。医疗健康系统的构建对于提高人民生活质量和医疗保健水平具有重要的辅助作用。

在我国，健康服务业尚处于起步阶段，整个产业的发展尚未形成比较稳定的结构。尤其是在新一代信息技术的推动下，医疗产业、医药产业、健康管理服务产业以及医疗旅游等新兴领域正在发生剧烈的变革。鉴于国内医疗卫生服务发展的基础及优势，目前面向个人最成熟的健康服务业发展形态是基于现有医疗卫生体系，以社区医院、社区卫生站、卫生所、社区服务中心为基地，展开医疗健康服务。

智慧健康就是围绕家庭及个人健康管理和护理，将医疗卫生系统充分对接到基层医疗卫生平台，借用医疗健康终端和系统，通过健康管理平台和设备，由医护人员和健康护理专职人员，向家庭和个人提供个性化的医疗健康服务。智慧健康建设的主要内容包括健康管理跟踪平台、健康管理应用系统以及健康管理终端。

9.3.2 健康管理跟踪平台

健康管理跟踪平台与区域卫生信息平台对接，为老百姓提供自身可以参与其中的医疗健康卫生应用，是区域卫生信息化建设的重要组成部分。从医疗救治为重点过渡到预防保健与医疗救治相结合为重点，建立以居民自我健康跟踪和医生健康跟踪相结合的区域健康卫生管理体系。没有老百姓的参与是不全面和不完善的，也无法让老百姓体会到区域卫生信息化带来的切身好处。实现全城全员的健康管理跟踪应做好两个方面的工作。

一方面，从个人的病前、病中、病愈和医疗健康卫生的诊前、诊中、诊后相结合，通过健康管理跟踪，让全城老百姓病前可以进行健康咨询。诊前可以远程问诊、预约挂号；病中可以积极诊疗，诊中保障就医和用药安全；病愈可以自我健康监测，诊后得到康复指导等。

另一方面，提倡个人健康生活，每人每年体检一次的理念。从个人健康自我管理的体检前、体检中、体检后出发，通过健康管理跟踪让老百姓体检前可享受到孕期检查、儿童健康体检、成人健康体检、老人体检、高血压等慢性病管理、用药、预约健康服务等健康提醒服务；体检中可监测到当前的健康状态；体检后可针对自身的健康进行健康分析评估、在线健康监测、健康咨询，对检出有患病情况可及时进行治疗。

健康管理跟踪平台功能覆盖整个医疗健康过程的医疗健康领域服务及辅助服务，主要有以下 15 个功能。

1. 个人健康档案管理

健康管理跟踪平台提供个人健康档案，记录了全城老百姓自我健康管理信息、记录在社区服务站建立的健康档案和健康体检信息、记录在医疗机构就医的电子病历信息、记录在专业体检机构进行体检的体检信息。健康管理跟踪平台以个人健康档案为中心，进行个人和家庭成员健康档案的创建、更新、查看，对个人健康和个人医疗信息在何时、何地、进行了哪些医疗健康服务等进行实时跟踪和自我管理。个人通过自身和家庭成员健康档案的建立，通过对家庭医生建立个人健康档案和家庭成员健康档案的确认和更新，使健康档案持续保持高度的有效性，为开展个人医疗健康卫生提供了强有力的基础性支持。

个人健康档案自我管理为政府全面诚信就医监督机制的建立，提供了真实、可信、有效的数据信息；为全区域建立全人群跟踪提供了实名认证的基础；为老百姓诊前、诊中、诊后享用各种就医服务提供了有效支持。

个人健康档案自我管理为全城老百姓提供了连续记录个人在病前、病中、病愈以及动态记录健康卫生的情况。使老百姓在各个医疗机构进行就诊、体检的各类电子病历可以实现在线监管。对需要共享自身健康档案的内容进行权限设置，保护了个人信息安全。

个人健康档案自我管理中的家庭成员健康管理，使老人、小孩、孕产妇、行动不便的人，通过家庭成员的帮助也可积极地参与到全民健康管理跟踪中来。

个人健康档案自我管理为医护专业人员提供了连续、动态的信息跟踪，为医护专业人员完善健康档案而上门难的问题提供了有效解决途径。减轻了医护专业人员进行健康档案维护的工作量。

2. 健康咨询

健康管理跟踪平台提供的健康咨询是为全城老百姓提供诊前、诊后、体检前、体检后的全过程服务。老百姓在就诊前通过健康跟踪管理平台能与社区家庭医生、医院专科医生互动。这样就能为老百姓提供疾病预防和保健服务、提供远程咨询、为轻微症状患者提供建议性轻诊断；在诊后、体检后对老百姓检出后的状态进行健康指导。居民与家庭医生通过健康咨询加强沟通，可在线实时跟踪辖区居民的健康状态，提高家庭医生与居民签约的有效性。患者与医生通过健康互动，改善了医患关系，改进了就医体验。老百姓与体检医生通过健康分析互动，提高自我健康的保健意识，对疾病预防和自我健康管理起到了积极作用。

健康咨询，创建了一个开放式医患互动的平台，增加了医患信任，为缓解医患关系起到积极作用。政府可以根据不同的健康咨询问题以及热点关注度，采取有效的宣传和纾解，积极引导老百姓从注重医疗救治到医疗健康并重上来。老百姓借助信息化等多种手段在互动平台上开展健康教育和个人自我健康教育，从而提高自我健康的管理意识。

健康咨询，为老百姓提供了诊前、诊后、病前、愈后、体检前、体检后的健康指导服务。通过健康咨询，老百姓的轻微症状得到了及时有效的建议性轻诊断，使老百姓不用为小病在就医路上耗时耗费，节省了医疗机构的有限资源。通过有效渠道为老百姓的健康问题进行指导，使老百姓不出家门即可享受到医疗健康服务。

健康咨询，同时也是医护专业人员开展个人健康教育、个人健康指导提供了路径，对社区慢性病患者、老人、孕产妇提供健康咨询可以为社区家庭医生开展有效全方位的健康卫生保健工作提供了支持。

3. 预约挂号

健康管理跟踪平台提供预约挂号作为患者诊前的一项公共服务措施。预约挂号记录了老百姓准备什么时间去哪家医疗机构、就诊哪个科室、哪个医生的需求信息。通过全城老百姓的就医需求，可统计排名哪家医疗机构、哪个科室、哪个医生最受患者青睐，哪个时间段老百姓最愿意来医院就诊。

通过预约挂号分析，政府可以通过患病人群诊前的动态，对改善就医的整体环境制定对应的措施。通过预约人数统计与门诊挂号人数统计的对比分析，进行事中实时监管，关注每小时、每日、每周、每月预约挂号的占比，通过对各分时段就诊预约的调整，缓解就诊高峰，使卫生资源在正常时间段均衡利用。可以通过预约医疗机构、预约科室、预约医生的排名分析，看哪些卫生资源是不足或需要优化的，事后进行合理调整。分时段预约，患者不用从一大早挂号后就等在医院就诊，可以使老百姓叉开就医，大大减轻了公共资源的消耗。

预约挂号是一项惠民利民的措施，解决了老百姓担心不能挂上号而凌晨排队蹲守医院大门的问题。同时，结合个人健康档案的实名认证机制，在预约挂号时以实名等

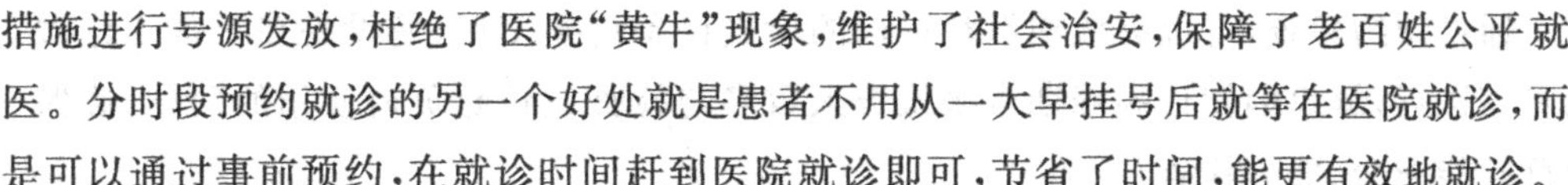

措施进行号源发放，杜绝了医院“黄牛”现象，维护了社会治安，保障了老百姓公平就医。分时段预约就诊的另一个好处就是患者不用从一大早挂号后就等在医院就诊，而是可以通过事前预约，在就诊时间赶到医院就诊即可，节省了时间，能更有效地就诊。

预约挂号，疏导了部分就医人群的就诊时间，极大地改善了医生问诊时大批患者围观的现象，使医院门诊就医环境得到了改善。通过有效分析预约挂号的数据信息，医生问诊可以达到最大饱和度和最小接诊量。通过数据分析可以使问诊人数与号源人数找到平衡点，创新式解决“三长一短”中问诊时间短的问题。

4. 预约复诊

健康管理跟踪平台提供预约复诊服务。复诊是对前一次诊疗的延续，对患者从患病开始至治愈进行一个全病程的跟踪，有利于提高患者治疗效果。预约复诊记录了老百姓预约复诊时间、预约复诊医院、预约复诊科室、预约复诊医生。通过对预约复诊记录的分析，可以得知各个医院平均对一个病程的治疗周期，对相同的病历各个医院的治疗周期，为建立全区域的疾病治疗周期提供基数参考，为构建全城医疗单位对疾病治疗效果的跟踪时效体系提供基础，为提高全区域、各个医疗单位的医疗质量体系、医疗成本控制体系提供源端追溯。

预约复诊是对整个医疗过程精细化管理的一个环节。预约复诊治疗的患者，错开时间治疗，可以有效解决挂号难、号贩子钻空子的问题。一个疗程内的治疗最好都是同一医生，这样医生了解病情进展，才能有针对性的治疗，并且复诊预约也能节约大夫的时间，便于大夫提高诊疗效率。

通过预约复诊，可以提升医院医疗过程的精细化管理，提高医疗质量，降低医疗成本，使老百姓的就医过程得到安全保障，就医时间大为缩短。

5. 预约检查

健康管理跟踪平台提供预约检查服务。预约检查记录了老百姓何时去哪家医院、哪个科室、做什么检查。通过预约检查存量，医疗单位可以根据设备实际情况进行排班确认，使设备在整个医疗就诊时间段能充分利用。以预约检查为起点，记录患者何时检查、哪位医生检查、报告医生是谁、在哪个设备上进行的检查记录。通过对这些记录的统计分析，可以对日检查率、周检查率、月检查率、设备使用率、医生工作率等信息进行对比分析，实时监管对卫生设备资源的利用情况，及时有序调整资源，使患者检查有序进行。

通过预约检查,可以有效使医疗机构的检查设备均衡使用,使设备在正常工作时期有序进行,解决因就诊高峰期带来检查人数多与检查设备超负荷使用的问题,确保老百姓能安全、放心检查。

6. 预约体检

健康管理跟踪平台提供预约体检服务。预约体检服务记录了老百姓准备何时去哪里做什么样的体检内容的信息。一般体检内容会比较全面,涉及占用检查设备和医生资源,社会上普遍存在医院专门开设的体检中心、专业的体检中心机构。体检中心大多在上午进行体检,故体检的有效时间有限。为了避免与大型团体客户在同一天体检,体检人员提前预约,预先约定体检时间、体检人数、体检类型等事项,预先确定体检流程,这样有利于节约体检客户的时间,体检中心也可以事先安排工作,使体检过程更加人性化。

提倡健康生活,老百姓一年一次体检是需要的。为有需要的老百姓提供预约体检服务,使老百姓通过预约服务提前知道体检流程、体检内容、体检注意事项。通过体检检查老百姓的自身健康状态,对检出病患可以进行及时的治疗,对未检出病患的提供保健指导。

通过预约体检老百姓可以自我展开自我健康跟踪管理。体检中有异常的及时进行治疗,治愈后根据社区医生的康复指导进行诊后健康保健、健康监测。体检中未有异常的可进行自我健康信息的录入、维护、跟踪,定期体检。

预约体检为检查设备等卫生资源的合理利用提供了依据。预约体检与自我健康管理跟踪结合,为老百姓提高疾病防治、未病预防意识产生了积极影响,使老百姓有一个正确的健康自我管理观念。

7. 慢性病管理

健康管理跟踪平台提供老百姓慢性病自我管理功能。慢性病自我管理提供社区卫生常见慢性病的自我管理功能,包括高血压自我监测与管理、糖尿病自我监测与管理、脑卒中自我监测与管理、冠心病自我监测与管理等。慢性病管理包括记录老百姓既往病史、生活方式、服药方式、锻炼运动方式和饮食习惯等信息,记录血压、血糖、心率、腰围、体重等生命体征信息。通过对自身监测数据的分析提供慢性病分析评估报告,指导老百姓改善饮食习惯、加强适度运动锻炼、坚持体征数据监测、进行合理用药等。

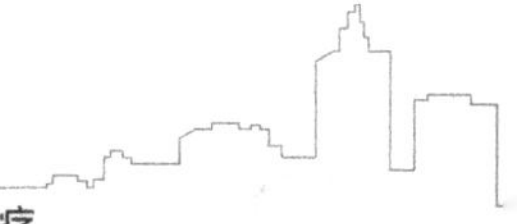

通过慢性病自我管理和监测，使慢性疾病患者的健康状况、健康功能维持在一个满意的状态。通过慢性病自我管理和跟踪、在线慢性病指导和宣传等，改变不良的生活方式，有效减少疾病危险因素，减少用药，节约社区成本，使老百姓医疗保健成本降到最低。

老百姓慢性病的自我管理和监测与社区家庭医生的慢性病管理相结合，通过社区家庭医生的在线指导、远程咨询，有效提高老百姓自我健康管理意识，使社区已患慢性病人群得到持续、有效的治疗和控制，使慢性病患者血压控制率、血糖控制率在合理监测范围内。

8. 保健管理

健康管理跟踪平台提供老百姓自我康复保健管理功能。保健管理涉及人的整个生命过程。从人群角度分，可以包括孕产妇保健、儿童保健、老人保健等。孕产妇保健记录产前、产时、产后的孕期信息，记录何时怀孕、末次月经时间、预产期、产检时间、不同阶段做哪些检查、胎儿生长情况等。同时为孕妇提供孕产期保健知识、准爸爸和准妈妈注意事项等。儿童保健从儿童从出生开始记录身高、体重、营养情况、疫苗接种情况等成长信息，提供儿童生长曲线等儿童成长数据分析。老人保健连续记录老人的血压、心率、血糖、运动、饮食习惯信息，并提供锻炼运动指导、饮食情况分析、血压变化趋势等健康数据分析。

通过老百姓自我保健管理，起到未病先防的作用，可实时监管全区域的高血压、糖尿病等的防治，为降低人群慢性病患病率提供积极的帮助。

9. 自我健康监测

健康管理跟踪平台提供居民自我健康监测功能。居民自我健康监测内容包括自我健康监测和自助健康监测。自我健康监测主要指居民通过健康管理跟踪平台中居民自身录入的健康数据进行管理。系统为居民提供血压控制分析、血糖控制分析、体重指数控制分析等。通过数据分析，为居民提供健康指导、健康套餐等内容服务。自助健康监测指居民通过可穿戴设备或自助体检设备进行监测，同时将数据上传到健康管理平台，以便进行自我健康监测与分析。

健康管理跟踪平台以移动手机终端和无线健康指标测量仪器为载体，更好地为用户提供连续、综合、适宜、经济的家庭成员健康服务。帮助医护人员及时、全面地了解家庭成员的健康状况和相关生理指标，有针对性地开展预防、保健和医疗服务。

健康管理医疗智能检测终端主要适用于家庭。它区别于医院使用的医疗监测仪器，具有操作简单、体积小巧、携带方便等特点，并且满足了人们对家庭健康状况监测越来越多，越来越高的要求。简单实用、功能齐全的新型家庭医疗智能检测终端已经走入家庭，成为人们生活中必不可少的用品。运动、生活习惯监测仪能监测到本人的每天运动情况(每天的步行步数、运动强度以及每天睡觉和起床时间的生活习惯)，能有效地进行健康生活方式提醒。智能健康手机终端是便捷健康沟通和查阅器，是居家健康管理“大管家”。

10. 健康提醒

健康管理跟踪平台提供健康提醒功能。健康提醒作为个人自我健康管理的辅助手段，提醒老百姓按时进行自我健康监测、保健管理、保健检查等。通过对儿童健康信息分析，记录何时需要进行儿童体检、何时需要进行疫苗接种、每日注意健康等事项并预先进行提醒。通过对慢性病患者的健康信息分析，记录何时血压测量、何时服用高血压药、季节变换应注意事项等。通过对孕产妇的记录信息分析，提醒准妈妈何时需要进行产检、每个孕期需要注意事项、对产检信息进行数据分析并指导准备妈妈平时如何进行保健孕育。

11. 健康分析评估

健康管理跟踪平台提供健康分析评估功能。健康分析评估提供从 1 岁至老龄阶段的健康数据分析。健康分析评估内容有个人健康数据信息汇总，通过对健康数据信息分析进行心血管疾病风险评估、糖尿病风险评估、癌症风险评估、生活方式评估、运动膳食总体评价评估、健康改善行动指南、个性化膳食处方、个性化运动处方等。

通过健康分析评估帮助个人找到健康风险因素，改善个人健康，改变不健康生活方式，降低自身发病风险，预防或控制疾病的发生。

12. 药品信息查询

健康管理跟踪平台为老百姓提供药品信息查询服务。老百姓可以通过药品信息查询，对药品进行比价，可选择价格便宜的药品，通过网上支付、货到后付款等方式实现网上购买药品和保健品。

13. 疾病知识库查询

通过健康管理跟踪平台，可以选择自查问诊模块，点击人体模型，被点击部位颜色

变深，继续点击会进入症状问答模式，模拟医生问诊，选择伴随症状，按临床发生相应疾病门诊率、住院率直接列出所有具备以上症状疾病的名称，最可能得的疾病排在第一位，根据提示可以继续搜索治疗方法。

14. 在线商城

健康管理跟踪管理平台提供在线商城功能，针对有个性化健康管理需求的人群，提供健康管理服务，提供血压仪、血糖仪、体重计、可穿戴设备、生物电中医治疗设备等商品信息服务。

15. 健康社区服务终端

健康社区服务终端是健康管理跟踪平台提供社区健康服务的一个载体，也是各种医疗、健康管理机构在院外的健康服务终端，集自助的健康监测与专业的医疗健康服务为一体，能够为大量的诊前、诊后随访人群、慢病人群、亚健康人群、老龄人群等提供就近的健康管理。社区健康将诊前、诊中、诊后的部分服务覆盖到居民家门口，送到居民手中。

健康社区服务终端针对不同人群采用不同服务提供方式：一是面向年轻人或会使用智能手机居民的掌上 App，提供预约挂号、预约体检、健康报告、健康评估分析、报告查询、健康资料录入、网上支付等服务；二是面向老人或不会使用智能手机居民的社区健康服务终端，一站式提供健康监测、健康评估分析、自助缴费、预约挂号、预约体检、报告查询等服务。另外，与在线商城对接，健康社区服务终端还为老百姓提供网上药店、药品配送、可穿戴设备、个性化健康服务、在线支付等服务，便于居民进行个性化健康管理定制，以满足不同层次人群对自我健康管理的不同需求。

9.3.3 健康宝移动体检系统

随着时间、年龄、生活和工作节奏的加快以及心理压力的增加，很多年轻人处于亚健康状态，很多老年人被各种慢性病困扰。而对于很多疾病来说，能否早期发现及时治疗，是决定能否恢复健康的关键。因此，经常性的体检或者身体体征监测是非常有必要的。

健康宝移动体检系统整合目前主流的物联网技术、移动互联网技术、大数据分析技术和云计算技术，搭载在专业设计的流动式一体移动体检车上，进社区，下农村，不仅能完成血压、血氧、体重等多个常规体检项目，还可以凭借一张小小的条码，存储用户的健康档案信息，通过移动互联网和云计算技术提供健康指导服务和健康管理。

1. 方案概述

健康宝移动体检系统中的核心组成部分智能采集终端采用平板电脑作为主控设备，通过蓝牙(Bluetooth)连接包括血压/心率/心电仪、血氧仪、血糖仪、体温计、体脂/体重仪等专用医疗检测设备，并将所采集的被测人员生理参数信息通过云接口推送至云平台，进而展示云平台对被测人员各项生理参数的分析结果，提供健康指导建议。

智能采集终端通过蓝牙与第二代居民身份证读卡器和指纹识别模块通信或者手动输入三种方式，获取被测人员基本信息，并打印具备条码的采集凭证。按照流程完成体检过程后还可以通过打印机将分析结果及健康建议等信息打印出来，以供被测人员参考，为检测人提供健康建议。

智能采集终端设备可连接至 Wi-Fi 热点，以提供局域网或互联网访问，并支持外接存储卡，扩展存储空间。通过适当的方式，该设备可以挂载更多的医疗设备，并扩展更广泛的医疗健康服务。

2. 硬件架构

智能采集终端的硬件系统架构如图 9-14 所示。

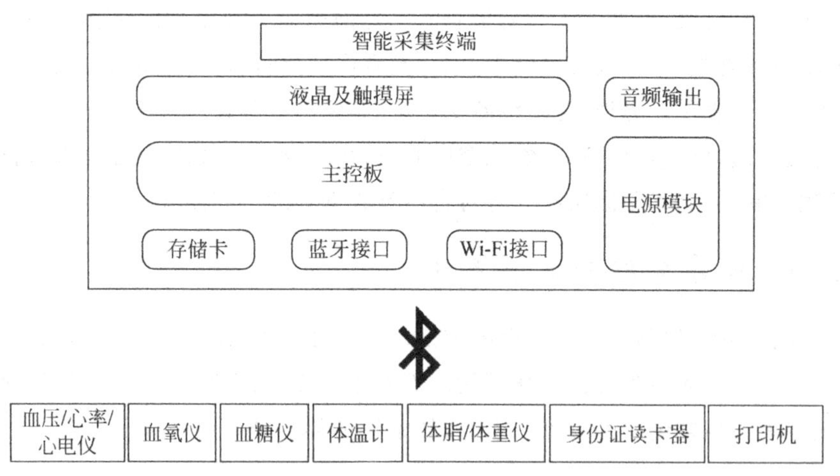

图 9-14 健康宝移动体检硬件系统架构图

智能采集终端以 Android 平板电脑作为终端控制器，通过蓝牙挂载血压/心率/心电仪、血氧仪、血糖仪、体温计、体脂/体重仪、身份证读卡器及打印机。能够实现终端控制器与医疗设备间的无线通信、终端控制器与打印机间的无线通信、终端控制器与身份证读卡器间的无线通信、终端控制器与云平台的网络通信，并在终端控制器上显示并控制业务功能。

1）ARM 架构平板电脑

ARM 架构平板电脑具备液晶显示屏、电容式触摸屏。

2）蓝牙接口

蓝牙接口具备 Wi-Fi 接口，可外接存储卡扩展存储空间，能够输出音频信息，使用内置锂电池或外接电源供电。

3）血压/心率仪

血压/心率仪能够测量血压，能够测量心率，具备蓝牙接口，可以将测量结果传输到上位机。

4）血氧仪

血氧仪能够通过手指测量血氧饱和度（指氧），具备蓝牙接口，可以将测量结果传输到上位机。

5）血糖仪

血糖仪能够测量血糖，具备蓝牙接口，可以将测量结果传输到上位机。

6）体温计

体温计能够测量体温，具备蓝牙接口，可以将测量结果传输到上位机。

7）体脂/体重仪

体脂/体重仪能够测量体重，能够测量并（或）计算体脂率，具备蓝牙接口，可以将测量结果传输到上位机。

8）心电监测仪

心电监测仪能够测量心电规律，能够生成心电图，具备蓝牙接口，可以将测量结果传输到上位机。

9）身份证读卡器

身份证读卡器能够读取第二代居民身份证内的个人文本信息，具备蓝牙接口，可以将读取结果传输到上位机。

10）打印机

打印机能够通过蓝牙接口控制完成文档打印。

3. 软件架构

智能采集终端的软件架构如图 9-15 所示。

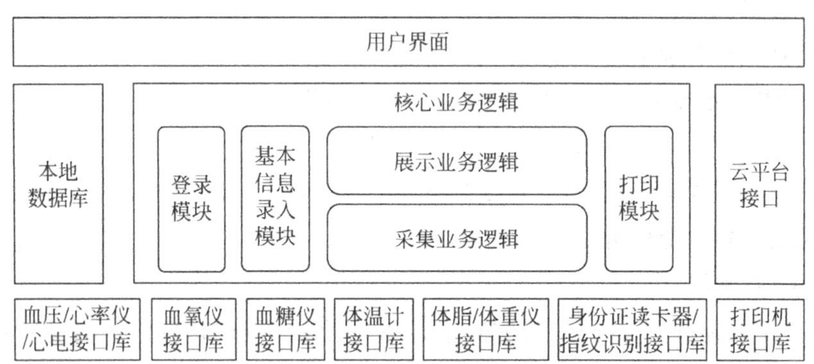

图 9-15 健康宝移动体检系统软件架构图

智能采集终端软件运行于 Android 操作系统，通过蓝牙接口库完成与血压/心率/心电仪、血氧仪、血糖仪、体温计、体脂/体重仪、身份证读卡器及打印机的信息交互，能够完成操作人员登录、基本信息录入(包括身份证读取)、条码及采集凭证打印、生理参数采集、信息展示及打印功能。提供本地数据库，对未上传数据进行本地存储。智能采集终端还可以通过云平台接口与云平台进行通信，完成更多的扩展功能。

1) 核心业务逻辑

提供操作人员登录功能，并核对角色与权限；提供基本信息录入(包括身份证读取)功能以及指纹的采集。

提供生理参数采集业务；提供信息展示逻辑和数据分析功能；提供打印操作，支持打印体检报告。

2) 本地数据库

提供对未上传数据的本地存储；提供对其他系统运行必要信息的存储。

3) 云平台接口

通过云平台接口将生理参数信息上传至云平台；验证登录人员信息；接收云平台要展示的信息。

4) 用户界面与登录功能

提供智能采集终端的触控操作；展示生理参数、统计结果等相关信息。

5）血压/心率/心电仪检测功能

提供血压/心率/心电仪蓝牙数据接口。

6）血氧仪检测功能

提供血氧仪蓝牙数据接口。

7）血糖仪检测功能

提供血糖仪蓝牙数据接口。

8）体温检测功能

提供体温计蓝牙数据接口。

9）体脂/体重仪检测功能

提供体脂/体重检测蓝牙数据接口。

10）身份证信息获取功能

提供第二代居民身份证读卡器蓝牙数据接口。

11）指纹识别功能

提供指纹识别模块的蓝牙数据接口。

12）打印体检报告功能

提供蓝牙打印机数据接口。

13）查看体检报告功能

提供本地体检信息查询接口。

4. 应用流程

软件应用流程如图 9-16 所示。

5. 系统效果

健康宝移动体检系统配备了先进的现代化医疗监测设备(见图 9-17)，能够流动式、一站式地提供体检服务，让家人和社区医生能够随时随地访问病人医疗信息(见图 9-18)。

9.3.4 健康管理智能终端

可穿戴式生物医疗仪器具有生理信号检测与处理、信号特征提取、数据传输等基本功能模块。其关键技术涉及多个学科的交叉领域，包括微型生物传感、微弱生物医学信号检测与处理、生物系统的建模与控制、生物微电子机械系统(Bio-MEMS)、无线

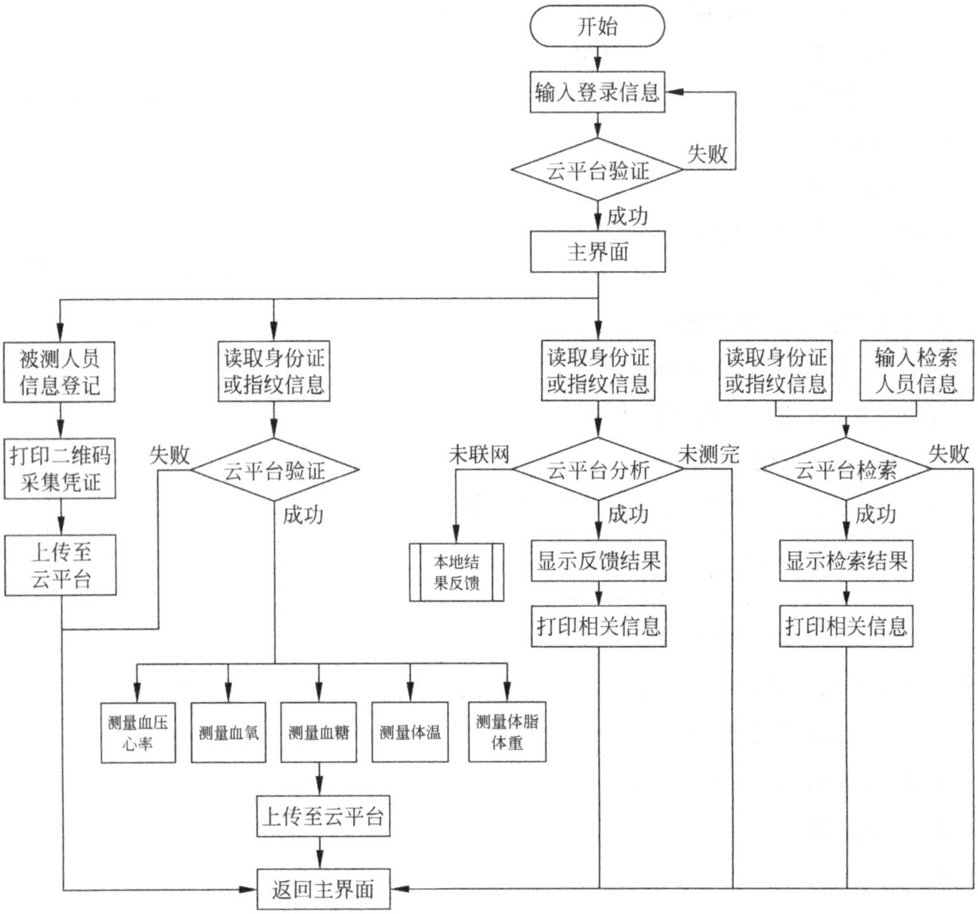

图 9-16　健康宝移动体检系统软件应用流程图

数据传输及数据保密等。可穿戴式生物医疗仪器可实现对人体非介入式、无创的医疗诊断监测。它具备可移动操作、使用简便、长时间持续工作、智能显示诊断结果、异常生理状况警报、无线数据传输等特点。作为远程医疗和移动家庭保健系统的诊断监护终端，可穿戴式生物医疗仪器可以通过智能区域网(Intelligent Body Area Networks，IBAN)、家庭信息网(Home Information Networks，HIN)、蜂窝网(GPRS/3G)、公共电话交换网(PSTN)、因特网(Internet)等网络连接到医护中心的远端服务器上，实现诊疗数据的远程实时监控。

图 9-17　健康流动车实际效果图 1

图 9-18　健康流动车实际效果图 2

1. 无损血糖监测仪

当前检测血糖浓度的常规方法是戳破手指来获得血液样本以进行测量。这种方法带有一定的伤害性，并且无法反映一整天的血糖变化。人们正着力于研究伤害性极小的甚至无损的血糖持续监控方法。例如，使用电离子透入法对体液中的葡萄糖进行电化学式测量，采用热吸入法来提取人体间隙液等。在这些具有新意的设想中，仅有以下的少数方法达到了较深层次的研制开发和实用阶段。

1）可植入性皮下葡萄糖传感器

所谓可植入性皮下葡萄糖传感器就是将传感器埋入皮肤或血管内进行监测。该技术虽然已经成熟，但是将仪器植入人体这一前提极大地阻碍了该方法的普及。

2）穿透皮肤的血糖监测系统

穿透皮肤的血糖监测系统可避免将仪器植入体内这一难题。该系统通过加强某些信号的方法来获得足够的样本数据，其中包括使用电流（电离子透入法）和声能（声电泳法）。它可以加强葡萄糖对皮肤的渗透能力。

3）光学性血糖传感器

基于分光技术的光学性血糖传感器主要是利用葡萄糖的某些光学特性。例如，与波长有关的吸收和折射系数，主要集中在近红外波段，或是在可见光波段的线偏光的旋转等。这是很有希望实现无痛无血测量的一种方法。由于水对近红外波段没有较强的吸收性，近红外光能够较可见光或中红外光进入皮肤的更深层，从而获得更深层的人体组织样本。因此，可以期望直接通过将近红外光入射到人体来实现血糖测量。光学性血糖传感器还具备便于操作、便于携带、能耗小且价格低的优点。

2. 光电式无损微型血压计

血压在一天中的波动可能会非常大，而某些偶然情况下的高血压将有可能导致很严重的问题，例如脑溢血、严重的动脉瘤等。绝大多数人都需要在日常生活中经常测量血压，以随时调整身心状态，而这对老年人和慢性病患者而言则更为必要。传统血压计采用听诊法，即将一个冲放气压力袖带系在上臂上进行测量，其工作原理是通过拾取柯氏音的起始点和消失点来读取收缩压和舒张压。这种测量方法需要一定的专业技巧，并且在进行自我测量时存在操作困难的缺点。

目前市场上已出现一系列家庭适用的小型自动测量仪。这些仪器的主要测量方法是将袖带系到上臂或手腕上，由仪器自动判断收缩压和舒张压，并自动显示血压数

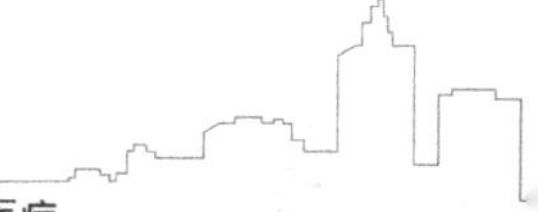

值。测量原理主要基于振荡法和听诊法。然而，基于上述两种原理的血压计难于实现持续测量及微型化。光电式无损微型血压计可以对动脉血压实现持续测量，其原理是通过计算两个肢体固定点处由血流引起的体积变化、该两点间动脉段的电阻变化以及两者之间的时延以得到血压值。这种新方法不再需要使用袖带，而只采用简单的微型光电监控装置，例如一个小型光电体积检测器和一个生物电阻抗计。

3. 脉冲式血氧饱和度测量计

有呼吸道疾病的病人需要在家里进行氧气治疗、IPPB治疗以及用呼吸器来进行辅助呼吸等。监控动脉血氧含量是用来确定动脉血氧饱和是否正常的有效方法，从而可确定某些呼吸功能是否正常。

血氧饱和度通常是采用脉冲血氧计来测量，其方法是利用经由手指传播的光信号来对动脉血氧饱和度进行无创测量。脉冲血氧计的原理是，当光路中静脉血和人体组织的吸收恒定时，动脉血的吸收变化将会使被传输的光强中产生脉动元素。指尖是脉冲血氧计实现无损测量的比较理想的位置，因为指尖处血流量大，并且可以利用夹子型的检测器实现对光信号的测量。

9.4　智慧养老

9.4.1　智慧养老概述

1. 智慧养老的概念

智能化养老是指采用一些物联网的控制技术使老年人的各种信息都能够被监控和感知，并能做出一些判断来帮助老年人生活。也就是老年人在日常生活中可以不受时间和地理环境的限制，在自己家中过上高质量、高享受的生活。智能居家养老指利用先进的信息技术手段，面向居家老人开展物联化、互联化、智能化的养老服务。其核心在于应用先进的管理和信息技术，将老人与政府、社区、医疗机构、医护人员等紧密联系起来。

智慧养老是在全国智慧城市建设的背景下提出来的，是指利用信息技术等现代科技技术（如互联网、社交网、物联网、移动计算等），围绕老人的生活起居、安全保障、医疗卫生、保健康复、娱乐休闲、学习分享等各方面支持老年人的生活服务和管理，对涉老信息自动监测、预警甚至主动处置，实现这些技术与老年人的友好、自助式、个性化智能交互。

智慧养老在智能化养老的基础上进行延伸。它不仅包括智能化，而且强调利用老年人的智慧。“智能”更多体现为技术和监控，会让人感觉是受控制，而智慧养老的“智慧”更突出“人”以及灵活性、聪明性，给人的是人性化。“智慧”主要体现在两个方面：一方面在技术上，在满足老年人多样化、个性化需求基础上，通过可穿戴设备等技术，不介入老人生活的情况下，提升其生活品质，不会让老人对其中的技术操作感到不灵便，没有技术的感觉；另一方面在理念上，强调丰富老年人的精神生活，充分发挥老年人的智慧，将科技与老年人智慧结合，鼓励老年人积极地应用信息技术，开展线上线下活动，发挥经验智慧，让老年人过得更幸福、更有尊严、更有价值。

智慧养老包括三个层面：

- 老年人的物质生活层面可以让老年人能够得到一个很好的支持；
- 老年人的精神生活层面可以丰富老年人的精神生活；
- 发掘和利用老人的智慧可以让老人依然可以发挥自己的余热，实现个人价值。

智慧养老有多个层面的内涵。从个体老人来说，应该成为智慧老人。从周围的环境来说，要成为智慧家居、智慧型社区服务中心、智慧型养老机构。从政府来说，要为智慧养老创新很多条件，比如统一社保卡、医疗费用异地报销。智慧养老能给整个养老体系带来一些更加高效的改变，让老人及其子女更加方便，为未来劳动力减轻负担。

2. 智慧养老的优势

我国养老服务总体需求量大、种类多，尚未形成围绕老年人需求的全面服务体系，需要从物质、精神、服务、政策、制度和体制等方面进行创新。通过建立一种新型的养老服务模式，为老年人提供及时、便捷、专业化、人本化、全方位的健康服务，促进养老服务产业的发展。

作为按技术支撑水平分类中目前最高级的养老模式，智慧养老具有传统养老模式所不具有的如下优势。

1）科技领先

智慧养老体现了信息科技的集成。它融合了老年服务技术、医疗保健技术、智能控制技术、计算机网络技术、移动互联技术以及物联网技术等，使这些现代技术集成起来支持老人的服务与管理需求。

2）人性化

智慧养老体现了以人为本的思想。它把老年人的需求作为出发点，通过高科技的技术、设备、设施以及科学、人性化的管理方式，让老年人随时随地都能享受到高品质、个性化的服务。

3）优质高效

智慧养老体现了优质高效。它通过应用现代科学技术与智能化设备，提高服务工作的质量和效率，同时又降低了人力和时间成本，用较少的资源最大限度地满足老年人的养老需求。这些智能设备通过相应的适老化设计，可以完成人工不愿做、人工做不好、甚至人工做不了的为老服务，为求解未富先老和无人养老（主要指没有人愿意做护理人员）两个困局提供了思路和实现方式。

3. 智慧养老的内容

中国的老年人以家庭养老为主，社区是老年人生活的主要空间，老年人医疗护理的重点应放在社区，以满足老人就近医疗、经济方便的愿望。由于养老地点的不同，智慧养老也有多种不同的类型，如智慧养老的居家模式、智慧养老的社区模式、智慧养老的机构模式、智慧养老的虚拟模式。但是现在的社区卫生服务和养老服务还处于起步发展阶段，规划和规章制度还不太健全和完善，智慧养老模式在运作上与其他方面相互协调存在一定的困难。

老年人服务的情况复杂多类也为老年人细致服务提出了更高要求。比如，老年人的需求种类多，可以分为生活服务、健康护理、医疗诊治、精神疏导等；医疗健康监测业务场景多，分为急救类、慢性病类、院前急救类及个人健康等不同业务类别；老年人的健康状况不同，可以分为低危、中危、高危、临终。

根据我国医疗服务机构和养老服务机构的现状特点，我国智慧养老的建设需要打通两者之间的信息壁垒，围绕老年人养老需求，加强社区医疗保健机构建设，推动居家服务的发展。智慧养老建设内容主要包括智慧养老服务平台、智慧养老智能终端、智慧养老服务模式等内容。

(1) 智慧养老云服务平台主要打破医疗和养老机构行业障碍，使医疗机构和养老机构之间进行多种方式的结合，实现资源共享，优势互补。它通过建立综合的智慧养老服务平台，提供老年人医疗诊断、慢性病管理、紧急救助、健康咨询、康复护理、精神慰藉、生活照料、文化休闲为一体的一站式养老服务。

(2) 智慧养老智能终端包括轻便的生理健康可穿戴式设备和交互终端。可穿戴式设备基于更易用、更普及的日常设备；交互终端提供更友好、更易懂、更易操作的交互方式。

(3) 智慧养老服务模式整合产业链企业，针对老年人的服务认知程度较低、服务购买能力和服务购买意识薄弱，探索出一种简便有效的服务模式。

9.4.2 智慧养老云服务平台

智慧养老云服务平台围绕养老需求和互联网服务特点，采用“云、管、端”技术架构思想，对各方资源进行整合利用。

1. 智慧养老云服务平台总体技术路线

智慧养老云服务平台遵循统一性、开放性、兼容性和扩展性等原则，采用开放的技术架构汇集老年人的所有数据，进行智能化处理。同时该平台连通医疗、养老等第三方平台，打通不同的医疗服务机构、生活服务结构以及其他上下游的供应商、合作商的信息资源，是整个产业链向老年人提供各类的健康服务与生活服务的一站式服务平台。该平台在前期医疗信息系统、养老平台、智能终端建设的基础上，实现对原有系统的有机融合。

智慧养老云服务平台由 IaaS、PaaS、SaaS 三层组成。

1) IaaS 层

IaaS 即基础设施服务，主要包括虚拟化技术、云安全技术，避免重复建设和投资浪费。虚拟化技术包括计算虚拟化和存储虚拟化，支持多操作系统并行，运行在单个物理服务器上。云安全技术包括云安全融合并行处理、网格计算、未知病毒行为判断等新兴技术和概念，通过客户端软件行为的异常监测，获取互联网中木马、恶意程序的最新信息，进行自动分析和处理，再把解决方案分发到每一个客户端，从而实现保护客户端的效果。

2) PaaS 层

PaaS 即平台服务，介于基础设施层和应用层之间，是具有通用性和可复用性的软件资源的集合，用于对医疗物联网的终端数据进行解构处理和对健康医疗数据在不同机构间的传递搭建通道。该平台以 Openshift、Deis、HDFS-Hadoop 和 Storm 为基础

搭建养老云的 PaaS 环境。PaaS 环境包括医养物联网设备大数据、基于 HL7 的医疗信息数据交换及其他医疗中间件三大部分。养老物联网设备大数据系统实现对各个终端实时监测的健康数据，通过机器学习等各种方法进行数据挖掘和趋势判断。基于 HL7 的医疗信息数据交换系统，是利用 HL7 国际医疗服务行为数据交换标准协议，实现各种医疗机构之间的数据顺利交换，以使健康医疗数据能够得到最大程度的共享和利用。

3）SaaS 层

SaaS 即软件服务，面向各个医疗机构、生活服务机构、金融保险等机构，实现真正意义上的养老服务商城和在线服务咨询通道。用户单位可以利用负载均衡来实现 Web 服务的可用，而且利用云平台提供的数据库保证各种数据的持久化，为提供行之有效的医养结合服务。该平台以 OTT、Java Web、Map Reduce、Mahout 和可视化等技术为基础构建系统。

智慧养老云服务门户面向全国老年人，将提供统一的养老服务门户（比如百龄居 www.bailingju.com，见图 9-19），可建设区域和地方子站。该门户网站能够支持 PC 终端浏览器、智能手机浏览器、有线电视机顶盒进行访问，还支持对应的手机应用 App 和微信公众服务号两种方式登录百龄居门户。

智慧养老云服务平台的核心要点是对养老服务活动的流程整合和数据整合。该平台具有良好的延展性和扩展性，即使项目用户人群延升至 100 万人、1000 万人，软件不需要做较大的改变，只要在硬件进行一定的提升，就能保证平台的稳定性。

智慧养老云服务平台的重要建设内容包括第三方资源搜索与接入系统、智能化健康服务与知识推送系统、异构养老数据的融合与分析系统等系统模块的技术路线。

2. 第三方资源搜索与接入系统

目前社会上有很多专门的健康服务机构和老年人生活服务公司，往往是在某个局域与某个垂直领域提供各方面的健康或者养老服务。需要花费大量的市场活动寻找被服务对象，但受限于信息来源单一，效果并不理想。对一个老年人来说因为仅仅是接触到一个或者一类公司，所享受到的服务是不完整不全面的。本系统解决这个“服务方”和“被服务方”的配对难题，为老年人提供高效的第三方服务机构的联系信息和以往服务过程评价资料，便于选择符合自己需要的理想服务单位，第三方资源搜索如图 9-20 所示。

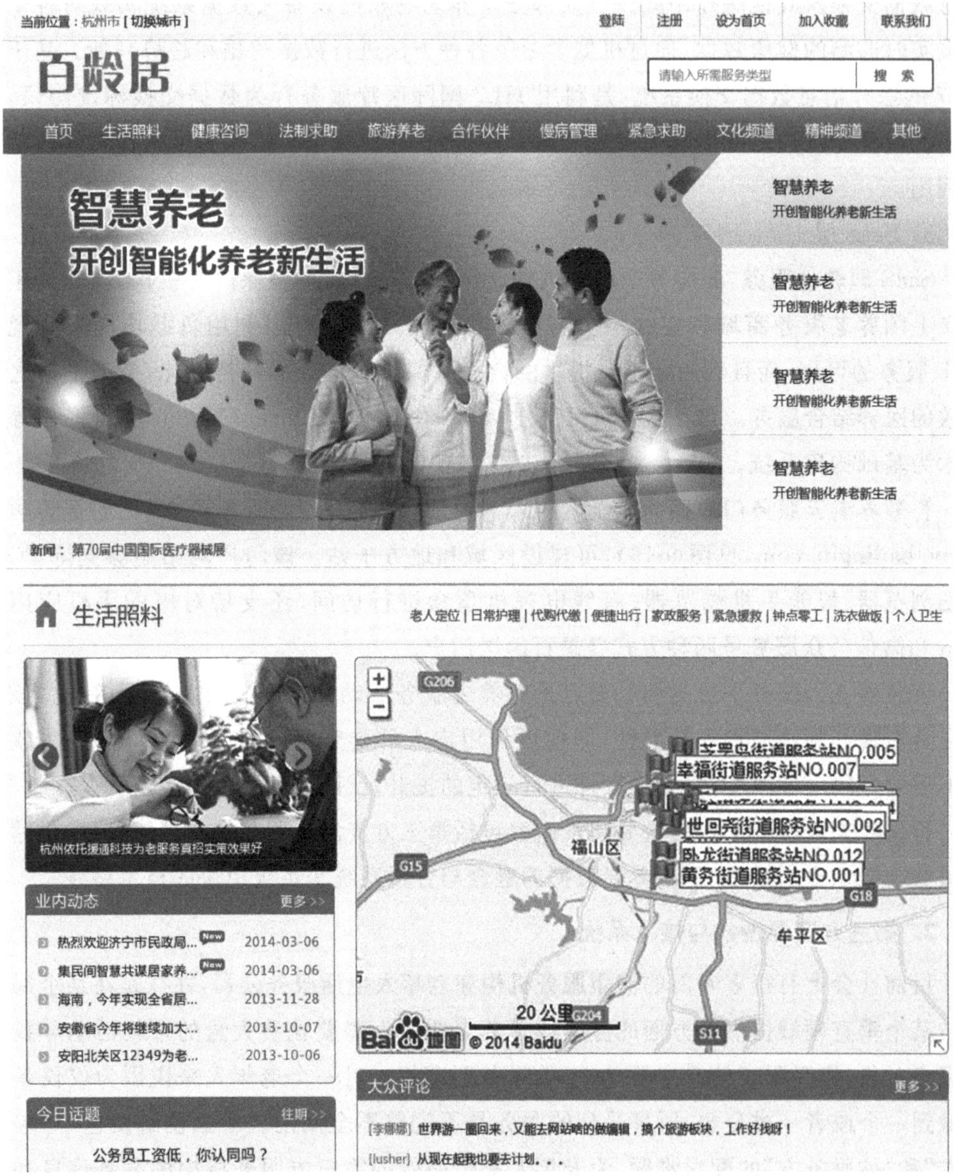
当前位置：杭州市[切换城市]
登陆
注册
设为首页
加入收藏
联系我们
百龄居
请输入所需服务类型
搜索
首页
生活照料
健康咨询
法制求助
旅游养老
合作伙伴
慢病管理
紧急求助
文化频道
精神频道
其他
智慧养老
开创智能化养老新生活
智慧养老
开创智能化养老新生活
智慧养老
开创智能化养老新生活
智慧养老
开创智能化养老新生活
智慧养老
开创智能化养老新生活
新闻：第70届中国国际医疗器械展
生活照料
老人定位 | 日常护理 | 代购代缴 | 便捷出行 | 家政服务 | 紧急援救 | 钟点零工 | 洗衣做饭 | 个人卫生
杭州依托援通科技为老服务真招实策效果好
业内动态
更多>>
热烈欢迎济宁市民政局... 2014-03-06
集民间智慧共谋居家养... 2014-03-06
海南，今年实现全省居... 2013-11-28
安徽省今年将继续加大... 2013-10-07
安阳北关区12349为老... 2013-10-06
今日话题
往期>>
公务员工资低，你认同吗？
幸福街道服务站NO.007
世回尧街道服务站NO.002
黄务街道服务站NO.001
福山区
牟平区
G206
G15
G18
S11
20公里
© 2014 Baidu
大众评论
更多>>
[李娜娜] 世界游一圈回来，又能去网站啥的做编辑，搞个旅游板块，工作好找呀！
[lusher] 从现在起我也要去计划。。。

图 9-19 百龄居门户

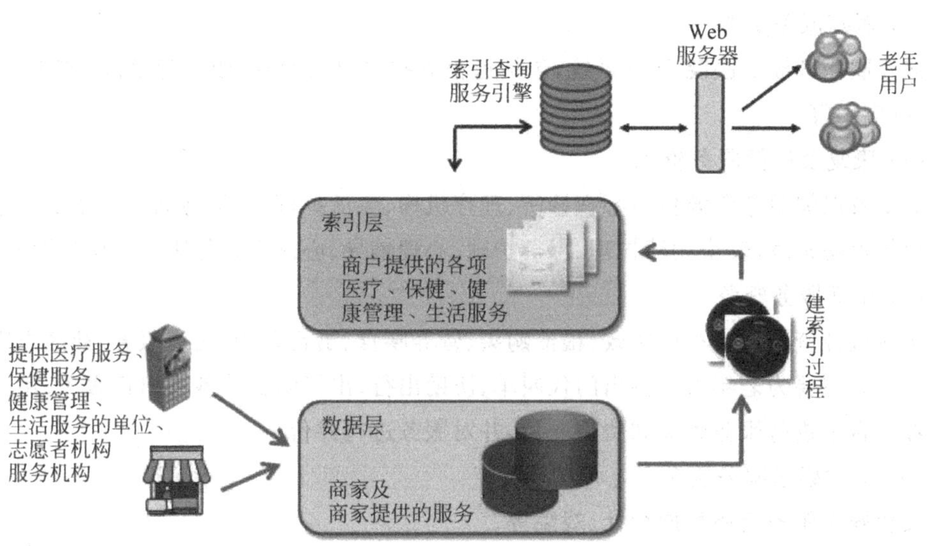

图 9-20 第三方资源搜索技术路线图

1）第三方资源搜索系统

该平台构建“淘宝式”养老结合服务搜索引擎，向能提供医疗服务、保健服务、健康管理、生活服务的单位、志愿者机构提供平台入驻服务，入驻的商户将被纳入平台搜索引擎，方便用户搜索商家及商家提供的服务。入驻的服务商户可以随时进行服务发布，自由地编辑服务内容包含的图文信息、价格信息和其他相关信息。老年人可以通过搜索引擎，快速搜索平台上商户提供的各项医疗、保健、健康管理、生活服务，并通过第三方支付工具购买服务，并由平台运营方提供支付保障。服务完成后，消费者在平台上进行确认和评价，平台运营方向服务提供商进行支付，以保障服务的有效性。

2）第三方资源接入系统

该平台为医疗、保健、健康管理、生活等服务的第三方平台、服务提供商和志愿者机构提供互联互通接口。接入的服务提供商将被纳入平台搜索引擎，方便用户搜索其提供的服务。接口将设置严密的安全措施，严格控制不同类型接口的数据访问权限，保障平台安全和用户隐私。下面介绍主要接入的第三方平台和服务资源类型。

（1）现有的养老相关平台。

已经建成的各类区域性养老平台或专业智能监测设备平台。特别是近年来各地已经建立的呼叫式养老服务系统。

(2) 医疗服务资源。

向互联网开放的医院 HIS 系统,包括远程监控、挂号、预约、跟踪等功能,药店、诊所 O2O 应用等。

(3) 康复及保健服务资源。

康复及保健服务资源包括心理诊所、理疗机构、生活护理、精神慰藉等。主要为老年人提供疾病护理、安全用药护理、保健护理、心理辅导、心理咨询等康复及保健服务。

(4) 生活服务资源。

生活服务资源包括社区家政、粮油购买、营养膳食、出行陪护、交通服务、社区志愿者服务等。主要为老年人提供出门代叫车、协助出行、出行陪护等各项出行服务,用户可以在平台上进行服务购买和费用支付,并对服务进行评价。

(5) 文化娱乐服务资源。

文化娱乐服务资源如旅行社、戏院等。

(6) 金融服务资源。

金融服务资源包括银行养老(以房养老)、保险公司、地产公司等养老信息资源的融合。

(7) 信用及支付体系服务接入。

平台将建立完善的信用保障体系、信用评价体系、实名认证体系和安全支付体系,以保障用户的权益和安全。平台将引入具有支付资质的第三方支付机构,为平台用户提供支付保障服务。

第三方系统接入后,用户可以在平台上进行服务购买和费用支付,并对服务进行评价。平台对接的主要应用类型、功能和使用场景汇总如表 9-3 所示。

表 9-3 第三方应用简介

对接应用类型	主要内容/功能	应用场景
其他云平台	各类区域养老平台 生理指标监测设备专业平台等	患者通过云平台访问现有其他云平台的功能和数据
第三方基于互联网的 HIS 系统	直接访问对接医疗机构的信息系统	患者通过云平台进行门诊挂号、检查报告、诊后随访等
第三方互联网医院	为未建立对外网络服务的医院提供基于互联网的医院门户	患者通过云平台直接访问相应医疗机构
医养相关应用	药店、诊所、理疗机构、体检中心 O2O 服务	药店比价配送、牙科诊所、理疗机构和体检机构预约、报告查询等

续表

对接应用类型	主要内容/功能	应 用 场 景
生活服务应用	餐饮、家政、交通等领域的 O2O 服务	为老人提供方便可靠的生活服务
文化服务应用	旅行、娱乐等领域的 O2O 服务	为老人提供方便的文化娱乐服务
医养金融服务	对接保险公司、银行等金融或类金融机构，以及支付宝等支付机构	提供集中入口，可以通过平台直接访问、对比、咨询、购买保险(包括理赔)、理财等产品
呼叫式服务	居家安防报警、生活照料服务预约	紧急呼叫或为不方便使用智能设备的老人提供回拨

3. 智能化健康服务与知识推送系统

该平台连接各种类型的医疗服务机构，收集的数据不仅数量巨大而且种类繁多，通过建立智能分析系统能够及时给医生、护理人员、病人和病人家属以各种临床方面的信息提示和建议，有效的辅助临床决策和个人健康指导。

智能化健康服务与知识推送系统的实现可总结为三层架构，即数据层、挖掘层、应用层，如图 9-21 所示。数据层包括老年人基本信息、健康知识库及其他生产数据库。挖掘层提供数据挖掘的平台架构技术、算法引擎、相关的算法实现。应用层基于数据挖掘得到的知识实现健康干预、健康知识推送和决策支持。

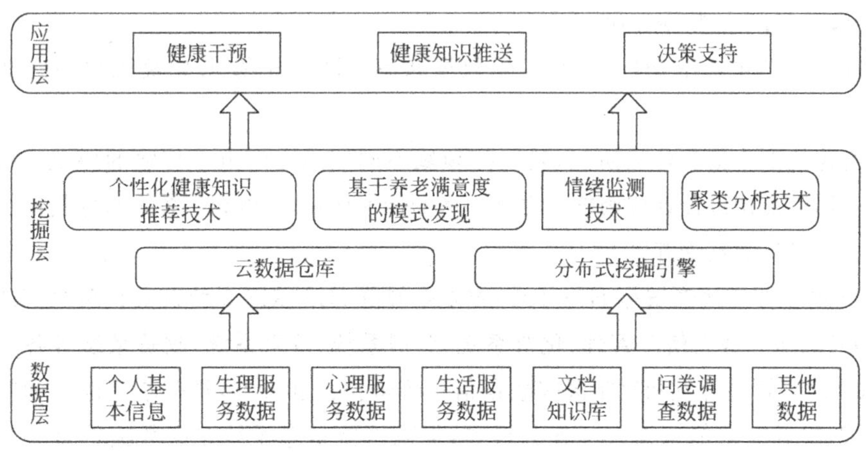

图 9-21　个性化健康服务与知识推送系统

1) 个性化健康知识推荐技术

个性化健康知识推荐技术的实现可以分四步进行。首先,基于文本聚类方法将健康知识库的文本进行聚类,通过人工标注的方式,建立健康知识分类体系;其次,通过综合老年人体征监测数据分析结果、调查分析结果、就医与用药情况,得到不同老年人的已有疾病、身心健康风险等信息;再次,基于疾病和身心健康风险,以及中文语义匹配模型,建立健康知识推荐引擎;最后,将个性化健康知识通过电子邮件、电视、纸质资料等形式推送给老人。

2) 基于养老满意度的模式发现

基于养老满意度的模式发现的目的是找出影响不同群体老年人养老满意度的主要因素,包括自身因素、家庭因素、社区因素和社会因素等。从技术上讲,首先,设定细化的因素指标,形成调查问卷,实施不同群体老年人的调查,并收集调查数据;其次,运用关联规则挖掘法等,找出不同因素对养老满意度的支持度和置信度;再次,评估影响不同人群老年人养老满意度的主要因素;最后,将分析结果应用于政策性决策支持和身心健康干预。

4. 异构养老数据的融合与分析系统

该平台中各个服务模式等系统,通过系统终端采集到的数据需要提供给相应的机构。尤其是涉及与医疗服务相关机构和医疗活动种类很多的情况下,这些数据应该得到共享。

1) 基于 HL7 的数据交换

医疗机构之间采用 HL7 标准实现数据共享。HL7 的数据交换流程如图 9-22 所示。

标准化的卫生信息传输协议,是医疗领域不同应用之间电子传输的协议。HL7 汇集了不同厂商用来设计应用软件之间界面的标准格式,它将允许各个医疗机构在异构系统之间进行数据交互。

HL7 的主要应用领域是 HIS/RIS,主要是规范 HIS/RIS 系统及其设备之间的通信,它涉及病房和病人信息管理、化验系统、药房系统、放射系统、收费系统等各个方面。HL7 的宗旨是开发和研制医院数据信息传输协议和标准,规范临床医学和管理信息格式,降低医院信息系统互连的成本,提高医院信息系统之间数据信息共享的程度。

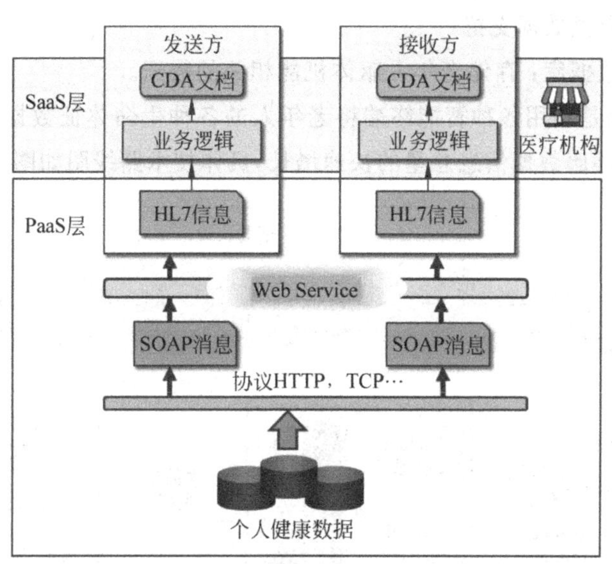

图 9-22　基于 HL7 的数据交换

在 HL7 通信协议中，消息(Message)是数据交换的基本单位。HL7 的消息是自动生成的，它将 HL7 标准文档自动转化为一个 HL7 规则数据库和部分程序数据结构代码。实现一个通信标准的具体工作是生成数据结构，以及实现一个构造器(Builder)和一个解析器(Parser)。数据结构表现了各个数据对象的相互关系。构造器将数据结构中的数据转化成能在电子数据交换媒介中传输的数据串。而解析器能够将数据串解析回原来的数据结构。HL7 标准是一个文本结构的文档。首先，利用一些文字处理工具将文档中的各个数据定义抽取成数据结构，再将结构的形式存入预先定义的 HL7 规则数据库；其次开发一种代码生成器，它根据规则数据库的内容，自动生成某一种计算机语言代码；最后，可将这些代码加入实际应用的程序框架。

2) 养老终端大数据

从养老的不同场景来看，物联网设备大数据主要包括血压、脉搏、心电、血糖等生命体征数据以及呼叫器、红外感应器等生活服务相关数据。生理数据主要包括血压数据库、心脏功能数据库和躯体机能数据库等，具体内容举例如下。

- 血压数据库：存储和管理通过远程动态血压监测系统采集到的老年人血压数据，该数据库提供对血压数据查询支持；
- 心脏功能数据库：存储和管理对心脏功能的监测数据，为后面心脏健康的评估干预等提供数据支持；

- 躯体机能数据库：存储老年人躯体机能相关的数据。

具体实现过程是利用各种智能终端将老年人的各种生命体征数据进行实时采集和存储，这将带来健康数据信息总量的快速增长，具体技术路线图如图 9-23 所示。

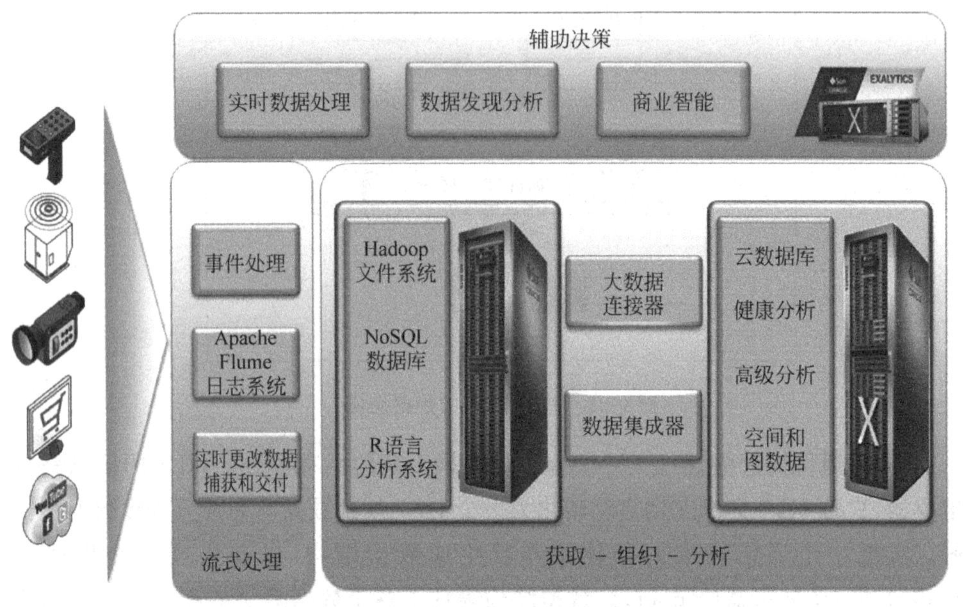

图 9-23　医养终端大数据技术路线图

养老终端大数据采用面向查询的分布式海量数据存储技术和云数据仓库技术。该项目混合型 NoSQL 数据库存储平台，包括 Hbase、MongoDB、Neo4j 等。与传统的关系型数据库相比，该存储方式成本低、可扩展性强、可用性高、可靠性高，查询速度快，易于应对高并发情形。与关系型数据库相比，混合 NoSQL 数据库具有更灵活的数据模型。

该平台采用云数据仓库技术，将在现有的开源分布式数据仓库工具 Hive、Spark、Shark 的基础上，研发优化的负载均衡策略，以及优化节点数和节点计算资源的配置，制定优化的、可扩展的数据仓库平台。

养老终端大数据通过有效的数据挖掘技术发挥作用，比如心脑血管疾病预警技术的典型应用。心脑血管疾病预警技术首先要基于心电图和血压等基本体征指标数据进行分析，通过数据预处理和特征提取，基于心脑血管疾病医学专家专业知识进行训练样本标注，采用机器学习算法得出的疾病分类预警模型，进行疾病判别和预测。

9.4.3 RFID实时定位跟踪系统

对于一些特殊人群的医疗健康管理除了治疗之外，患者行为是一个影响治疗的重要因素，需要对其行动进行跟踪和控制，比如对精神病患者、戒毒者、网瘾青少年的医治。当今社会，这一类人群的规模不断扩大，对家庭和社会造成的影响也日渐增大。对于精神治疗中心、戒毒中心等机构来说，现有医疗信息化设施已无法满足日益增长的信息化需求，其医疗服务管理质量与效率也受到相应的制约，急需扩充更先进的信息化手段来辅佐中心进行更全面的服务与管理。RFID实时定位追踪系统正是一个有效了解和跟踪对象位置的辅助医疗系统。

1. 系统原理

RFID实时定位追踪系统通过RFID(电子标签)的应用，以电子标签作为目前最先进的标识码。电子标签(RFID)具备了不易破损、数据可靠、使用周期长、有效通信距离长等特点，是替代条形码、红外线标识的最佳选择。将其安装在受控目标上，作为目标的唯一标识进行追踪和定位。

电子标签(RFID)技术是一种无接触自动识别技术，其基本原理是利用射频信号及其空间耦合、传输特性，实现对静止的或移动中的待识别物品的自动机器识别。

射频识别系统一般由两个部分组成，即电子标签和阅读器。应用中，电子标签附着在待识别的物品、设备、人员上，阅读器用于当附着电子标签的待识别物品、设备、人员通过其读出范围时，自动以无接触的方式将电子标签中的约定识别信息取出或将特定的信息写入，从而实现自动识别物品或自动收集物品标识信息的功能。

由于RFID不要求在标签和阅读器之间有光线通路，避免了其他自动识别系统(如条形码)的缺点。这保证了RFID系统可以用于恶劣环境，比如灰尘、泥土、高湿度、可见度差的环境。RFID的最大优点是在上述恶劣环境下仍可以得到令人满意的读写速度，在大多数情况下，可以在100毫秒之内响应。除此之外，RFID的读写是完全自动、全透明的，不需要手工扫描被追踪对象，也不需要像其他接触式标签技术那样，需要激活磁条阅读器、IC卡阅读器等。

读写器固定在预定的不同位置点，具有较大的接收范围，当电子标签进入读写器工作范围后，读写器就会接收到电子标签发出的信号，根据多种上报数据进行分析后，系统可判断出电子标签所在区域，从而实现电子腕带的范围定位并报警。

2. 系统组成

RFID 实时定位追踪系统主要组成包括 RFID 实时定位追踪系统中心 Server（数据库和后台服务程序）、RFID 用户应用服务终端、RFID 网络管理子系统、无线识别基站（用于目标的受控区域布点追踪）、手持式 PDA 电子标签读写器、腕带电子标签（标识目标）、声光智能报警系统、电子围栏系统。本节主要介绍起报警作用的声光智能报警系统、电子围栏系统。

1）声光智能报警系统

智能化声光报警是本系统非常关键的一个环节，智能声光报警改变以往简单的单点独立报警的模式，采用中央系统智能控制与策略分配。具体针对性设计为，所有大门均安装声光智能报警系统；分别在中心机房、病员大楼机房与警卫室安装独立报警控制器；大门声光同步报警、楼体光报警（降低报警对病员造成的精神影响）通过系统进行策略部署；报警条件可随时变更。

2）电子围栏系统

电子围栏系统是通过前端报警器，快速、准确地检测到现场的异常状态，经报警收集器编码后及时通报给系统控制主机。系统控制主机依据设定的系统自动响应程序内置拨号器并与城市 110 报警联网。系统将对报警信号采取自动和手动响应措施，对报警信号一一记录在案（包括响应的方法、时间、日期），生成日志文件，以备日后查询。探测器输出脉冲电频信号，分别有发射和接收两部分，从而在围栏上形成正、负两个回路，当入侵者触到破坏围栏导致某处发生短路或断路，探测器会发出报警信号，电源或电池能量不足时，探测器也会发出报警信号。

3. 系统功能

1）实时分区目标动态显示功能

任一时间查询并显示受控区域目标的数量、分布情况及身份；查询区域内一个或多个受控目标当前的状态；可实现信息多点共享，供多个部门及领导同时在不同地点查看。

2）禁区报警功能

对于指定的禁区，如果有非授权进入实时报警，并显示进入禁区的目标及身份。

3）丰富的受控目标考勤能力

可对出入布控区域的目标进行统计，实现目标的考勤记录，建立目标的各种信息报表（如时间报表、出勤月报表、加班报表、缺勤报表等）。

4）突发事件控制

一旦有突发事件，上位机上立即能显示出该现场的目标数量、信息，位置和历史情况等信息，大大提高安全管理工作的效率和效果。

RFID实时定位跟踪系统，结合GPS系统，应用在球员中，能够有效保护球员。比如阿森纳医疗团队引入GPS球员跟踪系统，有望避免一系列因身体疲劳引起的伤病。阿森纳球员球衣后背内有一个奇特的凸起物，正是附在球员身上的跟踪装置。该系统能跟踪训练场上每一名球员的跑动，不断提供球员信息。这些信息不仅包括球员的跑动距离、跑动速度和强度级别，更重要的是能提供一项"负荷量"的数据。球员在跑动中因为体力下降或身体不适，脚底接触草皮的总时间会不自觉增加。在一段密集的赛程来临前，通过两项指标衡量球员可能受伤的几率：一是训练中的总效率；二是"负荷量"数据。如果他们在训练中脚掌更多的接触到了草皮，那证明他们已经濒临疲劳状态。因为一名球员在体能状况良好的情况下，在训练中更多使用脚尖接触地面；反之则会是用脚后跟。这一指标将用来观察球员是否处于危险的情况中。

9.4.4　智慧养老智能终端

预计到2050年，老龄人口总量将超过4亿，老龄化水平达到30%。其中，空巢化趋势加重，独居老人增多。因此，医疗服务质量和效率提升迫在眉睫。随着未来劳动力的减少，人力成本上升，未来可穿戴智能医疗设备代替保姆实现远程实时监控将是必然趋势。智慧养老的实现需要基于各种智能终端，通过养老物联网，实现养老数据的采集及控制的执行。本节主要介绍健康互联智能管端、健康流动车、养老床、智能康复仪。

1. 健康互联智能管端

为实现与养老云服务平台的良好对接和通信，研发具有自主知识产权的企业级健康互联智能管端，为机构、家庭内的所有智能设备提供网络接入、数据传输及与平台的交互。具体包括实现系统信息的采集、信息输入、信息输出、集中控制、远程控制、联动控制等功能。

健康互联智能管端物理结构如图 9-24 所示。数据采集模块实现物理世界数据的采集或者汇聚,它可以是传感器网络的汇聚节点、RFID 网络的阅读器、视频采集设备、GPS 等。处理/存储模块是网关的核心模块,它实现协议转换、管理、安全等各个方面的数据处理及存储。接入模块将网关通过 Wi-Fi、2G 或 3G 网络接入广域网。供电模块负责为网关供电,可能的供电方式包括市电、太阳能、蓄电池等。

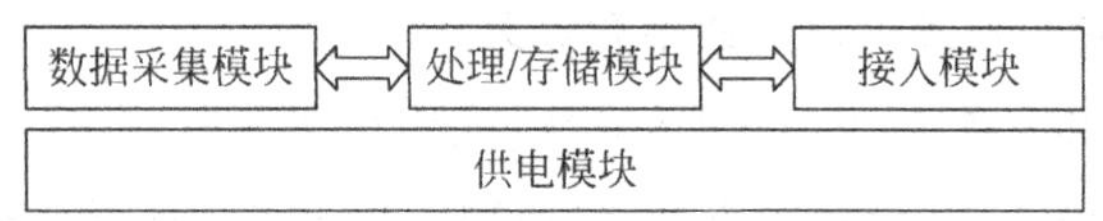

图 9-24 智能管端物理结构图

2. 健康流动车

健康流动车依托物联网、移动通信、多媒体信息技术,不仅具备现有社区健康服务车在生活照料、老年文化服务方面的功能,又具有为老年人提供日常医疗服务(疾病诊治和健康监测)、慢性病康复护理和精神、心理健康关怀等功能。健康流动车与医院和养老机构相比在紧急救助、实时快速响应方面具有显著优势。医院专家可利用移动通信技术与流动车建立视频通话,对行动不便老年人进行在线、可视的诊断、会诊及复查。通过对老年人心理健康评估能够及时发现老年人精神、心理的变化,主动关心、帮助老年人排忧解难,正确引导老年人走出困扰。

3. 养老床

养老床的智能床垫由特制床垫、床旁盒、传输线和计算机主机(包括专用软件)组成,采用特制床垫内的微动敏感压力传感器测量心搏、呼吸和其他身体运动所产生的压力变化。经传感器提取后,通过放大与滤波处理,经信号处理可分离出胸部心冲击波(简称胸冲击波)、腿部心冲击波(简称腿冲击波)、呼吸波和体动信号,分析计算获得心率、呼吸率、体动等生理参数信息。微动敏感压力传感器采用了冗余设计,既显示了呼吸用力的慢成分,同时还利用呼吸用力过程中,呼气与吸气对脉搏波的不同影响,显示呼吸用力的存在。

4. 智能康复仪

智能康复仪是利用计算机系统、感觉反馈装置、建模技术、无线通信技术生成可直接施加于训练者的视觉、听觉和触觉,在交互装置的辅助下,刺激人体对虚拟的环境或

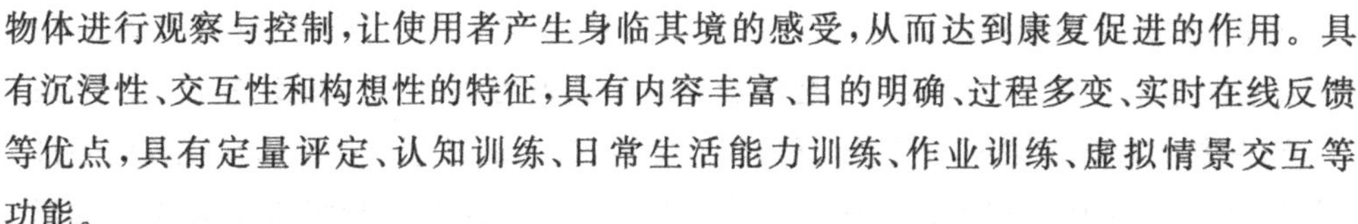

物体进行观察与控制，让使用者产生身临其境的感受，从而达到康复促进的作用。具有沉浸性、交互性和构想性的特征，具有内容丰富、目的明确、过程多变、实时在线反馈等优点，具有定量评定、认知训练、日常生活能力训练、作业训练、虚拟情景交互等功能。

9.5　就医支付

9.5.1　就医支付概述

挂号排队时间长、缴费等待时间长、取药等待时间长、看病就诊时间短，这"三长一短"一直是百姓就医难的症结。全国各地都存在患者在医院的挂号大厅苦熬几个小时，在药费窗口排长队的现象。单就挂号排队来说，到处都是壮观、心酸的场景。对个人来说简直是全家总动员、全家齐备战。媒体经常凌晨采访，报道一些令人心痛的事件。比如，有外地老人带着孙子为了看病挂个专家号挂了几天，人群中孕妇挺着大肚子在排队，挂号大厅一开门人群蜂拥而上导致踩踏事件，帮忙排队收费行情高，黄牛党被轰走的心酸……

针对"挂号难"这一百姓看病难的最大顽疾，各地医院通过自助挂号、电话预约、网络挂号等途径，以期减轻就医者的负担，改善就医体验，真正让就医者不再恐惧"一号难求"和各种排队煎熬，这需要对我国医疗模式进行梳理和优化。

现有的医疗模式大都是就医者到医院排队挂号、排队等医生、排队缴费、排队体检、排队取药……基本上是一个串联式的流程，后面的流程都要基于前面一个个流程才能完成，而且每个人的流程都一样，就医人数较多，必然导致在同一个环节中的排队。另外，就医的人群中，有些人并没有什么大问题，也不需要到三甲医院，但是为了放心选择了三甲医院。这将导致有些真正需要三甲医院才能解决的病人不能及时获得治疗，从而浪费了好医院的资源。在医院住院治疗中，也常常由于医生不能及时掌握病人情况而导致住院时间延长，有些急需的病人又难以入住。

为此，我们提倡通过梳理就医流程和采用先进信息技术，来实现"智慧就医"。也就是说，以服务就医者为本，采用先进信息技术，实现医院之间资源共享和部分资源对外开放，优化就医流程和就医环节，致力为就医者提供便捷、经济、轻松的高质量就医体验。

通过对就医流程的梳理，我们以门诊治疗为主，提取了医疗的核心环节，发现以往的就医流程存在三个认识误区。一是付费是一个关键看病环节。其实它不是一个医疗环节，只是医疗环节之间的条件，可以随时完成，比如通过账户预存、诊间结算、手机支付等方式；二是要拿到体检报告再去找医生。其实大部分体检报告不需要获取纸质等实物介质，主要通过科室信息实时共享医生就能做出诊断；三是复诊必须到同一家医院找同一个医生。其实一些常规的检查大部分医院都能做，如果检查没有问题，不需要找回那个医生。因此，我们得出一个以核心医疗环节为主的智慧就医的总体流程(见图 9-25)。

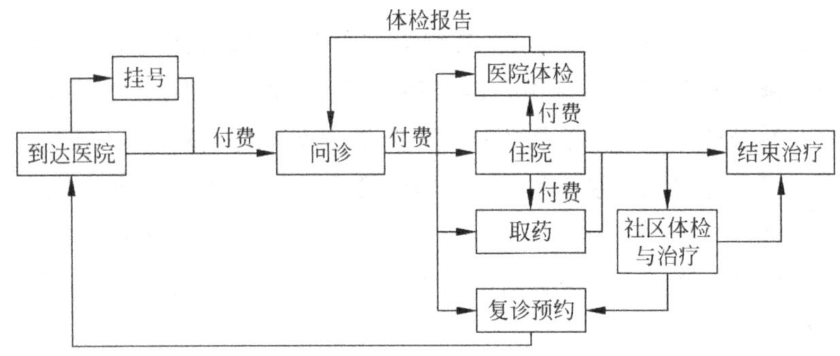

图 9-25　智慧就医的总体流程

针对我国现有的就医模式和存在的问题，可以从三个主要方面来实现智慧就医。

(1) 通过号源的开放、缴费支付的改善、科室信息的共享等措施来提高各就医环节的效率。目前有些地方和医院采用了网上预约挂号系统、挂号支付取单自助机、诊间结算、医院手机 App、医生移动工作站等方式。

(2) 通过医院之间的合作共享、互认互信，来减少重复体检，引导合理就医。目前，居民电子病历和电子健康档案已经在有些地区进行了标准化和共享，远程医疗会诊系统也促使优质医疗资源在区域共享利用，大医院与社区卫生院、卫生站、卫生所的转诊机制正在逐步完善和推广。

(3) 通过就医各环节相关信息的高度集成，来及时了解和合理安排就医。智慧就医要采用多途径让就医者及时地了解当前就医环节及下一个环节，以便就医者合理安排就医时间。智慧就医还要帮助就医者根据自身状况合理地选择相应的医疗资源，引导合理就医，促进整个社会医疗资源更有效地使用。

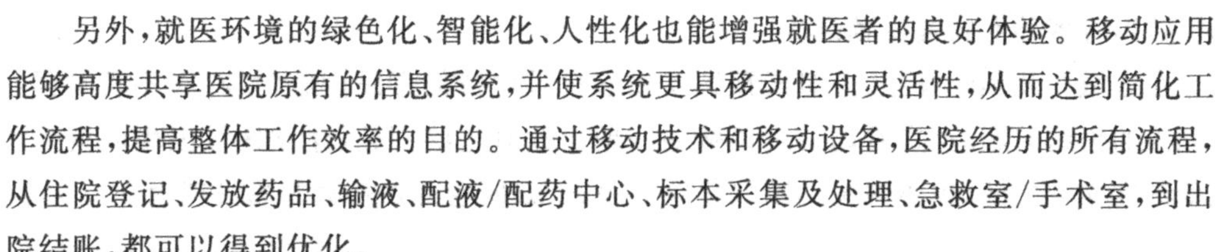

另外，就医环境的绿色化、智能化、人性化也能增强就医者的良好体验。移动应用能够高度共享医院原有的信息系统，并使系统更具移动性和灵活性，从而达到简化工作流程，提高整体工作效率的目的。通过移动技术和移动设备，医院经历的所有流程，从住院登记、发放药品、输液、配液/配药中心、标本采集及处理、急救室/手术室，到出院结账，都可以得到优化。

智慧就医几乎涉及智慧医疗健康体系，本节着重介绍就医流程相关的就医者应用，即银医一卡通综合就医平台、预约挂号平台、医院分诊导医系统。这些系统与智慧医疗其他系统都密切关联，也需要其他系统支撑。比如，针对存在不及时预约就诊的爽约问题和看病后未付费的问题，需要通过诚信监督系统来督促老百姓享受智慧医疗服务便捷的同时也必须遵守相关的规则，从而构建良好的就医环境。

9.5.2　预约挂号平台

当前，国内有许多实施预约挂号服务的医院，以及从事相关服务的公司，但在系统的标准化、管理的制度化、使用的方便化等许多方面都存在缺陷，甚至部分个人或团体以此作为巨额利润的源泉。为此，预约挂号服务不仅没有方便病人就诊、提升医院管理水平，相反，还为许多病人和医院工作者所反感。

为了有针对性地解决群众反映突出的“看病难”问题，改善医院系统服务功能，方便群众就医，国家卫生和计划生育委员会其官方网站发布了《国家卫生和计划生育委员会关于在公立医院施行预约诊疗服务工作的意见》（卫医管发[2009]95号），指出在总结各地、各医院工作经验和借鉴学习国内外技术服务行业先进服务方式的基础上，决定在公立医院率先施行预约诊疗服务工作。要求提高对预约诊疗服务工作的认识，积极推动公立医院开展预约诊疗工作，加强对预约诊疗服务工作的管理，认真做好组织工作。

预约挂号平台主要是通过两个思路来解决挂号难、排长队的问题。一是通过提供多种便捷挂号途径来减轻挂号排长队的辛苦；二是通过分时段预约来帮助就医者管理就医时间。

针对区域内医疗机构，通过预约挂号平台为老百姓提供诊前服务，解决挂号难、排长队等问题有积极意义。预约挂号平台提供计算机上网预约、手机上网预约、手机短信预约、自助预约机预约、热线电话预约等方式进行预约挂号。预约挂号可结合病人管理和随访建立预约平台，通过电话、短信、网络、门诊窗口、自助挂号机、医护工作站、基层转诊等多种形式提供预约。

在区域开展预约挂号、分时段预约和先诊疗后付费的惠民措施时，存在不及时预约就诊的爽约问题，存在看病后未付费的问题。针对这些问题，建立区域卫生内就医诚信制度非常关键，也体现了不断深化医疗服务、方便老百姓就医的惠民理念。

9.5.3 医院分诊导医系统

医院分诊导医系统是各个分诊系统基础之上的一套全交互实时的导引显示平台，依托医院已有的计算机网络，为分诊系统传递过来的信息进行定时、定点的信息发送显示。显示方式可以灵活多样，同时可以进行实时语音播报，可以完成医院对导医系统提出的各类要求。除播放导医信息之外，还可以实时播放新闻、天气预报、医院通知等即时信息，在第一时间将最新鲜的资讯传递给受众人群。

医院分诊导医系统可以为护士管理和医生呼叫病人提供科学的方法，做到秩序、文明、公平。通过该软件医院领导可远程监控及时得知一线的各项医务情况，如各诊室的就诊情况、各医生的工作状况和病人等候情况等，以便合理安排人员。

医院分诊导医系统主要功能有管理显示设备、管理语音设备、生成统计报表、管理打印设备、提供当前服务信息、用户角色管理等。

- 管理显示设备包括窗口显示屏、综合显示屏、液晶显示屏。根据需要设置显示设备的编号、IP 地址、显示类型、显示内容等。
- 管理语音设备主要是在医生或服务窗口操作员对号码处理时使用，包括播报的顺序、播报内容等。
- 生成统计和报表是指可以根据需求自动生成各种统计报表，如工作量分析表、工作状况报表、受理时间分析表、患者就诊时间统计、医生诊断人数等。
- 管理打印设备主要包括打印机 ID、打印机所在的队列、打印的内容等。记录当前服务的窗口和操作员，包括操作员工号、姓名、对应的窗口等。
- 提供当前服务信息，主要是为操作员提供如当前等待客户数、等待时间、开放的窗口等。还可以查看当前的等候人数、已办理的业务量等。
- 用户角色管理是通过简单的用户角色权限设定，各用户可以对所辖终端进行有效的管理，从而使信息更安全。

医院分诊导医系统具有接入方便、号票信息丰富、呼叫方式多样、兼容性强等特点：

- 接入方便是指采用互联网 TCP/IP 协议接入，无须重新布线。

- 号票信息丰富是指显示的信息包括服务类别、排队序号、等待人数、等待时间等多种信息。
- 呼叫方式多样是指可以通过多种方式进行呼叫，包括号码的顺呼、复呼、选呼、插队等，可将号码进行语音提示和短信提醒。
- 兼容性强是指可根据实际要求做个性化修改以满足不同需求。

医院分诊导医系统(见图 9-26)是集成到医院的计算机信息管理系统的一个子系统，通过有线和无线网络，将分布于医院大厅、住院部、候诊区、就诊区、药房、电梯间、通道等人流密集场所的显示终端进行实时管理和人群诱导。

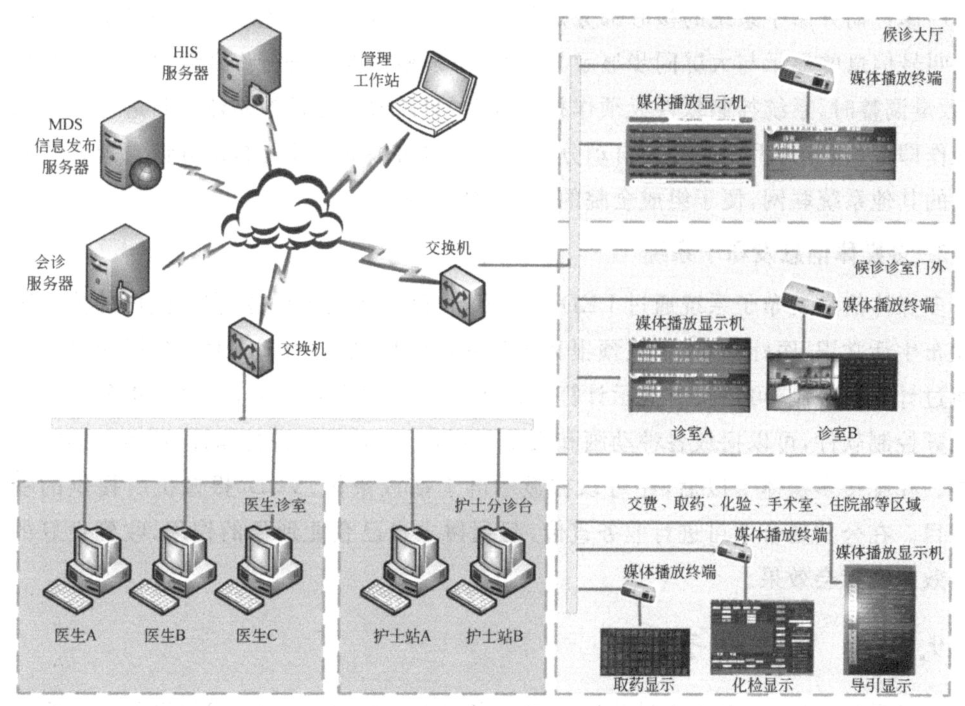

图 9-26 医院分诊导医系统总体架构

医院分诊导医系统与预约挂号系统连接，主要包括门诊自动分诊子系统和多媒体信息发布子系统。这两个子系统可同屏、同步发布信息。

1. 门诊自动分诊子系统

门诊自动分诊子系统与医院原有的 HIS、RIS 等系统数据交互，实现排队叫号信息及患者就医状态信息全自动显示，单一画面显示信息量大，表现力丰富。医院自动分诊系统可以实现全部自动分诊功能，叫号的主控制权掌握在医生手中，医生根据当时诊室中的情况来决定是否继续叫号，并且一次叫号的患者人数也由医生控制。当医生有叫号时，显示屏在伴随有悦耳的"叮咚"声中自动显示叫号信息，叫号信息在显示屏上驻留一段时间后将自动刷新，显示新的叫号信息或广告、宣传信息。当同时有多个诊室的医生呼叫病人时，信息将可以存储，并顺序显示。未到号的患者坐在分诊台前的就诊椅上，随时注意显示屏上图文并茂的各种与医疗有关的广告及宣传信息，使就诊前患者的那种烦躁心情得到有效的放松。

门诊自动分诊子系统的核心部分是自动分诊控制器，采用图形式液晶显示控制技术。叫号信息的显示与大屏同步显示与刷新，可以根据医院进行诊室调整。叫号器号码、数量调整时，系统控制软件无须作相应改动，只需通过分诊控制器重新进行系统配置操作即可，也支持手动叫号。自动分诊控制器也可根据需要使自动分诊管理系统同医院的其他系统联网，便于组成全院的自动管理系统。

2. 多媒体信息发布子系统

多媒体信息发布子系统通过 LED 大屏幕、自助服务机等设备，在医院内的公共区域发布生活常识、医疗信息、天气预报和医院的特色信息等。LED 大屏幕视频显示系统通过计算机控制，可以实时显示计算机监视器上的图像和文字，通过使用公司的通用视频控制软件，可以播放各种动画和文字图形，可以对节目进行编排，还可以插播消息等。在配接多媒体卡以后，还可以在显示屏上播放录像、VCD、摄像机所提供的视频节目。在公共场合中可进行业务宣传，起到树立自己企业形象的作用，收到良好的广告效果和社会效果。

9.5.4 医疗电子支付

随着移动互联网、电子支付等技术在医疗的深入应用，为就医提供了便利。应用比较广泛的医疗电子支付主要有"银医一卡通"，比较创新且正在逐步推广的方式有诊间结算、手机支付等。富阳等地从政策上进行了创新，实行信用账户，实现先诊疗后付费方式。

1. 银医一卡通

随着人民生活水平的提高和社会保障制度的健全，人们越来越希望能以更加方便快捷的方式实现就医、诊疗过程。银医一卡通正是针对“三长一短”中就诊后收费取药时间长的问题而采取的有效解决方案。医院在进行医疗信息化建设的同时，金融机构对于医院这种具有巨大资金流的优质客户也亟需一套有效的解决方案来与医院建立良好的互通平台。

医院“银医一卡通”综合就医平台将网络、移动终端、自助终端整合在一起，在成功解决医院信息管理系统(HIS)和银行卡系统对接问题的基础上，为患者提供诊前、诊中、诊后一条龙医疗自助服务，实现自助导医、自助挂号、自助候诊、自助打印、自助查询、自助缴费等功能，提高医疗质量和效率。同时使银行更好地为医院提供金融服务，妥善解决医院资金流与资金安全问题。

基于“银医一卡通”综合就医平台，在就医流程中增加了自助充值挂号、自助缴费、诊间直接缴费等便捷的多通道(见图 9-27)，极大缩减了整个就医流程的时间。从实际使用的情况来看，整个就医流程与没有使用之前相比，每个患者至少节省了 30～60 分钟的时间(见图 9-28)，减少了医院内部拥堵，改善了就医环境。

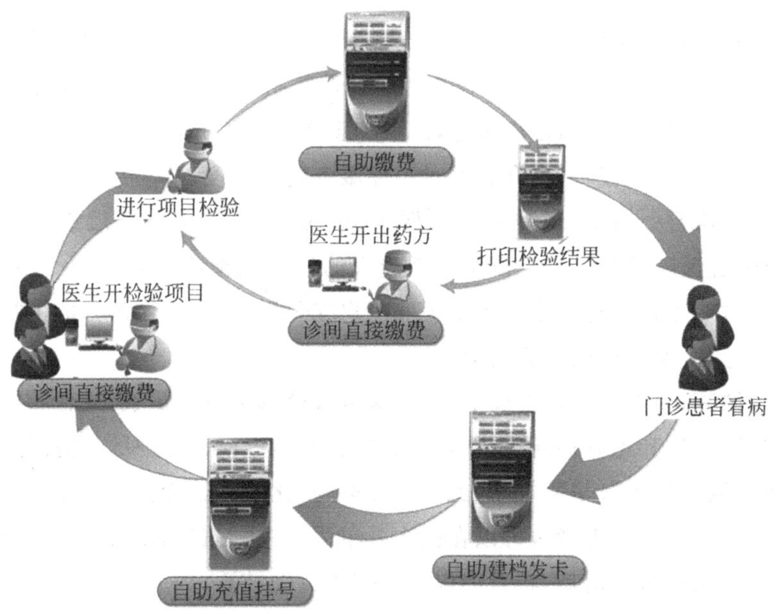

图 9-27 基于“银医一卡通”综合就医平台的就医流程

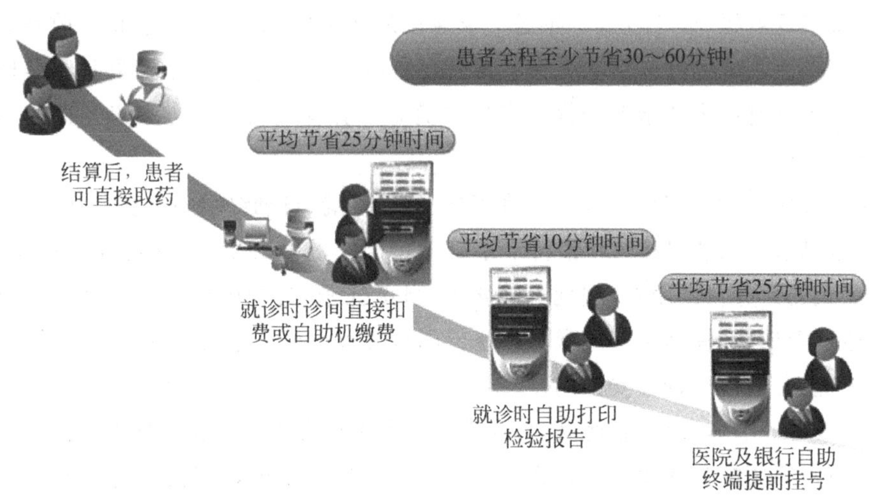

图 9-28 “银医一卡通”综合就医平台节省的就医时间

2. 诊间结算

诊间结算是患者在医生诊间完成诊疗、检查、药品等费用结算的缴费服务模式。该模式有两大优点：一是将结算端口设在医生的计算机，可以使医院诊疗过程中的收费由目前人工收费窗口分散到接诊医生，以减少患者排队等候次数和时间；二是可以优化服务流程，加快病人流转，提升病人对医疗服务的满意度。

诊间结算不需要办新卡，只需要在医保卡、市民卡、就诊卡开通就诊专户。开通后，患者可以通过医院的自助终端设备办理当天的挂号或预约挂号，并在自助终端或医生结算端口付诊疗费。对诊疗费用由医保账户支付后，个人自付部分能由社保卡关联银行支付的患者，实现诊间结算功能。

通过诊间结算，患者事先在市民卡、省医保卡或就诊卡中充足钱，或者和银行卡绑定，医生开单后，经过和患者沟通确认，直接通过已开通过就诊专户的卡完成医疗费用结算，患者不需要再到窗口排队收费，就能直接取药、化验和治疗。如果遇到账户余额不足，无法完成诊间结算，患者也可以在医生开单后，在医院自助设备上选择充值或是到人工窗口选择银行卡绑定后，在自助设备上完成自助结算。

这种边诊疗边结算的支付方式，缩减了就医环节之间的衔接时间，也缩减了医院人力成本，是医疗支付的重要发展趋势。目前，杭州、宁波等城市已经大范围推广这项服务，并逐渐向全省扩展。

3. 床边结算

将诊间结算的方法，延伸到住院区。通过结算小推车等无线设备，将结算支付扩展到床边，患者出院可坐等工作人员上门服务，在床边完成出院费用结算。结算小推车主要配备计算机、打印机、点钞机、移动 POS 机、钱箱等设备，由财务人员操作办理。患者可以在床边办理出院结算手续，获取住院发票、结算单、费用明细清单以及盖章的出院记录和病假条。办理"床边结算"时，可以选择以市民卡、现金、医保卡、银行卡结算等各种支付方式。如果发现账目上有问题，病人、财务部门和病区三方可以及时沟通、现场核对、当场解决，大大方便了病人。

住院病人费用床边结算使医院的服务更加人性化、精细化，把住院结算窗口搬到病区或病床边，是方便病人的新举措，是对传统就医程序的又一次改革。目前，该项服务已经在杭州市区医院普遍开展，获得了一致好评。

4. 手机支付

截至 2014 年 6 月，我国手机网民规模达 5.27 亿人，较 2013 年底增加 2699 万人，网民中使用手机上网的人群占比进一步提升，由 2013 年的 81.0%提升至 83.4%，手机网民规模首次超越传统 PC 网民规模。在互联网应用中，手机支付成为 2014 年上半年网络应用发展的最大亮点，用户规模半年增长率达 63.4%，使用率由 2013 年年底 25.1%增至 38.9%。移动支付打通各种商务应用，带动手机购物、手机团购、手机旅游预订等商务类应用快速增长。

面对医院长期存在的患者需要排长队挂号、缴费等问题，医院也积极探索以手机支付便民利民的新渠道。这也是医疗支付发展的一种趋势。

通过将手机支付平台与医院内结算平台的对接，可以实现手机挂号、缴费、智能提醒、查看检查报告、就医体验互动等功能，进一步优化就医流程，大大缩减了患者及其家属排队等候的时间。患者就医之后可以补打发票，还可以对就诊进行互动，给患者带来全新的就医体验。手机支付还可以绑定多张患者就诊卡，子女绑定了老人和小孩的就诊卡，就可以替老人、小孩就医，自动或远程完成大部分就医环节。这种就医方式减轻了老人、小孩就医的不便和麻烦，也减轻了子女的担忧。

第三篇

案例篇

全球主要发达国家都非常关注新一代信息技术在医疗领域的应用，智慧医疗在国外发展相对成熟。本章主要针对我国智慧医疗发展面临的理念、制度、模式等方面的困扰，选取了部分国内外智慧医疗优秀案例。

在理念方面，美国健康管理和丹麦家庭医疗案例对我国智慧医疗的发展从疾病治疗转向健康管理有重要的启示。在制度方面，日本农村养老保险体系和泰国医疗卫生志愿者案例有助于开阔视野。在模式上，英国电信智慧医疗应用、澳大利亚电子医疗提供智慧医疗总体发展的框架和步骤。华盛顿和底特律电子病历失败案例警示当下火热的智慧医疗建设需要理性思考和总体布局。本篇选取了国内在智慧医院、区域医疗、互联网医疗方面的优秀案例，以为我国智慧医疗建设提供更贴近实际的启示。

第10章 国外智慧医疗案例

10.1 美国健康管理

健康管理(Managed Care)是20世纪50年代末最先在美国提出的概念。其核心内容是医疗保险机构通过对其医疗保险客户(包括疾病患者或高危人群)开展系统的健康管理,达到有效控制疾病的发生或发展,显著降低出险概率和实际医疗支出,从而减少医疗保险赔付损失的目的。美国最初的健康管理概念还包括医疗保险机构和医疗机构之间签订最经济适用处方协议,以保证医疗保险客户可以享受到较低的医疗费用,从而减轻医疗保险公司的赔付负担。

随着实际业务内容的不断充实和发展,健康管理逐步发展成为一套专门的系统方案和营运业务,开始出现区别于医院等传统医疗机构的专业健康管理公司。它作为第三方服务机构与医疗保险机构或直接面向个体需求,提供系统专业的健康管理服务。

相对狭义的健康管理(Health Management)是指基于健康体检结果,建立专属健康档案,给出健康状况评估,并有针对性地提出个性化健康管理方案(处方)。据此,专业人士提供一对一咨询指导和跟踪辅导服务,使客户从社会、心理、环境、营养、运动等多个角度得到全面的健康维护和保障服务。

10.1.1 美国健康管理发展历程

20世纪50年代,美国的保险业提出了健康管理的概念。保险公司将客户依据健康状况进行分类,可能成为高血压、糖尿病等疾病的人群被分别交给不同专业的健康或疾病管理中心。主要采用健康评价的手段来指导病人自我保健,并对其进行日常后续管理,以增进健康。这大大降低医疗费用和减少赔付,从而为保险公司控制了风险,为健康管理事业的发展奠定了基础。

1969年，美国政府出台了将健康管理纳入国家医疗保健计划的政策。正是尼克松政府降低了医疗保健中的政府职能，将之推向市场，使原来单一的健康保险赔付担保转变为较全面的健康保障体系，并于1971年为健康维护组织（Health Maintenance Organization，HMO）提供了立法，特许健康管理组织设立关卡，限制医疗服务，以控制不断上升的医疗支出。健康管理组织也统称为"管理医疗模式（ManagedCare）保险制度"，取代了美国部分的医疗保险。

20世纪90年代，企业决策层意识到员工的健康直接关系到企业的效益及发展。这种觉悟使健康管理第一次被当成一项真正的医疗保健消费战略，企业决策层开始为员工健康的投资，取得了不错的经济效益。美国企业非常重视健康投资，其中医疗保险起决定性的作用。如果老板有500个员工。今年有10个员工中风，明年有6个员工心肌梗死，保险公司肯定会提高公司的医疗保险费。

流行病学研究已经证明，中风和心肌梗死是可以预防的。健康管理公司应运而生了。健康管理公司在分析了公司的医疗保险费用情况后，会提醒企业负责人连续多年增长的医疗保险将可能完全消耗公司利润，可以提供方案解决医疗保险费用继续上涨的问题。企业负责人一旦明白了健康管理的概念，就会雇用健康管理公司来帮助自己解决因医疗保险费用上涨而导致的公司生存发展问题。健康管理公司为健康的员工提供有针对性的预防措施来促进员工健康，减少员工生病的机会；为已有慢性病的员工提供有效的慢性病管理计划，防止慢性病恶化。首先，健康管理公司会在公司做一个员工健康状况调查，并通过其他途径收集资料，建立公司员工的健康疾病档案。通过疾病档案确定员工的主要健康危险因素。其次，有针对性地开展各种健康管理活动。通过一系列的预防措施，还可以减少甚至消灭员工中的中风和心肌梗死发生率。美国越来越多的企业已经认识到员工健康的价值，认识到花在员工健康上的钱是投资而不仅仅是开销。

10.1.2 美国健康管理服务体系

健康管理在美国形成了一套完整的、较科学的服务体系。健康管理组织将"医院—医生—保险公司"等医疗机构组成一个医疗资源网络，为医院、医生等医疗提供者支付一定的酬金，使医疗收费标准比平常至少低20%。这些方面将通过健康管理组织的庞大用户群来保证病源的数量相对固定，以及医疗资源的优化组合而得到补偿。这种计划因为使医疗费用得到节省而刺激用户加入健康管理组织成为这个网络中的一部分。一些健康管理计划会要求用户选择初级保健医生(Primary-Care Physician)。初级保健医生的角色在于需要更专业的医疗服务时,初级保健医生还可以推荐有信誉的专业医生。在健康维护组织计划中,享受专业服务,必须经初级保健医生的同意。

美国的健康保障计划通常为赔付担保类计划和健康管理类计划。任何健康计划都有一个基本的保证金。个人或是其老板所要付的通常是指每月所付的健康保障费用。另外,常常还有其他个人必须支付的费用。在考虑任何计划时,需要估算它对于个人及其家庭的总的开销,尤其是当家中某成员患有慢性或严重疾病时。赔付担保类计划和健康护理类计划在某些出发点上表现不同。

这两类计划主要区别在于服务者的选择、额外支付项目、付款方式上的不同。通常,赔付担保类计划提供更多对于各科医生、医院及其他健康服务机构的选择,并且赔付担保类计划通常在收到客户付款后才会支付他们应付的部分。健康管理类计划通过和某些医生、医院或医疗服务机构达成某些协议来提供一定范围内的服务,同时达到为会员降低医疗成本的目的。

在赔付担保类计划中,客户能在任何一家医院或医疗机构就诊,由客户自己或医院把账单转给保险公司。保险公司会支付其中一部分。然而,通常在保险公司开始为客户支付之前,客户还要每年支付一笔费用给保险公司。大多数赔付担保类计划会为客户支付一定比例的"日常保健费用"。一般是规定范围内的80%,如超出所定范围,则超出部分还由客户支付。保险公司一般还会支付医疗实验及处方的费用,但一些预防性护理费用如体检费用则不会支付。

总的说来,如果选择健康管理类计划会少一些文书类工作及降低花费,而选择赔付担保类,会多一些对医生及医院的选择范围。当两类计划在竞争时,双方经常都会提供包含对方服务优势的服务。除了赔付担保类计划,还有三种类型的健康管理计划:PPO、HMO、POS计划。

PPO(Preferred Provider Organizations)计划是一种和赔付担保类计划相似的健康管理计划。它通常和医生、医院或其他医疗机构达成协议,使之愿意以较低的价格向被保险人提供服务,使客户的花费比外面降低一些。另外,在PPO中,客户也可以找被推荐的医生(包括计划外的),但价格较高,客户得付超出计划的额外费用。作为会员客户去找一位在PPO计划内的医生,还会付一个附加费用,但花费是在一个较低价格基础上。同样,如果去使用计划外的服务,价格也会高一些,且高出部分由客户付费。

健康维护组织(Health Maintenance Organization,HMO)是一种最早期的健康管理计划形式。它向会员提供一定范围的健康服务,包括在每月付费基础上提供预防性护理服务。HMO 有几种形式。如果医生本身是健康管理公司成员或者要去所在医疗中心或门诊部寻医,则此类称为职员或群体模式。其他类型的 HMO 会与有些医生及医疗机构有协议,或者说医生有自己的诊所,则属于个体成员协会或网络模式。

HMO 会给一份医生列表,让客户选择一个基础护理医生。医生会处理个人的健康事务,并在需要时联系有关专家。在有些 HMO 计划中,看医生不用花钱,但有些 HMO 则需要付一定费用。POS(Point of Service)计划,定点服务计划,许多 HMO 计划提供一种担保类型的服务称为 POS 计划。在一个 HMO 计划内的基础护理医生必须推荐计划内的专家。作为 POS 计划的会员却可以按计划外的医生或专家而同样可以享受优惠。如果是医生推荐的网络外服务,则此计划会付全部或大部分费用。如果是自己去找在计划范围内却不属于网络成员的服务者,则需要自付相应的费用。

10.1.3 美国健康管理成效及启示

1. 美国健康管理服务内容

生活方式管理:关注个体的生活方式可能带来的健康风险和产生的医疗需求,帮助个体做出最佳的健康行为选择。

需求管理:利用远程病人管理方式来指导个体恰当地利用各种医疗服务。

疾病管理:为患者的一种特定疾病提供相关的医疗保健服务。

灾难性病伤管理:为患癌症等灾难性病伤的病人及家庭提供医疗服务。

残疾管理:试图减少工作地点发生残疾事故的频率和费用代价,并从雇主的角度出发,根据伤残程度分别处理以尽量减少因残疾造成的劳动和生活能力下降。

综合的人群健康管理:通过协调不同的健康管理策略来对个体提供更为全面的健康和福利管理。

一般在美国,雇主需要对员工进行需求管理,医疗保险机构和医疗服务机构需要开展疾病管理,大型企业需要进行残疾管理,人寿保险公司、雇主和社会福利机构会提供灾难性病伤管理。

2. 美国健康管理成果

美国投保商业健康险的人数超过美国总人口的 70%。商业健康保险机构每年为投保人支付的医疗费用约 3000 亿美元，占美国每年医疗卫生费用总支出的 30%以上。美国健康保险涉及资金数额巨大，为减少风险，许多保险公司都采用管理型医疗保健模式。有 7700 万的美国人在大约 650 个健康管理组织中享受医疗服务，超过 9000 万的美国人成为 PPO 计划的享用者。每 10 个美国人中就有 6 个享有健康管理服务。

从美国健康管理历程来看，取得的主要成果有：

- 1965—1975 年美国冠心病患病率下降 40%；脑血管疾病患病率下降 50%。
- 1969—1978 年美国心血管疾病死亡人数减少 80 万人。
- 1978—1983 年美国胆固醇水平下降 2%；血压水平下降 4%；冠心病发病率下降 16%。
- 90%的个人和企业通过健康管理后，医疗费用降到了原来的 10%；10%的个人和企业未做健康管理，医疗费用比原来上升了 90%。

3. 美国健康管理的启示

目前，健康管理对于我国来说还是一个新事物，处于刚刚起步阶段，存在众多问题。如：公众认知度和接受度不高，健康管理的运作机制不成熟，健康管理公司发展模式还有待探索。针对这些问题，美国健康管理给予了较多启示。

1）政府加大支持力度

政府相关部门的支持对健康管理产业的发展起到积极的推动作用。这种支持包括：产业政策的鼓励，加大医疗预防保健的投入，医疗保险体制改革的深化以及资金的投入，健康管理技术规范化标准的制定和推行网络安全立法等。

2）加大宣传，提高公众的认知度和接受度

要想使健康管理这一新事物被公众广泛认识和接受，政府、健康管理公司、保险机构的积极和战略性宣传是极其必要的，尤其是健康管理的基本理念的宣传。

3）尽快实现健康管理公司和医院网络的良好对接

健康管理公司与医院的网络对接，对于二者实际上是双赢的，所以应积极寻求二者网络资源的共享途径。北京环球保健公司借助于国家卫生和计划生育委员会的力量实现了公司与医院的网络资深共享。这一经验和模式值得借鉴推广。

4）在实践中探索健康管理的发展模式

目前我国健康管理公司的两种发展模式是经济实体或共享平台，都尚处于实践的

起步阶段。哪种模式更适合我国实际，或者将二者结合，或者还有更好的模式，需要在实践中慢慢摸索。

5）扩大健康管理服务范畴和服务人群

作为优化医疗资源、降低医疗费用重要途径的健康管理，目前在服务范围和服务对象上还较狭小，需要将服务范围逐渐扩大。

6）积极借鉴国外经验

健康管理服务在国外尤其在美国发展较为成熟，借鉴国际成功经验是加快我国健康管理产业发展的有效途径。

10.2 日本农村养老保险体系

在养老保险制度建设的宏观环境中，日本和中国虽然在国土面积、人口数量、产业结构组成及比例、人均 GDP 和城市化水平等指标方面缺乏可比性。但两国在进入老龄化社会时的人口年龄结构相差不大，老龄人口增速基本相近，而且在人口老龄化过程中都表现出高速、高龄和老年抚养比大等共性较强的特点。尤其是两国人口老龄化均呈现出发展阶段和城乡区域的非均衡性。我国的现状与日本当时建立农村养老保险制度的宏观背景颇为相似，尤其是在养老保险制度城乡一体化建设方面有着类似的诉求和境遇。我国是具有很强外生性，属于后发型现代化国家，城乡养老保险制度严重分割，可以学习和借鉴日本的“全民皆年金”政策设计和农村养老保险制度的成功经验。

10.2.1 日本农村养老保险制度的多层次体系设计

日本的养老保险制度也称为“年金制度”，现行制度模式和实施原则主要是参照德国发展起来的。自 1961 年实施“全民皆年金”后，实现公共养老年金制度整合衔接是历次养老金改革的重要内容。在经历了年金制度的内部整合(双层关联的年金结构)公共年金的一元化过程后，日本的养老保险体系架构也逐步打破各类年金制度层次复杂、相互分立的结构性问题，使各种年金制度由体系分散逐步走向形式统一。同时也形成了公共养老年金、企业补充养老年金和个人养老储蓄年金的多层次、立体化养老金体系。其中，农村养老保险制度设计对解决农民养老问题、促进经济高速发展起到了至关重要的作用。

第二次世界大战后，日本快速的工业化使农村人口开始出现老龄化、城市化和兼业化，进入城市的劳动雇员和留在农村的耕地农民都迫切希望享受到政府提供的养老年金制度。1958 年，日本政府建立了面向农、林、牧、渔业等部门的劳动者共济年金。1961 年开始实施《国民养老金法》，把原先不被制度覆盖的农民、个体经营者等强制纳入到国民年金制度中，规定凡年满 20 周岁以上 60 周岁以下的农民必须参加，国民年金实行现收现付、固定缴费和平均给付。但其定位毕竟属于低水平的基础层次，农民仅靠单一的国民年金是无法有效保障其年老后的基本生活，而且待遇水平与企业雇员和公务员群体的附加年金制度相比差距较大。如农民每月定额缴费 1.33 万日元(2008 年将缴费额提高至 1.45 万日元/月)，凡加入时间在 25 年以上且 65 岁以下的均可领取国民年金，加入 40 年的参保者在退休后人均最高领取养老金的限额为 6.7 万日元/月。而工薪阶层加入的各类年金制度月平均养老金水平总计为 18.6 万日元，是农民养老金的近 3 倍。城乡劳动者的养老保险费率负担和享受的保障程度及水平存在事实上的不公平。这种现象一直到 1985 年日本《国民年金法》修改后才有所改观，除了强制全体国民都加入之外，还调整了缴费和给付标准，使得国民年金制度成为城乡各类群体定额缴费、同额共享的一体化养老保险制度。这在一定程度上缓解了农民与工薪阶层等其他社会群体之间原来事实上存在的负担不平等和待遇差距悬殊等问题，有效保障了农民享受基本国民养老金的权利，体现了不同特征群体参与制度的公平性。

为了提高农民的养老保障水平，缩小城乡差距，日本政府在继续加大国民年金普及力度和质量提升的同时，开始面向收入水平较高的农业劳动者，设计满足其高水平、多层次养老需要的附加年金制度。1971 年实施的《农业劳动者年金基金法》，就是专门针对农民建立的补充型养老金基金，旨在国民年金基础之上进一步提高农民的养老福利水平。另外，农民年金基金制度显著的特点是与农业政策相辅相成，并采取灵活、自愿的参保原则，鼓励农民在达到退休年龄后放弃土地权利，并同土地经营权一并转让给继承人。主要通过农业经营权转让以“置换”养老金的形式来进一步提高农民养老福利。前提是要完全尊重农民个人意愿，自愿选择。但因为制度参保“门槛”设置较高，政府财政支持力度也不足，农业劳动者年金基金制度在运行 5 年后，开始出现加入人数锐减甚至是停顿萎缩局面。为了扩大制度覆盖面和提高农民加入的积极性，日本政府先后 6 次对该制度进行修正。尤其是 2002 年的大幅调整，出台了对农民加入有利的优惠政策，最主要是适当放宽了参保条件。

(1) 未满 60 周岁的国民养老年金加入者，即使没有土地名义权，只要每年从事农业的天数达到60天以上的农民都可加入,没有土地的农民或其配偶以及继承者等也可加入。这样真正从事农业生产的妇女和没有土地继承权的农民也具备了参保资格。

(2) 加入者可申请退出,经批准后一次性支付退出款项即可。

(3) 当参保人已进入老年,若其转让经营权,则支付其经营权转让年金;若不转让,则支付其农民老年年金。

(4) 保险费由现收现付制改为缴费确定型,实行个人账户模式,由农民个人和政府共同承担缴费,政府缴费补助约占总额的1/3。

(5) 保费金额设定在2万日元到6万7千日元之间,缴费标准根据年龄、性别、预期利率的不同设立多个档次。允许农民根据自身情况自由选择,缴费年限没有限制。只要缴费,到期都可根据缴费金额领取一定待遇。

(6) 支付的保费可成为扣减全额社会保险费的对象,因此可减少所得税和居民税的纳税额。

(7) 农民养老金财政补助的比例依据参保的年龄和参保年限实行不同的补助标准等等。可见,在政府严格的法律保障和巨大财政支持下,尤其是政府各项奖励措施和税收优惠政策对农民参保起到了良好的激励和扶持作用。

1991年,为了缓解农民群体与其他各类参保者之间的养老金差距,日本开始实行更高层次的国民养老金基金制度,作为国民年金制度的重要补充。该制度规定:凡20周岁以上60周岁以下的广大农民和个体工商户均可自愿参加,但加入者每月须另外缴纳"附加保险费",年满65岁后,除了获得基础养老金外,还可获得附加养老金;一切被免除缴纳国民年金保险费和加入"农民年金基金"的参保人,不能再重复加入国民养老金基金制度;其年金支付是按照参保人缴纳附加保险费的年限而定的,加入的年龄越晚,每月缴纳的保险费就越多。可见,在政策设计上,国民养老金基金和农民年金基金涵盖了不同类型特点的个人经营者和农民及其配偶,都是国民年金的重要补充,均可获得免税优惠,具有很强的制度吸引力。这些规定要求在同一时期不能同时参保、重复享受待遇。

除此之外,日本政府还为残疾人、保险者遗属和高龄老人等特殊群体设立了相应的"老龄基础养老金"、"残疾人基础养老金"和"遗属基础养老金",保证弱势群体能够获得最低养老金而不被社会所"抛弃"。同时,政府还充分鼓励和支持民间互助团体为农民提供一定的互助型养老金,如农业相互救济协会举办的非盈利性人身共济保险。另外还有各种市场化运作的商业人寿保险可供人们自由选择。这种多层次的养老保险计划可满足不同阶层、不同经济实力参保人的多样化养老需求。

日本农村养老保险制度经过半个多世纪的发展完善，在政府的强制立法和财政支持下，目前已经形成了覆盖广、无遗漏、多层次、多类别、针对性强的养老保险制度体系（如图 10-1 所示），全方位、立体化地保障了农民的养老权益和生活水平，为经济社会顺利转型和现代化建设起到了“保驾护航”的作用。

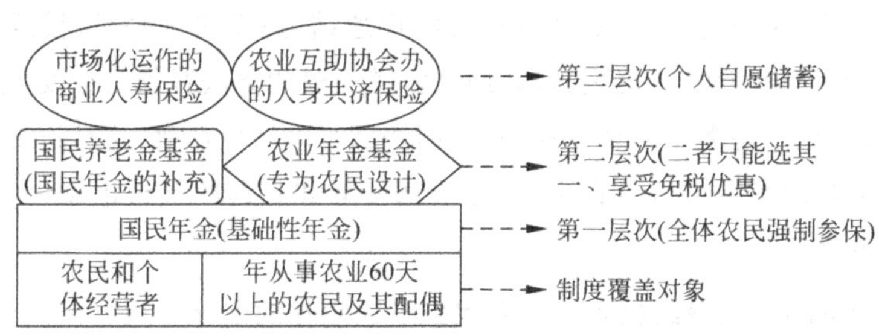

图 10-1　日本多层次的农民养老保险制度结果

10.2.2　日本农村养老保险制度建设的经验启示

尽管日本养老保险制度在当前也同样遭遇了基金收不抵支和保值增值困难等难题，但“全民皆年金”的制度模式和健全配套的养老服务确实很好地满足了老年人的养老需求。日本建立农村养老保险制度的时机选择和多层次的制度体系设计，对当前我国农村养老保险制度建设和城乡社会养老保险制度统筹发展具有重要的借鉴意义和经验启示。

1. 立法先行，养老保险法律、法规体系完备

综观日本养老保险制度的发展历程，从其一开始建立就走上了法制化道路，有完备的法律政策支撑，并能在不同的经济发展时期根据社会情况变化，适时调整养老保险立法重心，形成多层次、全方位、一体化的养老保险法律法规体系，迅速建立、普及和完善了覆盖全民的养老保险制度。虽然日本也曾存在城乡二元分化现象，但在养老保险制度设计上却遵循了城乡一体化思路。首先，从法律上强制全体国民参加基础性国民年金，不论参保人的职业收入和身份，采用统一的缴费标准和给付水平，并且对低收入者和无能力缴纳保费者，给予免费享受国民养老金的扶助政策，从立法的角度确保了每位民众公平享有国家提供最基本养老金的权利。其次，在解决农民养老问题时不仅把农民纳入了全民普享的国民年金制度，而且还根据农民的客观经济条件和养老需

求水平的不同，设计了多层次的农民养老金制度，并与政府在各个时期的农业政策相结合。从参保农民的年龄、务农时间进行资格限制，从资金来源、资金管理等方面进行严格要求，通过免税政策来鼓励农民转让其土地经营权。各个时期出台的农民养老金政策都是在法律的规范下进行。对于我国来说，现阶段的养老保险政策并未完善，农村养老保险的相关法律、法规尚未健全，配套服务也相对滞后，而且早期的养老保险政策实践是先于法律、法规的，践行的是“边实践、边总结、边立法”的发展模式。更为严重的是，一些养老保险法律、法规更新速度较慢，其当时的立法背景已经发生了深刻变化，多年实践中出现了许多新的现象和问题，旧法已很难适应形势，这都迫切要求我国在推进社会养老保险城乡统筹过程中，一定要从全局和长远的视角出发，做到立法先行和法律的不断整合完备。

2. 政府在制度立法、财政投入等方面起到了决定性的主导作用

日本“全民皆年金”养老保险制度的建成和有效运行，离不开政府在立法规范、制度设计、财政支持、基金监管等方面所起到决定性作用。首先，日本多层次的养老金制度结构设计，都是在政府的主导下根据各个时期经济社会发展的需要，不断出台法律、法规，完善体系设计，扩大覆盖范围，提高统筹层次。经过多年的发展，日本在老年人养老、就医和护理服务等方面出台了大量周密、配套的法律性文本，形成了大而全的老年人养老保险法。其次，多层次养老金制度的健康运行，离不开政府的财力支持。日本政府除了负担国民年金制度运行的行政管理费用外，还负担保险缴费总额的 1/3，并在经济发展日渐低迷的情况下，2009 年把负担额提高到 1/2，同时还要承担包括厚生年金和共济年金在内的制度运营监管费用。很显然，政府在关系国计民生的社会保障领域具有不可推卸的责任，这是社会养老保险制度的根本所在，也是政府合法性的重要体现。我国的社会养老保险制度城乡统筹，更离不开政府在制度立法、财政支持、制度设计和运行监管等方面履行的责任。政府不仅要完善现有的城乡各类养老保险制度立法，更要根据形势变化和城乡统筹的要求，加快新法立法和修正现有相关法律，以及做好新旧法律的过渡衔接。在制度设计方面可适当借鉴日本“全民皆年金”的做法，构建全国统筹的基础养老金，不分城乡、地域和职业身份等区别，把所有民众都纳入基础层次的养老金制度，尽量扩大制度覆盖范围，减少制度碎片，提升统筹层次；在财政投入方面，要向农村地区和欠发达地区的养老保险制度给予更多的财力支持，加大对普惠型基础养老金的财政投入力度等。总之，政府的强力推动和主导建设作用关系到我国社会养老保险制度城乡统筹的成败。

3. 构建基础制度统一和多层次的养老保险体系

日本养老保险制度尽管在初建时也是针对不同身份的社会群体分别建立了互不相通、标准各异的养老金制度，但经过多年的发展，尤其是设定了全民共享的国民年金制度以及积极推进厚生年金和共济年金的一体化改革后，基本上实现了公共养老金制度的统一。同时为了更好地满足不同经济条件老年人的各种养老需求，尽量缩小不同群体间养老金水平的差距，日本政府在基础层次的国民年金“保底”外，又建立了多层次、立体化的农民养老保险体系。并通过国家财政补贴和免税政策，让缴费能力较低的农民及其配偶也得到了基础性养老金，调动了农民的参保积极性，实现了全社会养老资源的整合，提高了养老服务的质量和效率。我国应借鉴日本的经验，重视“三支柱”或“五支柱”养老保险体系的建立和健全，在建立覆盖全体社会成员统一的基本养老保障制度基础上，再根据职业属性，分步骤、有重点地建立不同水平的多层次养老保障制度体系，在农村还要继续发挥家庭保障的补充作用，应该在基础养老保险制度的统一构建之上，实行多元、灵活的补充养老保险制度，以提高养老保险的待遇水平。

4. 制度建设渐进推进

日本养老保险制度的建设和扩展基本上也是遵循着“先城市、后农村”、“先正规就业者、后非正规就业者”和“先分立、后统一”的发展路径。从20世纪50年代开始，日本政府先后出台并多次修正了以企业雇员和各类公务员为对象的养老保险法律法规，定型了国民年金、厚生年金和共济年金为主体的双层结构公共年金制度，然后再逐渐把个体经营者和农民及其配偶纳入其中。这完全符合社会保险制度发展的一般规律，即只有先在具有稳定劳动关系和劳动收入的雇员中建立全面的养老保险制度，才有可能进一步发展覆盖全体社会成员的养老保险。另外，农民养老保险制度设计与政府在各个时期的农业政策相结合，并为了不断缩小与其他群体养老金差距，逐步建立和充实了农民自愿参加的补充性养老金制度和商业型养老保险。可见，社会养老保险制度从城市延伸到农村是经济发展到一定阶段，具备一定社会经济政治条件后的产物。目前，我国农村人口比重较高，各地经济发展水平差异明显，农民收入相对偏低，社会养老保险制度在城乡间、地域间和群体间的发展差距较大。在制度统筹过程中绝不能“一步到位”式地实现城乡养老保险一体化，任何搞标准统一、待遇水平统一的“一刀切”做法都是不现实的。日本养老保险制度梯度性和渐进性的建设经验启示：定要立足实际，充分考虑到各方面的承受能力和制度发展的制约条件，统筹兼顾，在实现制度、政策统一的前提下，短期内允许地方有一定的灵活性，设定适合因地制宜、因时制宜的养老保险制度，待经济社会条件成熟后，再实现更大范围内的城乡统筹。

10.3 英国电信智慧医疗应用

10.3.1 NHS 的医疗服务制

英国国民健康服务组织（NHS）为世界上规模最大的国家自主医疗体系。该体系由英国各级公立医院、各类诊所、社区医疗中心和养老院等医疗机构组成，旨在为英国全体国民提供免费医疗服务。

NHS 提供的医疗服务实行基础医疗和医院医疗两级服务制。

1. 基础医疗

基础医疗是主体，负责居民的非急诊类就诊。在英国，家庭医疗服务局（FHSA）签发 NHS 医疗卡，每位居民都要携带医疗卡在住地附近的社区诊所登记注册，工作人员指定一名家庭医师负责。诊所的计算机与社区和有关医疗部门联网，类似于中国一些单位的医务室。家庭医师的角色类似国内社区医院、乡镇卫生院和单位医务室的保健医生。

2. 医院医疗

医院医疗包括地区医院和教学医院的医疗。地区医院通常是该地区的医疗中心，接诊从第一级机构转诊来的患者；教学医院及急救和诊疗重大疑难病症为主。如果居民有大病或需要进一步诊治，则由家庭医师替患者预约医院专科医生，由基础医疗服务转入医院医疗服务，全体公民享受全额免费医疗。

然而，成立了近 60 年的 NHS 积累了海量医疗信息，不仅耗费大量资源，而且系统效率低下，错误频出。因此，2001 年英国政府从次年起，投入 62 亿英镑，通过 NHS 建立为期 10 年的 NpfIT 项目。

10.3.2 BT 在智能医疗中向公众提供的服务

近年来，英国电信（BT）先后对公司内部业务架构实行重组，成立了新的 BT 全球服务部，负责为全球性大客户提供综合性信息通信全套解决方案，包括桌面计算机和互联网设备以及软件、数据传输与网络连接、电子商务方案、业务流程外包、网络管理、系统整合和信息咨询服务等。成立了“OneIT”工作组，为用户设计、建设、拓展和管理网络通信和IT系统，在拓展ICT服务领域过程中，BT完成了多笔收购。例如，使全球领先的语音和数据网络服务提供商Infonet等作为BT ICT服务的重要补充。

在智能医疗业务方面，BT先期为英国国民健康服务机构提供以电话为主的服务。根据几十年的积累，结合自身在医疗信息化建设的理解，与医疗保健机构并肩工作，解决了英国传统医疗带来的弊端。

英国电信(BT)在NHS智能医疗建设中所提供的服务不仅仅是网络建设和管道等运营商业务(如图10-2所示)，还独立或与其他公司合作，提供ICT设备、软件产品和IT服务等。其医疗信息化建设全面覆盖了计划、实施与长期合作等方面内容，并从中获得效益。

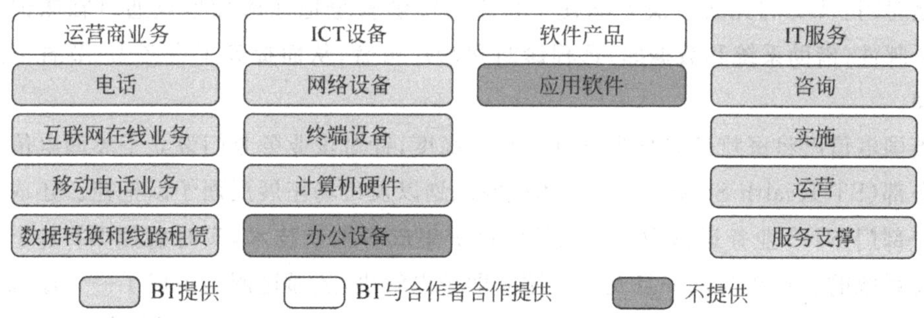

图10-2 BT开展的智能医疗业务及终端

1. BT承建的NHS服务内容

BT主要承建以下NHS三项服务内容。

- 网络层——构建国家宽带网络，提供覆盖全国的快速、安全的宽带网络服务；
- 支撑层——搭建国家病例中心，提供全国电子病历数据库和邮件系统；
- 应用层——建设地区服务中心，提供综合性地方病历应用程序和IT系统。

英国电信建设了全国病例数据中心并对其进行日常管理工作。国家宽带网络(称为N3网络)语音服务可支持百余家国民保健服务机构通过使用其N3网络进行通话，并可呼叫到手机上，从而减少内部电话的费用，节省了大量的运营部署成本。远程会诊会议可以通过视频链接开展，无须面对面交流。多个专家的会诊流程也为病情的诊治带来了精准性，给患者带来了福音。英国电信的解决方案提供实际应用框架，支持专业服务，负责设计、建设、连接与服务的全部流程，为改善医疗机构的效率、降低运营成本做出了贡献。

英国电信在进行智能医疗建设时，将自助服务的思想引入了医疗流程。其为NHS所开发的交互工具包可提供预约服务，使患者可以方便、快捷地完成预约就诊，取消了患者排队时间，改善了患者体验。远程医疗解决方案对患者进行远距离监控及护理，有利于应对日益增加的慢性疾病负担，遏制了不断上升的医疗费用，提高了医疗服务保障水平。

英国电信的智能医疗建设通过使用业务来重新定义角色和规划流程，提高医疗生产力。医务人员天天见面，讨论患者情况并给出进一步的护理方案，这样的传统医疗流程对时间消耗较大。通过使用BT电话会议可加速医疗流程，在帮助提高组织效率的同时，改善对患者的护理。英国的医疗是以社区来划分的，医疗流程可能涉及冗长的差旅时间。BT的无线解决方案使工作人员能够安全地在医疗地点通过临床记录和电子邮件，借助系统和数据库，远程诊断和治疗患者，从而提高了生产力，节省了护理时间。

英国电信已将医疗信息化提升到了战略高度，针对该业务专门设立了英国电信医疗服务部(BT Health Service)，从总体战略规划以及市场拓展层面予以把控。还成立的另一部门NHS业务运营中心。该部门负责集成各种新技术，实时监控BT各个医疗信息系统的运行状况。一旦发现问题立即予以解决，还通过网络组成了一个虚拟的技术专家团队，使身处各地的专家可以通过网络共同处理医疗信息系统的各种突发事件。

在英国电信内部，医疗服务部负责智能医疗项目的总体战略规划及市场的拓展，作为提供前瞻性业务管理的卫生服务机构，保证医疗保健流程的安全，获得了业界认可。NHS医疗专业人员要求BT提供优质的不间断服务。NHS业务运营中心，是英国电信NhfIT项目的指挥者和控制者。它是唯一有能力通过终端到终端的方式，提供全天候监控服务交付的机构。英国电信的服务保障方案通过全面监控系统运营状况，使得问题可以提早发现并及时解决，减轻了对客户的影响。

英国国家病例中心于2003年开始建造。目前，英国电信已经开发的系统和服务支持70多万注册用户。它是世界上最大的交易数据库之一，记载了患者的人口统计信息，存储有患者的姓名、性别、年龄和家庭住址等基本信息，以及病历档案等。基于该系统,电子处方等成为可能。此外,还存储了患者的当前用药、过敏史及对药物的不良反应等信息。这些信息在紧急时刻可以通过网络迅速传递到需要的地点,对在异地救治患者发挥至关重要的作用。医护人员可以在授权的情况下查看患者档案。为此,该系统采取了较高的安全措施,确保患者资料不会外泄。

在数据安全方面,英国电信建立了一整套的安全机制,远远比基于纸张记录的临床数据资源安全得多。目前,每一位患者的医疗信息都受到严密的保护,有严格的访问控制,以确保患者信息只在需要时提供。而且,授权用户通过合法登录也只能看到自己的临床资料,每单交易具备追溯功能。英国电信还进行定期渗透测试,以确保安全的环境得以维持。另外,访问患者的记录受控于智能卡的使用,在连接到计算机之前使用芯片和 PIN 技术的读卡器,允许用户访问所有或部分患者记录。一旦访问系统信息,将能看到自己在 NHS 组织中的角色权限。医护人员必须有一个合法的授权(即使只提供护理),才能够访问一个特定患者的临床资料。只有完成严格的身份审查后智能卡才会获发。

2. BT 提供图像存档及通信系统

在提供服务内容方面,BT 提供图像存档及通信系统。

1) BT 在大部分医院建立了图像存档及通信系统(PACS)平台工具

该系统通过电子方式存储医学图像。在部分急诊中心,BT 不仅安装了大规模的 IT 系统,还负责更新其中的软件程序,极大地扩展了业务范围。图像存档及通信系统扫描 X 射线图像可以电子方式存储并显示在屏幕上供医务人员诊断的病情。伦敦的急重症医院每天都在使用英国电信的这套系统。英国电信是第一个建立 LSP 并推出 PACS 的运营商,使伦敦成为八国集团中唯一一座有医疗影像实现数字化的城市。目前,急重症医院间的医疗影像信息共享也已完全实现。

2) BT 还提供医学地图(Map of Medicine)平台工具

通过这个平台,医务人员可随时查阅当前权威机构的临床累积经验记录,了解患者的医疗护理过程,并且支持本地个性化编辑。BT 建设了伦敦与英格兰南部的医学地图应用。NHS 用这个应用来提供临床积累经验,并通过不断测试将所积累经验以易于使用的方式,把患者的诊疗流程展示给医务人员。这个应用也为医疗保健社区提供修改的或全新的本地化服务解决方案框架。医学地图为临床诊疗过程建立了检验基准,并作为跨医疗机构分享信息和多重护理交互的框架平台,提供以患者为中心的

一、二级护理参考。医学地图作为英格兰国家级别工具，对所有 NHS、社会保健相关机构及大众完全免费。英国电信作为 NHS 的承建商，承担国民保健服务连接的建设，保障访问和质量等问题，将医学地图作为战略产品进行实施，超过 25%的地区健康服务中心已在使用医学地图服务，其他地区也在建设中。

10.4 澳大利亚电子医疗

国际卫生组织(The World Health Organisation)为电子医疗给出的定义是：通过在医疗卫生领域利用电子通信和信息技术，使领域内相关部门间实现服务和信息共享的新技术。

10.4.1 澳大利亚电子医疗项目背景

作为全球卫生保健领域最发达的国家，澳大利亚拥有最先进的医疗系统，然而在发展过程中却面临着巨大压力。特别是在进入 21 世纪后，该领域的持续发展需要澳大利亚从根本上改变医疗和卫生保健领域的体系和服务方式。这一变革将使信息共享贯穿整个医疗卫生保健领域，通过根本性地改变医疗工作者在实际工作中与患者互动沟通的系统得以实现。

尽管澳大利亚联邦政府、各州和地方政府以及私人医疗机构都已经开始致力于电子医疗的研究，但是如果缺乏国家的统一协调，将造成重复建设和开支浪费。为了统一协调电子医疗政策的实施，澳大利亚联邦政府决定开始在全国范围内推行电子医疗战略。

澳大利亚的医疗卫生保健部门是国内最为庞大的部门之一，共有 85 000 名雇员，为大约 2130 万居民服务。而且澳大利亚国土覆盖的地理范围很大、社会经济背景区别也很明显，使得其需要建立一个复杂的医疗保健卫生服务网络覆盖整个公立和私立医疗体系。该体系的构成包含了 1000 家公立和私立医疗机构、成千上万名全科医生、临床专家、社区医生、保健辅助和老龄保健人员，构成了庞大的医疗服务群体。目前，澳大利亚医疗机构的运转仍然采取以传统方式为主、电子信息系统作为收集和共享信息为辅的模式。除信息收集和共享外的电子医疗相关问题，病患管理系统(PAS)、临床信息系统(CIS)、影像诊断系统、病历系统和诊疗管理系统等也将被逐步纳入电子医疗的应用中，以提高澳大利亚的医疗保健卫生部门和相关人员的潜在工作效率、质量，使病患接受更多更安全可靠的服务。根据澳大利亚医疗协会(AMA)统计，澳大利亚的全科医生中超过95%已经拥有计算机诊疗管理软件系统，并且大部分的全科医生在工作室都开始使用计算机打印处方。

澳大利亚医疗及福利协会(Australian Institute of Health and Welfare，AIHW)的统计结果提示：2005—2006年，澳大利亚在医疗卫生领域的开支约870亿美元，占该年度国内生产总值(GDP)的9%，较1960—1961年的3.8%的比例已经明显上升，而且上升趋势还将继续。预计到2045年，医疗卫生领域的开支将占GDP总量的16%～20%。在开支上升的同时，该领域也将面临巨大的压力和挑战，如澳大利亚发达和欠发达地区存在的显著差别、庞大的老龄化人口、不断增长的慢性病发病率、病患对于先进医疗手段和复杂医疗技术的需求以及对于具备熟练技能的医疗工作者的需求等。

与医疗卫生保健部门的情况类似，澳大利亚信息和通信技术也同样位于全球发达国家的行列。澳大利亚统计局(ABS)数据显示：截至2009年6月，其在线互联网用户人数达到840万人，其中57%的用户所使用的网络下载速度达到或超过1.5Mbps。目前澳大利亚的互联网服务已经足以满足需求，并且会在电子医疗战略实施后继续扩大国家宽带网络的建设以适应新的要求。

众所周知，医疗卫生保健是一个知识产业，信息传递是产业的重点。而该产业内所应用的信息传递工具还在依赖纸笔和人为记忆。这种不可靠的落后方式目前在澳大利亚也越来越受到大家的关注和批评。其他以信息传递为中心的技术领域，如通信和金融服务；已经利用信息技术发展了20～30年。相关的企业和部门已经在这一发展阶段建立了完整的体系和完备的数据库，范围涵盖整个国内和国际业务伙伴网络。澳大利亚用户可以利用自动柜员机(ATM)在全球每个角落与自己的账户建立联系，实现存取款和查询等功能，也可以通过电话和宽带网络服务实现与国内和国际甚至任何一个角落的用户间联系。与此相反的是，医疗卫生领域却依然在为各服务机构之间病患重要信息的共享和传递而苦恼。这种信息共享甚至在同一城市、同一区域内都是很困难的。显而易见，这些都在给澳大利亚医疗卫生领域的发展拖后腿。

澳大利亚的医疗卫生、信息及通信事业都在快速发展的背景下，满足医疗机构、医疗卫生领域内参与者之间信息交流和共享的要求已经迫在眉睫。2008年的早些时候，时任澳大利亚卫生部部长通过其顾问委员会委托德勤有限公司(Deloitte)拟定了一份关于电子医疗领域各国间的协调合作计划。德勤为此开展了包括澳大利亚联邦、各州和地方政府、全科医生、医疗专家学者、护士和信息专家、医疗服务人员、研究人员以及消费者在内的调查，并得出一系列咨询分析报告。通过这一系列调查和咨询分析报告，德勤有限公司与相关人员和机构随后拟定了《澳大利亚国家电子医疗战略》，为澳大利亚电子医疗事业的发展提供了一个有益的引导方向。

10.4.2 澳大利亚电子医疗主要内容

《澳大利亚国家电子医疗战略》分析报告针对电子医疗问题运用了阶段式的方法进行分析研究。内容大致包含如下方面：

(1) 平衡并协调目前澳大利亚电子医疗领域存在的各类问题；

(2) 监管澳大利亚健康领域以及州和地方的电子医疗领域的潜在变化；

(3) 随着技术的发展和经验的积累，制定和管理与之相关的政策。

该战略将加强国家电子医疗体系在澳大利亚联邦、州和地方政府之间的协调，并为澳大利亚的医疗改革应侧重的优先领域制定了发展方向。它同时也为各州和地方政府以及公私立医疗部门电子医疗政策的实施和发展预留了灵活的调整空间，使他们既能在类似的框架下实施电子医疗政策，又能根据各自的实际情况进行调整以便实现效益和效率最大化。

1. 发展目标

澳大利亚期望通过电子医疗战略的实施，建立一个更为安全、公平、稳定的医疗体系，将信息技术充分应用到计划、管理和实施医疗服务当中去，解决不断出现的医疗部门开支和需求的压力。同时，从长远来看，还希望通过改进澳大利亚的医疗体系最终达到提高该领域生产力、促进经济发展的目标。该战略将成为澳大利亚电子医疗征程如何继续进行的重要参考。《澳大利亚国家电子医疗战略》将通过 10 年分步实施，最终实现以下具体目标。

1) 对用户而言

实现与医疗机构间的互动，使 98% 的澳大利亚用户注册账户并通过高速宽带网络与医疗机构连接。

用户“个人电子病历(IEHR)”的发展将实现历史性的转折并为一些优先用户群体带来重大转变，如母婴、慢性病患者和老人等。有超过 90% 的人将建立“个人电子病历”，其中超过半数的用户可以通过个人电子病历来管理健康信息并与健康系统互动。

通过实施电子医疗战略，使用户与医疗机构之间建立互动，让超过80%的处方、化验/检验和转诊等医疗活动记录可以通过电子医疗系统进行查询。

“澳大利亚国家消费者门户”将成为世界领先的实时更新的综合“个人电子病历”门户，并为用户提供与医疗服务机构的互连。

2) 对医疗机构而言

完成澳大利亚身份识别系统的推广，使超过90%的用户和医疗机构间建立起联系，所有的医疗机构通过宽带网络实现互动。

澳大利亚超过95%的医疗机构的计算机等相关基础设施就位，出台对于基础设施的认证标准和基本的维护措施。

医疗机构全面实现网络等基础设施的连接，达到以专业角度收集和共享医疗卫生保健信息。同时，与之相关的专业标准和要求也将出台。

超过90%的医疗机构在病患、诊所和医疗管理系统间建立连接，支持包括诊断书、化验/检验结果和转诊记录等数据在内的电子医疗优先解决方案。

澳大利亚国家临床医生门户网站将成为全球首屈一指的实时更新的综合临床诊断和数据信息库。

医疗机构将建立与IT、医疗咨询和教育相关的项目，并就新时代的电子医疗酝酿出一套新的教育模式，使未来的医疗实践者具备电子医疗的使用常识，并充分了解电子医疗解决方案对于今后开展医疗工作的重要性。

3) 对医疗机构的管理者而言

医疗机构的管理者能纵向、更集中并高效地接触到更广泛的综合数据，用于提高分析、制定决策和研究的能力。还可以通过运用复杂的数据报告和分析工具，来提高对医疗系统的管理效率。通过电子医疗系统收集到的大量数据将用于数据的再整理和合理化分析。

4) 对相关解决方案和基础设备供应商而言

使供应商了解电子医疗标准，以便用于设备开发。所有的设备供应商都将按照要求来制定电子医疗解决方案，即提供以标准为导向的电子医疗解决方案。促使更多符合标准的电子医疗解决方案问世，大部分供应商预计将以两年为周期更新与澳大利亚国家电子医疗标准相符的解决方案。

2. 具体行动

澳大利亚政府为保证国家电子医疗战略的实施而采取的行动包括：

(1) 保障“信息高速公路”项目基础设施的建设，并为澳大利亚国内医疗卫生系统的信息无缝传播制定相关规定。

(2) 鼓励对于高优先级计算机系统和工具项目的投资，使澳大利亚用户、医疗单位和机构都能从中切实受益。

(3) 鼓励医疗卫生保健部门参与使用高优先级计算机系统和工具。

(4) 建立电子医疗政府监管机制，实现对国家电子医疗活动的有效协调和监管。

3. 实施步骤

(1) 建立沟通。用三年时间建立起电子医疗的基础系统并提供基本的信息对接，实现医疗机构和部门间的信息共享。

(2) 协调。用六年时间将战略重点转移到对于协同医疗计划的制定和通过信息共享实现的多学科医疗服务的沟通协调上。

(3) 巩固成果。用十年时间使电子医疗逐步成为医疗卫生保健领域提供服务的常规方式。在这一步骤中，重点将放在保持和加强可持续的医疗信息共享环境，为目前进行的改革和未来基于高度信息共享的医疗卫生保健模式的发展提供有效支持。

10.4.3 澳大利亚电子健康档案系统

1. 定义

个人管理电子健康档案(PCEHR)是一项安全的个人医疗记录电子档案。该档案数据信息来自多个不同的系统，通过网络连接将数据和信息保存在同一系统中供用户使用，并允许对于保存在系统中的数据进行查找浏览。涉及该电子健康档案的建立和监管问题由澳大利亚国家电子医疗执行委员会(National E-Health Transition Authority,NEHTA)负责。

该电子健康档案系统允许用户在其操作界面下浏览所有病历文件，同时还可以查询汇总后的用户药物过敏史、不良反应、免疫记录和近期治疗情况等信息。

2. 目标

(1) 以循序渐进的形式开展相关工作。

(2) 确保用户、医疗机构、电子健康系统供应商和相关政府部门的利益。

(3) 保证快速和安全的数据化传输。

(4) 保护用户的个人资料，使用户自主管理个人资料成为可能。

(5) 实现操作步骤简单化、方式可靠化和成本高效化。

3. 推广步骤

第一阶段：澳大利亚联邦政府通过国家电子医疗执行委员会，联合 Hunter Urban 地区全科医生网络(GP Access)、全科医生合作公司(GP Partners Limited)和墨尔本东部的全科医生网络(MEGPN)，对三大区域内的全科医生、专业人士、用户、医院和药房推行个人管理电子健康系统试点项目。

第二阶段：主要目标瞄准了实现全国范围的电子医疗改革，范围扩大至针对所有涉及的医疗机构，使他们充分体会到该系统实施带来的益处。

4. 实施状况

2011 年 9 月，澳大利亚联邦政府对外发布了其电子医疗政策的最新计划和实施时间表。该政策作为政府发布的电子医疗进程报告的一部分，内容涵盖了实施电子医疗战略的步骤和时间表以及发展个人电子健康档案和远程医疗行动方案。这项计划当初预计耗资 4.67 亿美元。澳大利亚政府计划在 2010—2011 年度通过该笔财政预算实现该项目的初期建设，并在两年时间里建立起个人电子健康档案(PCEHR)系统，然后成功实现在线注册。

10.5 丹麦家庭医疗

丹麦是全球推广远距医疗照护相当成功的国家之一，主要是通过以病人为中心的"家庭医疗系统"(Patient-Centered Medical Home，PCMH)，不仅建置"丹麦个人健康记录 e 化入口网"，还包括了电子病历、智能化服务平台等。在实施医药分业的丹麦，利用专业的基层社区药局，推广促进健康活动，同时兼顾了人们在健康照护需求上的专业与便利性。

10.5.1 由家庭医生担任健康照护的第一线守门员

北欧五国之一的丹麦，拥有完善的社会福利制度，属于高税负国家，也因此得以建立由税收支撑的国家医疗保险制度。平均每年丹麦投入医疗部分的花费约占 GDP 总额的 9.8%。除了高税负及规划完备的社会制度之外，丹麦还建立了明确的医疗分级制度。人们都能拥有个人所属全科的家庭医生。家庭医生担任医疗照护第一线的守门员，协助评估是否需转诊至大医院，且家庭医生可由政府补助获取优厚收入。如此，在确保人们就医品质的同时，也能减少医疗资源的浪费，并提高健康照护效率。

“以患者为中心”的医疗之家计划(PCMH)的主要精神就是依照病人个别状况，为病人规划或提供实际所需的医疗照护，强化医疗人员与病患之间的互信与互动性。同时，也特别重视预防性的个人健康管理，因此健康照护的地点也从医院等机构逐渐转向居家或是社区照护。例如社区药局，在电子病历、电子处方的基础上，结合3C等电子产品以及智能化服务平台提供医疗服务。人们不需出门也能在家与医疗人员进行远距医疗，或通过网路进入个人健康记录e化入口网站，取得所有关于个人的保健相关资料，如用药资讯、医疗咨询、慢性病管理等。还能预约看诊及药局取药。医生可将用药处方直接传至病患居住地邻近的社区药局。人们取药时也可以节省排队等候的时间。

丹麦远距医疗的成功除了完善的医疗保健制度之外，主要因为充分运用各类可移动、可携式医疗装置、3C产品以及通信科技等软硬体技术。在宅医疗照护可通过具有视讯功能的3C通信装置，例如笔记型电脑、网路摄影机、蓝牙通信以及医疗感测器等，在家将测出的数据传送给医疗人员，同时传输的数据自动录入个人的电子病历资料库。医生也能将电子处方传送给病患，或是直接传至邻近药局，病患即可至药局取药。这对许多行动不便或年长的病患来说，不但可免于舟车劳顿，也节省交通时间与费用。根据统计，丹麦医疗体系每年在照护部分的支出占GDP总额的比例逐年下降，每年约可省下1.2亿美元。

10.5.2 社区药局扮演用药及保健的专业咨询角色

在远距医疗的服务平台中，与人们关系密切的还有社区药局。在丹麦，社区药局主要是以处方调剂为主，其主要功能在于提供慢性病患者正确的用药观念、日常作息调整及心理辅导、人们日常自我保健咨询，同时教导OTC(非处方药)正确的使用方式，并提供专业的药物咨询等。因此，社区药局的定位属于专业药师导向的经营模式。

丹麦的社区药局讲究效率且严谨，重视正确性。人们可以接触到许多非处方药，除法律明文规定药品外。一般人们触手可及的只有洗发精、乳液等日常清洁或是保养用品，且数量不多，最主要的原因是避免造成药品的滥用。此外，丹麦的社区药局会推出许多健康促进活动，例如推动戒烟服务、预防慢性病的推广等。

在设备方面，丹麦社区药局内有先进的计算机系统与软硬件设备，专业性不输于

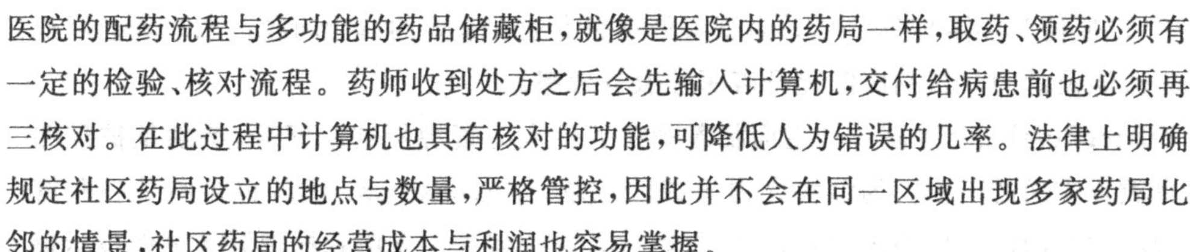
医院的配药流程与多功能的药品储藏柜，就像是医院内的药局一样，取药、领药必须有一定的检验、核对流程。药师收到处方之后会先输入计算机，交付给病患前也必须再三核对。在此过程中计算机也具有核对的功能，可降低人为错误的几率。法律上明确规定社区药局设立的地点与数量，严格管控，因此并不会在同一区域出现多家药局比邻的情景，社区药局的经营成本与利润也容易掌握。

10.6　泰国医疗卫生志愿者

泰国医疗卫生志愿者发展较早，且成果较好。泰国的 Pranangklao 医院和 Bangbuathong 医院均以蓬勃开展的医疗卫生志愿者活动著称。这两所医院的志愿者活动展示了泰国传统的人道主义精神依旧根植于泰国人民的生活中，并且在医疗卫生领域的发展越来越好。这些医疗卫生志愿者们在践行泰国文化和价值观的同时，帮助医院为患者提供有益的辅助性医疗服务，缓解了泰国农村医院卫生人力资源短缺问题。

10.6.1　泰国医疗卫生志愿者的发展

Nonthaburi 省是泰国第二人口密集省份，土地面积 622 平方公里，位于曼谷的西北方向，Pranangklao 医院和 Bangbuathong 医院都位于 Nonthaburi 省内。Pranangklao 医院和 Bangbuathong 医院是 Nonthaburi 省为患者提供医疗服务的两所重要医疗机构，同时也是泰国大力发展人道主义医疗卫生志愿者以提高医疗服务质量、为患者康复带来益处的两个典型范例。两所医院志愿者的不同之处在于志愿者的年龄结构方面。Pranangklao 医院里为患者提供支持服务的医疗卫生志愿者多是年长的泰国民众。而在 Bangbuathong 医院，除了一定数量的年长志愿者，大部分为年轻人。

Pranangklao 医院是一所综合性医院，由于服务人口众多，在医疗人力资源短缺的情况下开始发展并使用医疗卫生志愿者。Pranangklao 医院的医疗卫生志愿者通常承担岗位责任较轻的辅助性工作。因为这些岗位并不需要极强的医疗卫生专业背景和经验。举例来说，他们可以在患者来就诊时帮助进行科室的指引、就诊高峰时进行人员疏导、与患者聊天缓解紧张情绪、改善医患关系，帮助患者做一些走路练习、指导如何合理饮食等康复训练，承担一些清洁卫生等日常事务，为专业医务工作者减轻负担，以便使其能更加集中精力为患者处理更专业和重要的诊疗问题。志愿者们用他们力所能及的力量帮助医院提升着医疗服务效率。

Bangbuathong 医院同样也面临着医疗卫生人力资源短缺的问题，特别是护理和健康教育方面的工作。为缓解人力短缺的难题，Bangbuathong 医院也接纳了一些富有爱心的泰国民众作为志愿者，帮助医院改善医疗服务。志愿者护理服务工作包括很多方面，几乎每个病床配有一名志愿者，或是帮助打扫卫生，或是陪伴患病儿童聊天、讲故事。志愿者们还通过演奏泰国传统乐器或者表演戏剧小品等节目来为大厅里众多候诊患者提供一些休闲娱乐。当医务工作者的增长数量无法与患者的增长数量相匹配的时候，医院便被迫地更关注“数量”，结果往往忽视了关心与关怀，而人文关怀才应该是护理工作的核心。Bangbuathong 医院用形式多样的医疗卫生志愿者服务工作弥补和强化了医疗服务中的人文关怀内容。

Pranangklao 医院和 Bangbuathong 医院都是在与医疗卫生志愿者高度合作中获得巨大成功的地方医院。除了这两家医院成功开展着志愿者活动，泰国还鼓励每一个基层社区都设有公共卫生志愿者，为社区民众提供一些基础护理和健康咨询服务。受过培训的志愿者们能够为社区居民进行血压检查，提供健康生活方式的建议，比如怎样做运动、如何选择健康的食物、宣传清洁房间和环境的重要性以及防控蚊虫传染疾病的措施等。就目前而言，一般专业性医疗服务机构的医务工作者无法经常性、大规模地为社区提供健康保健咨询等服务。而统一由指定的地方医院或健康中心进行培训和监管的医疗卫生志愿者们的服务弥补了这一空白。不仅起到了疾病预防控制的宣传作用，还加强了医疗卫生机构与社区居民的联络和融合。

10.6.2 泰国医疗卫生志愿者发展的原因

佛学是泰国文化的重要组成部分，它强化了泰国人民真诚地体恤他人并给予奉献的价值观。正因为拥有这种文化精髓，泰国民众以“愿意向有困难的人伸出援手”而著称。这些接受帮助的人可能是他们的朋友，也可能是他们并不相识的人。他们乐于助人、不计个人得失，特别是当周围的人陷入困难时，包容互助的意愿和责任感在泰国民众之间得到很好的展现和升华。基于“公平、互助、奉献”这样的社会价值观精神和社会文化，自 1978 年起，乡村医疗卫生志愿者们就已经自发形成并开始为泰国民众提供服务了。泰国医疗卫生志愿者的人道主义活动得到很好发展，“做好事不讲条件，用心帮助他人不求回报”是志愿者的誓词。

泰国医疗卫生志愿者发展的另一重要因素就是卫生人力资源短缺。经济危机期间，从事卫生护理的人力资源数量大量下降。有了社会价值观的基础，于是政府鼓励和引导志愿者加入医疗卫生人力队伍，作为重要力量补充到医疗机构中。医疗卫生志愿者分担了医务工作者医疗技术之外的工作，降低了医护人员的压力，创造了良好的医疗服务氛围，还能够增强医疗服务的人文色彩，改善医患关系，预防和减少医疗纠纷。在此背景下医疗卫生志愿者队伍得到了进一步发展。

医疗卫生志愿者能在泰国医院得以蓬勃发展，与医院的激励和社会的普遍认可密不可分。为使医疗卫生志愿者的服务填补医院人力资源短缺，以此提升患者满意度，医院的负责人和医务工作者都会尽力为他们营造良好的工作氛围并提供工作支持。医院设置专门的部门承担志愿者运行、维护和日常管理，并通常由院长亲自分管该部门。医院还允许和鼓励志愿者对工作细节进行创新。比如：允许他们穿着特色制服，这样患者就诊时就能够在偌大的医院里立刻辨识他们并寻求帮助，使他们能够感受到志愿者服务的重要价值和意义。

此外，政府和医院还为医疗卫生志愿者提供向公众展现工作的机会，鼓励国内和国际上的宾客来参观志愿者的工作。参观者们对志愿者工作的高度评价也是志愿者重要的工作动力。比如 Pranangklao 医院和 Bangbuathong 医院的志愿者们甚至还获得了一些国家级的荣誉奖励。对医院的归属感和被社会认可的心理感受鼓励着医疗卫生志愿者持续热情地工作。

Pranangklao 医院志愿者项目始于 1997 年 1 月 13 日，刚开始只有 20 人。9 年后，泰国卫生部官员将支持并发展医疗卫生志愿者写入泰国国家卫生规划。据 2011 年 3 月的泰国《世界日报》报道，医疗医生志愿者部门登记在册的医疗卫生志愿者已达 100 万人。泰国卫生部还将增加招收大批公共卫生志愿者，使他们帮助医生部监控各类疾病疫情、为民众提供健康咨询服务并参与义务辅助性医疗活动等。在过去的十几年中，志愿者项目不断壮大，医疗卫生志愿者正发展成泰国最优秀的志愿者团体。与年长的志愿者一样，越来越多年轻人也在志愿者活动中扮演着重要角色。泰国 2007 年开始实施青年志愿者工程并取得了成功。超过 10 家学校的 12～18 岁的孩子都参与到了该项目中。这个工程强化了泰国人民从小就应该无私地帮助他人的社会价值观，闪光的志愿者精神被作为泰国年轻一代最荣誉的标签。

10.6.3 泰国医疗卫生志愿者发展对我国的启示

医疗卫生志愿者在我国还处于起步阶段，北京、上海等地多家医院已探索尝试引入志愿者服务。2011年9月，上海首发《医务社会工作与医院志愿者服务实用指南》。其中有专门章节对医院志愿者服务做了说明，为医疗机构提供了切实可行、高效完备的实践操作指南。近年来，恶性医患纠纷事件频发，《中共中央国务院关于深化医药卫生体制改革的意见》中提出“构建健康和谐的医患关系”要求。我们可以借鉴泰国医疗卫生志愿者经验，更多地招募身体健康、心态乐观向上的年长志愿者，用他们丰富的人生经验在安抚患者情绪、加强医患沟通方面发挥作用，营造良好的就医环境。当然，制度层面的规范和保障很必要。比如患者在接受服务过程中突发意外，志愿者如何自我保护等问题都需要在探索过程中逐渐完善，并最终以法规条文的形式确立下来。此外，全社会对医疗卫生志愿者的认知和认可程度，也决定着医疗卫生志愿者是否能够拥有一个良好的培育和发展环境。

10.7 华盛顿和底特律电子病历

电子病历(Electronic Medical Record，EMR)也叫计算机化的病案系统或称基于计算机的病人记录(Computer-Based Patient Record，CPR)。它是用电子设备(计算机、健康卡等)保存、管理、传输和重现的数字化的病人医疗记录，取代手写纸张病历。它的内容包括纸张病历的所有信息。美国国立医学研究所将其定义为，EMR是基于一个特定系统的电子化病人记录，该系统提供用户访问完整准确的数据、警示、提示和临床决策支持系统的能力。它随着医院计算机管理网络化、信息存储介质(光盘和IC卡等)的应用及Internet全球化而产生的。电子病历是信息技术和网络技术在医疗领域的必然产物，是医院病历现代化管理的必然趋势，其在临床的初步应用，极大地提高了医院的工作效率和医疗质量，但电子病历在实施阶段也难免会有很多问题，亟待解决。

有数据显示，电子病历实施的失败率徘徊在50%左右。而另外一份报告发现19%的电子病历未能成功安装。据统计，电子病历实施的失败率应高达73%。尽管数字之间存在差异，但是电子病历实施失败确实是一个严峻的问题。电子病历的成功实施不是一朝一夕就能完成的。计划和实施工作非常复杂，而且还有可能遇到管理不善等问题。经常评估电子病历程序至关重要。比如项目管理的部分工作中经常问“现在出现了哪些问题”这些问题可能包括超出预算、厂家提供的软件缺少重要功能或者没有合适的医生参与项目等。

10.7.1　HIT实施失败案例1：华盛顿内分泌中心弃用老电子病历系统

由于电子病历的功能有限或者其他原因，华盛顿内分泌中心临床主任、医学博士Michael J. West和他的第一个电子病历供应商解约了。West于2009年开办了这家诊所，花10 000美元购买了电子病历系统。在研究系统两个月后，他将采用的瘦客户端服务器放在了诊所中。随之而来的是技术问题，例如，系统有很多断开的软件链接。一旦固定一种软件后，其他软件就会停止运转，等待修复BUG。

由于电子病历从来没有正常工作，所以West从来没有开展过完整的培训。他原本打算进行远程培训，但是由于软件安装不当，并不能进行全面的电子病历培训。

电子病历几乎每天都要出现问题，而电子病历的提供商总是承诺马上修理。病历卡的格式很奇怪，不能直观地显示医生的行医方式。对于患者的家族史，如果母亲65岁死于心脏病，我就必须知道心脏病的ICD-9编码是什么，下拉菜单无穷无尽——患者饮酒吗？一天的饮酒量是多少？何种类型的酒精？每周饮酒？每天饮酒？电子病历能够识别计费语言，但是文档的意义不大。West没有使用电子病历中的部分内容，大部分时候都是使用免费的文本框记录文本。

一部分原因是电子病历提供商给他诊所推荐的硬件不合适，没有实现最大的功能。提供商提供了两张规格说明表，一张发送给了信息技术人员，另一张发送给West。West和技术人员比对这两张说明表时发现，上面推荐的硬件不一样。提供商不但忽视了他购买服务器时的相关问题，而且从未给予West关于建议他们购买两个不同服务器的合理解释。

三个月来，West一直被告知电子病历系统可以自定义，但是收效甚微。2010年2月，West与提供商解约。由于产品信息不符实，他要求全额退款，但是最终只得到了部分退款。

有了这次经历后，West发誓再也不购买院内单机版电子病历技术，而选择能够在线登录和工作的网络软件。他现在正在使用没有任何成本的在线软件制作电子图表，采用自由文本格式实现。这样一来，他们就能随心所欲地用自己喜欢的风格和语言书写病历卡。最近他还将服务器束之高阁。

10.7.2 HIT 实施失败案例 2：底特律医疗中心终止 CPOE 实施

医院信息化管理者明白，要改变医生的行事方式难上加难。2003 年信息技术的一次重大失败就是最早的一个例子。洛杉矶时报报道，洛杉矶 Cedars—Sinai 医学中心大约 400 名医生对医院 CIO 取消计算机医嘱录入系统（Computerized Physician Order Entry，CPOE）表示强烈不满。对此，医院管理者给予的解释是为了系统安全（Charles Ornstein，洛杉矶时报 2003 年 1 月 22 日载）。有传言称 CPOE 系统耗资 3400 万美元。

实施计算机医嘱录入系统 CPOE 非常艰难复杂。Cedars—Sinai 医疗中心首次尝试 CPOE 系统的失败原因很多，其中之一就是在早期就要了解创建和部署 CPOE 的方法。

美国底特律医学中心（Detroit Medical Center）首席医疗信息官、工商管理硕士、医学博士 Leland A. Babitch 同样也遭遇了 CPOE 实施方面的挫败。2004 年，在他上任之前，底特律医学中心就选择业务范围较小的精神康复部门实施 CPOE。信息技术部门完成系统的设置、实施和培训后，系统正式投入使用初期的情况非常糟糕。医嘱目录既不直观，设计也不科学，医生接受的培训量与得到的技术支持力度并不大，而且实施过程中并没有与护理记录或者电子医疗管理记录等其他重要功能组建整合。

护士们一开始就抱怨这个新工具，认为这个工具与其说是一个利器，还不如说是一个负担。系统应用期间缺乏错误用药或者忘记服药对病人可以造成伤害的证据，用户对此非常不满，于是底特律医学中心立即终止了 CPOE 的实施。

10.7.3 电子病历失败经验总结及启示

1. 电子病历失败的原因分析

虽然实施失败在短时间内使人沮丧，但是如果从中吸取教训就可以带来长足进步。位于华盛顿州谢尔顿的梅森综合医院和家庭诊所在系统实施过程中发现并弥补自身的不足，指导急诊部电子病历实施，并立即对现行的医院系统进行重组。2006 年这家医院着手在全院范围内实施电子病历系统，但是可用性并没有达到标准。护理记录不直观，成本不断追加。

在实施过程中，员工浪费了很多时间，却只得到了设计界面，而这个界面只能在单个部门中运行。护士和医生需要花大量的时间设计搭建这些框架，才能完成记录。这些成本不可避免，因为5年中，他们一直在随着医院工作流程的改变重新设计界面。

另外，多个模块不能同时运行。例如，医院原本计划在全院实施CPOE前先在手术室实施。但是，一个被提供商忽略的问题是，如果将麻醉术后到复苏的患者转到住院楼，所有的医嘱都被取消了，而有些医嘱需要转交给下一位医生。由于这个问题关乎患者的安危，医院决定重新启用纸质指令集。提供商开发这套软件非常不容易，但是他们并不理解医生工作流程的复杂性。这套软件感觉是为工程师设计的，而不是为医生。

为了能够搭建一个更好的急诊室系统，Gushee在2006年6月实施了由医生设计搭建的电子病历系统，实施后发现未被查看的患者数量立即减少了10%。除此以外，急诊室的收入提高了20%，从患者抵达急诊室到见医生(door-to-doctor)的时间减少了60～40分钟。

2006年4月到2007年5月间，美国底特律医学中心采用医生主导的多学科方法，在8个医院中实施了CPOE，其规模和速度均创新高。

在成功实施CPOE、护理记录、闭环医学扫描和新的药房系统后，底特律医学中心仍然开拓创新，锐意进取。他们继续在全院范围内进行了升级，实施了新技术。有两家分院都拥有新的智能屋，电子医生文档得到了广泛使用，所有分院均达到了HIMSS第六阶段规定的五年内实现无纸化的要求。

电子病历提供商出于营销的目的，一定会大肆宣传自己的产品。其实这个电子病历系统没有什么与众不同之处，但是销售员会承诺，它的功能能满足一切需要，病历卡可根据要求定制。消费者就以为这个系统很好，不需要自定义。

考虑购买电子病历的医院应该向提供商索要病历卡的样本。索要一个和打印页面一样的PDF版本的病历卡。不要仅仅因为他们的软件得到认证就马上与供应商签订合同。被他解约的提供商同样通过了医疗信息技术认证委员会的认证，因此这是一个买方需要当心的市场。

有些提供商还存在稳定性的问题。底特律医疗中心在给儿童医院实施电子病历时，就为是否选择最佳供应商(best-of-breed)系统还是单一来源供应商(single-source)系统的问题展开了讨论。选择的最佳供应商系统折中方案拖延了正式投入使用的时间，功能也比预期计划要少。如果与单一来源提供商或者内部稳定性更好的公司合作，应该会有更大的进展。

单一来源供应商，通常是企业资源规划(Enterprise Resource Planning, ERP)供应商，或者供应链管理系统(Supply Chain Management, SCM)供应商，厂商在提供产品的同时还会提供许多附加包。

Gushee 从医生的角度来讲，非常支持最优方法，因为电子病历系统应该让终端用户体验可操作性。要重视可操作性，因为这是前行的方向，但是有些机构在大大推行可操作性的同时，却伤害终端用户的体验。可用性的问题至关重要。

在医疗机构不断采用并适应新技术的过程中，公共领域和私人领域都应该对失败的原因进行研究讨论，思考出最佳的方法，并运用到新的临床信息技术环境中。

造成电子病历实施失败通常有以下几点原因。

(1) 技术失败，安装了错误的软硬件组合，或者出现了无线连接故障；

(2) 财务问题，没有实现预期的利润率，或者成本远超出预期；

(3) 软件不兼容问题，电子病历系统无法与现有的医疗实践管理系统匹配；

(4) 人为因素，一些医护人员不愿接受培训，或者直接拒绝使用电子病历系统。造成了医疗机构两种截然不同的局面，一些医生和患者使用纸质图表，其他的使用电子病历。

由于安全漏洞迅速修复技术尚未融入医疗系统，患者安全已经受到一定威胁，而尚未解决的技术难题又带来了更多潜在的危险因素。

2. 电子病历失败对我国的启示

由于目前从事病案管理人员的知识水平参差不齐，与现代化病案管理的要求不相适应，部分人员的观念仍徘徊于为干而干，不会解决工作中的实际问题，工作中不知如何开动脑筋，以满足临床科研和医院管理的要求。结合现状，应该完善管理制度。

(1) 落实责任制。明确各级医务人员职责，主治医生对病案形成过程实施全方位监控，要求每份病历都要符合《中华人民共和国执业医师法》、《档案法》、《新病历书写基本规范》和《医护常规》的要求，当出现纠纷时，使每份病案都能实事求是地作为公正处理纠纷的重要法律依据。

(2) 及时准确整理。电子病案在形成过程中需及时准确地进行整理，各级医生应各尽其责、层层把关、严格要求。住院医生每天要对病案内容进行准确的收集、输入、排序、整理、存储。主治医生应及时修改、补充，以确保病案准确完整病案质量检查，专家组将电子病案环节控制和事后控制相结合。病案入库后如需再修改，必须经过严格的批准手续，应对何人何时修改的病案内容全部记录在案。这对于维护病案的及时性、完整性、准确性以及法律的严肃性，防范医疗事故纠纷是非常重要的。

(3) 严格归档制度。建立严格的归档制度，归档的病案应完整、真实可靠。除特殊情况，归档的电子病案应是最终稿本。电子病案与相关的纸质病案内容应一致，但对某些疑难杂症短期内不能定性的检查应做出特殊规定。

(4) 严格保管存档。对归档电子病案应采取严格保护措施，原版电子病案与复制版本电子病案要分开保管，复制版电子病案使之置于只读状态，并有专人负责。电子病案应设专用保存柜，保存在特定温度、湿度、防水、防火、无污染和无放射性的环境下，并定期进行安全检查，发现载体或信息损坏时，应及时采取补救措施。

(5) 严格使用管理。加强对电子病案的管理，电子病案存档后，原版电子病案任何人无权外借，如需要须经同意后以复制的形式部分提供使用。对需用院内在网的电子病案，应建立严格的授权使用制度，无关人员不得使用病案，电子病案应由专人负责，所有借阅之人必须登记备案，以确保病案信息资源的安全，以维护医患双方的合法权益，避免引起法律纠纷。

(6) 加强检查监督。必须将档案质量控制的重心放在病历的形成过程中，加强中心环节控制。对涉及电子档案形成过程中的各个环节严格地进行自控、互控，形成多层控制体系。

(7) 强化培训。加强岗前培训，对新来的住院医师、进修生、实习生要严格把关、严格筛选，不达标的不能从事临床工作。

(8) 及时技术更新。医院信息系统为医师病历录入提供了便捷的工具，但实现形式多样文本格式，能结构化的仅限于入院病历中的部分内容。有的专科根据专科病的特点对部分病史采用结构化形式描述，还不能称为真正意义上的电子病历，需要更进一步更新技术，实现电子化。由于计算机技术、资金投入等原因，一些病历内容尚未能进入电子病历。随着卫生信息管理的发展，电子病历模板将向结构化、规范化、标准化的方向设计，医院需要随时更新。

国内智慧医疗案例

针对我国智慧医院、区域医疗、互联网医疗的发展，本章选取了国内智慧医疗优秀案例，主要有北京大学人民医院智慧医院、浙大邵逸夫医院智慧医院、富阳市数字卫生建设、浙二医院远程医疗会诊、哈尔滨武警总医院移动医疗应用案例。

11.1 北京大学人民医院智慧医院案例

11.1.1 北京大学人民医院简介

北京大学人民医院(以下简称“北大人民医院”)成立于1918年1月27日，是中国人自己筹资建设和管理的第一家西医综合医院(原名为中央医院)。医院经过90余年的发展，目前编制床位1448张，在职职工2396人(编制内)，有中国工程院院士1名，4个北京大学校级研究所，10个国家级重点医学学科，已发展成为设备先进、技术现代化、学科齐全、医教研相结合的三级甲等大型综合医院。长期以来，北大人民医院的信息建设主要关注在医疗业务的HIS系统，致力于把看病的流程进行优化和电子化，提高医生服务病人的效率，而后台业务系统建设比较薄弱。医院信息系统建设时侧重于医疗服务，而没有更多地从医院整体运营实体方面进行规划，对于高效地人、财、物的优化管理考虑得较少。

目前中国医院普遍面临多方面的压力，北大人民医院也不例外。主要表现在无限的医疗需求和医院有限的服务能力之间的矛盾；快速发展的医疗技术和人民群众有限的支付能力之间的矛盾；医院的公益性属性和市场化运作之间的矛盾；医疗行业对政策、法制、舆论的依赖与执业环境之间的矛盾。

另外，医院的资金来源和投资主体多元化，使更多的部门(政府、新投资者、债权人等利益相关者)都需要医院提供准确、及时、充足的财务信息。而传统的医院后勤信息系统建设通常是业务、财务独立的,脱离业务的财务信息不能满足管理层对财务信息准确和及时性获取的要求。而先进的医院资源计划系统(ERP)管理是财务业务一体化的资源配置系统,能在这点上提供最优的集成解决方案。

所有矛盾都要求医疗行业扭转“重医疗、轻经营”的旧观念,在履行提供基本医疗保障服务职能的同时,要努力降低成本,提高效益,实现经济效益和社会效益最大化。正是这种求变及居安思危的想法促使北大人民医院在国内同行中率先产生了希望借力于先进的医院资源计划系统(ERP)管理的实施,来对医院复杂的后勤资源进行高效整合管理,最终实现高效的前台 HIS 运营与后台的全成本核算同步,以求有效降低医院运营成本。

HRP 系统按两期规划推进。一期工程中包含了财务、固定资产、采购和库存等医院资源计划系统(ERP)模块,并将这些系统同原有的 HIS 系统进行了整合。二期将会集中实施人力资源、成本核算、预算管理等其他应用模块。在此项目推进过程中,IBM 实施团队致力于北大人民医院后台业务的流程规范与梳理,实现在以梳理并优化的财务内控制度体系基础上,借助于 HRP 管理平台推进业务流与财务流的集成同步统一,为二期成本、预算、人力资源项目的实施奠定了坚实的、灵活的数据框架。

11.1.2　北京大学人民医院面临的挑战与需求

1. IT 运营管理

实施 HRP 之前,北大人民医院后勤部门拥有数个孤立的小系统。例如,供应科的库存管理系统和家具管理系统、设备处的资产管理系统、药剂科的药品管理系统等。财务部门使用独立的总账核算系统。各个“信息孤岛”数据标准不同且彼此之间不通信,业务数据与财务的集成主要依靠月末和年末手工结算报表,难以实现财务对业务数据的监控和追溯。信息部门希望整合原本各自独立的系统到统一的平台,以实现信息的高度集成与共享,通过信息技术实现前端的 HIS 系统与后台管理系统无缝衔接。通过运用计算机技术将原来的手工作业方式转变为先进的由计算机控制的无纸化操作模式。

在医院运营管理的背后,科学的数据流管理是最容易被忽略的,但却是运营管理中最重要的一环。通常情况下,医院基层人员应该负责在各数据来源节点上按规范的各层级管理要求进行数据采集；中层负责数据的统计汇总分析，提升数据质量与利用率；高层负责依据科学的、多维的、实时的数据进行使用并用于经营决策。因此数据来源于业务终将服务于业务，通过精确的业务数据核算出各层级业务部门的实际支出与收益，用以管理层决策绩效并提升医院经营效益。提升数据的使用效率创造数据增值服务这是 HRP 实施的终极目的之一。因此数据是医院的，医院上上下下各层级都应对来源数据负责，只有数据准确，医院经营才能健康。

院方希望借助 HRP 系统，实现全医院后勤系统能在同一平台标准下完成各层级的基础数据的收集、处理、分析，最终实现数据流、业务流、财务流三流合一。

2. 财务管理

财务部门原先使用一个孤立的总账核算系统，每月通过手工月报表获取物资、药品、资产的采购、库存、报废等财务数据。由于各个系统各自为政，财务很难追溯报表数据的准确性，每月一次的报表上交频率更谈不上及时性。财务只能被动接受业务部门的上报信息，主要做账的工作，分析职能较少。另外，长期以来，医院一直是按事业单位模式、上交给管理部门相关的财务报表。而这些对外财务报表并不能有效指导医院的运营。

成本核算又是来源于各个业务部门的另一套手工月报表，成本核算目的主要是为奖金核算。医院或科室核算成本通常都是延后的。例如，当医疗材料或药品用完后，才会同供货商结账，同时办理入库、出库、上账手续，之后才会付款，并将花费折算到各个科室，这时才会算作各科室的成本。实际上，这些成本不是当月发生的，而是几个月前支出的。如此状况可能会导致院长或科室主任始终不能获知当月收支的真实数据，极有可能造成透支或亏损。没有 IT 系统的支持，无法做到成本的事前计划、事中控制和事后分析。

3. 资产管理

医院已有的固定资产占据着医院资产负债表上的巨大资金，同时又由于存放地点分散、品类繁多、科室管理人员多以及一些历史原因而难于管理。另外，设备处每年接受大量的需要购买新资产的科室申请需求，设备部门急需准确的设备效益分析数据来支持购买新资产的决策制定。旧有的资产管理系统独立于财务系统，月末或年末常出现与财务数据对不上的现象，而对账又需要花费大量的人力在两个系统中查找原因。特别是家具的资产系统，其中的资产信息多年没有更新，报废、转移、捐赠等实物变化都没有及时记录。

从采购到付款管理、物流管理、库存管理，医院的采购数量大、品种多、实时性要求高，并且药品、资产、医材、普通物资都有其独特的采购特点。没有 IT 系统对采购历史的记录，有时候只能依靠库管的经验来确定采购量。采购过程不透明，采购价格、供应商等信息往往存在于采购人员的大脑中。另外，采购过程与财务不集成，通常是采购完成之后，发票在采购部门积压过大量时间，发票需要付款时才月末入到财务账上，造成财务信息无法准确及时。医院相关部门对库存周转率、采购周期等情况都是一笔糊涂账，医院对供应链成本管得松或根本没有管。

11.1.3　北京大学人民医院的信息化解决方案

针对北大人民医院的需求，信息化建设具体从以下几个方面进行了破解。

1. IT 运营管理

建立以财务管理为核心的、从医疗到收款、从采购到付款、从物资收发存业务到库存物资的直接核算、从固定资产的实物账到财务账的集成同步医院资源计划系统(ERP)管理平台；实现基于业务流程与业务执行的信息流、物流、资金流集成统一同步运作，替换原有的各个“孤岛”系统；逐步建立前台 HIS 系统与后台 ERP 系统的有机集成与相互协同管控；对整个医院的后台业务流程进行规范、梳理，通过传帮带的知识传递培训；客观地推动业务部门的运行操作规范、培育信息中心运维团队。信息化管理框架建设初步完成后，通过进一步巩固可以进行个性化的发展，为后期业务系统的进一步细化与优化提供整合平台。

2. 财务管理

建立财务业务一体化的管理平台，采购、库存、资产等前端自动及时产生财务分录，真正实现财务对业务的及时监控，从根本上消灭对账难的问题。建立了科室的网上自助费用报销，实现各种费用报销从申请到财务记账的一体化、自动化。财务前移帮助财务人员的职能从传统的做账转移到更多的分析、监控职能上来。

财务会计和管理会计建筑在统一的架构之上，提供对外的财务核算报表和对内的绩效考核及医院运营管理所需报表。成本核算的数据来源与财务会计一致，可以追踪成本数据到任何具体的业务数据。例如，追踪科室的折旧成本到科室具体使用的固定资产。医疗到收款通过运用电子数据交换，使前端的 HIS 收费系统与后台的财务系统有机地实现数据的定时交换，使原本利用报表方式报账在准确率和及时性上得到极大提高；同时实现了药品数据和后台的药品库存的及时交互更新，使药品收入与成本的配比得以同步自动实现。同步实现收入的快速确认及药品与收费医材的同步核算确认。

3. 资产管理

涵盖了资产整个生命周期的管理，包括实现固定资产的网上申购→采购→收货确认→资产台账→应付发票→付款的全过程管理与监控。实物管理自动产生财务分录：计提修购基金，归属转移/地点转移，资产分割，清理(变卖/捐赠/报废)。固定资产账/卡/物管理统一。资产购入与发放信息跟踪，资产采购管控，采购到应付发票匹配，资产发放到科室跟踪。资产管理为资产效益分析提供准确全面的基础数据。

4. 采购到付款管理

采用了几种流程模式分别对固定资产、药品、物资、费用型采购进行管理。固定资产涉及医院购置的计算机、医疗设备等，采用网上填写申购单→采购→采购员到货确认→库管收货确认→资产台账→应付发票→付款的流程管理。

物资包括医用材料、低值耗材、文具、被服、五金、低值设备等。采用网上填写申请单或由采购部门代为填写月采购申请单→生成请购单→合并生成采购→收货确认(入库)→应付发票→付款的流程管理；药库药品是基于基数库的采购，低于库存水线就实时发出采购申请，并自动生成采购订单。二级药房从药库的药品申请，药品的发货数量同前台 HIS 系统、CIS 临床系统的用药数量要保持一致，运用预设的安全库存、再订购点、最小订购量等数据，实现药品采购的自动实现。

费用型采购管理，包含一次性使用的设备耗材，各种采购额外费用等，采用采购→收货确认→应付发票→付款的流程管理。

5. 库存管理

建立适应院方未来发展的编码体系。建立统一的药品和物资编码规则并按不同的核算统计分析需求建立药品及物资分类。

细化仓库管理。为各种药品和物资设立合理的安全库存；建立细分仓库，为将来仓库延伸至门诊、病区等二级库打下基础。

加强库存账龄分析。药品实现批次管理，减少过期药消费，减少药品等的跑、冒、滴、漏；药品出入库消耗实现按 HIS 实际支出同步自动冲减；实现实时药品库存管理。

医用与办公耗材管控。对各部门的网上申领需求进行在线审批控制，实现按需求拉动的供应与存货管理，减少不必要的支出与浪费。

强化库存盘点。规划各级仓库定期盘点、抽盘制度与频率，逐步建立使用部门监督及监管仓库的内控制度。

11.2 浙大邵逸夫医院智慧医院案例

11.2.1 浙大邵逸夫医院简介

浙江大学邵逸夫医院包含浙江大学医学院附属邵逸夫医院和浙江大学医学院附属邵逸夫医院下沙院区两大医院，初步具备集团化医院雏形。

浙江大学医学院附属邵逸夫医院是由香港知名实业家邵逸夫爵士捐资、浙江省人民政府配套建设的一所综合性研究型的三级甲类医院。医院位于杭州市中心地带，占地 100 亩，建筑面积 7.5 万平方米，医院现有职工 2251 名，副高以上专家 270 名，核定床位数 1200 张，设有 32 个临床科室，40 个护理单元，9 个辅助科室。作为浙江大学临床医学三系的教学中心，医院设 26 个教研室，承担医学院本科生、研究生和留学生的临床教学任务。医院拥有浙江大学邵逸夫临床研究所、浙江大学微创医学研究所、省重点实验室肿瘤生物治疗实验室和浙江省腔镜技术研究重点实验室四大研究机构。医院于 2006 年 12 月顺利通过了国际医院评审联合委员会的评审，成为中国内地首家通过国际医院评审(JCI)的公立医院。2009 年和 2013 年又以高分通过 JCI 复评，标志着医院的管理水平和服务质量得到了国内外同行的认可。2013 年 1 月，医院荣获了“全国卫生系统先进集体”的荣誉称号。

杭州市下沙医院(浙江大学医学院附属邵逸夫医院下沙院区)位于杭州经济技术开发区下沙路 368 号，占地 13.1 公顷，总建筑面积 17.57 万平方米，设床位 1200 张，由杭州市政府、浙江大学医学院附属邵逸夫医院和杭州经济技术开发区管委会等合作建设，建安投资 9.8 亿元，定位为市属非营利性股份制医疗机构。医院以“最大可能地促进人类的身心健康”为宗旨，于 2013 年 8 月 28 日正式营业，由浙江大学医学院附属邵逸夫医院经营管理，是国内设施一流、技术一流、管理一流、服务一流，融临床、教学、科研、预防于一体并与国际现代化医院相接轨的示范性三级甲等综合性医院。

二十多年来，医院的业务量保持着年 15%以上的增速。医院多个学科的专业优势明显，微创治疗与腔镜技术、肿瘤多学科综合诊治、生殖医学、心血管介入治疗、眼科等领域达到国内领先、国际先进水平。同时普外科、心内科、妇产科、泌尿外科、放射影像科、头颈外科、骨科、消化内科、神经内科等多个学科已形成明显专业优势，而肿瘤中心、眼科中心、牙科中心、心脏中心、病理诊断中心的建立大大提高了医院多学科综合诊治的水平。

医院始终以"建设技术一流、管理一流、设施一流、服务一流的现代化国际化综合性国家三甲医院"为发展目标，以病人为中心，以质量为核心，把"给您真诚、信心和爱"的服务理念落实到临床照护的方方面面，把"患者需求至上"的照护体系融入服务的每一个细节，并通过提升服务品质、降低平均住院日、严格控制抗生素和药品比例，致力于为患者提供最优质、安全、高效的医疗服务。

11.2.2 浙大邵逸夫医院信息化简介

邵逸夫医院信息化建设之路独一无二，始于医院自身的独特性质。从 1994 年建院以来，邵逸夫医院就踏上了信息化建设之路。HIS、电子病历、PACS、门诊医生工作站等。

邵逸夫医院建院于 1994 年，是由香港实业家邵逸夫捐款七千万港币和四百万美元，由浙江省人民政府配套，并由美国罗马琳达大学协助建造并参与管理的综合性医院。1994 年到 1999 年期间，罗马琳达大学全面主持医院行政、医疗及护理等工作。自 1999 年至今，罗马琳达大学仍以顾问形式参与管理。

从建院起，邵逸夫医院就借鉴了美国医院的管理模式并与中国国情相结合，启动了全面信息化建设。信息化就成为邵逸夫医院对自身的基本要求。相比于其他医院，邵逸夫医院对信息化建设的重视不仅仅体现在一个"早"字上，还体现在自主开发的定制化特色。和别的医院直接购买商业软件不同，从建院开始，医院信息系统就完全是自主开发的，每一条程序都是由医院信息中心根据医院管理需求自己编写的，以保证最贴近医院的实际流程。为跟上业务的需求，还重新编写了电子病历系统和医生工作站等系统。

在没有上无线之前，后台的信息越完善，给一线病床前的医生看病、护士查房带来的麻烦就越多。原因是因为实现了无纸化，医生们只好每次去病房前都打印许多资料，工作没有简化，反而烦琐了。美国医院里通过无线技术，如 PDA 和无线网，医护人员只需要扫描病人所佩带的腕带标签，就能获得病人所有的医疗信息，而PDA也可以和后台实现实时连接。

2005年年初，开始进行无线医疗建设，在建立起覆盖整个医院的无线局域网络后，在医院内部的任何场所，医护人员都能与HIS（医院信息系统）进行互访，实现了信息系统的实时移动应用，甚至无线网络覆盖范围都扩展到了医院的后勤宿舍。

无线技术再次催生了医疗管理的变化。过去如果医生修改了医嘱，病人需要退药，不同病人间的药物常常会发生差错和污染。这样药剂师和护士就会因为责任不清而互相指责，而如今所有病人都有自己的药袋，上面贴有打印好的二维码，记录下病人的用药信息，使后面的流程得以顺利完成。

随后邵逸夫医院还逐渐建设了移动监护系统、婴儿防盗系统、救护车4G移动工作站等，将医院的信息化逐步从桌面延伸到了床边，将医疗服务延伸到世界的各个角落。邵逸夫医院正持续借助信息化成为一个医患更加交互、更加人性化的服务机构。

邵逸夫医院智慧医院从智能化和信息化进行医院系统整体设计，建设内容主要包括医院智能化系统与医院信息化系统两个方面。智能化系统包括大楼综合布线系统、综合安全防范系统、建筑设备监控系统、自动排队叫号系统、病房呼叫系统、手术示教系统布线、多媒体会议系统布线、有线电视系统、UPS不间断电源系统、防雷接地系统、综合管线系统、背景音乐系统等。医院信息化系统主要包括HIS系统、LIS系统、PACS系统、电子病历系统、移动护理系统（无线，PDA）、移动临床管理系统、门诊输液管理系统、实验室管理系统、银医通系统、HRP系统、供应室管理系统、远程医疗系统等。

信息化已经从过去现代化的标志变成了一家医院的基础需要，信息化对业务的支持为流程的优化提供了可能。作为国内首家推行门诊病历档案、一人一病历号、完全实现医嘱电子化的医院，邵逸夫医院打造了优质、高效、安全、舒适的人性化医疗服务，不断提升患者的就医体验。邵逸夫医院凭借着过硬的指标，在全国三甲医院里牢牢占据着一个位置。随着技术和业务发展的需要，邵逸夫医院不断完善信息系统建设，正逐渐将业务转移到手机上，以进一步提高医疗服务质量，提升就医体验。

11.2.3 浙大邵逸夫智慧医院特色系统

浙大邵逸夫智慧医院建设的特色系统主要有数据集成管控平台、电子病历系统、无线临床信息系统以及近期展开的互联网医疗相关系统。

1. 数据集成管控平台

通过数据集成管控平台(见图 11-1)实现了浙江大学医学院附属邵逸夫医院和下沙医院(浙江大学医学院附属邵逸夫医院下沙院区)医疗数据协同和共享,实现了医疗文档共享、就诊信息、患者交叉索引、患者双向转诊、医疗资源预约等。它不仅将患者的病历、检查结果简单地从一个医院发送到另一个医院,而且采用一个通用的集成规范框架遵循共同标准对医疗文档进行编码,实现收、发双方传递的医疗文档能够调阅与交互操作。数据集成平台提供了一个比较好的解决方案,其中的集成模式完整地描述了医疗文档注册、存储、查询、提取几个典型的场景,并规定了医疗信息采用 CDA(Clinical Document Architecture)、影像检查结果采用 DICOM(Digital Imaging and Communication in Medicine)来进行编码封装,采用 HL7 的标准模式来实现各机构之间病人信息的同步、交叉引用。

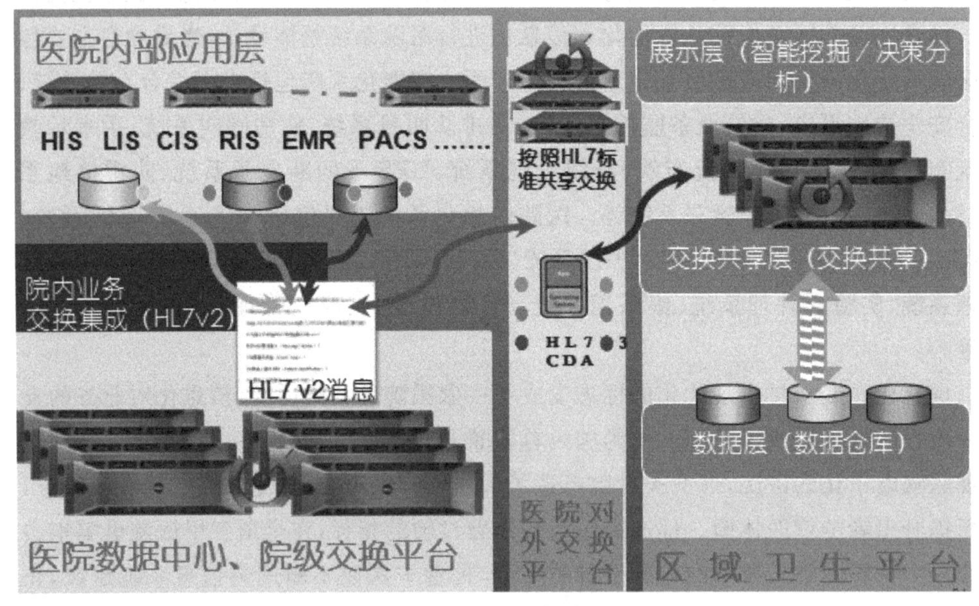

图 11-1　数据集成管控平台技术架构图

数据集成管控平台通过数据引擎以点对点的形式进行医疗消息传输,基于 HL7 建立健康医疗服务中心,加入社区医院、中心医院以及大型医疗机构,通过居民索引服务。同时结合 HL7 标准、方法和功能,符合卫生系统需求的区域卫生信息交换共享平台。医院内部所有系统均接入内部平台，内部平台将信息整合后，通过对外交换平台将数据统一交换给区域平台。区域平台进行存储和展示。通过集成管控平台不但能实现医院内部各系统数据通过星型方式交互，还能实现集团医院间的互联互通数据共享，同时能实现集团医院与区域数据中心的数据交互与共享。

2. 电子病历系统

2004年美国宣布了一项"医疗信息电子化"10年计划，这意味着美国将全面发展电子健康病历，以笔墨书写纸病历和处方的方法将成为历史。目前，电子病历的建设已经成为医院信息化建设的必然趋势，是临床信息系统必将向网络无线化、应用移动化和条码化发展的基础。

2011年1月4日国家卫生和计划生育委员会发布了《电子病历系统功能规范（试行）》，要求试点医院按照《电子病历试点工作方案》、《电子病历基本架构与数据标准（试行）》（卫办发[2009]130号）和《卫生系统电子认证服务规范（试行）》等文件，建立适合中国国情的电子病历系统，建立区域电子病历数据中心，指定了29家医院开展电子病历试点工作。其中浙江省有浙江大学第一附属医院和浙江大学医学院附属邵逸夫医院两个试点。

根据试点方案，电子病历系统的应用最大程度解放了临床医护人员书写病历的沉重负担，同时与HIS系统、LIS、PACS等系统进行对接，实现对病历质量的实时环节监控，提升病历质量、优化医疗流程，从而达到有效降低医疗差错和运营成本、规范医生诊疗行为、改善医疗质量、促进医疗水平提高的信息化建设的最终目标。而以电子病历为基础的数字化临床路径管理系统是真正实施临床路径的关键，它将为我国深化医药卫生改革提供技术保障，也必将改变我国医疗卫生服务模式和格局。为进一步建立完善电子病历应用管理制度、工作模式、运行机制、质量评估和持续改进体系，建立健全基于电子病历的医疗质量和医疗安全管理模式，使之能够更好地推广并为临床工作服务。

邵逸夫医院不仅满足医院当时对电子病历系统的需求，还重写电子病历系统，对医院电子病历系统进行优化，形成了规范的电子病历开发应用技术体系，为国家卫生和计划生育委员会制定电子病历开发应用标准提供参考。

电子病历系统优化目的是要形成结构化体系，使其架构符合国家卫生和计划生育委员会规范，同时结合最新技术和研究成果，从而在结构性能方面更加优异，应用更加便捷。邵逸夫医院电子病历系统采用世界领先的 EMR 关键技术架构，丰富了原有电子病历的功能，设计独特，操作性强，具有灵活的适用性和专业的技术安全认证保障体系，涵盖了临床各业务部门，采集、汇总、存储、处理、展现所有的临床诊疗资料，可以实现病历的快速、智能、全结构化录入、全模板化管理，并且将多媒体技术融入其中，实现了对医学图片的加工、处理、保存及回放。系统可以随时进行网络检索、调阅和进行医学统计，是医疗机构实现临床信息化的理想信息平台。

电子病历系统与临床信息系统紧密连接，支持着医生统一工作平台和住院护理工作站。医生统一工作平台将电子病历、医嘱管理、临床路径、单病种管理、综合报告查询、护理病历、护理记录、医保政策管理、预约管理、医疗安全、医疗绩效、科室排班、科研管理等有机地整合起来，并可以处理门诊、住院、体检业务。住院护理工作站将护理病历、医嘱处理、临床路径、报告查询、护理排班、护理记录、床位管理、费用管理等整合起来。

作为电子病历系统推进的先行者，邵逸夫医院积极探索电子病历落地标准。在推动电子病历落地中，有三重障碍阻碍医院信息共享：一是在医院自己的信息系统还不够完善的情况下，把各医院的信息系统联合起来，做区域医疗信息系统不现实；二是把各医院的信息系统整合到一起需要统一的医院信息系统标准，这是技术面临的主要难点；三是医院之间数据共享的利益机制和隐私政策保护尚未形成，难以激发医院拿出数据的动力。

邵逸夫医院从试点的经验中总结制定出一套电子病历试点工作落地的标准规范，更加明确在落实过程中，国家卫生和计划生育委员会制定的标准哪些要弱化，哪些要强化，哪些要再论证，落地标准中各步骤的优先级等。

电子病历系统有利于电子病历标准在其他医院的落地，能够适应各种规模医院的需要，不仅能满足大型医院高强度、高复杂性的业务需要，也能满足小型医院基础的业务需求。系统采用分立化、模块化功能设计，扩展性强，能提供不同用户所需的所有功能集成，适合不同客户需求。

3. 无线临床信息系统

2005 年年初，邵逸夫医院建立起覆盖整个医院的无线局域网络，在医院内部的任何场所，医护人员都能与 HIS(医院信息系统)进行互访，实现了信息系统的实时移动应用，甚至无线网络覆盖范围都扩展到了医院的后勤宿舍。2005 年 10 月杭州邵逸夫医院全面实施无线临床信息系统，采用无线网络、移动计算、RFID及条码识别技术，在全国率先实现医院临床信息系统真正的数字化、移动化、条码化，医护人员可以随时随地实时获取、输入病人电子化的诊疗信息。

1）面向服务的先进设计理念

无线临床信息系统是基于面向服务的数字化医院框架的整体架构进行全面设计的。它突破了传统HIS厂商以及系统集成商在医院信息化建设中拘泥于子系统叠加、组合的设计思路，通过建设通信总线、数据总线、索引总线三个完善的基础平台，从而满足现实社会对于医院服务的要求。据此不仅实现医院内部信息数字化，而且医院与患者之间的信息交互、医院与医院之间的信息交流以及医院与社会之间的信息互连都能实现数字化。

（1）综合通信平台（通信总线）。

在医院现有局域网系统基础之上，构建在数字化医院框架下的床边服务、移动服务以及实时服务等应用的无线局域网系统，与医疗管理机构、其他医院、社区、医保以及网上患者等之间连接的广域网系统，为患者以及其他用户提供医疗预约、电话查询等各种语音服务的语音接入系统以及短信服务接入系统，从而形成数字化医院通信网络的物理基础，满足医院内部不同系统之间、不同设备之间、医院与患者之间、医院与医院之间以及医院与社会之间的信息交互。

（2）综合信息服务平台（数据总线）。

面对医院的海量数据信息和功能复杂的各个应用系统，为了满足医院现有和未来的应用需要，采用中间件技术提供综合信息服务平台，将底层的系统结构和上层的应用服务分开，提供标准化和模块化的系统接口，从而满足数字化医院所需要面对的各种个性化服务要求。

（3）信息快速检索平台（索引总线）。

利用一维和二维条码和RFID技术、标志和识别药品、设备、医护工作人员以及病人身份等信息，从而建立信息快速检索平台，通过运用MC50进行条码扫描不仅可以快速进行信息对应关系的确认，而且也可有效杜绝人工判断差错的产生。

2）无线临床信息系统整体架构

为了满足医院各种应用的需求，在医院现有局域网的基础上架构无线局域网建立信息传输的硬件平台，为系统应用前端配置无线手持终端MC50实现应用实时化和信息移动化，采用中间件技术建立面向服务的通用数据交换平台，整合医院的各个信息子系统，为医院的应用系统提供统一、标准的接口，便于现有应用系统的维护和未来系统的扩展。这不仅能直接解决医院临床医护工作对信息数据现场支持的需求，更为今后建设数字化医院打下了坚实的基础。

整个系统架构(见图 11-2)在医院原有局域网(LAN)基础之上，在数据中心配置应用服务器与 LAN 相连，提供系统应用服务；在主机房配置 Symbol WS5100 无线交换机与核心交换机连接；在 LAN 上配置 Symbol WIPS，提供系统的安全、管理服务；在楼层通道根据通道长度配置相应数量的 AP；根据 AP 数量以及连接 AP 的网线长度限制，在相应楼层配置 ES3000 供电交换机；在医护人员处配置 MC50 应用前端(EDA)设备。该系统的建设对医院原有网络并没有做任何改动，在原来网络(LAN)的基础上，实现将网络信息点延伸到了临床以及时刻移动着的医护人员身边。

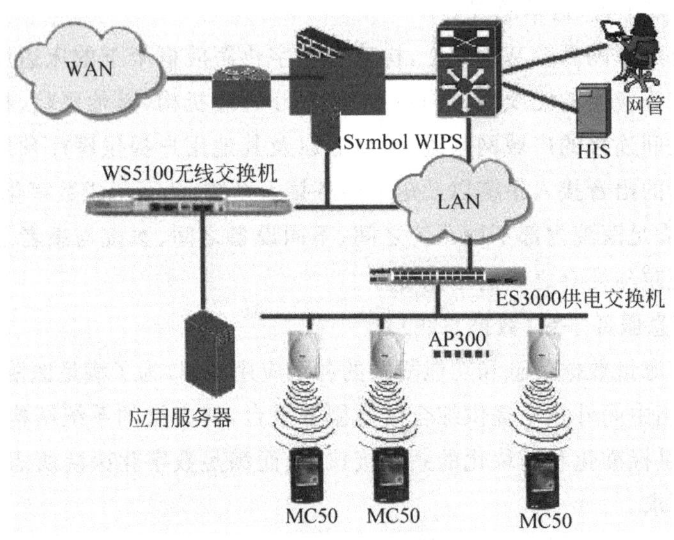

图 11-2　无线临床信息系统整体架构

无线临床信息系统是建立在医院 HIS 数据中心基础之上的整合型平台，系统以无线网络为依托，使用手持数据终端(EDA)，将医院各种信息管理系统通过无线网络与 EDA 连接，实现医护人员在病床边实时输入、查询、修改病人的基本信息、医嘱信息和生命体征等。它能快速检索病人的护理、营养、检查、化验等临床检查报告信息。通过将二维码标识技术应用于病人腕带、药品标签、生化标签和标本标签等，采用 MC50 作为手持终端设备扫描腕带等标签信息，实现快速准确地完成出入院、临床治疗、检查、手术、急救等不同情况下的病人、药品和标本等识别。

系统采用 Web Service 技术提供信息服务，前后台系统之间的交互采用 SOAP 协议。这种体系结构的好处在于各个层次非常清晰，也符合当今技术发展的趋势。

3) 无线临床信息系统优势

(1) 电子病历移动化，将电子病历从桌面应用推向移动应用。

当前国内各大医院纷纷展开电子病历系统的建设，随着医疗文书的电子化逐步加深，仅局限于桌面级的医疗文书的录入和调用方式将成为推进电子病历应用的“瓶颈”，无法解决实时电子化的医嘱执行、生命体征录入等问题，Symbol 无线临床信息系统的应用使得医护人员能随时随地访问电子病历，及时记录病人的相关信息并获得完整的诊疗信息。

(2) 加强医院管理效率和力度。

无线临床信息系统运用高效、实时、移动化的信息处理方式，实时记录医院各个环节的医疗信息、医疗和收费过程，便于医院管理者及时准确地掌握医院各项信息，从而利于管理层根据情况实时做出决策判断，完善医院的考核体系，提高了医院管理效率和管理力度。

(3) 减少医疗差错和事故。

利用一维和二维条码和 RFID 技术，标志和识别药品、生化标本、设备、医护工作人员以及病人身份等信息，通过运用 MC50 进行条码扫描不仅可以快速进行信息对应关系的确认，而且也可有效杜绝人工判断差错的产生。

(4) 减轻了医护工作人员的工作强度，提高了医护人员的工作效率。

MC50 的应用使医护人员能随时随地获得和处理病人诊疗信息，大大减轻了医护人员的工作强度以及工作压力，同时也全面提高了医护人员的各项工作效率。

(5) 优化信息存取流程。

借助条形码、RFID 和移动计算等各种成熟技术，大大减少了医护工作中海量信息录入、手工抄写等工作环节。

(6) 实现“以病人为中心”的医院管理理念。

医护工作人员通过使用 MC50，实现实时获取和处理病人的诊疗信息，确保了患者能在第一时间得到恰当的诊疗。

(7) 采用现金、适用、可靠、安全的技术优势。

无线临床信息系统在医院信息系统中是直接面向一线医护人员的，因此必须保证所选择技术的先进性、实用性、可靠性和安全性等要素。系统的整体建设采用了移动计算和EDA技术、无线局域网技术、中间件技术、条形码和RFID技术等先进技术。

4）无线临床信息系统功能

(1) 床位列表。

床位列表以列表的形式表现，简单清晰，明确列出了病人姓名、床位号、性别等病人标识信息。操作功能采用右键菜单实现，操作便捷，在EDA紧凑的设计界面上充分利用空间。

(2) 医生站。

基本信息。查询病人住院基本信息，如病历号、床号、姓名、性别、年龄、是否新病人、入科时间、临床科室、诊断、主治医生、是否病危、饮食、是否新生儿、护理级别、是否分娩、体重、身高、手术时间、过敏症状、医保类别等基本信息。

医嘱信息。查询病人(支持腕带扫描准确快速定位某病人)的医嘱信息，包括有效、停用、药物、其他医嘱信息。

报告查询。查询选中病人所做的检查报告，如化验、B超、心电图、X线、CT、ECT、骨密度、纤维支气管镜、骨髓检查、心脏超声、内窥镜、脑电图、肌电图、ENT、眼科检测、肠镜、MRI、肺功能、病理、全科检查等结果报告单。

生命体征查询。查询护士每天给病人记录的生命体征信息。

手术安排查询。查询本科或全部的手术安排，也可以按当日、次日、次日以后查询手术安排。

会诊单查询。查询本科室收到的会诊信息，以及本科室发出的会诊信息。

医嘱输入。输入和查询处方医嘱(药物医嘱)，输入手术申请、会诊申请、病人各阶段的诊断信息。

(3) 护士站。

基本信息、医嘱信息、报告查询、生命体征查询、手术安排查询等功能与医生站相同。护士站还具备以下功能。

生命体征录入。病床边录入病人当时的生命体征信息。

会诊单查询。查询本科室收到的会诊信息，以及本科室发出的会诊信息。

医嘱执行。列出选中病人当前需执行的医嘱(支持腕带扫描准确快速定位某病人显示需执行的医嘱)，单击执行按钮可执行此条医嘱。该功能实时准确的记录当前护士所做医嘱执行的情况，有效保证了用药安全。

4. 智慧医疗新系统

随着4G网络、物联网等技术的发展，邵逸夫医院不断采用新技术，提高医疗效率，优化医疗服务，降低医疗开支。针对急救调度、院前急救和远程诊疗等需求，通过4G网络建设了实时、智能、安全的双向信息通道，可满足车辆监控定位、病患信息实时查询、音视频采集/输出/传输、生理数据采集/传输/显示、病史和医嘱查询、用药条码扫描、远程医疗监护、手术专家视频会诊、预约挂号、电子检验检测单等综合服务。

1）远程医疗系统

远程医疗系统主要通过4G网络与各类图像采集系统（如各类内窥镜、手术镜等）通信，可支持远程与医疗现场进行实时音视频传输，从而实现远程诊疗、会诊、手术指导或查房。系统具有高带宽、高清晰、低时延的特点，远程接入方便，为远程医疗提供了新的发展空间。远程医疗技术已经从最初的电话远程诊断发展到利用高速网络进行数字、图像、语音的综合传输，从静止、模拟、模糊开始向移动、高清、随时随地发展。

2）救护车移动工作站

在救护车里安装移动工作站，通过无线网络与急救中心服务器进行通信，把急救相关信息传送到急救中心、医院等，实现生命体征传输、音视频传输等功能，医院可以在患者到达医院之前，了解患者的病情，提前做好接救病人的准备。如果遇到紧急情况，救护车在途中可与急救医生进行音视频通信，指导急救医生抢救，建立院前急救、院内急救之间的“绿色通道”，提高急救效率。

3）个人就医管理

通过手机应用实现浙医二院手机挂号预约（包括普通、专科、专家门诊）、检查报告查询、医疗费用查询、预约检查、科室/医生查询、医院导航、满意度调查等功能。就医者无须在医院大厅多次排队，在手机上即可完成挂号、交费、排队候诊与支付、取报告等就诊环节，大幅缩短就医时间。还可实时查看每个诊室目前正在就诊的号数，可选择任意地方候诊，省却在医院的长时间候诊之苦。据不完全统计，以往在繁忙时段，按传统就医流程，患者就医平均需要4～5个小时，而使用支付宝钱包的患者在医院的时间大概只有1～2个小时，就医时间比以往节省一半以上，为患者提供了全新的就医流程和体验，缓解了门诊挂号时间长、交费排队时间长和医院人流拥挤这些难题。

11.3 富阳市数字卫生建设案例

11.3.1 富阳市数字卫生建设背景

富阳市位于浙江省西北部，原为富阳县，1994 年撤县建市，属杭州市辖县级市，沪杭甬“金三角”交汇点，杭州的西大门，是国务院首批批准的沿海对外开放县(市)之一。富阳市辖 4 个街道、15 个镇、6 个乡。

在富阳市信息化“十一五”发展规划中明确提出了卫生信息化的规划，建立全市卫生信息管理系统。建立卫生专网，实现全市各级各类卫生机构、社区卫生服务的互联互通，与国家、省、杭州市卫生信息网络对接。建立全市公共卫生信息系统、医疗服务信息系统、医学科教信息系统、卫生电子政务系统、区域卫生信息系统。建成手段先进、反应灵敏、制度规范、队伍健全、运行高效的集信息采集、分析、预警、发布为一体的，满足对突发公共卫生事件处理要求的，服务于政府、社会、公众的卫生信息系统。在市政府提出的建设“智慧富阳”中，很重要的一项就是卫生数字信息化、智慧化，打造“健康富阳”，使每个市民都享受到健康服务。

富阳数字卫生项目总体分三期建设。

1. 一期建设

一期项目主要建设内容为依托富阳市现有农保网络、富阳市政府云计算中心的硬件环境，构建富阳市数字卫生两个数据中心；区域卫生数据中心和区域 HIS 数据中心，并完成数字卫生需求的数据交换协同平台、网站联合挂号平台、电子评测系统采集、决策分析支持平台等功能平台建设。

2. 二期建设

二期项目总体以市民卡为介质，以居民主索引为起点，以时间线为纵轴，展示全生命周期卫生事件为横轴，构建全程电子健康档案。整合区域内围绕居民主索引展开的所有卫生信息，利用综合协同集成平台及业务系统，加强公共疾控业务平台，最终实现以市民卡起点构建基于个体健康信息追溯系统及基于群体公共疾病控制业务系统。

3. 三期建设

三期项目建设在一、二期信息平台基础上，根据国家 3521 工程建设要求，以应用促发展，以实用促实效，强化杭州市市民卡应用。在区域卫生信息平台构建区域医疗机构与社区卫生机构间协同应用，公共卫生与区域卫生平台关联应用，基本公共卫生与区域卫生平台关联应用，卫生行政关联与区域卫生平台关联应用，医生与区域卫生平台关联应用，居民与区域卫生平台关联应用，以区域卫生平台为核心总线，链接整个卫生相关部门、人员、设备和资源的统一化、融合化、协同化发展。重点满足强化数字卫生建设，向智慧卫生迈进，加强安全卫生、信息惠民的服务工作。

11.3.2 富阳市数字卫生建设方案

下面介绍富阳市数字卫生项目设计方案的简要情况。

1. 总体框架

“看病难、看病贵”是最突出的社会问题之一。大医院人满为患，不堪重负，社区卫生服务机构却门可罗雀，无人问津。医患资源的结构性失衡，正是看病难题的症结所在。医疗卫生信息化的关键在于以患者(居民)为中心实现医疗信息的共享、流动与智能运用。唯有通过信息化手段，建立共享服务，在医疗卫生服务全环节中实现协同和整合，才能推动医患资源的灵活流动和结构优化，得以实现相关医改目标。富阳市数字卫生软件项目建设体现富阳市在整个区域卫生信息建设的更高层次。区域卫生建设涉及机构多、人员复杂，是一个庞大系统工程，但其核心任务就是为区域内的每个居民实现可共享、可互操作的电子健康档案(HER)直接提供给医疗临床服务，然后由个体电子健康档案衍生出服务于群体的卫生管理、疾病控制、健康服务、资源分配等等公共卫生服务。目前区域内数字化医院建设、数字化社区卫生服务中心建设、区域内协同医疗建设都是基于个体卫生服务，为建立电子健康档案服务。数字化医院、数字化社区是区域内电子健康档案的数据源泉，是一切的基础。基于个体电子健康档案的数据中心通过现代信息技术抽取、清洗、整合、BI 分析等方法，逐步形成基于大卫生管理要求、基于群体卫生服务的大卫生建设，体现了个性与共性的哲学理论依据。同时富阳数字卫生项目注重惠民应用，在区域开展预约挂号、分时段预约和先诊疗后付费的惠民措施。总体核心架构图见图 11-3。

2. 一期建设内容

1）卫生数据中心

富阳市公共卫生信息数据中心(简称数据中心)既是富阳市公共卫生信息系统的

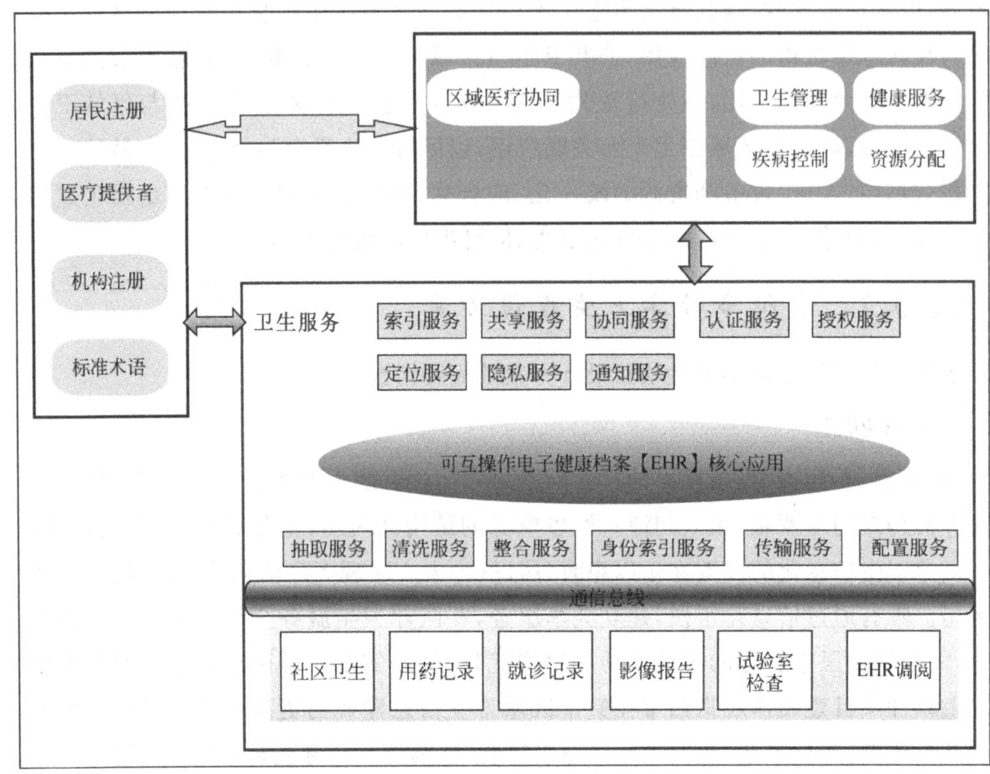

图 11-3　富阳市数字卫生建设总体框架

一个相关业务的专业数据库，同时又是全市的医疗卫生行业的数据中心。所以它既要支持富阳市的公共卫生信息系统业务，同时又要解决富阳市医疗卫生行业的数据库互联、数据分布、数据交换与共享等一系列问题，从政府职能的角度提供跨部门的数据交换、共享和统一的数据安全服务。数据中心提供包括数据交换和数据共享在内的各种数据服务，并负责制订数据标准和管理制度，指导各部门遵循统一的标准与共享数据标准，通过数据中心提供的数据服务实现医疗卫生领域内的数据交换和共享，不仅有助于部门之间的业务协同和保持共享数据的一致性，而且有助于对数据的监管挖掘，以提供给领导决策。

2）区域 HIS

应用云计算和 SAAS 架构技术，实现区域内的中小型医院业务信息化，建立一套以卫生局为管理平台，并以此为中心，通过与全市、区（县）的各个医疗机构联网，实现整个市、区(县)医疗机构统一的信息化管理。实现病人就诊的计算机管理,包括门诊挂号、门诊收费、出入院结算、药品库存管理、统计分析等功能在内的信息系统。富阳市实现20个社区服务中心医院,135个社区乡镇卫生院的HIS系统的统一中心部署和分布应用的模式。

3) 数据交换协同平台

在健康记录存储中心基础上,利用数据共享交换协同平台,初步建立健康共享目录体系。以医疗卫生服务卡或农保卡为媒介,实现全市各级医疗卫生服务单位间共享病人就诊、体检、保健、预防等方面的健康记录。市民持医疗卫生服务卡或农保卡到全市联网医疗卫生服务单位就诊时,得到授权的接诊医生都能查阅到病人的历史健康记录(体检、保健、预防、门诊处方、就诊摘要等),从而最大限度地利用已有健康(医疗)信息,降低医疗成本,减少或避免不合理检查等。初步建立富阳市健康记录共享标准规范,引导全市各级医疗卫生服务单位遵循统一的标准与共享数据标准,推进市内医疗卫生服务行业间的业务协同。

4) 网站联合挂号

网站联合挂号是数字卫生项目的扩展应用,主要是整合区域内各家医疗机构网上预约挂号平台、提供居民统一的预约挂号窗口的服务。

5) 电子测评系统

通过现场测评、电话回访等传统方式进行病人满意度考评的基础上,富阳市卫生局借鉴金融机构的做法,引入实时监控机制——服务质量电子评测系统。在医院挂号收费处、中西药房、住院部等窗口安装电子评价器,在门诊导医台设立触摸式评价系统,根据自愿原则请患者对服务进行评价。医院每月根据系统自动生成的统计报表,结合医院科室绩效管理办法及医护人员医德医风考核办法,对窗口工作人员及所在科室进行综合评价考核,并与科室的工作绩效及个人的医德医风考核挂钩。

6) 决策分析支持平台

数据中心提供各医疗卫生机构所产生的个人健康信息,通过综合分析形成有效的评价数据,为卫生行政决策提供辅助支持。决策支持功能,将针对不同等级的用户开放不同的决策数据查询权限,医疗机构用户只能查看本机构的相关数据,卫生行政部门可以查看本级的医疗机构相关数据。决策支持系统以表格化、图形化报表的直观形式,通过不同机构间的横向对比及不同历史时段的纵向对比,多角度、全方位地展现各类决策数据。

3. 二期建设内容

1）区域业务系统与数据中心的共享整合

区域业务系统与数据中心的共享整合建设主要围绕杭州市市民卡工程在医疗卫生行业的应用展开。建立以市民卡为介质，实现区域内居民主索引EMPI的进一步扩充及完善工作，将市民卡信息与区域卫生数据中心建立关联关系，运用市民卡优化医疗服务流程，优化基本公共卫生服务流程。以市民卡为介质，提供电子健康档案调阅、处理、隐私设置等功能，提供基本公共卫生服务身份识别。各医疗卫生机构（医院，社区中心等）将各自对居民医疗卫生服务的业务数据采用统一的标准汇总到数据中心，形成每个居民完整的健康档案信息，同时各医疗卫生机构又能够方便地共享查询这些资料，为居民提供医疗卫生服务。

2）基于GIS突发公共卫生应急指挥与决策分析系统

基于GIS突发公共卫生事件应急指挥中心的建设必须突出对突发公共卫生事件的预警监测、控制和指挥过程。系统的建设围绕突出全面规划、全面整合、全面协同、全面展现的特点，围绕突发公共卫生事件的控制和指挥，汇集所有相关的资源和信息。应急指挥中心则是在信息汇集和决策分析的基础上，领导通过指挥控制平台，进行命令的下达和指挥，实现对突发事件的控制、战时的会商协同等工作。

3）人事管理系统建设

建设相关标准规范，根据本市卫生行业信息化发展需要，结合项目建设范围和内容，编制相关信息资源标准规范。通过建设卫生行业人力资源信息共享主题目录和共享信息库等方式，实现信息共享和以公共服务为中心的一体化应用系统。初步建成以“静态信息”、“动态信息”、“综合信息”为特色的卫生人力资源信息共享数据库，为卫生行业管理和领导决策提供丰富的卫生人力资源统计数据和分类数据，为领导掌握卫生人力资源态势，形成覆盖全市卫生行业的人力资源信息管理体系。

4）决策分析系统二期建设

决策分析系统二期要求在基于决策分析一期建设基础上，进一步构建决策分析数据库，实时及准实时分析区域内医疗卫生状况。加强对基层社区卫生服务机构运行情况分析、基本药物制度执行状况分析。为公共卫生服务提供指导，为疾病控制和公共卫生应急提供及时的辅助决策依据和模型。

5）短信平台系统

初步建立富阳卫生局短信平台，构筑卫生局与卫生人员之间、卫生与居民之间的畅快沟通的桥梁，使提供的医疗卫生服务，实现由被动到主动的转变。

6）全科医生移动工作系统建设

全科医生移动工作系统建设主要加强医生与居民的现场管理，实现全科医生上门实时的、轨迹化管理模式，利用移动 3G 通信技术和移动终端实现现场工作。借助无线移动技术实现上门随访实时查阅和录入信息，实现移动电子健康档案，使得医生在上门诊疗，上门随访时能实时浏览居民电子健康档案。针对责任医生上门服务，实施上门服务全景图，达到医生对居民主动、实时的上门服务，居民对医生服务内容、服务态度、服务方式的满意度评估，进一步创建出和谐的医生与居民的关系。

7）疫苗冷链管理系统建设

疫苗冷链管理系统主要是进一步流程化，规范化疫苗的使用、流通和追溯。规范疫苗在接种点请领方式，建立库存台账，对疫苗的库存、去向进行全面的管理。并结合富阳市的接种儿童人数与接种类别做好疫苗统筹工作。

8）冷链实时温测试点系统建设

通过温度感应器，利用无线物联网技术实现对冷链设备温度的实时监控、实时报警、尽快处置的要求。对各基层接种点冷链系统进行有效监控，保障疫苗安全，冷链冰箱将纳入 24 小时动态监控，疫苗管理人员无须再依靠人工测试和手工登记冷链温度，时时监控并自动报警，提高工作效率。

4. 三期建设内容

1）市民卡医疗一卡通深入应用

在全市数据中心建设的基础上，实现数据中心的居民健康唯一主索引与市民卡的关联，实现以市民卡为介质的医疗服务一卡通。对于没有市民卡的人群（临时工或者外来人口），将发放临时健康卡，借助市民卡原有的机制同样享受与持有市民卡人员同等的一卡通服务。

2）社区卫生服务机构资产管理系统

当前基层社区卫生服务机构设备、固定资产、物资管理越来越多，设备的利用率，维修周期，维修费用控制等要求越来越高，但相对的信息管理手段存在一定滞后。设备的转移、调拨、借用归还、权责相对模糊等成为管理的“瓶颈”。然而手工管理，不容易作到账、卡、物一一对应，盘点难度大，耗费大量的人力物力。重塑管理理念，将固定资产管理和使用纳入区域卫生管理工作的重要位置，做到合理使用，管理完善。资产数据及时准确，能根据灵活组合的查询条件进行汇总和统计。

3）社区卫生服务机构绩效考核系统

根据实际情况制定社区卫生服务机构劳务的考核内容。从基本公共卫生、基本医疗、综合管理、满意度评价、基本药物制度等业务单元，考核社区卫生服务机构开展的卫生服务。将机构综合劳务分展现给不同层级的管理者，使管理者掌握真实情况，供管理者调控决策参考，使其成为管理调控的"杠杆"。劳务分考评不仅是卫生行政领导实施调控的杠杆，也将是行业管理者实施"全行业管理"的重要抓手。社区中心小组分别于每月组织对社区卫生服务统一进行考核，推进机构转变运行机制，确保居民获得安全、有效、方便、价廉的医疗卫生服务。

4）区域双向转诊平台

完善的社区双向转诊制度和双向转诊系统，不仅能够控制单病种住院的费用，并且可以为患者节省中间环节所耗的时间和费用。然而有关医疗机构并没有提供相关统计数据来显示社区双向转诊究竟给广大患者和给医疗机构带来了多大的经济效益和社会效益。但是，从社会效益看，"小病在社区，大病进医院，康复回社区"无疑是社区居民一种最理想的就医模式。

5）网上卫生

网上卫生是富阳数字卫生对外网络的唯一窗口，在卫生局信息中心建设富阳市居民健康管理公共服务平台，提供给居民一个医院外的医疗健康服务平台，真正体现"以病人为中心"。具体提供三大服务平台，为病人提供网上医疗咨询平台、为病人提供网上监督平台、为医院提供主动服务平台。

6）矢量地图

矢量地图对于卫生管理从文字、数据模式扩展到空间、图形化模式，可以以更直观、更简洁的方式在领导桌面展示区域卫生运营状况、卫生整体规划、卫生资源分布和卫生动态变化等应用需求。

7）区域卫生诚信监督系统

在区域开展预约挂号、分时段预约和先诊疗后付费的惠民措施时，存在不及时预约就诊的爽约问题，存在看病后未付费的问题。针对这些问题，建立区域卫生内就医诚信制度非常关键，也体现了不断深化医疗服务、方便老百姓就医的惠民理念。

诚信监督系统通过实名认证或签约等多种措施，让老百姓享受智慧医疗服务便捷的同时也必须遵守相关的规则。诚信监督系统记录区域内患者就诊时是否及时交费、是否在规定期限内缴费、预约后是否按时就医等。当患者再次在区域内医疗机构就诊时，依据区域内的实际情形建立缴费规则、预约规则进行判断，让患者缴之前的医疗服务费后进行就医，让患者进行爽约重置后再可进行预约。

8) 区域先诊疗后付费监管系统

智慧医疗为老百姓看病提供了便捷的就医体验。在区域内，政府通过智慧医疗理念，为方便全区内老百姓看病就医，解决"看病烦"问题。各医疗机构开展先诊疗后付费、边诊疗边付费等多种付费方式，解决老百姓就医过程中不断排队缴费的问题。这些智慧医疗举措深受好评。同时老百姓未付费或后付费的诊疗服务也出现对未缴纳的费用无监督、无监管的问题。

针对这一问题，区域先诊疗后付费监管系统从区域卫生整体的角度出发，帮助政府对未付费、后付费进行有效监控和管理，让政府可以通过系统知道哪些医疗机构、哪些费用未收取、哪些患者未交费，可以通过监管采取措施让老百姓及时交费。

区域卫生诚信监督的建立，让医患双方逐步建立起互动和享受智慧医疗，同时对遵守就医规则，改善就医环境起到了积极的作用。

11.3.3　富阳市数字卫生建设成效

1. 项目实施情况

截止 2014 年 10 月，富阳市数字卫生建设一、二期项目已按照设计方案完成施工及验收，目前正常平稳运行；三期项目已在建设收尾阶段。

2. 项目系统特色

富阳市数字卫生在区域卫生信息平台建设的理念和技术上积极创新，该方案有如下特色。

(1) 关注平台的可持续运行，区域信息平台系统管理的数据量及处理的交易量、存储量越来越大，人们对信息系统的依赖性也越来越大，这就要求信息系统提供高可用、高性能的服务。

该项目设计基于云计算的软硬件架构及交换技术，为数据中心海量数据处理提前作准备，避免系统运行几年后出现运转不畅。采用 MDB 实现日志异步优化技术，针对目前数据量最大的用药处方、检验结果明细、病案资料进行文档卡片预处理技术，动态数据功能可扩展技术。针对区域卫生应用已经规定了所有基础表单格式、输入方法、校验方式。

(2) 周密的隐私保护策略，避免因健康档案及诊疗信息联网后出现不必要的纠纷。

(3) 面向现代服务业的第三方业务平台。

为适应新的社会业务分工，传统医疗卫生业务也有必要进行流程和业务重组，包括引入第三方服务内容。区域卫生信息化为开发第三方服务奠定了基础，很多原来卫生单位自己完成的工作，现在可以委托第三方来实现，包括药品配送、区域检验标本转运、后勤卫生保障等。不但派生出新的服务方式，还节约了医疗成本。

(4) 与先进的物联网技术相结合。

利用物联网技术，在疫苗冷链管理、血液采集和存储、移动随访等方面，运用新技术，创新管理方法。

(5) 关注卫生信息平台的增值服务。

基于居民健康电子档案的区域卫生信息平台的中心数据库是一个史无前例的创举，其所采集的区域医疗数据内容之丰富是无法想象的。广泛的用途为下一步通过信息平台进行增值服务创造了广阔的发展空间。

(6) 建立动态健康干预管理体系。

基于卫生信息平台，社区卫生服务中心与居民建立动态健康干预管理的合约，借助于电子讯号识别、健康信息管理以及无线网络与互联网技术的高效结合及应用，为个人、家庭提供用于监测身体健康各项数据的电子健康产品、网上健康分析中心和专家服务平台，打造健康动态干预管理新概念。

3. 项目运行效果

在富阳市建立以居民健康档案为核心的区域信息共享平台作为支撑，通过区域卫生信息平台，将分散在不同机构的健康数据整合为一个逻辑完整的信息整体，满足与其相关的各种机构和人员需要。实现医疗卫生机构间的数据共享及应用，实现卫生部门和其他部门间的互联互通信息，为相关管理部门提供决策支持，为建设信息富阳，打造健康富阳奠定基础。同时，建立医务卫生人员信息平台，设定不同的角色和权限，为卫生行政管理部门提供精细化的管理需求服务。

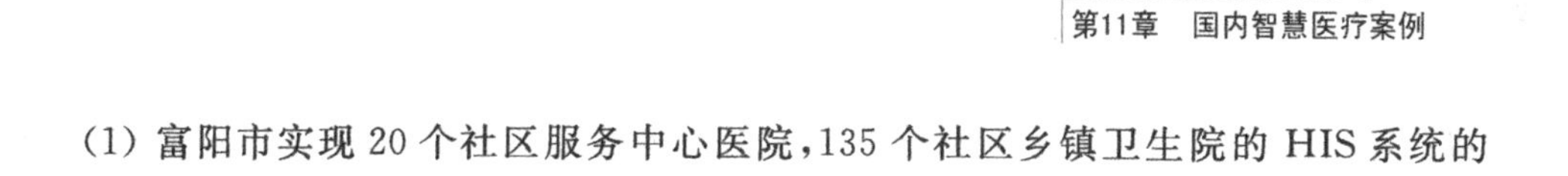

(1) 富阳市实现 20 个社区服务中心医院，135 个社区乡镇卫生院的 HIS 系统的统一中心部署和分布应用的模式。

(2) 建设和启用市民健康一卡通系统替代与扩展原医院就诊卡系统，实现在全市所有医院、社区都能一卡通行和调阅信息。深入应用可实现市民卡的小额支付与结算功能，手持终端阅读市民卡实现上门随访和诊疗的服务功能。

(3) 富阳市居民有完整的健康记录档案(从出生到死亡所有的医疗数据)，实现在各家医院、各社区卫生服务中心和服务站的调阅，还实现居民通过 Internet 网的调阅，轻松实现了医疗机构检查结果互认功能，同时为实现双向转诊提供了基本保障。

(4) 实现富阳市卫生宏观决策功能。通过疾病病种分析，进行有效的疾病干预与预防措施；通过医疗费用的监管，改善了医疗费用的浪费现象，为把富阳市建设成为"健康城市"提供了有力保障。

(5) 公共卫生管理上实现突发卫生应急资源的采集与报送、与省疾控中心数据接口、疫情分析与监控、应用预案管理、会商管理、应急决策支持、GIS 地图展示、各种查询与统计等功能；同时通过疫苗冷链管理系统与冷链实时温测试点系统，建设实现疫苗的监管与规范的安全使用。

(6) 人事管理系统建设完成。通过建设卫生行业人力资源信息共享信息库等方式，实现了信息共享和以公共服务为中心的应用系统；初步建成以"静态信息"、"动态信息"、"综合信息"为特色的卫生人力资源信息共享数据库，为卫生行业管理和领导决策提供了丰富的卫生人力资源统计数据和分类数据。主要功能包括医疗机构人力信息录入及更新、卫生人事管理人员审核、人员的流动管理、岗位变动、学历变动、职称变动等。系统提供了丰富的查询统计功能、人力花名册汇总、区域卫生人力状况分析等。它形成了覆盖全市卫生行业的人力资源信息管理体系，为领导掌握卫生人力资源态势，中高级卫生人才引进等工作提供了决策支持。

(7) 短信平台系统建设为各业务系统提供标准短信接口服务，如体检通知、健康教育、登录密码猎取、检验检查业务提醒、检验结果告知等。同时还提供短信发送、短信群发、共享及个人通信录维护等。全科医生移动工作系统建成实现通过 3G 通信技术，社区医生利用移动终端进行现场工作，实现上门随访与诊疗工作的信息化。

(8) 从 2013 年 5 月 28 日起，富阳在全市范围推行"先看病，后付费"。持市民卡的患者，只需与当地医疗系统签订一份协议书，今后在全市所有公立医疗机构就诊时，无须排队挂号，可直接预约就诊、检查、取药，只需在离开医院 48 小时内一次性付费即可。

11.4 浙二医院远程医疗会诊案例

11.4.1 浙二医院远程医疗会诊建设背景

1. 远程医疗会诊项目简介

浙江大学远程会诊发展中心(以下简称中心)是浙江大学专门从事远程医疗服务的直属部门,位于浙江大学医学院附属第二医院名医馆。中心依托浙江大学医学院下属附属医院一流的医疗水平,专门从事于浙江省大众及高端人士的健康咨询服务和医疗服务。中心拥有国内最先进的专家可视远程门诊化会诊系统,每天可实施 250 例以上患者的专家可视远程门诊化会诊,规模为国内第一。该系统的实施对浙江省大众百姓“看病难、看病贵、看病烦”的问题实实在在起到了缓解的作用。

浙二医院可视远程医疗的服务内容包括:

(1) 解决普通大众看省级专家难的问题。在当地协作医院可视远程会诊室即可与省级专家进行面对面的就医服务。

(2) 解决普通大众到省级大医院看病难、看病烦的问题。通过专家可视远程会诊,必须到省级医院就医的患者,可由远程会诊中心工作人员负责为其预约挂号。

(3) 减轻普通大众到省级医院看病费用大的问题。不用找人托关系,减少旅途、住宿等费用,只需登录浙大远程医疗网。

(4) 消除普通患者盲目到省城大医院就医的状况。通过专家可视远程会诊,患者可根据专家建议,继续留在本地医院就医或应到省级大医院就医,避免目前普通患者盲目的花费人力、物力到省级大医院就医。

现阶段,无论发达国家还是发展中国家,其医疗资源状况都存在地域性或不平衡发展。这不仅表现在医院规模和医疗设施的配置上,更主要体现在医疗专业人员资源分布的非均衡性上。远程医疗无疑为解决这一问题提供了出路。随着 IP 网络性能的提高,网络传输的带宽有了很大的提高。这为占用网络带宽资源很大的音视频流的传输提供了基础,同时这也使视频会议在远程医疗中的应用成为可能。远程医疗是当今世界上发展十分迅速的高新技术应用领域,具备良好的发展前景。它可以节约患者的时间和金钱,提高诊治效果,促进医务人员与患者以及医务人员之间的交流与合作,提高了医院的服务水平。尤其是在诊治边远地区以及疑难病患者、处理突发公共卫生事件等方面表现出明显的优越性。

2. 远程医疗会诊项目介绍

远程医疗是网络科技与医疗技术结合的产物，通常包括远程诊断、专家会诊、信息服务、在线检查和远程交流等几个主要部分。它以计算机和网络通信为基础，实现对医学资料和远程视频、音频信息的传输、存储及共享。

2005年开始，浙江大学远程会诊发展中心在国内首先从事于现代可视远程会诊项目技术的研发和推广。于2008年1月31日正式开始在浙江省试点医院进行日常运营。于2008年7月31日由浙江省卫生厅主持召开可视远程会诊项目全省联通仪式。浙江省主管省长、浙江大学主管校长及在杭的各大医院院长参加了该联通仪式。联通仪式后浙江省所有地区的基层百姓均能通过当地的医院与浙江大学医学院附属医院进行可视远程专家会诊。

2008年7月31日，浙江大学医学院附属第二医院(以下称浙二医院)覆盖全省50个县、市的远程医疗网络正式开通，全国第一个远程医疗网络投入了正式运营。自2007年下半年开始，浙二医院联合省妇保、省儿保、浙大健康等单位积极筹备全省可视远程会诊医疗网。在试点工作的基础上，于2008年1月起在全省开展建设医疗网络架构，利用社会资金为每家协作医院构建设备，开通各地基层医院与浙二医院远程会诊系统，使边远地区和海岛的疑难、危重病患者在当地医院就能享受到省级专家“面对面”的诊疗服务。据初步统计，正式开通1个月左右就会诊了各地患者600余人次，其中97%左右的病人继续留在当地医院治疗，仅3%左右病人确需转到省级医院进一步诊疗。

浙二医院的远程会诊系统是一套高清视频通信系统，覆盖了浙江省市、县级五十多家医院的庞大系统，并全部实现了高清。从国际标准定义看，高清视频的质量高达标清视频质量的10倍，真正满足了医学对于清晰和精准的需要。高清的视频质量为医生和病人提供了如同面对面的异地交流，有效地解决了过去标清视频看不清楚的问题。高清终端还可以以高清的方式传输病人的病例资料，如X光扫描片等，配合高清图像，使医生可以利用医疗数据，对病人的病症做出正确的诊断。浙二医院远程医疗会议中心视频系统结构图见图11-4。

远程医疗会诊的具体操作流程如下。

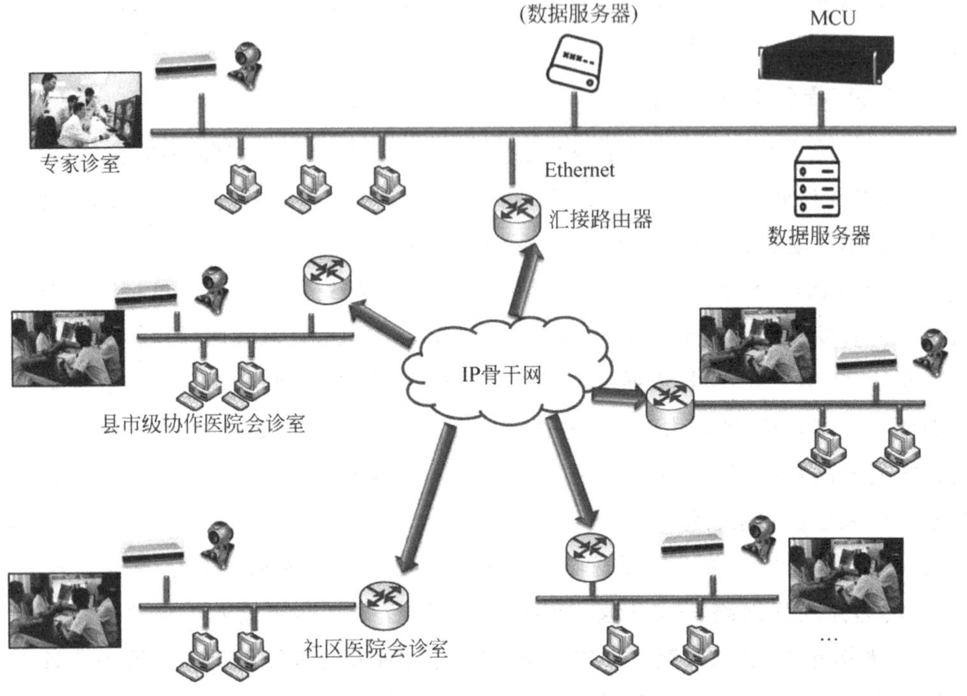

图 11-4 浙二医院远程医疗会诊中心视频系统结构

(1) 在省级以上大城市的高端医院设立可视远程会诊中心,而在县、市级基层医院设立远程会诊室。

(2) 省级以上大城市的高端医院的专家资源,通过各基层医院向大众进行介绍,让基层大众百姓均能了解高端医院各专家的门诊时间及专家医疗特长。

(3) 在进行可视远程会诊的 1 小时前,基层医院远程会诊室必须已将会诊病人的所有病历资料包括胶片和纸质病历,均通过远程医疗网络系统传送至高端医院远程会诊中心专家的计算机上,以便专家在开始会诊之前能对病况进行了解。

(4) 根据预约时间,高端医院专家在远程会诊中心通过远程医疗网络系统与位于基层医院远程会诊室的病人和主治医生进行可视远程会诊。高端医院专家提出诊疗建议,基层医院主治医生确定最终诊疗方案。

(5) 对通过可视远程会诊高端医院专家认为必须转诊至上级医院就医的病人,专家将通知远程会诊中心工作人员给予办理预约挂号、预约检查的便利服务。对急诊病人将提供绿色通道。

浙大远程会诊发展中心与浙大健康管理有限公司联合浙江大学医学院附属第二医院、浙江大学医学院附属妇产科医院、浙江大学医学院附属儿童医院合作推出浙二医院专家远程会诊中心、浙医妇院专家远程会诊中心、浙医儿院专家远程会诊中心。该专家远程会诊项目得到了国家卫生和计划生育委员会领导、浙江省政府领导的认可和支持。浙二医院是国家卫生和计划生育委员会病理远程会诊区域中心试点之一。同时得到了国际权威医疗机构的认可，目前已与美国约翰霍普金斯医学院、加州大学医学院建立了国际远程会诊合作关系，并已成立了国际远程会诊中心。浙江大学远程会诊项目首创大众化、日常化、门诊化的全新运营与服务模式，使得浙江省广大基层百姓能够在当地医院根据省级医院的专家门诊排班时间进行挂号预约，并在当地门诊远程会诊室按挂号预约时间与省级专家进行现代可视远程就医服务。若上级专家认为必须转院到省级医院就诊的，则省级医院工作人员将免费为其预约挂号，患者只需按照预约时间到省级医院领取挂号，实实在在地缓解了基层百姓到省级医院看病的困难。而对于当地医院能够解决的病人，省级医院专家通过可视远程就医服务，告诉患者继续留在当地医院就诊，并提出有关建议。

到目前为止，浙二医院已经成功实施了大量远程会诊，下面是一些可视远程会诊的实况图片，图 11-5 展示了 2008 年 2 月 4 日，大雪封道，绍兴县中医院与浙二远程会诊中心进行的第一例省内医院远程会诊。图 11-6 展示的是 2010 年 3 月 11 日，贵州省湄潭县人民医院远程会诊名医可视远程会诊系统。图 11-7 为浙二医院与美国约翰霍普金斯医院国际远程会诊实况图。

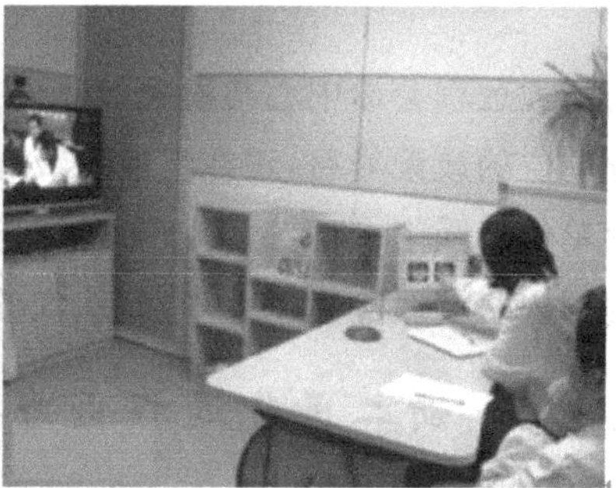

图 11-5 省内医院远程会诊——绍兴县中医院

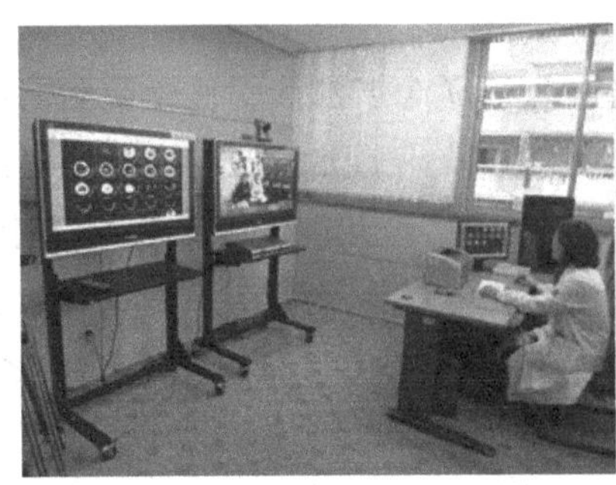

图 11-6　省外医院远程会诊——贵州省湄潭县人民医院

图 11-7　国际远程会诊——与美国约翰霍普金斯医院

2010 年 9 月 14 日正式开通了双向转诊分级诊疗系统，尝试“分诊在基层、小病在社区、大病进医院”的就诊模式。2010 年 10 月 22 日，举行了“浙江大学医学院附属第二医院——美国加州大学洛杉矶分校医学中心（UCLA）联合诊断学术中心”挂牌仪式。

目前浙大远程会诊中心与浙大健康根据国家卫生和计划生育委员会关于加强最基层医疗单位的政策号召，正在组建三级远程医疗网络系统，争取让基层百姓能够在本地医疗单位接受上一级专家的就医服务。图 11-8 为三级远程医疗网络系统拓扑图。目前国内联网医院达 120 多家，基本覆盖全省。

11.4.2　浙二医院远程医疗会诊应用特色

1. 系统完全符合国际远程医疗行业标准

(1) 远程医疗会诊系统的音频、视频、影像资料的真实度、还原度、清晰度、病理诊

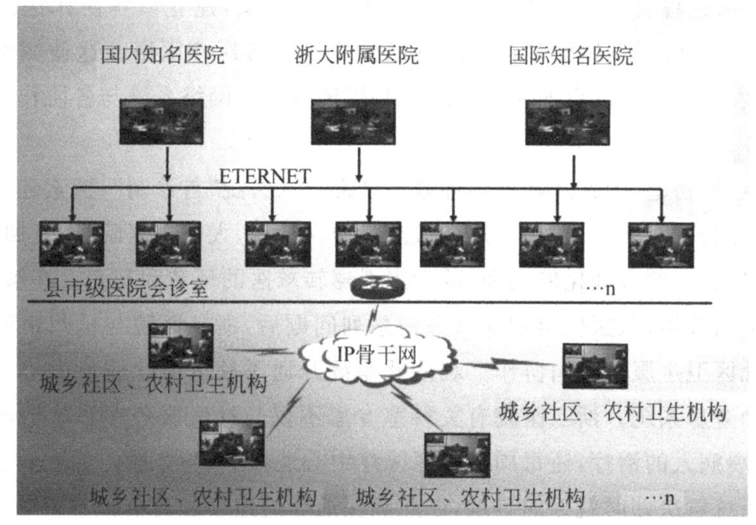

图 11-8 三级远程医疗网络系统拓扑图

断影像数据的传输技术都达到了国际远程医疗行业的最高标准。视频要求是高清图像而不是标清图像，而且还原度要求很高，因为病人的外观真实状况对专家的诊断非常重要，如果视频失真，会误导远程专家的判断。

(2) 具有远程医疗终端设备，远程听诊器等。

(3) 可实现同时多方会诊。这无疑是对位于边远地区身患疑难杂症患者的福音。

(4) 远程会诊中心的系统配备了国际远程医疗行业规定的各种标准接口，能够对各种远程医疗终端设备进行流畅对接。

(5) 具备浙江省最大的远程会诊规模，已在浙二医院、省妇产科医院、省儿童医院设立了 28 间可视远程会诊室，可以同时对 28 位病人进行会诊。

2. 首创可视远程门诊化会诊模式

根据中国现存的“百姓看病难，看专家更难”的特殊情况和国家卫生和计划生育委员会提出的高端医疗资源重心下移的方针政策，浙二医院首创了可视远程门诊化会诊的模式。只有让远程医疗大众化、日常化、门诊化，才能实实在在地解决老百姓“看病难、看病烦、看病贵”的问题。

浙二医院可视远程会诊中心的目标是将目前的五十余家协作医院的远程医疗网络作为浙江省的骨干远程医疗网。在该骨干网络运行一段时间以后，浙二医院将帮助各协作医院扩大远程会诊室规模。并以各协作医院名义，建立以各协作医院为中心的，城市社区医院、农村乡镇医院为终端网络的基层远程医疗网络。这使城市社区老年病人、广大农村百姓可以更加便利的通过基层远程医疗网络系统与各协作医院进行远程医疗服务。

自2006年年初起，国家开始提倡各城市试推社区医院"首诊制"，探索建立社区医院与附近大医院的"双向转诊"制，努力通过"小病在社区、大病进医院、康复回社区"的模式，提高医疗资源的合理化使用率，减少患者辗转求医的环节和花费。在解决了"双首付款"、医生衔接培训、医生定期随诊等一系列问题后，浙二医院与杭州市滨江区首度尝试开展社区卫生服务双向协作。利用此系统开通了社区医疗服务中心专家可视远程病房移动查房系统。浙二医院有关科室专家不仅与社区服务中心诊治医师保持联系，指导开展病人的治疗，还每周到社区医疗中心巡查房1～2次。如遇到紧急情况可以利用此系统解决即时就诊的难题，以此确保治疗的连续和安全。

3. 首家实现了远程医疗会诊网上预约挂号系统

浙江省广大百姓如需看专家找名医，只需登录浙大远程医疗网，即可了解医院、专家及其门诊排班时间，并即时通过网银或其他网上支付工具进行网上挂号、付费。会诊中心将就近安排协作医院为其提供远程会诊服务。浙二医院专家可视远程会诊中心将不断与各省级大医院联网，使更多的专家名医为更多的患者服务。

4. 系统应用拓展能力强，规划清晰

除了目前门诊化远程可视会诊，浙二医院对接下来更广泛、形式更多样的远程医疗系统也有清晰的想法和计划。例如，24小时急诊远程会诊、国际会诊、开展对基层协作医院的远程医疗继续教育、疑难病例讨论、远程健康教育等内容。由于系统具有极强的兼容性和可扩展性，这些功能将为浙二医院的患者们提供相应的服务。

11.4.3 浙二医院远程医疗会诊应用成效

浙二医院可视远程医疗会诊系统是国内第一家真正意义上的远程医疗系统。国家卫生和计划生育委员会多位领导亲临现场视察和指导，充分肯定了这种新的远程医疗模式。

浙二医院可视远程医疗会诊系统的应用，实现了多个医院之间的资源互补、各取所长、综合利用，从而充分发挥不同医院之间的专科优势，最有效地利用资源，用最便捷的方法为患者提供诊断服务。

浙二医院经常召开学术研讨会议，也经常要与其他医院进行沟通。运用本系统可以实现面对面远距离交流互动。面对新形势、新挑战，现职医生迫不及待地需求不断的充实和学习，更新医疗知识，提高自身的素质。医院领导为提高医院的医疗质量，把远程交流培训工作也列入到了日常议程之中。学术交流与培训，对浙二医院的医疗、教学、科研水平及医疗技术等方面的提高起到了积极的推动作用。

浙二医院经常参加医疗卫生部门召开的日常行政工作会议、经验交流会议等等。过去，参加会议常常会受到时间的限制和交通上的困扰，既花费了大量的时间和金钱，还得不到很好的效果。有了网络视频会议系统后，可以随时随地召开内部会议，还减少了繁杂的会议组织工作。会议精神可以直接传达到底，不必层层转达，收效甚好。

鉴于浙二医院可视远程医疗会诊系统在以上方面给浙二医院带来的效益和改变，以及该系统的长期、持续稳定的运行，受到了浙二医院领导的一致好评和认可。这套系统无论是在技术上还是在应用模式上，对于我国远程医疗行业的发展都起到了积极而深远的影响。

11.5　哈尔滨武警总医院移动医疗应用案例

11.5.1　哈尔滨武警总医院移动医疗建设背景

哈尔滨武警总医院是一家大型的现代化综合性三级甲等医院，承担着公共医疗、保健、教学和科研等公共职能，是近年来新崛起的一所集医疗、保健、教学、科研为一体的大型现代化综合性三级甲等医院。医院共设置有专业科室 88 个，拥有各类专家 200 多名，并配有总价值逾 6 亿元的各类医疗设施和设备。武警总医院也是第四军医大学、军事医学科学院等学术机构的教学医院，承担着博士后、博士、硕士的带教任务。

哈尔滨武警总医院面临如下挑战，临床医疗服务缺乏实时可用的信息，急需实现信息的无缝连接，从而提升效率。

作为一家知名大型的现代化公立医院，武警总医院应时之需建立了 HIS 基础信息平台。然而在实际工作中，由于缺少相应的终端设备，医务人员不能实时从 HIS 信息平台获得患者信息。这造成了信息平台与一线工作脱节的现象，并且这种信息管理上的空白也影响到医院在临床工作的流程管理和工作效率。

在总结医院各方面的反馈情况后，武警总医院认识到阻碍医院进一步提升医疗服务质量的症结在于缺乏实时可用的信息。例如，在查询患者基本信息时，护士需要在病房和护士工作站之间来回往返，因为只有通过护士站配备的计算机才能连接到 HIS 信息平台集中查询。虽然全院住院病区设置了 38 个护士工作站，由于病患数量的增加，还是无法满足护士的工作需要。而在临床数据检查和记录方面，仍旧采用手写记录，不但增加了护士的工作量，延长了工作时间，而且增加了转抄和录入信息系统时的错误几率。此外，医生巡诊查房时，手工记录的方式也使医生难以实时获得患者的历史体征数据，无法迅速根据病情变化作出判断。在医嘱执行的追踪方面，医务人员也很难完全确保医嘱得到正确执行，容易引起药品发放差错及医疗差错。以更精准和全面的信息化帮助医护人员应对繁忙的应诊和护理工作成为武警总医院当务之急。

11.5.2 哈尔滨武警总医院移动医疗建设思路

为了改进这一问题，武警总医院采用了摩托罗拉企业移动医疗解决方案。该解决方案不但能够实时查询、采集和传输信息，提高临床工作的准确度和效率，还能将宝贵的医疗服务人员从烦琐的流程中解放出来，提高工作效率并为患者提供更为贴心的服务。

企业移动医疗解决方案由摩托罗拉 MC50 手持式移动数据终端、无线局域网、临床移动护理信息系统和条码打印机组成，集成了先进的企业数据终端、条码自动识别、无线网络等先进产品和技术。主要应用在武警医院住院病区的 38 个护士工作站，为医院构建了一个无缝的信息空间。目前，武警总医院共部署了 128 台摩托罗拉 MC50 企业数据终端，应用于临床护理的各个环节。

摩托罗拉 MC50 是一款轻便耐用的企业级手持式移动数据终端集成了移动计算、数据采集和无线网络连接的各项功能，具有多种高级数据采集以及灵活的语言和数据通信功能，能轻松与无线局域网实现同步。其基于标准 IEEE 802.11b(WLAN)的无线连网功能，即采用安全的移动事务处理实现实时通信和决策制定，确保设备能随时随地接入网络并安全传输信息。MC50 还具有移动服务平台(MSP)，通过快速部署到移动设备、网络和应用程序并使它们持续可视化，从而降低总体拥有成本。MC50 小巧轻便，电池最长可待机一个月，非常适合以女性为主体的护士群体使用。工业化设计，坚固耐用，能抗跌落、碰撞，防尘、防液体喷溅，机身表面耐刮擦，还可直接用酒精擦拭消毒，符合医院的卫生需求，能充分应对医院各种环境的挑战。图 11-9 为企业移动无线医护系统示意图。

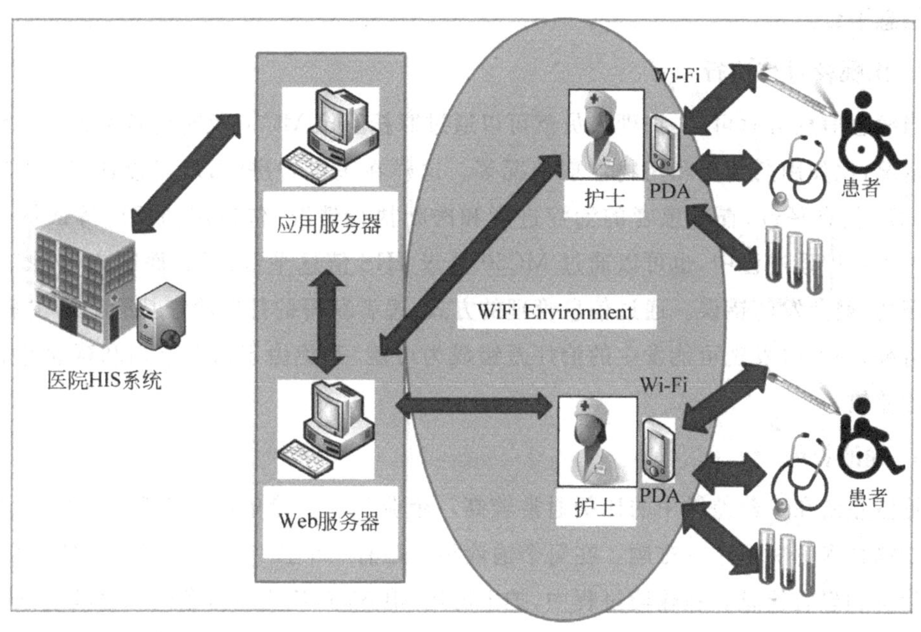

图 11-9 企业移动无线医护系统示意图

11.5.3 哈尔滨武警总医院移动医疗建设成效

通过部署和实施企业移动无线医护解决方案，武警总医院将信息化管理的便利带到了医疗护理的第一线，即医护人员手边和患者床边。企业移动无线医护解决方案应用到武警总医院后，该院医护人员可以通过 MC50 先进的信息采集功能实时获取和记录患者体征数据和其他信息。无论在医院的任何角落，都可以快速连接到 HIS 信息平台，获取或者上传患者信息，并可随时核对医嘱和药品信息，避免发药差错和医疗错误。MC50 就像一个随身护士工作站，能随时获取和上传患者信息，强大功能能运行医院信息化管理的各个程序，使医护人员的日常工作变得轻松有序，对患者的情况了如指掌，工作更方便，效率更高。其优势体现在以下几个方面。

1. 患者信息采集

企业移动医疗解决方案帮助护理人员从患者入院的第一天起就记录患者信息，包括既往病史、关键生命体征数据、用药情况、医嘱执行等。在护士查房时，不再通过纸质记录的方式，而是直接利用 MC50 强大的数据采集功能采集患者信息并及时上传到

HIS 信息平台。

2. 医嘱核对与执行

当病患信息实时可得，护理人员就可以通过摩托罗拉 MC50 及时更新患者的医嘱执行情况，比如用药情况和药物注射情况等。这样在医生查房时，就可以通过 MC50 连接 HIS 信息平台，查看患者的治疗进度和医嘱执行情况，包括用药反应等回馈信息。护士在护理过程中，也可以通过 MC50 登录 HIS 信息平台，了解医嘱内容，核对发放药物，避免发药错误。通过信息管理的方式，患者获得的任何治疗都能记录在案，信息可溯，使及时发现可能发生的治疗差错成为可能，避免由于信息空白和延误造成的医疗差错。

3. 输液管理

输液差错在发药差错中的比例通常较高。企业移动医疗解决方案利用 MC50 的条码扫描技术解决了这一难题。在每个输液袋上贴有一个独一无二的条码标签，记录药品信息和患者信息。在输液过程中，护士可用 MC50 对病人身份条码和输液袋条码进行扫描核对，确认正确的病人身份和药物后再进行安全输液，避免手写信息错误导致的输液错误，提高了输液的准确度。条码技术还能应用在床位管理和标本采样等环节，在多个环节防止医疗差错发生。

4. 护理综合信息监控

部署了企业移动医疗解决方案之后，患者的各项相关信息都实时汇集到 HIS 信息平台上，无论是挂号、缴费等管理信息，还是医生的指令信息、护理人员的操作信息都有据可查。由于患者接受治疗的各个步骤都记录在案，方便了综合性医院各个科室之间对信息的共享和相互参照。企业移动医疗解决方案将患者的综合信息进行有效管理，如同为每个患者都配备了个人化的贴身数据专家。对比以往的护理管理方式，信息化管理使患者能够得到更全面的照顾，在感受医院工作流程快捷之余，也感觉更受医护人员重视和体贴，有效提高了患者的满意度。

5. 无纸化办公

信息化的另一个好处是“无纸化办公”。传统的护理流程是通过纸质办公来完成的，医护人员在巡房时，要带着厚厚的医疗记录，逐人逐项查对，并且不断增加信息。患者出院时，这些信息的保留也是一个难题。通过企业移动无线医疗解决方案，信息的载体不再是纸张，而是直接上传到信息平台进行管理。这样不但减少了由于手工记录而可能产生的差错，也大大增加了保留患者信息的空间，避免出现后续的医疗纠纷发生时难以核对的情况。通过无纸化办公和信息化管理，医护人员平均每天减少数小时的书面工作时间，这些时间被用来照顾患者。实地工作时间和医疗服务的增加，大大提高了患者的满意度。另外，各项护理文书还能表格化记录和自动生成，通过发送到打印设备，可以随时打印，方便快捷。此外，该项目加强了护理电子排班系统和护理网络管理信息通道的建设，受到院方的一致好评。

武警总医院在部署了企业移动无线医护解决方案之后，在临床信息采集、医嘱执行和用药管理方面达到了精确的程度，有力保障了患者的医疗安全。无纸化办公优化和简化了临床护理操作流程，减少反复抄写和绘制，节约了医护人员的宝贵时间，同时保障了数据准确和安全。对于医院本身的管理来说，不但护理流程更加清晰，各个科室之间的沟通更加顺畅，而且对于护理人员的实时定位与绩效考评，也有了切实可靠的依据。武警总医院临床护理的效率、准确度、患者满意度都得到显著提高。

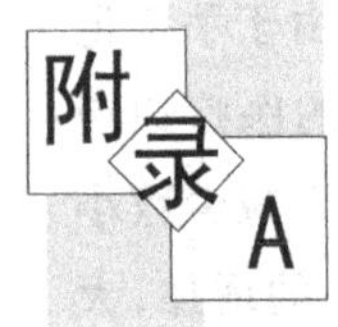

附录A 智慧医疗技术标准举例

标准是软件行业发展的制高点，它对行业内相关规则的实行方式和实施效果产生着巨大的影响，同时也是促进科研成果向生产力转化的关键因素。对软件业，尤其是对处于探索、培育期的国产软件来说，制定一系列成熟、完善的技术标准，是引导行业及市场向着可持续、规范化的轨道发展的最佳途径。

我国智慧医疗建设整体上处于起步阶段，不少城市对于城市当前状态和未来智慧医疗建设目标缺乏科学、全面的认识，导致许多城市在规划和建设中缺乏依据，存在盲目投资建设的情况。智慧医疗标准体系缺失是我国各地在智慧医疗建设推进中遇到的核心问题之一。我国多个标准化相关机构或协会已开展了智慧医疗的标准体系框架的研究和部分标准的研制工作，涉及信息技术、通信技术以及相关行业或领域。国家层面开展智慧医疗标准研究的以全国性的标准化技术委员会为代表。此外，地方层面也有部分省市开展了智慧医疗标准研究，比如浙江省、上海市、南京市、宁波市等地方已将智慧医疗标准工作纳入工作任务，并成立了地方标准化组织，并开展了智慧医疗评价指标体系、体系结构、信息资源目录和交换等标准规范的研究。

智慧医疗的标准化工作不是从零开始的，是在很多信息技术标准、城市建设标准、信息化应用标准等基础上，开展推动的城市信息化建设的更高级阶段。为此，对于智慧医疗的标准化工作，要从多个角度去考虑和分析。当前，对于智慧医疗标准化工作主要分为三大类。第一类为需要遵循的现有标准；第二类为针对智慧医疗建设所需要重点研制的新标准；第三类为根据智慧医疗不同场景需求，需要制定的标准实施指南。

智慧医疗的建设分四大类：基础设施类、医疗服务类、健康服务类、公共卫生类。本文分别列举四大类中的标准，以供读者参考。

A.1 基础设施类

基础设施类标准国内外发展都很成熟，各个方面的标准已经很系统、很详细。

1. 电信网相关标准

电信网相关标准如表 A-1 所示。

表 A-1 电信网相关标准

序号	标准号	标 准 名 称	实施日期
1	GB 19286-2003	电信网络设备的电磁兼容性要求及测量方法	2004-05-01
2	BS DD IEC PAS 62255-1-2001	高比特率数字接入电信网络用多对电缆、户外电缆	2002-05-01
3	EN 50406-1-2004	高比特率电信网络用终端用户多组电缆. 第 1 部分：架空电缆	2005-02-01
4	EN 50406-2-2004	高比特率电信网络用终端用户多组电缆. 第 2 部分：管道电缆和地下电缆	2005-02-01
5	EN 50407-1-2004	高比特率数字存取电信网络用多组电缆. 第 1 部分：室外电缆	2005-02-01
6	DIN V VDE V 0825-11-2007	监督系统. 单人用无线电人员保护系统. 第 11 部分：使用公用电信网的产品和试验要求	2007-12-01
7	DINEN 41003-1999	电信网连接用设备的特殊要求	1999-08-01
8	DINETS 300240-1993	私人电信网(PTN). S 基准点的信号传送. 附加服务控制的总特性密钥管理协议	1993-12-01
9	DINEN 300247-2002	通路和终端(AT). 2048kbp/s 数字非结构化租用专线(D2048U). 连接特性	2003-02-01
10	DINETS 300346-1998	综合服务数字网络(ISDN). 7 号信号发送系统. 信息传送件(MTP)的协议检验装置(MT)	1998-07-01
11	DINEN 300403-7-2000	综合业务数字网(ISDN). 数字用户信令系统 No. 1 (DSS1)协议. 线路模式基础呼叫控制的信令网络层. 第 7 部分	2001-02-01
12	BSISO/IEC 8473-5-1997	信息技术. 提供无连接模式网络服务协议. 由综合业务数字网(ISDN)线路交换 B 信道基本服务规定	1997-12-15
13	DINETS 300403-4-1997	综合服务数字网络(ISDN). 连接线路用 1 号数字信号发送法(DSS1). 控制导线中继连接的基本流程用 3 号层信号发送. 第 4 部分：终端设备用检验顺序结构和检验目的(TSS&TP)	1997-11-01

续表

序号	标准号	标准名称	实施日期
14	DINEN 300418-2002	通路和终端(AT).2048kbit/s数字非结构化和结构化租用专线(D2048U和D2048S).网络接口表示	2002-05-01
15	DINETS 300437-2-1997	宽带综合服务数字网络(ISDN).用户-网络接口(UNI)上支持信号发送的服务特殊匹配功能.第2部分:协议实施一致性说明的表格(PICS)	1997-04-01
16	DINETS 300438-1-1996	宽带综合服务数字网(B-ISDN).信令ATM-适配层(SAAL).支持网络节点接口(NNI)上信号发送用服务特定适配功能(SSCF).第1部分:网络节点接口功能规范	1996-07-01

2. 互联网相关标准

互联网相关标准如表A-2所示。

表A-2 互联网相关标准

序号	标准号	标准名称	实施日期
1	SZDB/Z 39-2011	移动互联网设备通用技术条件	2011-07-01
2	SZDB/Z 68-2012	移动互联网设备检验规范	2012-12-01
3	DB46/T 241-2013	农产品(香蕉、辣椒)互联网交易规范	2013-03-01
4	DINEN 60870-5-102-1997	遥控设备和系统,第5部分:传输协议,第102节:供电系统集成总量传输用相关的标准	1998-02-01
5	DIN IEC 62455-2008	网际协议(IP)和基于服务访问的传输流(TS)	2008-02-01
6	DIN EN 383001-2006	电信和互联网融合业务及高级网络协议(TISPAN),在会话发起协议(SIP)和与承载无关的呼叫控制(BICC)规范或ISDN用户部分(ISUP)之间的交互作用	2006-11-01
7	GA 557.1-2005	互联网上网服务营业场所信息安全管理代码第1部分:营业场所代码	2006-01-01
8	GA 557.10-2005	互联网上网服务营业场所信息安全管理代码第10部分:接入服务商代码	2006-01-01
9	GA 557.11-2005	互联网上网服务营业场所信息安全管理代码第11部分:营业场所运行状态代码	2006-01-01
10	GA 557.12-2005	互联网上网服务营业场所信息安全管理代码第12部分:审计规则代码	2006-01-01

续表

序号	标准号	标准名称	实施日期
11	GA 557.3-2005	互联网上网服务营业场所信息安全管理代码第 3 部分：审计级别代码	2006-01-01
12	GA 557.4-2005	互联网上网服务营业场所信息安全管理代码第 4 部分：营业场所处罚结果代码	2006-01-01
13	GA 557.5-2005	互联网上网服务营业场所信息安全管理代码第 5 部分：服务类型代码	2006-01-01
14	GA 557.6-2005	互联网上网服务营业场所信息安全管理代码第 6 部分：营业场所接入方式代码	2006-01-01
15	GA 557.7-2005	互联网上网服务营业场所信息安全管理代码第 7 部分：管理端代码	2006-01-01
16	GA 558.3-2005	互联网上网服务营业场所信息安全管理系统数据交换格式第 3 部分：营业场所信息基本数据交换格式	2006-01-01

3. 广播电视网相关标准

广播电视网相关标准如表 A-3 所示。

表 A-3　广播电视网相关标准

序号	标准号	标准名称	实施日期
1	GY/T 259-2012	下一代广播电视网(NGB)视频点播系统元数据规范	2012-07-13
2	GY/T 267-2012	下一代广播电视网(NGB)终端中间件技术规范	2012-10-15
3	GY/T 5074-2005	有线广播电视网络管理中心建设标准	2006-02-01
4	GY 5075-2005	城市有线广播电视网络设计规范	2006-02-01
5	GY 5082-2010	有线广播电视网络管理中心设计规范(附条文说明)	2010-03-01
6	GY/T 258-2012	下一代广播电视网(NGB)视频点播系统技术规范	2012-07-13

4. 无线网相关标准

无线网相关标准如表 A-4 所示。

表 A-4 无线网相关标准

序号	标准号	标 准 名 称	实施日期
1	BS EN ISP 10609-11-1995	信息技术. 国际标准化轮廓 TB、TC、TD 和 TE. 连接方式网络服务上的连接方式传送服务. 与 CSMA/CD 子网相关以及与媒体相关的要求	1995-07-15
2	BS EN ISP 10612-2-1995	信息技术. 国际标准化轮廓 RD. 使用透明桥接转接 MAC 服务. 与 CSMA/CD LAN 子网有关且与媒体有关的要求	1995-07-15
3	BS EN ISP 10612-4-1995	信息技术. 国际标准化轮廓 RD. 使用透明桥接的中继 MAC 服务. 轮廓 RD51. 51(CSMA/CD LAN-CSMA/CD LAN)	1995-07-15
4	BS EN ISP 10612-5-1995	信息技术. 国际标准化轮廓 RD. 使用透明桥接转接 MAC 服务. 轮廓 RD51. 54(CSMA/CD LAN-FDDI LAN)	1995-10-15
5	BS EN ISP 10612-7-1995	信息技术. 国际标准化轮廓 RD. 使用透明桥接的中继 MAC 服务. 轮廓 RD51. 53(CSMA/CD LAN-权标环 LAN)	1995-10-15
6	BS EN ISP 10613-8-1995	信息技术. 国际标准化轮廓 RA. 转接无连接方的网络服务. 第 8 部分: RA51. 1111 轮廓的定义. 用租用的 PSTNs 线路固定访问的虚拟呼叫转接 CSMA/CD 子网与 PSDNS 间的无连接方式的网络服务	1995-01-15
7	BS EN ISP 10613-9-1995	信息技术. 国际标准化轮廓 RA. 转接无连接方式的网络服务. 第 9 部分: RA51. 1121 轮廓的定义. 数字数据电路/CSDN 租用的线路固定访问的虚拟呼叫转接 CSMA/CD LAN 子网与 PSDNs 间的无连接方式的网络服务	1995-01-15
8	BS ISO/IEC 14709-1-1997	信息技术. 顾客房屋电缆应用布局. 综合服务数字网络(ISDN)基本通路	1997-11-15
9	BS EN 60864-2-1997	广播发射机或发射机系统和监督设备之间互连的标准化. 第 2 部分: 使用数据总线互连的接口标准	1997-10-15
10	BS EN 61334-4-512-2002	使用配电线路载体系统的配电自动化. 数据通信协议. 使用 61334-5-1 概要的系统管理. 管理信息基础	2002-04-19
11	EN 50083-7-1996	电视信号,声音信号和交互作用信号的有线网络. 第 7 部分: 系统试验	1996-09-01
12	EN 50090-5-2-2004	家用和建筑物用电子系统(HBES). 第 5-2 部分: 介质和介质相关层. 基于 HBES1 类的双扭线网络	2004-12-01

续表

序号	标准号	标准名称	实施日期
13	DINISO 14315-1998	工业用金属线网格.技术要求和检验	1998-12-01
14	DINEN 50170/A1-2002	通用现场通信系统.修改 A1	2002-11-01
15	DINETS 300685-1997	宽带综合服务数字网络(B-ISDN).在连接线路用2号数字信号发送法(DSS2)和7号信号发送系统的B-ISDN用户部分(B-ISUP)中使用删除原因和位置说明	1997-11-01
16	DINEN 301164-2000	传输和多路复用(TM).同步数字体系(SDH).SDH租用线路.连接特性	2000-05-01

A.2 医疗服务类

医疗服务处于起步阶段，许多相关标准都很缺乏，已有的标准也很不全，有待完善。

1. 智慧医院相关标准

智慧医院相关标准如表 A-5 所示。

表 A-5 智慧医院相关标准

序号	标准号	标准名称	实施日期
1	AS/NZS 4233.2-2013	高压水(水疗医院)喷射装置第2部分：结构和性能	2013-07-01
2	AS/NZS 4233.1-2013	高压水(水疗医院)喷射装置第1部分：安全操作和维护指南	2013-07-01
3	ASTMF 1101-1990	麻醉时用通风机标准规范	1990-04-04
4	ASTME 1299-1996	人体温度断续测量用可重新使用的相变换型体温计	1996-05-10
5	ASTMF 1616-1995	在大量的或延误的或延长的运输环境下应荟器基本规程执行范围的标准导则	1995-08-15
6	BS 2588-1-1992	卫生保健机构用便携式便盆.第1部分：可重复使用的卧床用便盆规范	1992-02-28
7	BS 2838-2-1991	诊察和一般处理床.第2部分：高度可调床规范	1991-04-30
8	BS 7068-1989	交变压力气垫规范	1989-06-30

2. 远程医疗相关标准

远程医疗相关标准如表 A-6 所示。

表 A-6　远程医疗相关标准

序号	标准号	标准名称	实施日期
1	ASMP 120-2012	远程医疗：远程病人监控(讨论文件)	2012-04-01
2	ASMP 54-2012	远程医疗设备标准环境调查	2012-05-01

A.3　健康服务类

健康服务的相关标准也很成熟,条目很清晰。

1. 智慧健康相关标准

智慧健康相关标准如表 A-7 所示。

表 A-7　智慧健康相关标准

序号	标准号	标准名称	实施日期
1	ASISO 27799-2011	健康信息安全管理	2011-07-01
2	ASATSISO 14265-2013	健康信息——个人健康信息处理的用途和分类	2013-04-01
3	AS 4700.6-2013	国际健康照护标准(HL7)2.5 版本采用第 6 部分：转诊、出院和健康记录信息	2013-03-01
4	AS 4700.2-2012	健康水平七实施(HL7)2.4 版第 2 部分：病理和影像诊断(诊断)	
5	AS 2828.2 (Int)-2012	健康记录——第 2 部分：数字化(扫描)健康记录系统要求	
6	AS 2828.1-2012	健康记录——第 1 部分：纸质健康记录	
7	AS 21667-2012	健康指标的概念框架	
8	SA HB 137-2013	电子健康系统互操作框架	
9	SA HB 138-2013	电子健康系统架构原则	
10	ASTM E 1902-2002	口授、录音和录制的医疗记录的机密性和安全性的管理标准规范	2002-06-10
11	ASTM E 2017-1999	健康信息修订的标准指南	1999-05-10
12	ASTM E 2202-2002	评定对健康危害用设备发出连续不断噪音测量的标准实施规程	2002-04-10

续表

序号	标准号	标 准 名 称	实施日期
13	BSDDENV 12435-2000	医用信息.健康科学评估结果表达式	
14	CECS 179-2009	健康住宅建设技术规程	2009-12-01
15	EN 1068-2005	健康信息学.编码系统的注册	2005-06-15

2. 智慧养老相关标准

智慧养老相关标准如表 A-8 所示。

表 A-8 智慧养老相关标准

序号	标准号	标 准 名 称	实施日期
1	GB/T 29353-2012	养老机构基本规范	2013-05-01
2	DB11/T 148-2008	养老服务机构服务质量规范	2008-07-01
3	DB11/T 220-2004	养老服务机构医务室服务质量控制规范	2004-06-01
4	DB11/T 304-2005	养老服务机构标准体系技术标准、管理标准和工作标准	2005-08-01
5	DB41/T 595-2009	养老护理员等级规定及服务规范	2009-11-23
6	DB13/T 1185-2010	养老服务机构服务质量规范	2010-02-23
7	DB11/T 303-2005	养老服务机构标准体系要求、评价与改进	2005-08-01
8	DB13/T 1194-2010	医院、养老院、福利院、幼儿园消防安全“四个能力”建设指南	2010-03-26
9	SB/T 10944-2012	居家养老服务规范	2013-09-01
10	MZ/T 032-2012	养老机构安全管理	2012-04-01
11	GZB 71-2002	养老护理员(试行)	2002-02-11
12	PAS 1055-2006	养老保险客户年度报告的要求	2006-01-01
13	DIN VDE 0834-2-2000	医院.疗养院和类似场所中的呼叫系统.第 2 部分:环境条件和电磁兼容性	
14	DIN VDE 0834-1-2000	医院.疗养院和类似场所中的呼叫系统.第 1 部分:设备的安全、安装和操作	
15	DGJ 08-82-2000	养老设施建筑设计标准	2000-03-15

A.4 公共卫生类

公共卫生的相关标准也有很多,各个国家都很重视公共卫生,因此标准很完善。

1. 智慧卫生应急的相关标准

智慧卫生应急的相关标准如表 A-9 所示。

表 A-9　智慧卫生应急相关标准

序号	标准号	标 准 名 称	实施日期
1	ASTMF 1220-1995	应急医疗服务系统(EMSS)远程通信	1995-10-10
2	ASTMF 1224-1989	提供急救医疗服务系统评定用标准指南	1989-07-07
3	ASTMF 1258-1995	应急医疗调度	1995-10-10
4	ASTMF 1339-1992	急救医疗服务系统的组织和运作	1992-03-15
5	ASTMF 1493-1993	医疗传输系统的财政和财务会计责任标准导则	1993-09-15
6	ASTMF 1652-1995	为住院前应急医疗机构提前提供所需主要数据的标准指南	1995-10-10
7	BSEN 794-3-1999	肺呼吸器紧急情况和移动通风器的特殊要求	1999-01-15

2. 疾病防控管理相关标准

疾病防控管理相关标准如表 A-10 所示。

表 A-10　疾病防控管理相关标准

序号	标准号	标 准 名 称	实施日期
1	WS 372.10-2012	疾病管理基本数据集 第 10 部分：传染病报告	2012-12-01
2	WS 372.11-2012	疾病管理基本数据集 第 11 部分：结核病报告	2012-12-01
3	WS 372.12-2012	疾病管理基本数据集 第 12 部分：预防接种	2012-12-01
4	WS 372.2-2012	疾病管理基本数据集 第 2 部分：高血压患者健康管理	2012-09-01
5	WS 372.3-2012	疾病管理基本数据集 第 3 部分：重性精神疾病患者管理	2012-09-01
6	WS 372.4-2012	疾病管理基本数据集 第 4 部分：老年人健康管理	2012-09-01
7	WS 372.5-2012	疾病管理基本数据集 第 5 部分：2 型糖尿病患者健康管理	2012-09-01
8	WS 372.6-2012	疾病管理基本数据集 第 6 部分：肿瘤病例管理	2012-12-01
9	WS 372.1-2012	疾病管理基本数据集 第 1 部分：乙肝患者管理	2012-09-01

[1] 吴越，裘加林，程韧等. 智慧医疗[M]. 北京：清华大学出版社，2011.

[2] 王辉，吴越，章建强等. 智慧城市[M]. 北京：清华大学出版社，2012.

[3] A Fuggetta, G P Picco, G Vigna. Understanding Code Mobility[J]. IEEE Transactions on Software Engineering, 1998, 24(5).

[4] CNNIC：CNNIC 发布第 34 次《中国互联网络发展状况统计报告》. http://www.cnnic.net.cn/gywm/xwzx/rdxw/2014/201407/t20140721_47439.htm，2014-07-21.

[5] F Hohl, J Baumann, M Straßer. Beyond Java: Merging Corba-based Mobile Agents and WWW[A]. Position Paper for the Joint W3COMG Workshop on Distributed Objects and Mobile Code[C]. 1996.

[6] F Hohl. An Approach to Solve the Problem of Malicious Hosts in Mobile Agent Systems[R], 1997.

[7] Gartner：2014 技术成熟度曲线，大数据去哪儿？[DB/OL]. http://mp.weixin.qq.com/s?__biz=MjM5MzA4NTc2MA==&mid=208230337&idx=1&sn=fb2412bc26749701206990 6122be0c83&scene=1#rd，2014-08-21.

[8] Gartner：2014 年十大战略性技术趋势[DB/OL]. http://yjy.people.com.cn/n/2013/1104/c245081-23423411.html，2013-11-04.

[9] Gartner：2015 十大战略性 IT 趋势[DB/OL]. http://mp.weixin.qq.com/s?__biz=MTY3NzIwMTc2MQ==&mid=200850473&idx=2&sn=3fc20e1899dbd2b64d2fcb6b62b538d9&scene=1#rd，2014-10-11.

[10] IDC：中国智慧医疗 30 个城市的评价和推荐[DB/OL]. http://cio.zdnet.com.cn/cio/2014/0605/3022791.shtml，2014-06-05.

[11] J Baumann, F Hohl, N Radouniklis, at al. Communication Concepts for Mobile Agent Systems[A]. K Rothermel, R Popescu-Zeletin. Mobile Agents: 1st International Workshop MA '97[C]. Springer, 1997. 123～135.

[12] J Baumann. Mole Alpha 1.0 Documentation[R]. Germany: Univ. of Stuttgart, 1996.

[13] M Straßer, J Baumann, F Hohl. Mole—A Java Based Mobile Agent System[A]. Workshop Reader of the 10th European Conf. on Object-Oriented Programming ECOOP '96[C]. 1996.

327-334.

[14] VitoAmato(U. S)著.韩江,马刚,译 Cisco Systems Networking Acad-emy: First-Year Companion Guide 思科网络技术学院教程[M].北京:人民邮电出版社,2000:30-33.

[15] 人口老龄化加速电子病历发展 条码技术支撑高品质医疗保健服务[DB/OL]. http://www.iot-online.com/yiliao/2013/022723716.html,2013-02-27.

[16] 陈骞.全球移动医疗发展现状与趋势[J].上海信息化,2013,(2).

[17] 陈秋晓,张莹,姚志刚,姜忠.智慧医院建设存在的问题与建议[J].医院管理论坛,2013,(3).

[18] 崔婧.智慧医疗的天津答卷[J].中国经济和信息化,2012,4(26):75-78.

[19] 麦肯锡:未来十大科技多项与医疗卫生相关[DB/OL]. http://www.eeworld.com.cn/medical_electronics/2013/0603/article_3754.html,2013-06-03.

[20] 我国移动医疗市场规模有望突破百亿 13 股抢先机[DB/OL]. http://sc.stock.cnfol.com/gppdgdzx/20140915/18975752.shtml,2014-09-15.

[21] 郭庆靖.运营商剑指医疗信息化[N].北京:人民邮电报,2011-10-12.

[22] 国家发展改革委、卫生计生委关于组织开展省院合作远程医疗政策试点工作的通知[EB/OL]. http://www.sdpc.gov.cn/zcfb/zcfbtz/201403/t20140324_604011.html,2014-03-11.

[23] 国务院:关于印发卫生事业发展"十二五"规划的通知[EB/OL]. http://www.gov.cn/zwgk/2012-10/19/content_2246908.htm,2012-10-08.

[24] 杭州网:"诊间付费"的模式将在全省医院推广[DB/OL]. http://hznews.hangzhou.com.cn/kejiao/content/2013-10/17/content_4930674.htm,2013-10-17.

[25] 何鹏飞,蒋振国.远程医疗会诊系统应用的效果分析[J].中国病案,2014,(1).

[26] 浙大邵逸夫医院:医改背后的信息化之手[DB/OL]. http://www.cioage.com/art/200709/53293.htm,2014-09-29.

[27] 环球医疗资源:远程医疗系统的国内外发展概况与发展前景[DB/OL]. http://www.medicalso.com.cn/news/detail-6401.html,2014-01-15.

[28] 姬晓波,曾凡,张敏.物联网技术及其在医疗系统中的应用[J].医疗卫生装备,2010,(12).

[29] 贾雪琴,包建军,李建功.物联网在智能心电监护上的应用[J].信息通信技术,2010,(4).

[30] 李包罗,影响我国医院信息系统快速、持续发展的困难与屏障[J].中国卫生信息杂志,www.chis.com.cn,2006(12).

[31] 李海阳."智慧医疗"践行中国新医改[J].中国数字医学,2010,5(6):83-84.

[32] 李建功,赵文东,王宁等.移动医疗终端呈现四大发展趋势[J].通信世界,2011,(30):19.

[33] 李建功.物联网环境下移动终端的发展趋势思考[J].信息通信技术,2011,(5):75~78.

[34] 李霞,吴艳艳,唐源.远程医疗服务对促进新型社区医疗体系建设的意义[J].计算机光盘软件与应用,2014,(2).

[35] 林敏,乔自知.移动医疗的需求与发展思考[J].移动通信,2010,3(6):31-35.

[36] 刘帆.医院信息化有五大趋势.北大人民医院[DB/OL]. http://www.baobaoguahao.com/news/230.html,2013-07-01.

[37] 刘林森.进入医疗物联网时代[J].数字医疗,2010,(12):49~50.

[38] 柳纯录. 系统集成项目管理工程师教程[M]. 北京：清华大学出版社，2009：1.

[39] 马骏，廖生武，李林等. 综合医院远程医疗服务对促进社区医疗服务改革的实践与探索[J]. 中国数字医学，2013，(10).

[40] 马诗琦. 在无线传感网络环境下的移动 RFID 中间件研究与实现. 上海：上海交通大学，2011.

[41] 美国的"智能医疗"蓝图，上海经济信息网[DB/OL]. http://www.e-info.com.cn:8080/sheinet/2_7.jsp?artid=675.

[42] 闵婕，看病挂号都可以用支付宝，春城晚报[J/OL]. http://ccwb.yunnan.cn/html/2014-07/22/content_859893.htm，2014-07-22.

[43] 宁波市区各大医院门诊将能全面实现"诊间结算"[DB/OL]. http://news.cnnb.com.cn/system/2013/04/04/007680785.shtml，2013-04-04.

[44] 潘媛媛. 物联网技术在医疗护理系统中的应用[J]. 实用医院临床杂志，2011，8(2)：196-198.

[45] 任连仲. 如何选择医院信息管理软件[J]. 中华医院管理杂志，1999，15(1)：60-61.

[46] 萨师煊，王珊. 数据库系统概论(2 版)[M]. 北京：高等教育出版社，1991：285.

[47] 邵海林. 医院信息系统的开发与应用[J]. 解放军医院管理杂志，2001，8(5)：386-387.

[48] 邵逸夫医院 CIO：探索电子病历落地标准[DB/OL]. http://www.hc3i.cn/art/201011/8178.htm，2010-11-11.

[49] 邵逸夫医院支付宝钱包服务窗正式上线，"未来医院"首次落地省内[DB/OL]. http://www.srrsh.com/html/main/yydtView/39800.html，2014-07-30.

[50] 数游数字标牌：医院分诊导医系统[DB/OL]. http://ds.sangame.com/dsis-fzdy.html.

[51] 宋莉莉，郭雪清，王森，王光华. 基于无线网络的远程医疗监护平台应用研究[J]. 华南国防医学杂志，2013，(6).

[52] 苏晔，冯石岗. 关于智慧城市标准体系的层级架构研究[J]. 中国管理信息化，2014，(7).

[53] 国家卫生和计划生育委员会、国家中医药管理局关于印发《电子病历基本架构与数据标准(试行)》的通知[EB/OL]. http://www.moh.gov.cn/mohbgt/s6718/200912/45414.shtml，2009-12-31.

[54] 国家卫生和计划生育委员会办公厅：关于印发 2010 年远程会诊系统建设项目技术方案的通知[EB/OL]. http://wenku.baidu.com/link?url=7ddsWZBbA2Lp6WNMC5M_ETiO3-8tTe2FcT3Dms5O-lk0LrA7gEXHyCaIVosV6p-_kLX7yemWM-6q01m3J6ZTSpKR8IUq2T0-5Q6ZPh_buUhG，2011-01.

[55] 国家卫生和计划生育委员会办公厅关于印发《电子病历系统功能应用水平分级评价方法及标准(试行)》的通知[EB/OL]. http://law.baidu.com/pages/chinalawinfo/16/92/7ea8f49f74fbec5990b0a343f71e50b2_0.html，2011-10-24.

[56] 国家卫生和计划生育委员会信息化工作领导小组：基于健康档案的区域卫生信息平台建设指南(试行)[EB/OL]. http://www.moh.gov.cn/mohbgt/s6718/200912/45413.shtml，2009-12-25.

[57] 医疗保健网：澳大利亚将继续对医疗供应链进行重组[DB/OL]. http://healthcare.ancc.

org. cn/Webhug/Article. aspx?&id=4221,2013-02-16.

[58] 医疗卫生信息化资讯：移动医疗的商业模式和一条纵贯线[DB/OL]. http://mp. weixin. qq. com/s?__biz=MzA4NDI0NzczNA==&mid=200086838&idx=3&sn=602e275d2c6cde71c-e46ab86b34035b4&scene=1#rd,2014-04-01.

[59] 医药经济报：移动医疗产品"智能辐射"路径[DB/OL]. http://web. yyjjb. com：8080/html/2014-08/11/content_212656. htm,2014-08-11.

[60] 医院分诊导医系统方案[DB/OL]. http://www. yun-ds. com/html/4598011212. html,2014-04-22.

[61] 移动4G打造升级120急救车，为病人赢得黄金抢救时间[DB/OL]. http://www. zj. xinhuanet. com/2012market/zgyd/2013-11/25/c_118276492. htm,2013-11-25.

[62] 易安信EMC-云计算与大数据：2014中国十大战略技术趋势[DB/OL]. http://mp. weixin. qq. com/s?__biz=MjM5MzA4NTc2MA==&mid=204745359&idx=1&sn=e8bb6bcd-9938153f8924fd758e48d372&scene=1#rd,2014-06-12.

[63] 袁峰，徐昊. 智慧城市建设的思考与展望[J]. 城市观察，2012,(4)：19-25.

[64] 张永民，杜忠潮. 我国智慧城市建设的现状及思考[J]. 中国信息界，2011,(2)：28-32.

[65] 掌上浙一：移动医疗样本[DB/OL]. http://www. wshang. com/index/show/bid/151. html,2014-04-04.

[66] 浙江在线健康网：杭州9家市属医院推行住院费用"床边结算"服务[DB/OL]. http://health. zjol. com. cn/system/2013/05/28/019367581. shtml,2013-05-28.

[67] 智慧医院掌上浙一[DB/OL]. http://www. hit180. com/6260. html/2.

[68] 中国安防展览网：解读智慧医疗发展现状与未来前景[DB/OL]. http://news. hc3i. cn/art/201309/26419. htm,2013-09-09.

[69] 中国电子技术标准化研究院，中国智慧城市标准化白皮书[DB/OL]. http://www. cesi. ac. cn/cesi/xxzx/biaozhunhuayanjiu/2014/0102/11238. html,2014-01-02.

[70] 中国数字医疗网：移动医疗和远程医疗能否两立？[DB/OL]. http://solution. hc3i. cn/art/201107/14612. htm,2011-07-18.

[71] 中国信息产业网：凌拓科技发布可穿戴移动医疗终端[DB/OL]. http://www. cnii. com. cn/informatization/2014-04/03/content-1336612. htm,2014-04-03.

[72] 朱丰盛，张荣祥. 卫生信息化建设中存在的问题和对策[J]. 现代实用医学，2002,4(6)：332.

[73] 佐美云. 智慧养老的内涵、模式与机遇[J]. 中国公共安全(综合版)，2014,(10)：48～50.